Marko Plešnik

MONTENEGRO

Zwischen Adria und Schwarzen Bergen

TRESCHER VERLAG

6., aktualisierte Auflage 2018

Trescher Verlag
Reinhardtstr. 9
10117 Berlin
www.trescher-verlag.de

ISBN 978-3-89794-423-7

Herausgegeben von Bernd Schwenkros und Detlev von Oppeln

Reihenentwurf und Gesamtgestaltung:
Bernd Chill

Gestaltung, Satz, Bildbearbeitung:
Annette Zidek
Lektorat: Hinnerk Dreppenstedt
Stadtpläne und Karten: Johann Maria Just, Martin Kapp, Bernd Chill

Gedruckt auf chlorfrei gebleichtem Papier

Printed in Germany

Alle Angaben in diesem Reiseführer wurden sorgfältig recherchiert und überprüft. Dennoch können Entwicklungen vor Ort dazu führen, dass einzelne Informationen nicht mehr aktuell sind. Gerne nehmen wir dazu Ihre Hinweise und Anregungen entgegen. Bitte schreiben Sie an **post@trescher-verlag.de**.

Titel: Perast, Hafenpromenade
Vordere Umschlagklappe: Kloster Savina
Hintere Umschlagklappe: Rijeka Crnojevića

EXTRAS

Die Kirche der heiligen Dreifaltigkeit in Budva

Vorwort

Montenegro ist als Urlaubsziel noch ein Geheimtipp. Dabei weist das kleine Land, früher eine Teilrepublik Jugoslawiens, eine große landschaftliche Vielfalt auf. Montenegro hat mehr zu bieten als eine traumhafte Küste mit langen und einsamen Stränden und geschichtsträchtigen Orten.

Viele Reisende aus den deutschsprachigen Gebieten haben in den 1970er und 1980er Jahren ihren Urlaub an der montenegrinischen Adriaküste verbracht und waren begeistert von der Schönheit des Landes und der Gastfreundschaft seiner Menschen. Die kriegerischen Auseinandersetzungen im ehemaligen Jugoslawien haben in den 90er Jahren – von wenigen Wagemutigen abgesehen – die Reisenden abgehalten, in das kleine Land der Schwarzen Berge zu kommen, wenn auch Montenegro von direkten Kriegshandlungen verschont geblieben ist. Mit dem Frieden im ehemaligen Jugoslawien kamen die Besucher allmählich zurück.

Die meisten Gäste zieht es nach wie vor an die Küste. Budva mit seiner von einer Stadtmauer umgebenen Altstadt, dem königlichen Strand und der Hotelinsel Sveti Stefan versetzt die Besucher in Verzückung. Sie staunen in der Bucht von Kotor über einen einzigartigen Fjord und kommen der Geschichte des Landes in der von der UNESCO zum Weltkulturerbe erklärten Altstadt von Kotor näher. Aber auch fern der touristischen Küstenorte erlaubt Montenegro tiefe Einblicke in seine Ursprünge und eine von verschiedenen Kulturen geprägte ereignisreiche Geschichte. In der alten Residenzstadt Cetinje etwa scheint die Zeit stehen geblieben zu sein.

Nur eine Autostunde von der Küste entfernt beginnt ein ganz anderes Montenegro mit seiner unberührten und faszinierend schönen Natur. Der Skutarisee wirkt wie eine eigene, der Zeit entrückte Welt, das Durmitorgebirge und sein Nationalpark laden ein zu Wanderungen, zum Besuch der oft einsam gelegenen Seen und zum Entdecken der zahlreichen Kulturgüter, die die Völker dem Land gebracht haben.

Montenegro ist nicht nur während der warmen Monate reizvoll. Fast noch unbekannt und unberührt vom Massentourismus sind die Wintersportzentren. Hier lässt sich nicht nur Ski fahren, sondern in reiner Luft wandern und die Natur erleben. Ausländische Besucher vergleichen nach einem Besuch die Skigebiete Montenegros oft mit denen der Schweiz.

Auf seine touristische Entdeckung wartet der Osten Montenegros, eine Ansammlung zahlreicher Geheimtipps mit der Ortschaft Plav und seinem See als touristische Höhepunkte.

Wer nach Montenegro kommt, wird mit reichen Eindrücken und Erlebnissen belohnt. In Montenegro lässt sich viel entdecken, und ehe man es sich versieht, hat man sein Herz an die Schwarzen Berge verloren.

Unterwegs mit Kindern

Besondere Angebote für Kinder sind rar in Montenegro. Kinder gehören einfach dazu und können jederzeit fast überall hin mitgenommen werden. Ganz gleich, ob Restaurant, Theater, Spaziergang, Konzert oder Ausstellung: Niemand wird sich an Kindern stören, auch nicht, wenn ein Baby mal weint oder ältere Kinder unruhig sind. In den Restaurants gibt es nur selten besondere Gerichte für Kinder, aber die Kleinen werden überall satt werden. Pommes frites stehen ohnehin auf jeder Speisekarte, und wenn wider Erwarten doch nichts auf der Karte zusagt: einfach fragen. Der Koch wird mit Sicherheit etwas nach Geschmack zubereiten.
Auch in den Hotels ist das Angebot für Kinder überschaubar. Neuere Hotels an der Küste haben manchmal neben einem großen Pool auch ein Kinderplanschbecken oder einen Spielplatz, in älteren Hotels findet man manchmal einen Spielplatz. Im Inland aber sind besondere Angebote für Kinder in den Hotels meist Mangelware. Aber überall gilt: Kinder sind willkommen, und das Personal wird bei Bedarf sicher etwas improvisieren. Und auch hier wird sich kaum jemand über zu laute Kinder am Pool oder im Speiseraum beschweren. In vielen Häusern übernachten Kinder bis zu zwei Jahren kostenfrei, Kinder von 2 bis 14 Jahren zahlen oft nur den halben Preis.

In Supermärkten, Drogerien und Apotheken findet man alles, was Kinder benötigen. Die Preise für Windeln, Babynahrung und Pflegemittel sind mit denen im deutschsprachigen Raum vergleichbar.

Was die Strände betrifft, so ist das Bild zweigeteilt. Einige Strände bestehen aus Felsen und groben Steinen. Oft kommt man nur mühsam ins und aus dem Wasser, Kinder werden dort kaum Spaß haben. Aber es gibt auch schöne Sand- und Kiesstrände, die viel besser geeignet sind, etwa bei Budva die Strände Mogren (→ Seite 194) oder in Bečići der Große Strand (→ Seite 198). Ebenfalls für Kinder geeignet sind die Strände Slovenska plaža oder Jaz und ganz besonders natürlich der Große Strand südlich von Ulcinj (→ Seite 219). Dieser 13 Kilometer lange Sandstrand fällt sanft ins Meer ab. Zudem gibt es diverse Kindervergnügungen wie Tretbootverleih, Spielplätze, Karussells und Autoscooter. Allerdings sollte man die Kinder nicht unbeaufsichtigt ins Meer lassen, hier kann es Unterströmungen und höheren Wellengang geben. Besonders an der Küste hat inzwischen fast jeder Ort mindestens einen Spielplatz. Oft wurde er in der jüngeren Vergangenheit angelegt und bietet modernes Spielgerät. Manchmal sind es private Spielplätze, die zu einem Restaurant, Café oder Hotel gehören. Aber auch wenn man nicht zu den Gästen gehört, wird niemand etwas sagen, wenn die Kleinen mal schaukeln oder wippen.

In den touristischen Orten wie Budva, Kotor oder Cetinje können Kinder für einen Euro in kleinen Elektro-Autos auf einen eingegrenzten Platz herumfahren. Im Hotel ›Mediteran‹ in Bečići bietet ein 7500 Quadratmeter großer Aquapark großen und kleinen Gästen viel Spaß. Der Eintritt für Nicht-Hotelgäste ist jedoch vergleichsweise teuer.

Sicherlich auch für Kinder spannend anzusehen ist der Sommerkarneval in Kotor, wenn die verschiedenen Gruppen in prächtigen Kostümen durch die Straßen ziehen. Eine Attraktion ist sicherlich auch die Fašinade. Dabei fahren mit Fackeln beleuchtete Boote von Kotor zur Insel Gospa od Škrpjela.

Beim Sommerkarneval in Kotor

Entfernungstabelle Montenegro

	Žabljak	Ulcinj	Tivat	Šavnik	Rožaje	Podgorica	Plužine	Pljevla	Plav	Nikšic	Mojkovac	Kotor	Kolašin	Herzeg Novi	Danilovgrad	Cetinje	Budva	Bijelo Polje	Berane	Bar	Andrijeva
Žabljak																					
Ulcinj	266																				
Tivat	242	87																			
Šavnik	40	204	180																		
Rožaje	150	279	255	100																	
Podgorica	158	102	83	96	171																
Plužine	145	217	193	105	281	109															
Pljevla	60	282	258	100	167	174	205														
Plav	159	288	264	199	73	180	289	176													
Nikšic	86	158	134	46	221	50	59	146	230												
Mojkovac	68	198	174	108	82	90	199	85	91	140											
Kotor	239	85	9	177	252	81	190	255	261	131	171										
Kolašin	88	178	154	166	103	70	179	106	112	120	21	151									
Herzeg Novi	283	129	53	221	296	125	234	299	305	175	215	44	195								
Danilovgrad	119	125	101	79	188	17	92	191	197	33	107	98	87	142							
Cetinje	189	93	54	221	202	31	140	205	211	81	121	50	101	93	48						
Budva	218	64	23	156	231	60	169	234	240	110	150	21	130	65	77	29					
Bijelo Polje	95	226	202	135	64	118	227	112	73	163	27	199	48	243	135	149	178				
Berane	118	248	224	158	32	140	249	135	41	190	50	221	71	265	157	171	200	32			
Bar	234	26	51	172	247	76	185	250	256	126	166	59	145	103	67	67	38	194	216		
Andrijeva	134	264	240	174	48	156	265	151	25	206	66	237	87	281	173	187	216	48	16	232	

Das Wichtigste in Kürze

Informationen vor Reiseantritt

Seit einiger Zeit gibt es kein montenegrinisches Fremdenverkehrsamt mehr in Deutschland – was in Zeiten des Internets wahrscheinlich auch nicht mehr nötig ist. Auf der Website der Nationalen Tourismusorganisation findet man die wichtigsten Reiseinfos zu Montenegro unter anderem auch in Deutsch. Dort lassen sich auch Broschüren runterladen: www.montenegro.travel

Einreise

Für die Einreise nach Montenegro benötigen Bürger der EU und der Schweiz einen noch mindestens 90 Tage gültigen Reisepass, Kinder einen Kinderausweis. Ein Visum ist bei einem Aufenthalt von bis zu 90 Tagen nicht erforderlich. Die Einreise mit dem Personalausweis ist bei einem Aufenthalt von bis zu 30 Tagen offiziell möglich, allerdings berichteten Reisende vereinzelt von Problemen an der Grenze.

Für die Einreise mit dem Auto benötigt man den nationalen Führerschein, die Zulassungspapiere, die grüne Versicherungskarte und das Nationalitätsschild.

Bargeld kann in Höhe von bis zu 10 000 Euro eingeführt werden.

Unterkünfte

An der Küste gibt es ein breites Angebot an Unterkünften, mittlerweile durchgängig mit westeuropäischem Standard – und oft auch auf vergleichbarem Preisniveau. In der Hochsaison ist eine vorherige Reservierung ratsam, da viele Hotels ausgebucht sind; bedenkenswert ist auch die Buchung einer Pauschalreise, da in diesem Fall die Unterkunftskosten deutlich niedriger liegen. Im Inland sind Ausstattung und Preise der Hotels in der Regel niedriger als an der Küste.

Geld und Preisniveau

Die offizielle Währung ist der Euro; Kredit- und EC-Karten werden an vielen Stellen akzeptiert. Die Preise für Lebensmittel, Kleidung, Kosmetika und elektronische Geräte sind mit denen in Westeuropa vergleichbar, günstig sind oft noch die Restaurantbesuche. Preiswert sind in Montenegro Zigaretten (ab 0,30 Euro), Spirituosen und Wein.

Sprache und Verständigung

Seit Ende 2007 ist die Amtssprache offiziell Montenegrinisch, was de facto der früher Serbokroatisch genannten Sprache entspricht. In den südlichen Gegenden mit überwiegend albanischstämmiger Bevölkerung wird auch Albanisch gesprochen. An der Küste wird oft Englisch, Italienisch und auch Deutsch gesprochen, im Hinterland deutlich seltener.

In Montenegro werden das lateinische und kyrillische Alphabet verwendet. An der Küste und in den Wintersportgebieten sind lateinische, im Norden Montenegros und dort, wo besonders viele serbischstämmige Montenegriner leben, kyrillische Buchstaben vorherrschend.

Klima und Reisezeit

Milde Winter ohne Schnee, heiße trockene Sommer und milde Herbstmonate sind das bestimmende Klima an der Küste. Die Badesaison umfasst insgesamt 180 Tage, in einem Jahr gibt es 240 Sonnentage. In der Hochsaison im Juli und August kann es sehr heiß werden. Im September sind die Temperaturen an der Küste angenehmer, das Wasser aber immer noch mindestens 22 Grad warm.

Für diejenigen, die nicht nur baden, sondern Montenegro erkunden möchten, sich für die Sehenswürdigkeiten interessieren oder in den Bergen wandern möchten, können die Monate April und Mai sowie der September die richtige Reisezeit sein.

Ärztliche Versorgung

Die medizinische Versorgung ist insgesamt gut, entspricht aber nicht immer dem westeuropäischen Standard. Ein Krankenhaus

(Bolnica) oder mindestens eine Krankenstation (Dom Zdravlja) findet man in jeder Stadt. Zudem bieten private Ärzte Sprechstunden an, in den Touristenzentren oft auch in den größeren Hotels. Die Mediziner sprechen meist Englisch, manchmal auch Deutsch. Trotz Krankenversicherung muss die Behandlung meistens vor Ort bar beglichen werden.

Notrufnummern

Notarzt: 124
Polizei: 122
Feuerwehr: 123
Pannenhilfe: 19807
Touristen-Service: 1300
(z.B bei Beschwerden)
Bei Anrufen mit einem ausländischen Mobiltelefon jeweils die 00382 vorwählen.
Sperrung von EC- und Kreditkarten: 0049/116116.

Sicherheit

Montenegro ist insgesamt ein sehr sicheres Reiseland. Die Alltagskriminalität ist sehr gering und liegt im europäischen Vergleich im unteren Durchschnitt. Dennoch sollten Reisende nicht leichtsinnig sein. Besonders in der Sommersaison, wenn sich viele Menschen in den Touristenzentren aufhalten, kann es zu Kleinkriminalität, etwa Handtaschenraub, kommen.

Telefon

Das Telefonnetz ist modernisiert, öffentliche Telefone gibt es in den Touristenregionen in großer Zahl. Bei den meisten handelt es sich um Kartentelefone, Karten erhält man am Kiosk oder bei der Post.
Es gibt mit Pro Monte und T-Mobile zwei Mobilfunkbetreiber in Montenegro. Trotz der Berge, Schluchten und Täler ist der Empfang fast überall sehr gut. Da die Roaminggebühren sehr hoch sind, selbst bei einem nur angenommenen Anruf, lohnt sich auch bei einem kürzeren Aufenthalt in Montenegro der Kauf einer Prepaid-Karte.
Vorwahl nach Montenegro: 00382, dann folgt die Ortsvorwahl ohne die 0.

Landesvorwahlen von Montenegro:
Deutschland 0049
Österreich 0043
Schweiz 0041, es folgt ebenfalls die Ortsvorwahl ohne die 0.

Unterwegs im Land

Die einfachste Art der Fortbewegung ist sicherlich die mit einem Mietwagen. Authentischer ist die Benutzung öffentlicher Verkehrsmittel. Bedingt durch die hohen Berge, gibt es im Land nur wenige Bahnstrecken, Busse bilden das Rückgrat des Nahverkehrssystems; auch die kleinen Orte sind mit dem Bus erreichbar (die wichtigsten Verbindungen: → Seite 284).

Zeit/Zeitzone

Montenegro richtet sich nach der Mitteleuropäischen Zeit und stellt gemeinsam mit den westeuropäischen Ländern von Sommer- auf Winterzeit und wieder auf Sommerzeit um.

An der Grenze Montenegro–Serbien

Herausragende Sehenswürdigkeiten

Bucht von Kotor

Einzigartiger, kilometertief in den Berg gewaschener Fjord mit zahlreichen Sehenswürdigkeiten: die Kircheninseln vor Perast, die Meerenge Verige, römische Mosaike in Risan, historische Städte wie Herceg Novi, Tivat und Kotor. Zahlreiche Strände warten auf Sonnenhungrige (→ Seite 75).

Altstadt von Kotor ▲

Wurde von der UNESCO zum Weltkulturerbe erklärt, besticht durch ihre Plätze, verwinkelten Gassen, Paläste wohlhabender Kaufmannsfamilie und Kirchen, deren älteste im 12. Jahrhundert ihren Ursprung hat. Die über vier Kilometer lange Stadtmauer stammt von den Venezianern und führt den Berg hinauf bis zur Festung Sveti Ivan. Von dort bietet sich dem Besucher ein einmaliger Blick in die Bucht von Kotor (→ Seite 120).

Cetinje

Ehemalige Haupt- und Residenzstadt Montenegros mit vielen Sehenswürdigkeiten auf engstem Raum, darunter die Grabeskirche König Nikolas, das Nationalmuseum, das erste Theater des Landes, das Blaue Schloss und eine große Zahl ehemaliger Botschaftsgebäude (→ Seite 146).

Njegoš-Mausoleum ▼

Letzte Ruhestätte des Dichterfürsten, spektakulär auf dem Gipfel des Lovćen gelegen. Entworfen vom kroatischen Bildhauer Ivan Meštrović, wurde das Baumaterial – Marmor und Granit – mit dem Hubschrauber von der Adriainsel Brać hergeflogen. Besonders beeindruckend: die in über sieben Tonnen schwere Marmorblöcke geschlagenen Frauengestalten am Eingang des Mausoleums. Die Aussichtsplattform erlaubt einzigartige Blicke in die montenegrinische Bergwelt und bei gutem Wetter bis zu den albanischen Bergen und zur Adriaküste (→ Seite 155).

Rijeka Crnojevića

Unweit des Skutarisees, am Fluss Crnojevića gelegen. Früher verbrachten hier Könige ihre Wochenenden, heute ist der ruhige Ort mit seiner alten Brücke und den bekannten Fischrestaurants noch ein Geheimtipp, von dem man allerdings schon in Hollywood weiß. Der Ort diente dem Film ›Savior‹ mit Dennis Quaid in der Hauptrolle als Kulisse (→ Seite 158).

Kloster Ostrog
Kombination von sehenswerter Architektur und spektakulärer Lage. 1655 direkt in den Berg gebaut, heute zieht es nicht nur orthodoxe Gläubige zum Kloster und dem offenen Sarg des heiligen Vasilje. Inzwischen können Besucher mit dem Auto den Berg hinauf bis vor das Kloster fahren (→ Seite 177).

Sveti Stefan ▲
Die kleine Halbinsel war bis in die 1960er Jahre ein Fischerdorf, heute ist sie ein Luxushotel, in das sich gerne Prominente einquartieren wie etwa Sophia Loren, Sylvester Stallone, Claudia Schiffer und Boris Becker (→ Seite 201).

Velika Plaža ▸
Mit 13 Kilometern der längste Sandstrand des Landes, bis zu 100 Meter breit und flach ins Meer abfallend. Man findet dort aber auch in der Sommersaison ein ruhiges Plätzchen, zudem gibt es zahlreiche Cafés, Wassersportgeräteverleih, Beachvolleyball und vieles mehr. Ganz im Süden Montenegros (→ Seite 219).

Skutarisee
Der größte See auf dem Balkan und ein Paradies für Angler und Vogelbeobachter. Für Sonnenhungrige und Badefreunde gibt es einen schönen Strand in Murići. Die vielen Inseln lassen sich per Boot erkunden. Der See ist einer der Nationalparks Montenegros (→ Seite 222).

Durmitor-Nationalpark
Skifahren, Wandern oder Schwimmen im Schwarzen See – das Gebirge bietet das Kontrastprogramm zur Küste und beste Bedingungen für Aktivurlauber (→ Seite 253).

Tara-Schlucht ▲
Nach dem Grand Canyon die zweittiefste Schlucht weltweit und bei einer Rafting-Tour hautnah zu erleben (→ Seite 254).

Montenegro hat sich in den vergangenen Jahren zu einem attraktiven und beliebten Reiseziel entwickelt. Lebhafte touristische Orte und einsame Strände beeindrucken neben historischen Denkmälern, alten geschichtsträchtigen Städten und unberührter Natur.

LAND UND LEUTE

In der Altstadt von Kotor

Montenegro im Überblick

Die Flagge Montenegros

Staats- und Regierungsform: Parlamentarische Demokratie. Staatsoberhaupt ist der Staatspräsident. Er wird alle fünf Jahre direkt vom Volk gewählt, schlägt dem Parlament den Kandidaten für das Amt des Ministerpräsidenten vor. Das Parlament hat 80 Abgeordnete. Es wird alle vier Jahre direkt gewählt.
Staatspräsident: Filip Vujanović (seit 2003)
Ministerpräsident: Milo Đukanović. 2018 wieder gewählt, zum fünften Mal im Amt.
Unabhängigkeit: vom Osmanischen Reich am 13. Juli 1878, von Serbien und Montenegro am 3. Juni 2006.
Verwaltungsstruktur: 21 Gemeinden.
Hauptstadt: Podgorica (150 000 Einwohner; Gemeinde: 186 000).
Größere Gemeinden: Nikšić (72 000 Einwohner), Bijelo Polje (46 000 Einwohner), Bar (42 000 Einwohner), Pljevlja (31 000 Einwohner).
Flagge: Doppelköpfiger Adler auf rotem Grund.
Fläche: 13 812 Quadratkilometer.
Einwohnerzahl: 642 000.
Bevölkerung (Volkszählung von 2011): Montenegriner 45 %, Serben 28,7 %, Bosniaken 8,6 %, Albaner 5 %, Muslime 3,3 %, Roma und Sinti 1 %, Kroaten 1 %, andere, keine Nationalität angegeben oder keine Daten 7,4 %.
Bevölkerungsdichte: ca. 49 Einwohner pro km².
Länge der Grenzen: 614 Kilometer.
Länge der Küste: 293 Kilometer.
Wichtige Flüsse: Tara, Morača, Zeta.
Höchster Gipfel: Bobotov kuk im Durmitor-Gebirge, 2522 Meter.
Größter See: Skutarisee, rund 370 Quadratkilometer.
Tiefste Schlucht: Tara-Schlucht, 1300 Meter.
Nationalparks: Durmitor, Biogradska Gora, Skutarisee, Lovćen, Prokletije.
Residenzstadt: Cetinje, früheres kulturelles und historisches Zentrum, Sitz des Staatspräsidenten.
Sprache: Montenegrinisch, in Gegenden mit überwiegend albanischstämmiger Bevölkerung auch Albanisch.
Schrift: lateinisch und kyrillisch.
Religion: serbisch-orthodox, römisch-katholisch, muslimisch.
Währung: Euro.
Wirtschaft: Wichtigster Wirtschaftszweig ist der Tourismus, gefolgt von der Land- und der Bauwirtschaft. Das Aluminiumkombinat in Podgorica zeichnet für 50 Prozent der industriellen Produktion des Landes verantwortlich. Die Wirtschaftslage in Montenegro ist nach wie vor schwierig. Viele ehemalige staatliche Großbetriebe warten noch auf Investoren und ihre Privatisierung. Arbeitslosenquote: ca. 15 %.
Vorwahl: 00382.
Währung: Euro.
Zeitzone: MEZ (März–Okt.: MESZ).
Kfz-Kennzeichen: MNE.
Internetkennung: me.
Feiertage: 1. und 2. Januar (Neujahr), 6., 7. und 8. Januar (orthodoxes Weihnachtsfest), 14. April (orthodoxer Karfreitag), 16. und 17. April (orthodoxes Osterfest), 1. und 2. Mai (Tag der Arbeit), 21. und 22. Mai (Tag der Unabhängigkeit), 13. und 14. Juli (Tag des Staates).
Nachbarländer: Kroatien, Bosnien-Herzegowina, Serbien, Kosovo, Albanien und Italien (durch die Adria getrennt).

Geographie und Geologie

Montenegro liegt auf der südlichen Balkanhalbinsel und grenzt im Nordosten an Serbien, im Westen an Kroatien, im Nordwesten an Bosnien-Herzegowina, im Südwesten meerseitig an Italien, im Südosten an Albanien und im Osten an das Kosovo.

Die zwei voneinander am weitesten entfernten Punkte Montenegros trennen nur 190 Kilometer Luftlinie. In Montenegro leben rund 625 000 Menschen, das entspricht etwa der Einwohnerzahl einer Großstadt in Deutschland. Montenegro war mit einer Fläche von knapp 14 000 Quadratkilometern die kleinste Republik im ehemaligen Jugoslawien. Selbst Slowenien, die zweitkleinste Teilrepublik, war mit über 20 000 Quadratkilometern erheblich größer.

Montenegro ist relativ klein, aber zugleich ein Küsten-, Kontinental- und Gebirgsland, das gleich drei Klimazonen aufweist. So ist es möglich, während der Sommermonate das typische Mittelmeerklima an der Küste zu genießen und nach einer dreistündigen Autofahrt schneebedeckte Bergspitzen im Durmitorgebirge zu erleben. Interessant ist, dass genau über dem Gebiet Montenegros warme Luftströme aus Afrika auf die kältere Polarluft treffen und dann weiter nach Norden ziehen.

Mit 150 000 Einwohnern ist die Hauptstadt Podgorica die bevölkerungsreichste Stadt in Montenegro und zugleich auch das wirtschaftliche, politische und kulturelle Zentrum des Landes. Die zweitgrößte Stadt ist Nikšić mit rund 90 000 Einwohnern.

In der Bucht von Kotor treffen Meer und Berge unmittelbar aufeinander

Die Küste

Für Touristen ist die montenegrinische Küste von besonderem Interesse. Sie ist schmal und wird durch einen steilen Gebirgszug vom Hinterland getrennt. Die Küste erstreckt sich auf insgesamt 293 Kilometern; 173 Strände mit einer Gesamtlänge von über 70 Kilometern stehen den Sonnenhungrigen zur Verfügung.

Das Meerwasser vor der montenegrinischen Küste gehört zu den saubersten im Mittelmeer. Für einen regen Wasseraustausch sorgen zahlreiche Ströme nahe der Küste; sie lassen das Wasser kristallklar aussehen.

Die Küste ist zu großen Teilen für den Tourismus erschlossen. Nahe der Grenze zu Kroatien befindet sich der Kurort Igalo mit seinem europaweit bekannten Kurzentrum. Nach wenigen Kilometern erreicht man Herceg Novi. Von hier hat man einen Ausblick auf den Eingang zur Bucht von Kotor, ein einzigartiger Fjord aus verschiedenen kleineren Buchten, der in der Welt seinesgleichen sucht. Vorbei an den kleinen, aber geschichtsträchtigen Ortschaften Risan und Perast erreicht man die Stadt Kotor mit ihrer zum Weltkulturerbe gehörenden Altstadt.

Budva ist das Zentrum des Sommerfremdenverkehrs und vereint, wie so oft in Montenegro, die Vergangenheit mit der Gegenwart. So liegen die mittelalterliche und mit einer Mauer umgebene Altstadt sowie die moderne Feriensiedlung Slovenska Plaža und die zahlreichen lebhaften und auch einsamen Strände in der Umgebung einträchtig beieinander.

Weiter südlich liegen weitere für Touristen interessante Ortschaften wie Sutomore und Petrovac. Eine Besonderheit stellt die Hotelinsel Sveti Stefan dar. Früher ein Fischerdorf, wurde sie in den 1960er Jahren für den Tourismus umgebaut und bietet seitdem ihren Besuchern ein luxuriöses Ambiente.

Auch Ulcinj, die südlichste Stadt Montenegros, bietet eine Symbiose aus Alt und Neu. Die Stadt kann auf eine 2000 Jahre alte Geschichte zurückblicken, wie man an den Ruinen in Alt-Ulcinj heute noch sehen kann. In der Stadt nahe der Stadtmauer tummeln sich die Badegäste am Strand. Etwas außerhalb erstreckt sich auf 13 Kilometern der Große Strand. Wo einst blutige Schlachten tobten, machen heute Hotels, Cafés, Restaurants den Besuchern den Aufenthalt angenehm.

Die Gebirge

Möchte man von der Küste ins Hinterland reisen, müssen zunächst die steil aus dem Meer herausragenden Berge überwunden werden. Über Serpentinen erreicht man das weite Karstgebiet mit seinen Schluchten, Felsen, Tälern und dem Nationalpark Lovćen. Mittendrin thront der Berg Lovćen, das Wahrzeichen Montenegros. Auf seinem Gipfel befindet sich das Njegoš-Mausoleum. Unterhalb des Lovćen liegt in einem Tal die ehemalige Residenzstadt Cetinje.

An den Rändern der Zeta-Ebene steigen die Berge steil in den Himmel. Eine halbstündige Autofahrt in die Berge ist nötig, um im Sommer der tropischen Hitze der Hauptstadt zu entkommen und in einem erfrischendem Gebirgsklima Abkühlung zu finden. Hier schlängelt sich der Fluss Morača durch Abgründe

Der Bobotov Kuk, der höchste Berg des Landes

und Schluchten. Der Nordosten Montenegros gilt als sandiges Karstgebiet. Er beherbergt zwei weitere Nationalparks: Durmitor und Biogradska Gora, einer der letzten drei Urwälder in Europa. Seine 5000 Hektar sind zu 80 Prozent bewaldet. Teilweise ragen die Baumriesen bis zu 50 Meter hoch in den Himmel. Es wurden über 80 verschiedene Baumarten, 220 verschiedene Pflanzen und über 350 Insektenarten gezählt. Ebenso zahlreich sind die verschiedenen Tierarten – unter anderem Bären, Fischotter, Füchse oder Wildschweine – vertreten.

Der Nationalpark Durmitor hat eine Größe von 39 000 Hektar. 22 000 Hektar wurden in den 1980er Jahren in das Weltkulturerbe der UNESCO aufgenommen. Das Durmitorgebirge besteht aus 22 Bergspitzen mit einer Höhe von über 2200 Metern und 19 Bergseen, die sich auf bis zu 2000 Metern Höhe befinden.

Im Durmitorgebirge auf dem Berg Savin Kuk befindet sich in einer Höhe von 1456 Metern die Stadt Žabljak. Sie ist die höchstgelegene Ortschaft in Montenegro und zugleich das Zentrum des Wintersports im Land.

Der höchste Berg ist Bobotov Kuk mit 2522 Metern, der längste Fluss ist die Tara. Sie schlängelt sich auf rund 150 Kilometern durch die Bergwelt Montenegros. 80 Kilometer fließt die Tara durch die zweitlängste Schlucht der Welt. Mit einer Tiefe von 1300 Metern nimmt die Taraschlucht auch in dieser Disziplin den zweiten Platz hinter der Coloradoschlucht in Amerika ein. Die Taraschlucht wurde ebenfalls von der UNESCO zum Weltkulturerbe erklärt.

Die Tiefebene

Etwa 20 Kilometer von Cetinje entfernt, in nordöstlicher Richtung, liegt die Hauptstadt Podgorica im sogenannten Zetatal. Die Tiefebene ist das fruchtbarste Gebiet in Montenegro und weist zugleich die größte Bevölkerungsdichte auf. Mit Podgorica und Nikšić liegen die beiden einwohnerstärksten Städte im Zetatal.

Hier, im mittleren Montenegro, befindet sich der Nationalpark Skadarsko Jezero, deutsch Skutarisee. Der Nationalpark hat eine Fläche von 40 000 Hektar, sein kleinerer Teil liegt in Albanien. Ein Teil der Grenze zwischen Montenegro und Albanien verläuft quer durch den See. Der Nationalpark ist bekannt für seine zahlreichen Vogelarten, die teilweise nur noch in dieser Region vorkommen.

Der See ist nur sechs Kilometer Luftlinie von der Küste entfernt. Allerdings liegt das Rumijagebirge dazwischen, dessen Überwindung eine mehrstündige Autofahrt nötig werden lässt.

Die Gewässer

Die Wasserressourcen in Montenegro sind knapp. Besonders während der heißen und trockenen Sommermonate kann es zu Engpässen in der Wasserversorgung der Bevölkerung kommen. Trinkwasser wird teilweise aus den Nachbarländern importiert. Dies ist umso erstaunlicher, als ein recht dichtes Adergeflecht an Flüssen und Bächen Montenegro durchzieht. Besonders im Norden Montenegros, in den Bergen, sind zahlreiche Seen zu finden. Der wohl bekannteste See liegt im Südosten des Landes und ist der Skadarsko jezero (Skutarisee). Er ist mit rund 370 Quadratkilometern der größte See auf dem Balkan und weist eine Länge von 43 Kilometern auf.

Im Nationalpark Biogradska Gora befindet sich der See Biogradska jezero. Während der Wasserspiegel des Skutarisees teilweise unter dem Meeresspiegel liegt, liegt der Biogradskasee in einer Höhe von über 1000 Metern über dem Meer und ist so einer der höchstgelegenen Seen auf dem Balkan. Etwas weiter nördlich im Nationalpark befindet sich der etwas kleinere See Šiško jezero.

Blick in die Tara-Schlucht

An den Hängen des Berges Bobotov Kuk im Durmitorgebirge gibt es insgesamt 19 Gletscherseen, die bei den Montenegrinern auch Bergaugen genannt werden. Der bekannteste ist der Schwarze See. Im Winter ist seine Oberfläche oft von einer Eisschicht überzogen, während man im Sommer in ihm baden kann. Weitere Seen im Durmitorgebirge sind neben anderen Zminje jezero, Barno jezero, Riblje jezero.

Nahe dem Fluss Bojana, der die natürliche Grenze zu Albanien bildet, befindet sich der Šasko jezero. Nordöstlich von Nikšić liegen die Seen Slano jezero und Krupaćko jezero, die beide durch den Fluss Zeta gespeist werden.

Der bekannteste Fluss Montenegros ist die Tara. Die Tara fließt durch den Nationalpark Durmitor und zugleich durch die zweitgrößte Schlucht der Welt. Die Schluchten der Tara sind am manchen Stellen bis zu 1300 Meter tief. Die Tara schlängelt sich auf 150 Kilometern durch Montenegro, vereinigt sich dann mit dem Fluss Piva; beide füllen dann die Drina mit ihrem Wasser. Die Morača fließt durch Podgorica und trifft vor den Toren der Stadt auf die Zeta. Die Lim fließt im Osten Montenegros und durchquert unter anderem die Stadt Berane.

Eine lange Tradition hat das leicht radioaktive Mineralwasser aus Igalo. Die Quelle wurde vor vielen Jahren nahe der Mündung des Flusses Sutorina entdeckt. Unter der Bezeichnung Igaljka werden täglich mehrere tausend Flaschen verkauft.

Flora und Fauna

Für die Tier- und Pflanzenwelt herrschen in Montenegro Bedingungen, die in vielen anderen Gegenden Europas in dieser Form nicht mehr vorzufinden sind. Viele Regionen Montenegros sind unbesiedelt, die geringe Einwohnerdichte und die unberührte Natur schaffen ideale Lebensräume für seltene Pflanzenarten und Tiere, von denen eine beträchtliche Zahl nur noch hier zu finden ist. Die im Vergleich mit anderen Ländern relativ schwach ausgeprägte Industrialisierung Montenegros kommt ebenso den Lebensbedingungen der Natur zugute.

Von besonderer Bedeutung sind die vier Nationalparks in Montenegro. Neben dem Durmitor-Nationalpark sind dies der Skutarisee, der Park Biogradska Gora und der Nationalpark Lovćen.

Im Nationalpark Biogradska Gora findet man Bäume, die über 500 Jahre alt und bis zu 50 Meter hoch sind. Der Wald nimmt insgesamt 80 Prozent der Parkfläche ein. 86 Baumarten sind bisher gezählt worden, darunter Fichte, Tanne, Ulme, Buche, Eiche, Ahorn, Linde oder Esche. Neben 26 Ökosystemen wurden über 200 Pflanzenarten und 150 Vogelarten entdeckt. Zu den wichtigsten Vogelarten gehören Steinadler und Auerhühner. Der Nationalpark ist ebenfalls Lebensraum von 350 Insekten- und ungezählten Tierarten. Dazu gehören beispielsweise Hirsche, Rehe, Bären, Gämsen, Wölfe, Wildschweine, Füchse, Hasen oder Fischotter. Der bedeutendste See im Nationalpark ist der Biograder See. Er liegt 1094 Meter über dem Meer.

Der Skutarisee ist das größte Vogelreservat in Europa, in dem unter anderem Pelikane ihren Lebensraum haben. Der Pelikan ist auch das Wahrzeichen des Sees. Insgesamt 270 Vogelarten leben hier. Dieser See ist zugleich einer der wenigen noch im Mittelmeerraum zu findenden Süßwassersümpfe. Die Fläche des Sees unterliegt großen Schwankungen und variiert zwischen 360 und 540 Quadratkilometern, bei einer durchschnittlichen Wassertiefe von sechs Metern. An manchen Stellen ist der See aber auch bis zu 60 Meter tief. Die tiefsten Stellen werden Augen genannt und stellen eine Besonderheit dar, da an dieser Stelle die Oberfläche des Sees unter dem Meeresspiegel liegt.

Der See ist mit einem Teppich aus Sumpfpflanzen bedeckt. Die Ufer sind ebenfalls sumpfig und von einem breiten Schilfstreifen durchzogen. 1996 fand der See Aufnahme in die Weltliste der Sümpfe. Charakteristisch für den südlichen Teil des Sees sind der steinige Uferbereich und die Waldgebiete mit überwiegend wild wachsenden Kastanienbäumen. Der See ist Heimat von 40 verschiedenen Fischarten. Zu den wichtigsten zählen Karpfen und Ukeleien. Auch typische Meerfische wie etwa Aale findet man hier.

Die Inseln des Sees sind für die zahlreichen Vogelarten ein beliebter Nistplatz. Die Insel Golubovo ostrov bietet eine Seltenheit für den Vogelfreund. Sie ist eine der wenigen Süßwasserinseln, die von der Silbermöwe als Nistplatz genutzt werden. Auf den Inseln sind auch wilde Tauben und Eulen zu finden wie auch Käuze, Fischreiher oder Seidenreiher, die in der jüngsten Vergangenheit unter Schutz gestellt wurden, da sie vom Aussterben bedroht sind.

Der Nationalpark Durmitor ist von der UNESCO in das Weltkulturerbe eingetragen worden. Die Flora im Nationalpark hat sich über Jahrhunderte in einer von Menschen fast unberührten Region entwickeln können. Über 1500 Pflanzenarten sind heute noch dort zu finden. Ebenso vielfältig hat sich die Tierwelt entwickelt. Bären und Wölfe leben dort ebenso wie 130 verschiedene Vogelarten, unter denen der Adler zu den bekanntesten gehört.

Auch Pelikane sind am Skutarisee heimisch

Auf der Hochebene im Durmitor-Gebirge

Das Wasser vor der montenegrinischen Adriaküste gilt als das sauberste im gesamten Mittelmeerraum und ist Lebensraum für zahlreiche Fischarten, darunter Muränen, Meeraale und Rochen. Man findet auch Schnecken, Krebse, Seeigel und Korallen. Auf Quallen stößt man nur vereinzelt. Die Adria ist frei von Raubfischen. Es soll in den letzten Jahrzehnten einige wenige Male vorgekommen sein, dass sich ein Hai vor die Küste Montenegros verirrt hat. Manchmal sind in den Sommermonaten in der Bucht von Kotor oder auch vor der Küste Budvas Delphine zu sehen.

Klima und Reisezeit

Milde Winter ohne Schnee und heiße trockene Sommer sind das bestimmende Klima an der Küste. Der Herbst ist meist sehr mild, der Frühling beginnt schon sehr früh. Im Kontrast dazu sind die Gebirgsspitzen Montenegros oft das ganze Jahr über schneebedeckt.

Die Mittagstemperatur liegt an der Küste im Juli durchschnittlich bei 29 Grad, die Meerestemperatur bei durchschnittlich 23. Herceg Novi, am Eingang der Bucht von Kotor gelegen, hat im Jahresdurchschnitt 100 Tage eine Temperatur von über 25 Grad, an über 30 Tagen sogar über 30. Die Badesaison umfasst insgesamt 180 Tage, in einem Jahr gibt es 240 Sonnentage. Im Januar liegt die Durchschnittstemperatur immerhin noch bei fast 10 Grad.

Vorherrschend sind an der montenegrinischen Adria in erster Linie während der Wintermonate die Winde Jugo und Bura. Der Jugo weht feucht-warm aus südöstlicher Richtung mit einer gleichbleibenden Stärke. Der Bura ist ein kalter und trockener Wind. Im Sommer, bei schönem Wetter, weht aus nordwestlicher Richtung tagsüber bis zum Sonnenuntergang der Mestral. Der Jugo wie auch der Mestral sind zum Segeln und Surfen sehr günstig.

Große Temperaturschwankungen und plötzliche Luftdruckveränderungen, die belastend auf den menschlichen Organismus wirken könnten, sind äußerst selten. Anfang Juni scheint die Sonne noch nicht so heiß, die durchschnittliche Mittagstemperatur beträgt 25 Grad. Die Tage sind jetzt am längsten, Blumen und Blüten stehen in voller Pracht und duften. Die Einheimischen erwarten die Gäste und sind zum Teil noch mit letzten Vorbereitungen beschäftigt. Bis Mitte Juni kann man die Ruhe vor dem Sturm genießen. An den Stränden ist noch reichlich Platz, die Hotels und Restaurants sind von nur wenigen Gästen frequentiert, sämtliche touristischen Angebote aber bereits vorhanden.

Im Juli strömen die Touristen an die Küste; die Werksferien in Montenegro und den angrenzenden Staaten haben begonnen. Im vierzehntägigen Rhythmus reisen die Touristen mit Bussen und Privatautos an die Strände, während die schon braungebrannten Urlauber wieder nach Hause abreisen. Zusätzlich strömen die ausländischen Gäste in das Land. Die Hochsaison hat begonnen und läuft erst Ende August aus.

Die Wassertemperatur erreicht im Juli durchschnittlich 25 Grad, tagsüber kann es bis zu 35 Grad heiß werden. Besichtigungen, Ausflüge und Einkäufe sollten während dieser Zeit nur noch bis zum frühen Vormittag oder ab dem späten Nachmittag unternommen werden. Die Gefahr, einen Sonnenstich zu bekommen, ist sehr groß. In der Zeit von 11 bis 17 Uhr wird man kaum einen Einheimischen auf den Straßen und Plätzen finden.

Am ersten September enden die Schulferien in Montenegro. Die einheimischen Touristen und auch der größte Teil der ausländischen Besucher sind nach Hause zurückgekehrt. Die Preise sinken, in den Restaurants findet man immer einen guten Platz. Selbst an den schönsten Stränden tummelt sich nur eine lichte Schar von Gästen. Das Wasser ist mit durchschnittlich 22 Grad angenehm warm, die Lufttemperatur beträgt nicht zu heiße 26 Grad, im Oktober immerhin noch 22 Grad.

Für diejenigen, die Montenegro erkunden möchten, sich für die Sehenswürdigkeiten interessieren oder in den Bergen wandern möchten, können die Monate April und Mai sowie der September die richtige Reisezeit sein.

Ökologie und Naturschutz

Auch im Bereich Ökologie und Naturschutz zeigt sich ein kontrastreiches Bild. Montenegro wurde zu Beginn des Jahres 1991 zum ökologischen Staat ausgerufen, Schutz und Erhalt der Natur sind in der Verfassung verankert. Das ist ein vorbildlicher Schritt, der andere, auch westliche Staaten zur Nachahmung anregen könnte.

Leider klaffen Theorie und Wirklichkeit weit auseinander. Autowracks an den Straßenrändern, Müllberge in der Natur und überquellende Mülltonnen, nicht nur in der Sommersaison, sprechen eine andere Sprache. Mit den wieder wachsenden Touristenzahlen steigen auch die Bemühungen der montenegrinischen

Der Schutz der Natur ist in Montenegro Staatsziel

Tourismusorganisationen, die Strände und Küstenorte sauber zu halten. Die aufgestellten Hinweisschilder sind schön anzusehen, überzeugen aber offensichtlich noch nicht jeden Besucher.

Im Vergleich zu anderen europäischen Staaten ist das Umweltbewusstsein in Montenegro nicht sehr ausgeprägt. Papier- und Glascontainer wird man kaum finden, der private Müll und auch der Sperrmüll wird nicht selten im eigenen Garten verbrannt, Abwässer werden mitunter immer noch ins Meer geleitet. Viele Montenegriner haben eine Senke im Garten, die in regelmäßigen Abständen leergepumpt werden muss. Dafür wird eine nicht unerhebliche Gebühr verlangt, die bis zu einem halben Monatseinkommen ausmachen kann. Das Abfuhrunternehmen entsorgt letztlich alles ins Meer. Gesetze schreiben strenge Umweltauflagen für Firmen vor, aber auch in diesem Punkt hinkt die Realität hinter den gut gemeinten Beschlüssen der Regierung hinterher.

Gerade in der jüngsten Vergangenheit fanden immer mehr ausrangierte und somit billige Autos den Weg aus westeuropäischen Ländern nach Montenegro. Einen Katalysator haben die meisten Autos in Montenegro nicht. Gerade in diesem Bereich sind aber auch Fortschritte festzustellen. Denn mittlerweile ist es nicht mehr möglich, Autos nach Montenegro zum Verkauf einzuführen oder in Montenegro anzumelden, die älter als fünf Jahre sind.

Die Umwelt in Montenegro profitiert von der noch vergleichsweise wenig ausgeprägten Industrie. Die relativ dünne Besiedlung in weiten Teilen des Landes, insbesondere in den nur schwer zugänglichen Bergen, ist ebenfalls ein Vorteil für die Umwelt. Obst und Gemüse wird oft noch ohne Chemie und ungespritzt im heimischen Garten angebaut und später auf dem Markt verkauft. Der Massentierhaltung steht noch immer der Kleinbauer gegenüber, der seine Produkte in

Gutes Essen, Strände, alte Städte: die Hauptattraktionen des Landes

Eigenregie verkauft; BSE hat in Montenegro keine Rolle gespielt. Zumindest in den Dörfern weiß man, von welchem Bauer das Fleisch stammt, und wenn Fisch auf den Tisch kommt, ist dieser oft vom Hausherrn vor wenigen Stunden eigenhändig gefangen worden. Viele Restaurants haben ihre Fischer, von denen sie den in der Nacht gefangenen Fisch täglich beziehen. Lange Transporte im Kühlwagen sind nicht nötig, da der gefangene Fisch bis zum Endverbraucher nicht selten nur wenige Meter zurücklegt und manchmal noch zappelt, wenn er verkauft wird.

In der Tourismuswirtschaft haben die Gesetzte des Marktes schon ein Umdenken bewirkt. Die westlichen Reiseunternehmen verlangen gewisse Standards, gerade in Umweltfragen. Ein Hotel, das noch heute seine Abwässer ungeklärt ins Meer laufen lässt, wird nicht mehr akzeptiert. Viele Hotels besitzen daher mittlerweile eine hoteleigene Kläranlage, waschen Bettzeug und Handtücher nicht mehr jeden Tag und versuchen auch sonst, die Umwelt nicht übermäßig zu belasten.

Einzigartige Beispiele unberührter und auch geschützter Natur sind die verschiedenen Nationalparks. Sie werden gepflegt und verfügen über eigene intakte Ökosysteme. Das Wasser der Flüsse ist klar und die Luft sauber. Obwohl es zu einigen Umweltsünden an der montenegrinischen Küste kommt, ist das Wasser vor der Küste noch immer das sauberste im ganzen Mittelmeer. Algenteppiche sind hier unbekannt.

Den Montenegrinern ist die Einzigartigkeit ihrer Natur und Landschaften bewusst. Sie versuchen sie zu schützen, nicht zuletzt weil eine unberührte Natur auch die Besucher ins Land kommen lässt. Viele Ideen und Pläne zum Schutz der Natur sind ausgearbeitet und werden auch umgesetzt. Die angespannte finanzielle Situation des kleinen Landes und das mitunter noch nicht sehr ausgeprägte Bewusstsein für die Belange des Umweltschutzes sind die Hauptgründe dafür, dass noch nicht überall westliche Standards erreicht sind.

Staat und Gesellschaft

Montenegro ist seit dem 3. Juni 2006 ein souveräner Staat und völkerrechtlich weltweit anerkannt. Laut Verfassung ist Montenegro eine parlamentarisch-demokratische Republik mit freien und geheimen Wahlen und einem Mehrparteiensystem.

Staatsoberhaupt ist der Staatspräsident. Er wird direkt vom Volk für fünf Jahre gewählt und kann nur einmal wieder gewählt werden. Der Staatspräsident schlägt dem Parlament den Kandidaten für das Amt des Ministerpräsidenten vor, er unterzeichnet Gesetze, ruft Parlamentswahlen aus und repräsentiert den Staat Montenegro.

Das Parlament, die Nationalversammlung, besteht aus 80 Abgeordneten, die jeweils für vier Jahre gewählt werden und laut Verfassung unabhängig und nur ihrem Gewissen unterworfen sind. Das Parlament verabschiedet Gesetze und den Staatshaushalt, ratifiziert internationale Verträge, ernennt den Präsidenten, die Regierung und die Verfassungsrichter.

Bei den ersten Parlamentswahlen nach der Unabhängigkeit Montenegros setzte sich ein Bündnis aus DPS (Demokratische Partei der Sozialisten), SDP (Sozialdemokratische Partei), und DUA (Demokratische Union der Albaner) durch. Mit 41 von 80 Sitzen verfügten sie knapp über die absolute Mehrheit im Parlament. Wichtigste Oppositionsparteien sind die Serbische Liste, die SNP (Sozialistische Volkspartei), die NS (Volkspartei) und die DSS (Demokratische Partei Serbiens). Aber auch die politischen Vertreter der sogenannten Minderheiten sind im Parlament vertreten, darunter die Bosniakische Partei, die Kroatische Bürgerinitiative und die Albanische Alternative.

Der Präsidentensitz in Podgorica

Die Regierung ist das wichtigste Organ der Exekutive. Sie bestimmt die Innen- und Außenpolitik und setzt sich aus dem Ministerpräsidenten und seinen Ministern zusammen. Der Ministerpräsident wird vom Staatspräsidenten vorgeschlagen und muss dem Parlament ein Regierungsprogramm und eine Kabinettsliste vorlegen, bevor er gewählt werden kann.

Die montenegrinische Verfassung garantiert die freie Meinungsäußerung, Religions- und Pressefreiheit sowie die Rechte der ethnischen Minderheiten. Zwar ist Montenegrinisch die Amtssprache, aber in Gemeinden mit einer albanischen Mehrheit wie in Ulcinj ist Albanisch als offizielle Sprache erlaubt. So können Kinder in der Schule zwischen Montenegrinisch und Albanisch wählen.

Seit dem Zerfall Jugoslawiens wurde die Politik in Montenegro maßgeblich von Milo Đukanović und seiner Partei, der DPS, bestimmt. Er ist mit Unterbrechungen bis heute der mächtigste Mann in Montenegro, steht für die Abkehr von Milošević und vertrat eine Politik, die den Anschluss an den Westen suchte – und fand. Er gewährte dem serbischen Ministerpräsidenten Zoran Djindjić Schutz, und Montenegro nahm tausende Kosovoflüchtlinge auf. Als in den anderen ehemaligen jugoslawischen Teilrepubliken der Nationalismus grassierte, unternahm er die ersten Schritte, aus Montenegro einen bürgerlich-demokratischen Staat aufzubauen. Konsequent ging er seinen Weg gegen alle Widerstände. Ohne Blutvergießen wurde Montenegro unabhängig.

Aber diese Epoche steht auch für das ›System Đukanović‹, für Günstlingswirtschaft, Protektion, Korruption und organisierte Kriminalität, die ihren Höhepunkt in den 1990er Jahren hatte. Autoschieberei, Menschen- und Zigarettenschmuggel lauteten die nie entkräfteten Vorwürfe. Besonders die jungen Menschen waren lange von den Machenschaften der Regierenden enttäuscht. Sie sahen keine Perspektive in Montenegro.

Seit der Unabhängigkeit Montenegros ist so etwas wie Aufbruchstimmung zu spüren. Der Tourismus und die Privatisierung sollen Geld nach Montenegro spülen. An allen Ecken und Enden wird gebaut, meist mit russischem Geld, während sich die Investoren aus dem Westen noch zurückhalten.

Seit der Unabhängigkeit strebt Montenegro die Mitgliedschaft in der Europäischen Union an. Das Land bewarb sich 2008 offiziell in Brüssel um die Mitgliedschaft. 2010 erhielt Montenegro den Kandidatenstatus, zwei Jahre darauf wurden Beitrittsverhandlungen aufgenommen. Die Europäische Kommission spricht von einem möglichen Beitritt für das Jahr 2025.

Schneller verlief die Aufnahme in die NATO. Nur acht Jahre nach Beginn der Beitrittsverhandlungen folgte die Unterschrift unter das Beitrittsprotokoll. Seit dem 5. Juni 2017 ist Montenegro der 29. Mitgliedsstaat der NATO.

Bildungswesen

Vom 7. bis zum 14. Lebensjahr besuchen die Schüler in Montenegro die sogenannte Grundschule. Anschließend haben die Schüler die Wahl zwischen dem Gymnasium und einer fachspezifischen weiterführenden Schule. Die Schüler müssen sich dadurch in der Regel relativ früh für einen Berufszweig entscheiden. Wer beispielsweise später Musik studieren möchte, muss bereits nach der Grundschule die weiterführende Musikschule besuchen.

Für die Grundschule besteht die allgemeine Schulpflicht. Sie wird von nahezu allen Kindern in Montenegro besucht. Etwa 40 Prozent der montenegrinischen Schüler und Schülerinnen beenden ihre Schullaufbahn mit dem Ende der Grundschule und wechseln direkt in einen Beruf. Die übrigen 60 Prozent besuchen eine fachspezifische weiterführende Schule oder das Gymnasium. Anschließend besteht die Möglichkeit zum Besuch der Hochschulen in Montenegro. Viele Montenegriner studieren aber auch in Serbien, häufig in der Hauptstadt Belgrad. Die größte Universität Montenegros befindet sich in Podgorica. Mehrere zehntausend Studenten sind dort an den verschiedenen Fakultäten eingeschrieben.

Bevölkerung und Konfessionen

Die letzte Volkszählung wurde 1991 durchgeführt und stellt bis heute die aktuellste verlässliche Erhebung dar. Demnach lebten 650 000 Menschen in Montenegro. Davon bezeichneten sich 62 Prozent als Montenegriner. 15 Prozent geben ihre Nationalität mit muslimisch an. Im kommunistischen Jugoslawien hatte Tito den Muslimen den Status einer eigenständigen Nationalität zuerkannt.

Die drittgrößte Gruppe stellen die Serben dar, die neun Prozent der Bevölkerung ausmachen. Besonders der Norden Montenegros, nahe der Grenze zu Serbien, wird von Serben bewohnt. Die Albaner stellen sieben Prozent der Bevölkerung und leben überwiegend in der Region Ulcinj und an der Grenze zum Kosovo. Vier Prozent, oft Menschen aus gemischtnationalen Ehen, bezeichnen sich als Jugoslawen. Die Kroaten machen mit 6000 Personen noch ein Prozent der Bevölkerung Montenegros aus. Sie leben überwiegend in der Bucht von Kotor.

In Montenegro sind auch Menschen anderer Herkunft zu finden. So stößt man auf italienische, russische oder mazedonische Namen und vereinzelt auf Namen, die einen deutschen Ursprung verraten, deren Schreibweise aber der serbischen Sprache angepasst wurde. An der montenegrinischen Küste ist beispielsweise der Nachname ›Klajn‹ nicht unbekannt. Vor dem Zweiten Weltkrieg lebten viele Deutsche in der Vojvodina und siedelten im Zuge des Krieges nach Montenegro um.

Ein Roma in Gusinje

Es wird vermutet, dass die Zahl der emigrierten Montenegriner viel höher ist als die Anzahl der tatsächlich in Montenegro lebenden Menschen. Viele Montenegriner sind noch zu Zeiten von König Nikola in die USA oder nach Australien ausgewandert, später war auch Europa das Ziel der Emigranten. Das Nationalbewusstsein der Exilmontenegriner ist oft sehr viel ausgeprägter und zeigt sich beispielsweise darin, dass man sich auf eine eigene montenegrinische Sprache beruft und sich in Vereinigungen organisiert.

Die Bevölkerungsdichte Montenegros beträgt nur 44 Einwohner pro Quadratkilometer (in Deutschland ist sie etwa fünfmal so hoch). Verantwortlich dafür ist die oft bergige und unzugängliche Landschaft, die in vielen Gebieten eine Besiedlung fast unmöglich macht.

Mit rund 150 000 Einwohnern ist die Hauptstadt Podgorica die größte und bevölkerungsreichste Stadt in Montenegro, Nikšić ist mit 90 000 Einwohnern die zweitgrößte Stadt.

Die Lebensweise der Montenegriner ist vom Jahrhunderte währenden Kampf um die eigene Freiheit geprägt. Die Montenegriner sagen von sich, freiheitsliebend und traditionsbewusst zu sein und berufen sich auf den jahrhundertelangen Kampf, der dazu diente, die Unabhängigkeit zu wahren. Zugleich gelten sie als sehr gastfreundlich und anpassungsfähig, was den vielen ausgewanderten Montenegrinern in der ganzen Welt hilfreich war und kaum zu Integrationsproblemen in der zweiten Heimat führte.

In Montenegro hat der Zusammenhalt der Familie eine sehr große Bedeutung. Nicht nur auf dem Land leben oft drei Generationen unter einem Dach. Während die Eltern berufstätig sind, beaufsichtigen die Großeltern die Kinder. Der Einfluss der Großeltern auf Familienangelegenheiten ist insgesamt sehr groß und führt nicht selten zu erheblichen Konflikten.

Die montenegrinischen Familienstrukturen sind häufig patriarchalischen Charakters. Aber gerade in den vergangenen Jahren sind auch in diesem Bereich vorsichtige Veränderungen festzustellen. So kommt es vor, dass die Frau bei der Eheschließung ihren Mädchennamen behält oder einen Doppelnamen führt, der Ehemann in der Küche anzutreffen ist und die Kinder beaufsichtigt.

In Montenegro wird relativ früh geheiratet. Eheschließungen, bei der die Braut gerade 18 Jahre alt ist, sind keine Seltenheit. Das Durchschnittsalter der Frauen liegt bei der Heirat bei etwa 20 Jahren, der Bräutigam ist vier bis fünf Jahre älter.

Bei den unverheirateten montenegrinischen Frauen nahe der 30 macht sich nicht selten eine gewisse Torschlusspanik bemerkbar. Auch der unverheiratete Mann über 30 kann Anlass für Nasenrümpfen und Tratsch in seiner Umgebung sein. Nach der Eheschließung ziehen die Frischvermählten in der Regel zu den Eltern des Bräutigams. Wohnungsnot und knappe Geldmittel sind die Gründe, nicht gleich eine eigene Wohnung zu beziehen.

Die Montenegriner gehören der christlich-orthodoxen, der römisch-katholischen oder der islamischen Religion an. In Montenegro gilt die Religions- und Glaubensfreiheit, in der montenegrinischen Verfassung ist die Glaubenstoleranz fest verankert. Alle Religionen leben in Montenegro gleichberechtigt nebeneinander und genießen den gleichen Status.

In der jüngsten Vergangenheit wurde versucht, eine eigene orthodoxe Kirche, unabhängig von der serbisch-orthodoxen Kirche, zu etablieren. In der Bucht von Kotor ist der katholische Glaube sehr stark vertreten. Hier leben viele kroatischstämmige Bürger Montenegros. Montenegriner islamischen Glaubens sind sehr stark im Süden Montenegros zu finden, in der Region um Ulcinj.

Sprache und Schriftarten

Seit dem 19. November 2007 steht es in der Verfassung: Die Amtssprache in Montenegro ist Montenegrinisch. Mit dem Wunsch nach Eigenstaatlichkeit wurden in den 1990er Jahren Stimmen laut, die eine montenegrinische Sprache proklamierten. Einer der größten Verfechter dieser Theorie war und ist der Philologe Vojislav Nikčević, heute Leiter des Institutes für Montenegrinische Sprache (Matica Crnagorska) in Podgorica. Er beanstandete eine Serbisierung des Montenegrinischen, verfasste ein Wörterbuch und schuf drei neue Buchstaben, um spezifische Laute der montenegrinischen Sprache verschriftlichen zu können. Kritiker sagen, dass diese Laute nicht auf Montenegro beschränkt sind, sondern auch in Kroatien und in Bosnien vorkommen.

Trotz der neuen Bezeichnung ›Montenegrinisch‹ hat sich Nikčević' Sprachnorm nicht durchsetzen können. Vielen ist der Sprachenname zur Stärkung der nationalen Identität wichtig, mit linguistischen Feinheiten haben sie jedoch wenig im Sinn.

Montenegrinisch wird in Kroatien, Bosnien und Serbien verstanden und auch umgekehrt, was kein Wunder ist, da es nur geringe Unterschiede gibt und zur jugoslawischen Zeit alles unter serbokroatisch und kroatoserbisch firmierte.

Serbokroatisch hat zwei Sprachvarianten: Die ekawische wird in Serbien gesprochen, die jekawische in Kroatien, Bosnien und Montenegro. Obwohl die montenegrinische Variante dem Kroatischen näher ist, wurde sie dennoch nach dem Zerfall Jugoslawiens als Serbisch bezeichnet. Ursache ist wohl die historische und kulturelle Verbundenheit mit Serbien.

In der Region Ulcinj mit seiner albanischstämmigen Bevölkerungsmehrheit ist Albanisch zweite Amtssprache. Im Osten nahe Albanien und dem Kosovo hört man auf der Straße meist auch Albanisch.

Der Besucher muss keine Sprachlosigkeit fürchten. An der Küste wird oft Englisch, Italienisch und auch Deutsch gesprochen. Im Hinterland Montenegros ist es für den ausländischen Reisenden schwieriger, eine gemeinsame Sprache zu finden. Aber die Montenegriner sind gerade dort sehr freundlich und hilfsbereit. Zur Not verständigt man sich mit Händen und Füßen.

In Montenegro werden das lateinische und kyrillische Alphabet verwendet. An der Küste und in den Wintersportgebieten sind lateinische, im Norden Montenegros und dort, wo besonders zahlreich serbischstämmige Montenegriner leben, kyrillische Buchstaben vorherrschend.

Die Flagge Montenegros

Zwei orthodoxe Kirchen konkurrieren um die Gläubigen

Seit 1993 gibt es zwei orthodoxe Kirchen in Montenegro. In diesem Jahr wurde die Montenegrinisch-Orthodoxe Kirche gegründet. Sie sieht sich als Nachfolgerin des Erzbistums von Cetinje und als unabhängige und legitime orthodoxe Kirche Montenegros. Dies missfällt allerdings dem Erzbistum der Serbisch-Orthodoxen Kirche in Montenegro, der Metropolie von Montenegro und dem Küstenland, die bis dahin allein für die orthodoxen Gläubigen Montenegros zuständig war.

Die Montenegrinisch-Orthodoxe Kirche hat ihre Wurzeln im Bistum von Zeta, das 1346 vom serbischen Zar Dušan in den Rang einer Metropolie erhoben und 1455 vom Patriarchen in Konstantinopel anerkannt worden war. Hintergrund war, dass Montenegro zu den wenigen nicht von den islamischgläubigen Osmanen besetzten Regionen auf dem Balkan gehörte und deshalb gestärkt werden sollte. Vom 16. bis ins 19. Jahrhundert war das weltliche und geistliche Oberhaupt Montenegros in einer Person vereint. Bekanntester Herrscher war Petar II. Njegoš (1813–1851), der als Fürstbischof und Dichter (›Der Bergkranz‹) zu einer der wichtigsten Persönlichkeiten Montenegros wurde. Mit der Gründung des jugoslawischen Königreichs verlor die Montenegrinisch-Orthodoxe Kirche jedoch ihre Eigenständigkeit: Sie wurde mit den Metropolien von Belgrad, Karlovac, Dalmatien und Bosnien-Herzegowina zur Serbisch-Orthodoxen Kirche vereinigt. Nach dem Ende des Kommunismus gab es rasch Bestrebungen, die Montenegrinisch-Orthodoxe Kirche wieder ins Leben zu rufen. 1993 formierte sich eine Bürgerinitiative, der sich mehrere tausend Montenegriner anschlossen. 1997 wurde die Montenegrinisch-Orthodoxe Kirche zunächst als Verein registriert, im Januar 2000 aber offiziell vom Staat als Religionsgemeinschaft anerkannt Die anderen orthodoxen Kirchen und der Ökumenische Patriarch in Istanbul verweigern allerdings bis heute ihre Anerkennung. Das hindert die Montenegrinisch-Orthodoxe Kirche aber nicht daran, eigene Kirchenstrukturen zu bilden und einen Teil der Kirchen und Klöster im Land zu beanspruchen.

Die Kirche Sv. Nikola in Kotor

Die montenegrinische Bevölkerung ist derweil gespalten. Wie viele der etwa 400 000 orthodoxen Montenegriner sich zu welcher der beiden Kirchen bekennen, ist unbestimmt. So gibt es derzeit zwei orthodoxe Kirchen in Montenegro mit der gleichen Glaubenslehre und Liturgie. Beide Kirchen haben ihre Zentralen in Cetinje. Allerdings residiert der Serbisch-Orthodoxe Metropolit, Amfilohije, komfortabel im Kloster von Cetinje, während der Montenegrinisch-Orthodoxe Vertreter, Mihailo, sich mit der bescheidenen Kapelle des heiligen Petar von Cetinje begnügen muss. Mihailo wurde 1998 vom bulgarischen Gegenpatriarchen Pirem, einem Reformer, zum Metropoliten ernannt, was jedoch nie die Anerkennung der Orthodoxen Kirche fand. Im Ausland wird die Montenegrinisch-Orthodoxe Kirche kaum unterstützt. Das ökumenische Patriarchat in Konstantinopel hält an der Serbisch-Orthodoxen Kirche fest, ebenso der russische Patriarch.

Ebenfalls serbisch orthodox: die Kirche in Đenović

Mihailo wurde in Bosnien-Herzegowina als Miraš Dedeić geboren. Er war Priester des ökumenischen Patriarchats, bis er aufgrund von kirchlichem Fehlverhalten exkommuniziert wurde. Ähnlich erging es den anderen Priestern der Montenegrinisch-Orthodoxe Kirche, die ebenfalls exkommuniziert oder ihres Priesteramtes enthoben wurden. Mihailo gibt sich demonstrativ liberal, kompromissbereit und um Aussöhnung bemüht. Als einziger orthodoxer Geistlicher nahm er an den Gedenkfeiern in Srebrenica und im kroatischen Vukovar teil. Böse Zungen behaupteten daraufhin, dies habe nur dazu gedient, Beachtung im Ausland zu finden. Das Kirchenoberhaupt wirft seinerseits der Serbisch-Orthodoxen Kirche vor, die 650 orthodoxen Kirchen und Klöster in Montenegro illegal an sich gerissen zu haben. Zugleich versuchte er mit einem Kompromissvorschlag, den Kirchenstreit zu lösen: Die Serbisch-Orthodoxe Kirche solle alle orthodoxen Kirchen in Montenegro öffnen, damit seine Kirche dort ebenfalls Gottesdienste abhalten könne. Amfilohije lehnte diesen Vorschlag jedoch ab, woraufhin Mihailo drohte, beim Europäischen Gerichtshof Klage einzureichen. Das Oberhaupt der Serbisch-Orthodoxen Kirche in Belgrad, Irinej, sieht die Bestrebungen der Montenegrinisch-Orthodoxen Kirche äußerst kritisch und zeigt sich erfreut, dass sie bisher die Mehrheit der orthodoxen Gläubigen in Montenegro nicht hinter sich vereinigen konnte.

Der Serbisch-Orthodoxe Metropolit Amfilohije, der unter anderem in der Schweiz studiert hat und fließend Deutsch spricht, scheint die Konkurrenz nicht zu fürchten und demonstriert auch gegenüber dem montenegrinischen Staat gern seine Macht. 2005 ließ er ohne behördliche Genehmigung eine Blechkirche von einem Hubschrauber auf den Gipfel des Rumija-Gebirges, im Hinterland der Hafenstadt Bar, bringen. Der Staat ließ ihn gewähren, fürchtet er doch das Aufbegehren von den 30 Prozent der montenegrinischen Bevölkerung, die sich zur Serbisch-Orthodoxen Kirche bekennen. Die montenegrinische Regierung bemüht sich offiziell um Neutralität im Kirchenstreit und wartete lange ab, bevor sie die Montenegrinisch-Orthodoxe Kirche offiziell als Religionsgemeinschaft anerkannte. Anschließend enteignete der Staat allerdings 40 der 650 orthodoxen Kirchen des Landes und überließ sie der Montenegrinisch-Orthodoxen Kirche.

In einem Punkt sind sich Amfilohije und Mihailo jedoch einig: Auf dem Gipfel des Lovćen, dort, wo sich heute das Njegoš-Mausoleum befindet, soll wieder eine orthodoxe Kirche errichtet werden.

EXTRA

Wirtschaft

Vor dem Zweiten Weltkrieg war die Industrialisierung in Montenegro wenig ausgeprägt und beschränkte sich auf eine Handvoll Unternehmen und einige Handwerksbetriebe. Der größte Teil der Bevölkerung lebte von der Landwirtschaft. Die wenigen Industriebetriebe wurden während des Krieges zerstört und mussten völlig neu aufgebaut werden.

Einen industriellen Aufschwung erlebte Montenegro im sozialistischen Jugoslawien. Bis zu Beginn der 1980er Jahre stieg die Industrieproduktion kontinuierlich bis auf über das Dreißigfache des Vorkriegsniveaus an. In Podgorica entstand ein gewaltiges Aluminiumkombinat, in Nikšić ein Stahlwerk. Hier wird auch das weit über die Landesgrenze hinaus bekannte Bier gebraut. Nahe Cetinje entstand das größte Werk zur Produktion von Kühlschränken im ehemaligen Jugoslawien. Außerdem wurden Fabriken zur Papierherstellung und zur Verarbeitung von Textilien sowie ein Wasserkraftwerk errichtet.

Die Bemühungen Montenegros, den Ausbau der Industrie voranzutreiben, stießen aber auch auf Kritik, die Rentabilität der montenegrinischen Werke lag stets weit unter denen der anderen Republiken im ehemaligen Jugoslawien. Dies lag zum einen an der geringen Arbeitseffektivität der Werke, zum anderen aber auch daran, dass die Fabriken oft aus Prestigegründen gebaut wurden und weniger am tatsächlichen Bedarf ausgerichtet waren.

Montenegro war während des Krieges im ehemaligen Jugoslawien ebenso wie Serbien dem Embargo der Vereinten Nationen ausgesetzt. Wirtschaftliche Kontakte in westliche Länder mussten auf Eis gelegt werden und kommen nun, nachdem sich die Situation normalisiert und stabilisiert hat, allmählich wieder in Gang. Investitionen ausländischer Firmen und Kapitalgeber kommen dennoch nur zögerlich und in bislang geringem Umfang ins Land.

Holzverarbeitung in Andrijevica

Große Einbußen entstanden durch den Wegfall der Absatzmärkte in den übrigen ehemaligen Teilrepubliken Jugoslawiens. Die Kapazität vieler Betriebe war auf Abnehmer im ganzen Land ausgerichtet. Die Betriebe finden jetzt nur noch unter Schwierigkeiten Kunden für ihre Produkte. Erschwert wurde die Situation, als der montenegrinische Präsident Đukanović einen pro-westlichen Kurs einschlug und damit den Wirtschaftsboykott des Milošević-Regimes auslöste. Nach dem Ende der selbstverwalteten Betriebe, einem Überbleibsel aus kommunistischer Zeit, die damals einen wichtigen Bestandteil von Titos ›Drittem Weg‹ bildeten, entstanden in den folgenden zehn Jahren nahezu 12 000 Betriebe, die sich in privater Hand befinden. Demgegenüber steht die vergleichsweise geringe Zahl von 600 Betrieben, in denen der Staat gegenwärtig noch über die Kapitalmehrheit verfügt.

Wasserkraftwerk am Pivsko-See

Mit der Neugründung der Bundesrepublik Jugoslawien gab sich auch Montenegro eine neue Verfassung. Der freien Marktwirtschaft nach westeuropäischem Vorbild wird darin Priorität eingeräumt. Die Regierung fördert das freie Unternehmertum und möchte die Republik als freien Wirtschaftsraum in Europa etablieren. Zahlreiche Initiativen wurden von der Regierung ins Leben gerufen, um diese Pläne Wirklichkeit werden zu lassen. Darunter war auch die Einführung der Deutschen Mark und anschließend des Euro als offizielles Zahlungsmittel.

Zu den wichtigsten Projekten zählt das Programm ›Freie Wirtschaftszone Montenegro‹. Ziel des Projektes ist es, das kleine Land, ähnlich wie die Schweiz, zu einem Zentrum für internationale Geschäfte und touristische Dienstleistungen zu entwickeln. Insbesondere ausländische Unternehmen sollen mit einer attraktiven Steuergesetzgebung, freier Gewinnverfügung und Zollerleichterungen in das Land gelockt werden.

Vier Wirtschaftszweige sind für Montenegro von besonderer Bedeutung: Tourismus, Landwirtschaft, Energiewirtschaft und Seeschifffahrt.

Mit Abstand an erster Stelle steht der Tourismus, dem damit auch eine herausragende Funktion bei der Entwicklung Montenegros zukommt. Der Fremdenverkehr hat in Montenegro eine lange Tradition. Schon zu Beginn des 20. Jahrhunderts kamen Touristen nach Montenegro, und bereits in den 1930er Jahren wurde der Strand von Bečići als schönster Strand Europas ausgezeichnet. In den 1960er Jahren – unter Tito – wurde auch in Montenegro der Fremdenverkehr als Devisenquelle entdeckt. Neben inländischen Touristen kamen überwiegend Pauschalurlauber aus dem westlichen Europa in die kleine Republik. Besonders deutsche Urlauber reisten gerne an die montenegrinische Küste.

Dies änderte sich schlagartig mit dem Beginn der kriegerischen Auseinandersetzungen im ehemaligen Jugoslawien. In den 1990er Jahren verirrten sich nur noch einige zehntausend Gäste aus Serbien oder Bosnien an die Küste Montenegros, ausländische Gäste blieben fast ganz aus. Dabei war das Gebiet Montenegros nie Schauplatz von Kämpfen. Auch als die NATO Jugoslawien bombardierte, wurde Montenegro weitestgehend verschont.

Wer sich in den 1990er Jahren trotz aller Krisen nach Montenegro traute, erlebte selbst in den Touristenhochburgen einsame Strände, günstige Preise und trotz allem sehr gastfreundliche Einheimische. Daran hat sich bis heute nichts geändert, nur dass die Strände in der Hochsaison nicht mehr ganz so leer sind. Montenegro ist im Ausland zumeist als Sommerurlaubsland bekannt. Vergessen wird oft, dass es außerhalb der Sommermonate ideale Bedingungen für den Wintersport bietet: Kolašin, Žabljak und das Durmitorgebierge sind Begriffe, die viele Wintersportler in Begeisterung versetzen.

Neben dem Fremdenverkehr spielt die Landwirtschaft eine zwar kleinere, aber dennoch bedeutende Rolle. Wegen der bergigen und steinigen Landschaft ist lediglich ein Drittel des Gesamtterritoriums landwirtschaftlich nutzbar, 40 Prozent der Fläche sind bewaldet. 400 verschiedene Pflanzenarten sind in Montenegros Natur zu finden. Viele Pflanzen werden in der Industrie verarbeitet oder medizinisch genutzt.

Die Ebene in der Region Podgorica ist die fruchtbarste in Montenegro. Das Küstengebiet ist bekannt für den Anbau von Südfrüchten wie Pflaumen, Äpfel, Orangen, Trauben, Oliven und Frühgemüse. Hergestellt wird auch Honig und Wein, darunter die weit über die Landesgrenzen bekannten Vranac und Krstac. Auch der Fischfang hat in Montenegro eine nicht zu unterschätzende Bedeutung. Die Fischbestände vor der montenegrinischen Küste sind zwar nicht mehr so reichhaltig wie in früheren Jahren, dennoch bilden Fischfang und -verarbeitung für viele montenegrinische Familien seit Generationen die Lebensgrundlage. Überwiegend aus dem Landesinneren kommen Milchprodukte und Fleischerzeugnisse.

Die Energiewirtschaft könnte in Montenegro eine sehr wichtige Rolle spielen, im Moment ist das Land aber kaum in der Lage, genügend Energie für die eigene Bevölkerung bereitzustellen. Mehrere Stunden ohne Strom an langen Winterabenden sind keine Seltenheit. Oft gibt es dann auch kein Wasser, da der Strom für die Pumpen fehlt. Würde man die Möglichkeiten Montenegros sinnvoll nutzen, könnte die Energiewirtschaft ein wichtiger ökonomischer Faktor werden.

Das Klima und die natürlichen Gegebenheiten machen Montenegro für die Gewinnung von regenerativer Energie interessant. Allein durch eine optimalere Nutzung der Wasserkraft wäre es möglich, doppelt so viel Energie zu gewinnen, als es bisher der Fall ist. Auch für die Gewinnung von Sonnenenergie bietet Montenegro sehr günstige Voraussetzungen. Ihre Nutzung wird zwar vom Staat unterstützt und gefördert, befindet sich jedoch noch in einem Aufbaustadium.

Die Seeschifffahrt hat in Montenegro eine sehr lange Tradition und spielt bis heute eine wichtige Rolle. Im 18. Jahrhundert stellte die Bucht von Kotor eine Hochburg der Seeschifffahrt dar. Über 400 Schiffe drängelten sich durch die Bucht und dann über die Weltmeere.

Die Seefahrer waren für den Reichtum an der montenegrinischen Küste verantwortlich. Noch heute sind die Villen und großzügig angelegten Häuser und Grundstücke als Überbleibsel dieser Zeit zu bestaunen. Perast – heute ein beschauliches Örtchen – war damals Mittelpunkt der Seeschifffahrt und wurde von Persönlichkeiten aus ganz Europa besucht.

Heute gibt es zwei große Seefahrtsunternehmen in Montenegro. Zusammen verfügen sie über Schiffe mit insgesamt einer Million Bruttoregistertonnen. Der größte Hafen Montenegros befindet sich in der Stadt Bar mit einer Umladekapazität von jährlich 4,5 Millionen Tonnen. Darüber hinaus gibt es in Bijela und in Tivat jeweils eine Werft.

Geschichte

Montenegro blickt auf eine ereignisreiche und oft blutige Geschichte zurück. Die Montenegriner waren über Jahrhunderte bemüht, die eigene Unabhängigkeit zu bewahren. Hilfreich war ihnen das bergige und nur schwer zugängliche Land. Während sich das südöstliche Europa über Jahrhunderte der Dominanz der Habsburger und Osmanen beugen musste, bewahrte sich das ursprüngliche Montenegro immer eine gewisse Unabhängigkeit, die oft mit Blut bezahlt werden musste, zugleich die Montenegriner aber auch mit Stolz erfüllt.

Erst im 15. Jahrhundert entwickelte sich ein nationales Bewusstsein, bis dahin bestimmten Stämme die Geschicke. So verwundert es nicht, dass auch später Dynastien und Familien über Jahrhunderte die Herrscher Montenegros stellten.

Auf dem Gebiet des heutigen Montenegro sind noch überall die Spuren der einstmals Mächtigen zu finden, angefangen von den Hinterlassenschaften der Illyrer, Mosaiken der Römer, Stadtmauern und Gebäuden der Venezianer und den Einflüssen der Osmanen mit zahlreichen Moscheen bis hin zu den Denkmälern aus der jüngsten kommunistischen Vergangenheit.

Montenegro ist klein an Fläche, hat aber einen reichen kulturellen Schatz, der sich nicht zuletzt aus seiner Geschichte speist.

Die Römerzeit

Die Römer eroberten in der Zeit von 3 vor bis 14 nach unserer Zeitrechnung den Balkan. Die dort siedelnden Stämme der Illyrer, Daker und Thraker mussten sich der römischen Übermacht beugen. Sie verschwanden im Laufe der Zeit von der historischen Bildfläche, hinterließen aber bis in die Gegenwart ihre Spuren. Die Römer begannen mit dem Bau von Straßen und legten Städte an. Die Urbevölkerung des Balkan wurde romanisiert.

Im Jahr 395 kam es zur Teilung des gewaltigen Römischen Reiches in ein West- und ein Oströmisches Reich. Das Gebiet des heutigen Montenegro fiel in den Machtbereich des Oströmischen Reiches mit dessen Zentrum Konstantinopel. Die Stadt wurde an der Stelle der alten griechischen Siedlung Byzanz errichtet, daher auch der Name ›Byzantinisches Reich‹. Es entwickelte sich zu einer Weltmacht mit dem Anspruch, die griechisch-römische Kultur zu verbreiten.

Mosaik aus der Römerzeit in Risan

Im Jahr 1054 kam es zum Bruch zwischen Rom und Byzanz, Konstantinopel entwickelte sich daraufhin zum Zentrum des östlichen Christentums, der orthodoxen Kirche. Später entstanden nationale Kirchen, wie die griechisch-orthodoxe, die russisch-orthodoxe oder die serbisch-orthodoxe mit jeweils eigenen Patriarchen.

Einwanderung slawischer Stämme

Im 6. und 7. Jahrhundert besiedelten slawische Stämme aus den Gebieten nördlich der Karpaten die Balkanhalbinsel bis zur Adriaküste. Die Slawen vermischten sich mit der romanischen Bevölkerung, in vielen Gegenden kam es zu einer Anpassung der romanischen Kultur. Nach der Besiedlung des Balkans dominierten drei slawische Stämme: Serben, Slowenen und Kroaten.

Im Jahr 811 legten Karl der Große und der byzantinische Kaiser eine vertragliche Vereinbarung über den jeweiligen Einflussbereich fest. Die Grenze verlief gemäß diesem Abkommen südlich der heutigen kroatischen Hafenstadt Split. Montenegro blieb weiter im byzantinischen Machtbereich.

Zeta und die Dynastien

Im Jahr 1018 besiegte Byzanz Bulgarien, und die Bulgaren verloren einige ihrer zuvor eroberten Gebiete. Es kam zur Gründung zweier serbischer Reiche, Raška und Zeta. Im Mittelalter war Zeta die historische Landschaft Montenegros, sein

Zentrum befand sich nahe dem Skutarisee. Obwohl Zeta Teil des serbischen Reiches war, bewahrte es sich eine gewisse Unabhängigkeit und konnte sein Gebiet bis in die heutige Herzegowina erweitern. Nach dem Tode des serbischen Kaisers Dušan zerfiel auch sein Reich, aus Zeta ging das selbständige Fürstentum unter der Führung der Dynastie Balšići hervor. Sie herrschte bis 1421 und wurde dann von der Dynastie der Crnojevićs abgelöst. Im Durmitorgebirge wurde die Hauptstadt Žabljak gegründet. Im Kampf gegen die auf dem Balkan vorrückenden Türken kam es zum Verlust der Tiefebene um den Skutarisee, die Hauptstadt musste aufgegeben werden. Neue Hauptstadt wurde Cetinje. Sie lag hoch oben im Gebirge und war leichter zu verteidigen. Der Kampf gegen die Türken zog sich über einen Zeitraum von fast 500 Jahren hin.

Ivan Crnojević aus der gleichnamigen Dynastie und Sohn von Stefan Crnojević wurde zur Heldenfigur und gilt als Staatsgründer Montenegros. Der ›Schwarze Ivan‹, wie er auch genannt wurde, herrschte von 1465 bis 1490.

Neben der Kriegsführung war er auch an kulturellen Dingen interessiert. So brachte er von einer Reise nach Venedig eine Druckmaschine mit und ließ in der Umgebung von Cetinje eine erste Druckerei errichten. Crnojević veranlasste den Bau des heute noch zu besichtigenden Klosaters von Cetinje, zugleich erweiterte er den Machtbereich der Mönche in der Hauptstadt. Dies hatte zur Folge, dass nach dem Ende der Crnojević-Dynastie der Bischof von Cetinje auch die weltliche Macht in Montenegro übernahm. In Zukunft sollte der kirchliche Einfluss ein wichtiger Faktor im Widerstand der Montenegriner gegen die Türken und die drohende Islamisierung sein.

In den folgenden Jahrhunderten regierten Bischöfe Montenegro. Insgesamt 15 Kirchoberhäupter wechselten sich innerhalb kurzer Zeit als Herrscher ab. Tatsächlich gelang keinem von ihnen, die untereinander zerstrittenen Stämme zu befrieden und zu vereinigen. Dies änderte sich erst mit der Wahl von Bischof Danilo aus dem Geschlecht der Petrović.

Die Festung Kanli Kula in Herceg Novi wurde von den Türken errichtet

Danilo I.

Mit der Machtübernahme durch Bischof Danilo I. (1697–1735) kam es zu kleineren Reformen in Montenegro. Der Bischof stärkte die Macht des Staates und führte die Erbnachfolge der Herrscher ein. Montenegriner, die während der Okkupation der Türken zum Islam übergetreten waren, wurden hart bestraft. Diese Maßnahmen bedeuteten einen Wendepunkt in der Geschichte Montenegros, da die verschiedenen Stämme an Einfluss und Autorität verloren.

Russland unter Peter I. (oft ›Der Große‹ genannt) betrachtete das kleine Montenegro wegen seiner slawisch-orthodoxen Bevölkerung und aufgrund der strategischen Lage als wichtigen Verbündeten im Kampf gegen die Türken. Der Besuch von Bischof Danilo bei Zar Peter hatte zur Folge, dass Russland Montenegro als unabhängigen Staat anerkannte und gleichzeitig wirtschaftliche Unterstützung zusicherte. Neben der gemeinsamen slawischen Abstammung wird dieses Treffen als Grundstein für die prorussische Tradition Montenegros angesehen.

Petar I.

Während dfvfer Regierungszeit von Petar I. (1782–1830) erlangte Montenegro auch durch die Osmanen die staatliche Anerkennung. Das im Nordosten liegende Brdagebiet wurde mit dem übrigen Montenegro vereinigt. Es kam zu einer weiteren Stärkung der staatlichen Gewalt mit dem Ziel, die Stammesfehden zu unterbinden. Die bis dahin übliche Blutrache wurde gar unter Todesstrafe gestellt. Bei den Stammesfürsten wuchs langsam die Einsicht, dass die gegenseitigen Kämpfe das Land schwächen und zur leichten Beute für Feinde machen könnten. In dieser Zeit wurde das erste Allgemeine Gesetzbuch für Montenegro verfasst, einer der ersten Schritte auf dem Weg zu einem modernen Staat.

Petar I., Darstellung um 1820

Im Napoleonischen Krieg kämpft Montenegro an der Seite Russlands. In den Jahren 1805/06 gelang es Montenegro, die französischen Truppen zunächst bis Cavtat und später weiter bis Dubrovnik zurückzudrängen.

Im Jahr 1813 bekam Montenegro für kurze Zeit einen Zugang zum Meer. Gemeinsam mit russischen und englischen Truppen konnte die Bucht von Kotor den französischen Truppen entrissen werden. Kotor befand sich anschließend unter montenegrinischer Kontrolle und stellte eine wichtige Verbindung zwischen dem Meer und dem montenegrinischen Hinterland dar. Aber schon ein Jahr später beschloss der Wiener Kongress, an dem auch der russische Zar Alexander I. teilnahm, Kotor wie auch Dubrovnik und Dalmatien unter die Verwaltung Österreichs zu stellen.

Petar II. Njegoš: Schriftsteller, Philosoph und Politiker

Petar II. Njegoš

Petar II. Njegoš löste Petar I. 1830 als geistlicher und weltlicher Führer Montenegros ab. Njegoš war ein Mann von hoher Bildung, der wichtige Schritte zu einer weiteren Modernisierung Montenegros unternahm. So verbesserte er das Bildungssystem, ließ weitere Schulen errichten, stärkte die Zentralregierung und beschnitt gleichzeitig die Einflussmöglichkeiten der Stämme. 1831 installierte er den Senat als Regierungsbehörde und Keimzelle für eine gesetzgebende Körperschaft.

Obwohl Njegoš eine fortschrittliche Modernisierung vertrat, blieb er zugleich unumstrittener Alleinherrscher, der die Köpfe seiner Feinde auf Pfählen aufspießen und dann in Cetinje öffentlich ausstellen ließ. Neben seinen politischen Aktivitäten war Njegoš Philosoph und Schriftsteller und avancierte später gar zum Nationaldichter seines Landes. Sein wichtigstes Werk ist das 1847 veröffentlichte Buch ›Der Bergkranz‹ (serbisch Gorski Vijenac), in dem er den Kampf gegen die Osmanen und die Verfolgung der zum Islam übergetretenen Montenegriner durch Bischof Danilo im Jahr 1700 beschreibt. Das Buch erschien, als Vuk Karadžić gerade die serbische Schriftsprache reformiert hatte. Njegoš gilt daher auch als Wegbereiter der neuen Schriftsprache.

Danilo II.

Nach dem frühen Tod Njegoš' wurde Danilo II. (1851–1860) sein Nachfolger. Njegoš selbst hatte seinen Neffen als Nachfolger ausgewählt und zur Erziehung nach Russland geschickt, der montenegrinische Senat hätte lieber den älteren Bruder Njegoš', Pero Tomov Petrović, als neuen Landesfürsten gesehen. Der umtriebige Danilo reiste nach Wien und später nach Russland und brachte von dort die Ernennung zum Herrscher Montenegros mit, unterzeichnet vom russischen Zaren. Das Volk unterstützte den beim Machtantritt 22-Jährigen, der Senat dagegen fürchtete sich vor dem fast noch jugendlichen Alter und der Unerfahrenheit von Danilo II.

Seine Regierungszeit stand unter dem Zeichen weiterer Modernisierungen. Erstmals erhielt Montenegro eine Verfassung. Die Osmanen reagierten darauf mit heftigem Protest, der in einer Kriegserklärung gipfelte. Eine gewalttätige Auseinandersetzung wurde nur dadurch verhindert, dass sich Russland und auch Österreich auf die Seite Montenegros stellten.

Erst als die Türken als Sieger aus dem Krimkrieg hervorgingen, erklärten sie Montenegro dem Osmanischen Reich zugehörig. In dieser Situation versuchte Danilo mit einem Memorandum die Großmächte auf die bestehende Unabhängigkeit hinzuweisen. Mit Erfolg: 1878 erhielt Montenegro die internationale Anerkennung als Staat. Danilo II. erlebte diesen Erfolg allerdings nicht mehr.

Neben seiner politischen Erfolge war er besonders wegen seiner Grausamkeiten gegenüber der aufständischen Bevölkerung bekannt. Er starb 1860 eines gewaltsamen Todes. In Kotor wurde er hinterrücks umgebracht; aus Rache, so wird vermutet.

58 Jahre unter König Nikola

Nikola Petrović folgte Njegoš Fürst Danilo als Herrscher in Montenegro und blieb 58 Jahre im Amt. 1876 erklärte Nikola zusammen mit den Serben den Osmanen den Krieg, Russland schloss sich ihnen an. Vorausgegangen war ein Aufstand der herzegowinischen Bevölkerung gegen die Osmanen.

Gemeinsam mit den Verbündeten gelang Montenegro der Sieg. Im Friedensvertrag von San Stefano im März 1878 wurde Montenegro der Küstenstreifen zwischen Budva und Ulcinj zugesprochen. Schon vier Monate später, auf dem Berliner Kongress, wurde der Zugang zum Meer allerdings auf die Stadt Bar einschließlich des Hafens beschränkt. Im Gegenzug wurde das Terrain Montenegros fast verdoppelt. Anhaltender Streitpunkt blieb jedoch weiter die Grenzziehung mit Albanien. 1880 tauschten die Albaner die Stadt Ulcinj gegen südliche Teile Montenegros, dennoch hielten die Auseinandersetzungen mit dem Nachbarland bis zum Ersten Weltkrieg an.

Nikola im Jahr 1911

Die Zeit von 1878 bis zu Beginn des Ersten Weltkrieges war für Montenegro eine längere friedliche Periode. Zuvor hatte sich das kleine Land fast ausschließlich mit der Kriegsführung beschäftigt: Bestand keine Bedrohung durch einen äußeren Feind, bekämpften die Stämme sich untereinander.

Durch die ständigen kriegerischen Auseinandersetzungen waren viele Neuerungen, die andere Staaten erfahren hatten, an Montenegro vorbeigegangen. Nikola nutzte die Gunst der Stunde und brachte umfassende Reformen auf den Weg. Das Gerichts- und Schulwesen wurde ausgebaut, der Handel ausgeweitet, das Post- und Kommunikationssystem erweitert und verbessert, Kulturinstitutionen wurden eingerichtet und das Stadtbild von Cetinje wurde modernisiert und erweitert, so dass es bald einer europäischen Hauptstadt glich. Trotz der Modernisierung des Landes blieb Nikola ein machtbewusster Alleinherrscher, der seinem Volk, unter einer Ulme sitzend, Audienzen gewährte und sich dort die Sorgen und Nöte der Bürger anhörte.

König Nikola wurde auch als ›Schwiegervater Europas‹ bezeichnet. Er verheiratete seine bildhübsche Tochter Jelena mit dem italienischen Kronprinzen Viktor Emanuel III. Eine andere Tochter heiratete den späteren serbischen König Petar Karađorđević. Zwei jüngere Töchter heirateten in die deutsche und russische Kaiserfamilie ein. Seine geschickte Heiratspolitik sicherte ihm nicht nur seine Position in Montenegro, sondern verschaffte ihm darüber hinaus internationale Anerkennung. Im europäischen Gesellschaftsleben wurde er auch aufgrund seines Auftretens in montenegrinischer Tracht zu einer eindrucksvollen Figur.

Unter König Nikola erfuhr Montenegro in vielen Bereichen eine Modernisierung, das Bildungsniveau für weite Teile der Bevölkerung blieb aber niedrig. Wer die Universität besuchen wollte, konnte dies nur in Belgrad tun. Dort kamen die Studenten zugleich mit der Idee einer Demokratisierung in Kontakt und wurden nicht selten der montenegrinischen Agitation verdächtigt.

Zaghafte Versuche der Demokratisierung Montenegros scheiterten an der Unerfahrenheit und der autoritären Herrschaft Nikolas, der politische Veränderungen entschieden ablehnte, nicht zuletzt um seine eigene Machtposition nicht zu verlieren. Der Versuch, eine Opposition in Montenegro zu etablieren, endete mit der Auflösung der Nationalversammlung durch den Machthaber.

Auch die ökonomische Entwicklung kam nur sehr zaghaft in Gang. Industrie, Handel und das Handwerk entwickelten sich vergleichsweise langsam. Erst 1904 – Jahrzehnte später als in vielen anderen europäischen Staaten – wurde die erste Eisenbahnlinie zwischen Bar und Virpazar nahe dem Skutarisee gebaut.

Montenegro war zu dieser Zeit nicht in der Lage, die eigene Bevölkerung zu ernähren und finanzierte 50 Prozent seines Haushaltes mit der Hilfe Russlands. Viele Montenegriner wanderten aus, um den schlechten wirtschaftlichen Verhältnissen zu entkommen, der größte Teil in die USA.

Im Jahr 1910 ließ sich Nikola zum König krönen, im gleichen Jahr führte er die elektrische Beleuchtung in Montenegro ein. Seine Herrschaft sollte noch acht weitere Jahre andauern. In dieser Zeit ließ er seinen ersten Regierungschef Radović für 15 Jahre ins Gefängnis sperren, da dieser den Zusammenschluss mit Serbien gefordert hatte.

Die Regierungszeit Nikolas ging mit Beginn des Ersten Weltkriegs zu Ende. Als die Österreicher 1916 Montenegro okkupierten, flüchtete der König ins Exil und wurde zwei Jahre später für abgesetzt erklärt. Er starb, 79-jährig, 1921 im Exil im südfranzösischen Antibes. 1989 wurden die Gebeine König Nikolas aus Italien nach Montenegro überführt. Mit dem drohenden Zerfall Jugoslawiens und einer Rückbesinnung auf die eigene Nation fielen die Stimmen auf fruchtbaren Boden, die die Heimholung des Königs forderten. Einige sprachen sich gar für die Wiedereinführung eines Königreichs Montenegro aus.

Der Erste Weltkrieg

Trotz Warnungen von allen Seiten sandte der österreichische Kaiser Franz Joseph seinen Thronfolger Franz Ferdinand mit dessen Frau in das wenige Jahre zuvor von den Österreichern annektierte Bosnien und Herzegowina, nach Sarajevo. Der Besuch fand ausgerechnet am ›Vidovdan‹ (28. Juni 1914) statt, dem Tag also, an dem die Serben traditionell die Schlacht auf dem Amselfeld (Kosovo Polje) feiern.

Einem ersten Attentat entging der Thronfolger noch knapp. Seine Frau wurde ins Krankenhaus eingeliefert, jedoch nach einigen Stunden wieder entlassen. Daraufhin setzte das Paar die Fahrt durch Sarajevo im offenen Wagen fort.

Der Balkan am Vorabend des Ersten Weltkriegs

Die Unterzeichner der Korfu-Deklaration

Trotz des ersten Attentatversuchs wurden keine Sicherungsvorkehrungen getroffen. Der serbische Terrorist Gavrilo Princip hatte keine Mühe, sich an den Straßenrand zu stellen und den vorbeifahrenden Thronfolger und dessen Frau mit mehreren Schüssen niederzustrecken.

Nach dem Mord an dem Thronfolgerehepaar rechnete jeder mit einer schnellen Kriegserklärung der k.u.k. Monarchie an die Serben. Die politische Lage in Europa war seit Jahren angespannt, so dass das Attentat von Sarajevo ausreichte, um einen Krieg auszulösen.

Tatsächlich geschah zunächst nichts, und die Angelegenheit geriet fast in Vergessenheit. Dann stellte Österreich-Ungarn den Serben ein Ultimatum, das im Grunde unannehmbar war. In ihm forderten die Österreicher, dass Serbien österreichische Polizei mit allen Befugnissen auf seinem Territorium akzeptieren sollte. Anti-österreichische Propaganda sollte verboten sein, und Serbien sollte die Hintermänner des Attentates von Sarajevo ermitteln und ausliefern.

Als das Ultimatum wider Erwarten doch angenommen wurde, nahm man einige wenige unwesentliche Punkte, die die Serben noch nachverhandeln wollten, zum Anlass, ihnen den Krieg zu erklären. Hatte die Habsburger Monarchie gehofft, mit einem militärischen Erfolg gegen Serbien ihre schwindende Autorität und ihren Einfluss in Europa zurückzugewinnen, sah sie sich bald darauf vor den Trümmern ihrer Politik und bereitete indirekt den Weg für den ersten jugoslawischen Staat.

Slowenien, Kroatien und die Vojvodina gehörten über Jahrhunderte zur Habsburger Monarchie, Bosnien und Herzegowina waren bis 1878, Mazedonien bis 1912 dem Osmanischen Reich unterworfen. Vorbereitet wurde die Geburtsstunde Jugoslawiens schon im Juli 1917 auf der griechischen Insel Korfu. Serbische, kroatische und slowenische Politiker einigten sich dort auf die Grundsätze zur Bildung eines gemeinsamen Staates.

Nachdem die Habsburger Armeen über Serbien hergefallen waren, hatten sich die serbischen Truppen nach einem beschwerlichen Rückzug in Korfu neuformiert. Die Insel war Fluchtpunkt und Sitz der serbischen Exilregierung, ebenso wie für Politiker aus Kroatien und Slowenien.

Am 3. November 1918 unterzeichnete der längst geschlagene Habsburger Kaiser ein Waffenstillstandsabkommen. Der Weg für die Gründung des jugoslawischen Königreiches wurde so frei.

Der erste jugoslawische Staat

Der Zusammenbruch der Habsburger Monarchie und des Osmanischen Reiches führte 1918 zur Gründung des Jugoslawischen Königreiches der Serben, Kroaten und Slowenen, die niemals zuvor in einem gemeinsamen Staatenverbund gelebt hatten. Montenegro tauchte zwar nicht im Staatsnamen auf, war aber Teil des Königreiches. Im Königreich der Südslawen hatten bis dahin nur Montenegro und Serbien politische Souveränität besessen.

In den unwegsamen Bergen Montenegros hatten sich die Bewohner selbst den mächtigen Armeen der Osmanen widersetzen können. Serbien hatte über Jahrhunderte versucht, sich von den türkischen Eroberern zu befreien. Dies gelang, nachdem die Osmanen mit Unterbrechungen 500 Jahre in Serbien geherrscht hatten. Am 29. Oktober 1918 erklärte der Nationalrat in Zagreb die Loslösung Kroatiens von Österreich-Ungarn, der Nationalrat von Bosnien-Herzegowina schloss sich am folgenden Tag an. Montenegro erklärte wenig später den Anschluss des Landes an Serbien. Somit konnte der serbische Thronfolger Alexander Karađorđević am 1. Dezember 1918 das Königreich der Serben, Kroaten und Slowenen proklamieren.

Alexander Karađorđević, serbische Briefmarke 2013 anlässlich seines 125. Geburtstags

Der neue Staat hatte von Anfang an mit seinen ethnischen, religiösen und kulturellen Unterschieden zu kämpfen. Durch die Zugehörigkeit zu verschiedenen Großreichen hatten sich die einzelnen Republiken sozial, ökonomisch und kulturell unterschiedlich entwickelt. In Montenegro sind beispielsweise die islamischen Einflüsse auch in der Gegenwart noch spürbar.

Die Serben hatten nicht nur die zahlenmäßige Mehrheit, sondern brachten auch ein Parlament, die Armee, eine eingespielte Verwaltung und nicht zuletzt das Könighaus mit in den neuen Staat ein. Von Anfang an rührte sich Widerstand gegen die serbische Vormachtstellung, die erstmals am Vidovdan 1921 in Gewalt ausartete; der Prinzregent Pavel entging nur knapp einem Anschlag.

Schon einen Monat später wurde der Innenminister von einem bosnischen Kommunisten ermordet. Daraufhin mussten die kommunistischen Abgeordneten das Parlament verlassen, ihre Partei wurde verboten. Die Mandatsträger der kroatischen Bauernpartei boykottierten die Sitzungen des Parlaments von Anfang an. Als Zeichen ihres Protestes gegen die serbische Vorherrschaft gründeten sie in Zagreb ein Gegenparlament.

Trotz aller Streitigkeiten und Gegensätze wurde im Juni 1921 von der parlamentarischen Versammlung mit der Mehrheit der Stimmen eine zentralistisch geprägte Verfassung verabschiedet. Durch die neue Verfassung erhielt der König eine große Machtfülle. Er ernannte die Regierungsmitglieder, mit dem Parlament bildete er die gesetzgebende Gewalt und er war zudem Oberbefehlshaber der Streitkräfte.

Die Interessen der einzelnen Volksgruppen wurden im Laufe der Zeit immer gegensätzlicher, und der neue Staat drohte auseinanderzubrechen. Die Krise erreichte 1928 ihren Höhepunkt. Der König spielte mit dem Gedanken, Slowenien und Kroatien die Selbständigkeit zuzugestehen und sich mit einem verkleinerten Staat, zu dem auch Montenegro gehören sollte, zufrieden zu geben. Kroaten und Slowenen befürchteten jedoch Gebietsansprüche von Seiten der Italiener und Ungarn und sprachen sich deshalb gegen ein Ausscheiden aus. Um ein völliges Chaos zu verhindern, löste König Alexander das Parlament auf, erklärte die Presse- und Versammlungsfreiheit für abgeschafft und rief die Königsdiktatur aus.

Am 9. Oktober 1934 besuchte der König Frankreich. Als er in Marseille sein Schiff verließ, wurden er und der französische Außenminister von einem Attentäter erschossen. Später stellte sich heraus, dass kroatische Nationalisten die Drahtzieher der Ermordung waren. Nachfolger wurde Alexander Karađorđević, sein erstgeborener Sohn, der als Petar II. regierte. Aus dem Königreich der Serben, Kroaten und Slowenen wurde das Königreich Jugoslawien – lediglich ein neuer Name für ein unverändertes Staatengebilde.

Der Zweite Weltkrieg

Der jugoslawische König unterschrieb einen Freundschaftspakt mit Hitler, in dem unter anderem für den Kriegsfall die gegenseitige Unterstützung vorgesehen war. Das Volk rebellierte gegen diesen Vertrag, es kam zu zahlreichen Demonstrationen in Serbien. Nun traten auch erstmals kommunistische Parteien auf und organisierten den Widerstand. Die Unzufriedenheit und der dadurch entstandene Druck des Volkes rief das Militär auf den Plan. Es erklärte die Regierung für abgesetzt, neuer Regierungschef wurde der Luftwaffengeneral Dušan Simorić. Zu seinen ersten Amtshandlungen gehörte die Unterzeichnung eines Freundschaftspaktes mit Russland. Zugleich suchte er die Nähe zu England. Hitler erklärte er, dass der mit Deutschland geschlossene Vertrag nach wie vor seine Gültigkeit habe. Er hoffte so einen Krieg vermeiden zu können, aber erreichte letztlich genau das Gegenteil. Hitler durchschaute den Plan und befahl den Angriff auf Jugoslawien.

Am 6. April 1941 bombardierte die deutsche Luftwaffe Belgrad, gleichzeitig drangen Truppenverbände in jugoslawisches Territorium ein. Die jugoslawische Armee hatte den zahlenmäßig weit überlegenen Deutschen wenig entgegenzu-

In vielen Orten, wie hier in Andrijevica, erinnern Denkmäler an die Gefallenen der Weltkriege

setzen und war zusätzlich geschwächt, da zahlreiche Wehrpflichtige dem Einberufungsbefehl nicht Folge leisteten oder aus der Armee desertierten. So kapitulierte die jugoslawische Armee bereits am 17. April.

Deutschland und die mit ihm verbündeten Staaten Italien, Bulgarien und Ungarn teilten das Land unter sich auf, in Serbien installierten die Deutschen eine Marionettenregierung mit Sitz in Belgrad. An der montenegrinischen Küste übernahmen die Italiener die Macht.

Die Besatzungsmächte gingen auch in den anderen Teilen Jugoslawiens brutal mit der Bevölkerung um. Ein Befehl des Oberkommandos der Wehrmacht lautete, für jeden getöteten deutschen Soldaten hundert und für jeden verwundeten zehn Zivilisten umzubringen. Zusätzlich wurden zehntausende Jugoslawen als Zwangsarbeiter ins Deutsche Reich verschleppt.

Sehr bald nach der Besetzung Jugoslawiens begann die kommunistische Partei des Landes den Widerstand zu organisieren, im Juni 1941 formierte sich der Hauptstab der Partisanen mit Tito als Kommandanten. Die Partisanen verübten zunächst in verschiedenen besetzten Städten Sabotageakte, einige Monate später wurde offiziell der Beschluss zum bewaffneten Aufstand gefasst. In Montenegro begann der Aufstand am 13. Juli 1941. Dieses Datum wird noch heute als Feiertag begangen.

Die Achsenmächte wurden von dem Widerstand der Partisanen überrascht und hatten bereits große Teile ihrer Truppen in andere Kriegsgebiete verlegt; wenige Wochen zuvor war die Wehrmacht in Russland eingefallen. Schnell brachten die Partisanen ein Fünftel des Landes unter ihre Kontrolle. Als Ende 1941 die erste proletarische Brigade gegründet wurde, standen gerade 80 000 Partisanen einer zahlenmäßigen Übermacht von 600 000 Soldaten der Achsenmächte gegenüber.

Der König war derweil ins englische Exil geflüchtet und versuchte von dort mit Hilfe seiner getreuen Četnik-Verbände die Macht in Jugoslawien zurückzuerobern. Die Četniks unter der Führung von Draža Mihailović kämpften gegen die Partisanen und zeitweise gegen, meist aber mit den Besatzern. 1942 hatten die Partisanen bereits 150 000 Kämpfer in ihren Reihen und genossen breite Unterstützung in der Bevölkerung. Der Befreiungskampf war von zahlreichen blutigen Schlachten gekennzeichnet, zu deren bekanntesten die an der Neretva gehört. Nach dem Krieg wurde sie mit bekannten Hollywoodschauspielern verfilmt.

Das zweite Jugoslawien

Noch während des Krieges beschlossen die Aufständischen, die Entscheidung über die künftige Staatsform Jugoslawiens einer Verfassungsgebenden Nationalversammlung zu überlassen. Bis dahin amtierte eine Koalitionsregierung mit Tito als Ministerpräsident. Bei den Wahlen zur Verfassungsgebenden Nationalversammlung im November 1945 trat die ›Volksfront‹ an, die von der Kommunistischen Partei dominiert wurde. Sie hatte ihre Vorläufer in den anderen Ostblockländern, in denen schon zuvor verschiedene ›Nationale‹ oder ›Vaterländische Fronten‹ gegründet worden waren. Bei den Wahlen errang die Volksfront mit einer gemeinsamen Liste 90 Prozent der abgegebenen Stimmen, was vor allem daran lag, dass es keine wirklichen Alternativen zur Kommunistischen Partei Jugoslawiens (KPJ) gab, die während des Krieges große Sympathien und auch Zulauf erhalten hatte.

Jugoslawien nach 1945

Am 29. November 1945 wurde die Föderative Volksrepublik Jugoslawien ausgerufen und zugleich die Monarchie offiziell für abgeschafft erklärt. Der neue Staat bestand aus den Teilrepubliken Serbien, Kroatien, Slowenien, Makedonien, Bosnien-Herzegowina und Montenegro. Das neue Jugoslawien wurde unmittelbar danach von den Westmächten anerkannt.

Am 31. Januar 1946 wurde die neue jugoslawische Verfassung verkündet. Darin war unter anderem festgelegt, dass jede Republik ihre eigene Verfassung erhielt, die jedoch in Einklang mit der des Bundes zu stehen hatte. Außerdem hatte jede Republik ihr Parlament. Tito versuchte im Gegensatz zu der zentralistischen Regierung im Vorkriegsjugoslawien ein gleichberechtigtes Zusammenleben der verschiedenen Republiken und Nationalitäten zu erreichen. Montenegro, das sein Schicksal in der jüngeren Vergangenheit sehr stark von Serbien abhängig gemacht hatte, bekam den Status einer eigenständigen Republik.

Die Selbständigkeit der Republiken war jedoch begrenzt. Tito glaubte nur mit einer eingeschränkten Souveränität die verschiedenen Interessen der Republiken unter Kontrolle halten und den Zerfall des Landes verhindern zu können.

Der Bruch mit Stalin

Noch während des Zweiten Weltkriegs wurde die Grundlage für den späteren Konflikt mit der Sowjetunion gelegt. Die jugoslawischen Kommunisten waren nicht bereit, sich wie die anderen kommunistischen Parteien der Ostblockstaaten der sowjetischen KP unterzuordnen, waren sie doch ohne die Hilfe der Sowjetunion an die Macht gekommen. Ganz im Gegenteil beanspruchte Tito noch eine Führungsrolle der jugoslawischen Kommunisten gegenüber den Schwesterparteien.

Bereits im November 1944 kam es zu ersten Gesprächen zwischen der jugoslawischen und der bulgarischen Führung über eine Föderation beider Länder. Die Pläne wurden jedoch nicht in die Tat umgesetzt, statt dessen wurde ein Freundschafts- und Beistandspakt zwischen beiden Staaten geschlossen. Zusätzlich sollte eine Zollunion eingerichtet werden. Für Stalin war dies bereits ein Affront. Er fürchtete eine Balkangroßmacht mit Jugoslawien an der Spitze, die sich seiner Kontrolle und seinem Einfluss entziehen könnte. Als Reaktion ließ er Vertreter aus Bulgarien und Jugoslawien zu sich kommen, um beiden die Föderationspolitik auszureden. Der bulgarische Staatspräsident Dimitrov beugte sich dem sowjetischen Verdikt, Tito jedoch forderte die Gleichberechtigung der Kommunistischen Partei Jugoslawiens zu ihrem sowjetischen Gegen-

Josip Broz Tito (1892–1980)

stück. Das wollte die Moskauer Führung nicht hinnehmen und zog in einem ersten Schritt ihre Militärberater und Wirtschaftsfachleute aus Jugoslawien ab. Jugoslawien weigerte sich im Gegenzug, an der in Bukarest stattfindenden Kominform-Konferenz teilzunehmen. Einziges Thema der Konferenz war die jugoslawische ›Abweichung‹.

So kam es im Juni 1948 zu jener historischen Kominform-Resolution, durch die die Kommunistische Partei Jugoslawiens wegen antisowjetischer Haltung, Nationalismus und Abweichung von den Prinzipien des Marxismus-Leninismus aus dem ›Kommunistischen Informationsbüro‹ (Kominform), das heißt aus der Dachorganisation der von Moskau geführten kommunistischen Weltbewegung, ausgeschlossen wurde. Dem Ausschluss folgte ein Wirtschaftsembargo, an dem sich sämtliche Ostblockstaaten beteiligten. Bald darauf wurden auch Freundschafts- und Beistandspakte mit Jugoslawien aufgekündigt.

Der Versuch Stalins, mit diesen Mitteln Jugoslawien zu isolieren, war jedoch nicht erfolgreich, im Gegenteil: Tito beugte sich nicht dem sowjetischen Führungsanspruch, wandte sich jetzt dem Westen zu, hatte aus wirtschaftlichen Gründen aber auch kaum eine andere Möglichkeit. Die USA gingen sofort darauf ein, und wenig später leisteten auch Großbritannien und Frankreich eine intensive Wirtschaftshilfe, so dass der Boykott der Ostblockstaaten seine Wirkung verlor.

Dennoch bestand die Gefahr einer sowjetischen Militärintervention. Stalin ließ im Oktober 1949 Panzer in den kommunistischen Nachbarstaaten auffahren, Jugoslawien bat den Westen daraufhin um Waffenhilfe. Die Amerikaner sagten im Falle einer sowjetischen Invasion Unterstützung zu. Bereits die Gefahr einer Gegenreaktion aus dem Westen genügte indes, um den Konflikt zu entschärfen. Im Februar 1953 kam es zu einem Vertrag über Freundschaft und Zusammenarbeit Jugoslawiens mit den NATO-Mitgliedern Griechenland und Türkei, der später um einen Beistandspakt erweitert wurde.

Trotz der Öffnung zum Westen versuchte Jugoslawien, als sozialistisches Land seinen eigenen sogenannten ›dritten‹ Weg zu gehen. In der Innenpolitik bedeutete das die Einführung der Arbeiterselbstverwaltung und Dezentralisierungsbemühungen. In der Außenpolitik initiierte und förderte Jugoslawien die Bewegung der ›Blockfreien‹. Sie hatte schnell regen Zulauf, in erster Linie von Entwicklungslandern und vielen Staaten, die in diesen Jahren ihre Unabhängigkeit erlangten, die sich nicht von einem der beiden Blöcke instrumentalisieren lassen wollten.

Das Verhältnis zur Sowjetunion besserte sich erst, als Stalins Nachfolger Chruschtschow Fehler in der Jugoslawienpolitik eingestand und den jugoslawischen Weg im Nachhinein befürwortete. Noch heute gelten die Beziehungen zwischen Serbien, aber auch Montenegro auf der einen und Russland auf der anderen Seite als traditionell gut.

Montenegro im Staatenbund mit Serbien

Knapp zehn Jahre nach Titos Tod, Ende der 1980er Jahre, wütete der Nationalismus in Jugoslawien. Der Ostblock war im Begriff sich aufzulösen, und der Kommunismus in seiner Funktion als gemeinsame Ideologie und identitätsstiftender

Momir Bulatović, Republikpräsident ab 1990

Zusammenhalt wurde wirkungslos. Die Wirtschaft lag am Boden, Lösungen für diese Probleme waren von politischer Seite nicht zu erwarten. In dieser Phase traten die Verfechter von Nationalismus und Autonomie in den jeweiligen Republiken in den Vordergrund.

Nationale Bestrebungen hatte es auch unter Tito gegeben, waren aber nie so wirkungsmächtig geworden. Titos Rezept war eine Mischung aus Zuckerbrot und Peitsche. Einerseits wurden nationale Regungen mit militärischer Gewalt im Keim erstickt, wie beispielsweise zu Beginn der 1970er Jahre in Kroatien, anderseits gab Tito den Republiken mehr Macht und ernannte die zu Serbien gehörende Vojvodina und das Kosovo zu autonomen Gebieten.

Auf diese Weise entstand ein ausgeglichenes Kräfteverhältnis zwischen den Republiken. Aufbegehren gab es meist nur kurzzeitig. Der größte Teil der Bevölkerung genoss den im Vergleich zu anderen kommunistischen Ländern hohen Lebensstandard und die Reisefreiheit. Dass der Wohlstand mit Krediten des Westen finanziert wurde, interessierte damals kaum, sollte aber spät teuer bezahlt werden. Tito thronte über all dem mit seinem Ansehen aus der Zeit des Partisanenkampfes und hütete die viel beschworene Brüderlichkeit und Einheit.

Mit Titos Tod, der Auflösung des Ostblocks und der katastrophalen wirtschaftlichen Situation verlor der Vielvölkerstaat seine wichtigsten Grundpfeiler für einen Zusammenhalt. Dafür stießen die Verfechter einer nationalen Politik, die der jeweils anderen Volksgruppe die Schuld an dem Dilemma gaben, auf Rückhall in der Bevölkerung. Ihre Parolen lenkten von den eigentlichen Ursachen der Misere ab, und es kam zu den bekannten kriegerischen Auseinandersetzungen. Montenegro war davon zunächst nur indirekt betroffen.

Bei den ersten demokratischen Wahlen im Dezember 1990 in Montenegro gewannen die Nachfolger der kommunistischen Partei 83 von 125 Mandaten. Momir Bulatović, seit 1981 Vorsitzender der kommunistischen Partei, wurde in einer Stichwahl zum Republikpräsidenten gewählt. Bulatović erwies sich in der Folgezeit als treuer Anhänger des damaligen serbischen und späteren jugoslawischen Präsidenten Slobodan Milošević und befürwortete eine noch engere Anbindung an Serbien.

Aber es gab zu diesem Zeitpunkt auch Stimmen in Montenegro, die für die Loslösung von Serbien sprachen und einen eigenen Staat forderten. Im März 1992 kam es zur Abstimmung über den Anschluss an Serbien. Die Bevölkerungsmehrheit entschloss sich für eine Nachfolge des Jugoslawischen Staates durch Serbien und Montenegro. Aber schon ein Jahr später wurde erneut, unter Verweis auf die eigene Kultur und Geschichte, der Ruf nach der Eigenstaatlichkeit laut. Ein großer Teil der Bevölkerung ging auf Distanz zur Politik des Milošević-Regimes, auch die orthodoxe Kirche Montenegros erklärte zu diesem Zeitpunkt ihre Eigenständigkeit. In der orthodoxen Welt galt dies als Schritt von großer Bedeutung.

Milo Đukanović, ein Parteifreund und langjähriger Weggefährte des Milošević-Anhängers Bulatović, versuchte sich mit einer westlich orientierten Politik und der Hinwendung zur Demokratie von seinen Vorgängern abzuheben. Zwangsläufig führte diese neue Politik zu Konflikten mit den Machthabern in Belgrad. Bis zur Absetzung von Milošević wurden alle Kontakte auf politischer Ebene eingefroren.

Demokratisierungsversuche und Reformen auf kommunaler Ebene wurden von Belgrad vereitelt, Unterstützung fand die neue Politik Montenegros aber im Westen. Hier hoffte man mit der Hilfe Đukanovićs einen Stein ins Rollen zu bringen, der auch Belgrad erreichen würde.

Als die Situation im Kosovo eskalierte, kam es zum offenen Konflikt zwischen den Regierungen in Belgrad und Podgorica. Montenegro ging auf Distanz zur Führung in Serbien und verurteilte das serbische Vorgehen im Kosovo. Đukanović weigerte sich auch, in Montenegro das Kriegsrecht auszurufen, als die Nato Jugoslawien angriff, und suchte das Gespräch mit westlichen Regierungen. Immerhin erreichte er so, dass die Nato die kleinere Teilrepublik vergleichsweise seltener zum Ziel ihrer Bombenangriffe machte.

Um die Politik Đukanović' auch innenpolitisch zu unterstützen, stellte der Westen Wirtschaftshilfe in Millionenhöhe in Aussicht. Montenegro sprach sich nun offen für eine Loslösung von Jugoslawien für den Fall aus, dass die Beziehungen zwischen beiden Teilrepubliken nicht neu geregelt und auf eine gleichberechtigte Grundlage gestellt würden. In dieser Zeit schaffte die Regierung in Podgorica die Visumspflicht für EU-Staatsbürger ab und führte die D-Mark als offizielles Zahlungsmittel ein.

Milo Đukanović – hier mit Ehefrau und den Obamas – dominiert die Politik des Landes seit Jahrzehnten

Die Parlamentswahlen im April 2001 machten einmal mehr deutlich, dass das Land in der Frage einer Loslösung von Serbien und die Gründung eines eigenen Staates gespalten war. Vor den Wahlen schien die absolute Mehrheit für Đukanović und sein Bündnis ›Sieg für Montenegro‹ sicher, das anschließende Referendum über die Eigenstaatlichkeit dann nur eine Formsache zu sein. Nach Auszählung der Stimmen war alles ganz anders: Đukanović gewann mit über 46 Prozent der Stimmen zwar die Wahl, erreichte aber nicht die zur Durchführung des Referendums nötige absolute Mehrheit.

Đukanović hielt auch nach dem für ihn enttäuschenden Wahlausgang an seinen Plänen fest, Montenegro in die Eigenstaatlichkeit zu führen. Die EU sprach sich dagegen nach wie vor für den Verbleib Montenegros in einem Jugoslawien gemeinsam mit Serbien aus.

Im April 2002 setzten die Präsidenten Montenegros und Serbiens ihre Unterschrift unter einen Kompromiss, der mit Hilfe der EU ausgehandelt worden war. Beide Teilrepubliken sollten weiter einen Staat bilden, nun unter dem Namen ›Serbien und Montenegro› und nicht mehr als ›Jugoslawien‹. Unter diesem Dach genossen beide Republiken eine relativ große Freiheit: Nur die Außen- und Verteidigungspolitik wurde unter der gemeinsamen Verantwortung fortgeführt, die Währungspolitik, das Zollsystem und auch die Wirtschaftspolitik bestimmten jede Teilrepublik eigenverantwortlich.

Montenegro wird ein souveräner Staat

»Erlauben Sie mir mitzuteilen, dass Montenegro durch den Willen seiner Bürger seine Unabhängigkeit wieder hergestellt hat«. Diese Worte sprach Premierminister Milo Đukanović noch in der Nacht nach dem Referendum am 21. Mai 2006.

Die Abstimmung hatte die Wähler mobilisiert. Die Wahlbeteiligung lag bei rekordverdächtigen 86,5 Prozent, aber letztendlich gaben lediglich 2100 Stimmen den Ausschlag. Über 55 Prozent machten ihr Kreuz neben ›Da‹, dem ›Ja‹ für die Souveränität, knapp 45 Prozent votierten mit Nein. Der EU Sonderbeauftragte Javier Solana hatte mindestens 55 Prozent Ja-Stimmen gefordert, damit die Wahl von der EU anerkannt werden würde, und zahlreiche Wahlbeobachter geschickt. Die zeigten sich zufrieden: Keine Unregelmäßigkeiten.

Am 3. Juni verkündete das Montenegrinische Parlament in Podgorica die Unabhängigkeit des Landes und besiegelte damit das Ende des Staatenbundes mit Serbien.

Somit war auch die letzte Teilrepublik des ehemaligen Jugoslawien selbständig geworden. Serbien erkannte am 15. Juni 2006 Montenegro an und hatte sich zuvor zum Rechtsnachfolger des bis dahin gemeinsamen Staates erklärt. Montenegro musste sich bei allen internationalen Institutionen, wie den Vereinten Nationen oder auch der FIFA, neu bewerben.

In der Wahlnacht wollte daran noch niemand denken. Die Menschen feierten in den Straßen Podgoricas. Sie schwenkten ein Meer aus roten Fahnen und schossen Böller und Feuerwerk ab. Für Đukanović, der als ›Macher‹ der Unabhängigkeit gilt, war es der wichtigste Tag in der Geschichte Montenegros.

Von 1991 bis 2006 stand er faktisch an der Spitze Montenegros, und seit er sich 1997 von Slobodan Milošević distanziert hatte, trieb er das ›Projekt Unabhängigkeit‹ voran, musste aber auch den einen oder anderen Rückschlag hinnehmen. 2002 fürchtete die EU um die Stabilität auf dem Balkan und sprach sich gegen ein Referendum aus. Ein Jahr darauf wurde der Staatenbund mit Serbien gegründet – eine Ehe, die zunächst nur auf drei Jahre angelegt war und nie funktionierte. Montenegro hatte bereits zuvor eine eigene Währung, Polizei und Gerichtsbarkeit eingeführt, betrieb Außenhandel und litt unter der mangelnden Zusammenarbeit Serbiens mit dem Haager Tribunal, für die Montenegro die Konsequenzen mittragen musste.

Fast zehn Jahre dominierte nur ein Thema die montenegrinische Politik: Souveränität oder Staatengemeinschaft mit Serbien. Die Meinungen dazu entzweite Arbeitskollegen, Freunde und sogar Familien. Die von einer serbischstämmigen Bevölkerungsmehrheit dominierten Gebiete im Nordosten drohten ihrerseits mit Autonomie, Unabhängigkeit und einem Anschluss an Serbien. Nach dem Referendum blieb jedoch alles ruhig. »Niemand soll sich als Verlierer fühlen«, hatte Đukanović kurz nach Bekanntgabe des Wahlergebnisses das Volk beschworen und gleich neue Ziele abgesteckt: Die Aufnahme Montenegros in die EU.

De neue Flagge an einem Balkon in Kotor

Milo Đukanović

Erst 29 Jahre ist Milo Đukanović alt, als er 1991 Premierminister Montenegros wird – der jüngste in Europa. 15 Jahre später führt er Montenegro in die Unabhängigkeit. Ohne Zweifel war und ist er einer der wichtigsten Politiker Montenegros. Milo Đukanović wird am 15. Februar 1962 als Sohn eines Richters in Nikšić geboren. Er besucht das Gymnasium und studiert anschließend Wirtschaftswissenschaften in Podgorica. Während seines Studiums tritt er dem ›Bund der Kommunisten Jugoslawiens‹ bei und steigt rasch zum Mitglied des Zentralkomitees auf. Nach dem Zerfall Jugoslawiens gehört er zu den Gründungsmitgliedern der Demokratischen Partei der Sozialisten (DPS), die aus der Kommunistischen Partei hervorgeht. Zu Beginn seiner Karriere ist Đukanović noch ein Verbündeter Miloševićs, der ihm gewisse Freiräume gewährt, auch als Vorwürfe laut werden, Đukanović sei am Zigarettenschmuggel beteiligt und damit einer der reichsten Männer Europas geworden. Đukanović bestreitet illegale Geschäfte. Die Zigaretten seien in Montenegro nur zwischengelagert worden, dafür sei eine Gebühr bezahlt worden; mit diesen Argumenten versucht er die Vorwürfe zu entkräften. Nach Ende des Krieges in Bosnien-Herzegowina vollzieht Đukanović einen Sinneswandel und geht auf Distanz zu Milošević. Innerhalb der regierenden DPS kommt es zum Richtungsstreit zwischen Đukanović und Momir Bulatović, zu diesem Zeitpunkt Präsident Montenegros und ein Verbündeter Miloševićs. Bulatović verlässt die DPS und gründet die Sozialistische Volkspartei. Đukanović entscheidet die dadurch nötig gewordenen Neuwahlen knapp für sich und wird, gerade 36-jährig, Präsident Montenegros.

Đukanović sucht fortan den Kontakt zum Westen, der ihn als Gegenpol zu Milošević sieht und gern hofiert. Montenegro existiert zu diesem Zeitpunkt als Teilrepublik Jugoslawiens nur noch auf dem Papier. Zölle und Steuern werden nicht mehr nach Serbien abgeführt, die Visumspflicht für Montenegro abgeschafft und die Grenzen zu Kroatien geöffnet. Đukanović führt die D-Mark, später den Euro als Hauptwährung in Montenegro ein und treibt die Privatisierung voran. Während des Kosovo-Krieges gewährt Montenegro Zoran Đinđić Schutz und nimmt zehntausende Kosovo-Flüchtlinge auf. Mehrfach entschuldigt sich Đukanović für die montenegrinische Beteiligung an dem Beschuss Dubrovniks während des Krieges. Der Westen unterstützt Đukanović mit Krediten in Millionenhöhe. Die USA helfen beim Aufbau einer 20 000-Mann starken Polizeitruppe, die treu zu Đukanović steht und Milošević von einem Einmarsch in Montenegro abhalten soll. Đukanović' hält mit seinem großen Ziel nicht hinter dem Berg: Montenegro soll ein unabhängiger Staat werden. Doch das Volk ist in dieser Frage gespalten. Auf Druck der EU stimmt Đukanović einem Staatenbund Serbien-Montenegro zu, allerdings mit der Option, nach drei Jahren per Referendum über die Unabhängigkeit entscheiden zu können. 2006 ist es soweit: Mit einer hauchdünnen Stimmenmehrheit von 0,5 Prozent entscheidet sich Montenegro für die Souveränität. Bei den anschließenden Parlamentswahlen kandidiert Đukanović nicht mehr. Als jedoch sein Nachfolger Željko Šturanović im Frühjahr 2008 schwer erkrankt zurücktritt, stellte sich Đukanović erfolgreich wieder zur Wahl, ebenso 2012 und 2018. Den Tag der Unabhängigkeit nennt er den wichtigsten in der Geschichte Montenegros, wohl wissend, dass er sich seinen Platz in den Geschichtsbüchern, neben Petar Petrović Njegoš und König Nikola, gesichert hat.

Kunst und Kultur

Auch in Montenegro unterlagen Kunst und Kultur in der Vergangenheit den unterschiedlichsten Einflüssen. Die wechselnden Machthaber auf dem Balkan brachten ihre eigenen kulturellen Merkmale mit, und noch heute sind diese Einflüsse in Montenegro deutlich sichtbar. Von Bedeutung ist ebenfalls, dass die Region um Montenegro lange Zeit die Grenze zwischen Ost und West und somit auch zwischen verschiedenen Religionen und Kulturen darstellte. So hat die Habsburger Monarchie ebenso ihre Spuren und Einflüsse in Montenegro hinterlassen wie die Osmanen und einige hundert Jahre früher die Venezianer, als sie ihre Macht bis zu den Küstengebieten Montenegros ausweiten konnten.

Obwohl die kulturellen Hinterlassenschaften der verschiedenen Völker und ihrer Herrscher noch heute in Montenegro spürbar sind, stammen die stärksten Einflüsse aus der Zeit der Dynastien, wie zum Beispiel der Nemjić, Balšić, Crnojević und Petrović, die alle dem orthodox-byzantinischen Kulturkreis zuzuordnen sind.

Die unterschiedlichen kulturellen Merkmale bestanden lange Zeit unabhängig voneinander, traten zeitweise stärker hervor, verschwanden aber auch bald wieder in den Hintergrund. Erst das Aufkommen eines nationalen Bewusstseins zur Zeit von Ivan Crnojević stärkte den Blick für eine eigene Kultur und eine spezifische Kunst. Eine tragende Rolle bei der Entwicklung einer eigenen montenegrinischen Identität und somit auch einer montenegrinischen Kultur spielte die orthodoxe Kirche. Die von ihr erbauten Klöster stellten lange Zeit die wichtigsten geistigen Zentren dar.

Bereits am Ende des 15. Jahrhunderts wurde in Montenegro die erste staatliche Druckerei in Betrieb genommen. Auch hier spielte die Kirche eine wichtige Rolle: In erster Linie wurden religiöse Bücher von hohem künstlerischen Wert geschaffen.

Hypnos, der Gott des Schlafes, als Mosaik aus der Römerzeit

Erst als sich Montenegro im 19. Jahrhundert als Nation verstand, entwickelte sich eine Art bürgerliche Kunst. Nach der Anerkennung Montenegros als Staat kam es zu zahlreichen Kontakten mit anderen europäischen Staaten. Junge Leute verließen ihre Heimat, um an den großen europäischen Universitäten zu studieren. Neue Kontakte und Erfahrungen brachten auch neue Strömungen und Einflüsse in die montenegrinische Kultur. Zugleich fand die montenegrinische Kunst sehr viel mehr Aufmerksamkeit als zuvor, Künstler und Dichter wie Dado Đurić und Petar Lubarda erreichten Weltruhm.

Für die Montenegriner hat die Kultur immer eine zentrale Rolle in der Geschichte gespielt. Künstler wie Poeten genießen große Anerkennung in der Bevölkerung. So ist es nicht verwunderlich, dass eine der größten Persönlichkeiten des Landes, Petar II. Petrović Njegoš (1813–1851), nicht nur ein herausragender Dichter war, sondern zugleich auch zum Glaubens- und Staatslenker wurde.

Bereits im 15. Jahrhundert wurden in Montenegro erste Sammlungen angelegt, wertvolle Bücher, aber auch Kriegstrophäen aufbewahrt. Die Seefahrer an der montenegrinischen Küste verschönerten ihre Villen mit kostbaren Gegenständen, die sie von ihren Reisen aus den verschiedensten Ländern mitbrachten. Zugleich wuchsen die Sammlungen und Schatzkammern in den Kirchen und Klöstern. Das Kloster in Cetinje und die Kirche Sveti Trifun in Kotor beherbergen noch heute diese wertvollen Gegenstände, ebenso wie viele andere Kirchen und Klöster im ganzen Land.

Im Jahr 1868 erklärte König Nikola per Erlass das Sammeln und die Pflege historischer Gegenstände zu einer staatlichen Aufgabe. Die Schätze der damaligen Residenz wurden staatliches Eigentum und in Museen zur Schau gestellt. Das erste Theater und zugleich Museum in Montenegro war das Gebäude Zetski Dom in Cetinje. Schnell folgten weitere ähnliche Einrichtungen.

Nach dem Zweiten Weltkrieg wurde eine Modernisierung der Museen vorgenommen. Zahlreiche zusätzliche Archive und Institutionen des Denkmalschutzes wurden ins Leben gerufen. Viele montenegrinische Städte eröffneten eigene historische Museen. Fast jeder größere Ort an der montenegrinischen Küste verfügt heute über eigene Archive, Museen und Galerien.

In Montenegro muss man jedoch nicht unbedingt ein Museum besuchen, um sich mit der montenegrinischen Geschichte und Kultur vertraut zu machen. Wer den Tag beispielsweise an einem der attraktiven Strände in der Umgebung von Budva verbringt, kann abends durch die Altstadt von Budva flanieren und wird dort an jeder Ecke Zeugnisse einer 2500 Jahre alten Vergangenheit finden. Die alte Stadtmauer ist nur einer der Belege dafür. Die Stadt Risan in der Bucht von Kotor ist historisch ebenfalls von großer Bedeutung. Archäologen fanden Mosaike, die den griechischen Gott Hypnos darstellen und römischen Ursprungs sind.

Nur wenige Kilometer von Risan entfernt befindet sich Kotor. Die Altstadt ist von einer von den Venezianern gebauten vier Kilometer langen Stadtmauer umgeben, innerhalb derer sich die im 11. Jahrhundert errichtete Kirche des heiligen Trifun befindet. Hier ist auch der Sitz einer der ältesten Seefahrerorganisationen, die Flotte von Bokelj. Sie wurde im 11. Jahrhundert gegründet.

Und so kann man von Kotor weiter bis Ulcinj reisen, der südlichsten Stadt in Montenegro. In jedem Ort stößt man auf beeindruckende Zeugnisse aus der Vergangenheit. Die altertümlichen Küstenstädte Montenegros gelten als die Juwelen des Landes, dennoch muss sich das Hinterland, allen voran mit seiner ehemaligen Residenzstadt Cetinje, nicht verstecken.

Theater

Theateraufführungen und die Schauspielkunst haben in Montenegro eine lange Tradition, bereits im Mittelalter gab es Theateraufführungen. Aufführungsstätten waren damals in erster Linie Kirchen, hatten die Stücke doch fast ausnahmslos religiöse Inhalte. In Kotor fungierte die Kathedrale Sveti Trifun als Aufführungsort.

Das erste Theater an der montenegrinischen Küste wurde 1808 auf Initiative der französischen Besatzungsmacht ins Leben gerufen. Die Stücke wurden oft in italienischer oder auch deutscher Sprache gespielt. Erst ab 1860 wurde es üblich, die Aufführungen in serbischer Sprache abzuhalten und so auch für das gemeine Volk zugänglich zu machen.

Einen spürbaren Aufschwung erlebte das Theater während der Herrschaft König Nikolas, der nicht nur ein Liebhaber von Dramen war, sondern die Theaterwelt aktiv unterstützte und auch selbst Stücke schrieb. So erstaunt es nicht, dass das 1883 aufgeführte Stück ›Balkanska carica‹ (deutsch: Balkankönigin) aus der Feder des Staatsoberhauptes stammte.

Das älteste Theater Montenegros befindet sich in Cetinje

Zu dieser Zeit fanden die Aufführungen üblicherweise in Privathäusern statt, reine Spielstätten wurden erst später errichtet. Das erste Theater in Montenegro wurde 1896 gebaut und bekam den Namen, den es noch heute trägt: ›Zetski Dom‹. Zu Beginn des 20. Jahrhunderts hatten sich bereits elf – teils private – Theaterensembles gegründet.

Die beiden Weltkriege zwangen auch die Theater zu einer längeren Pause. Nach dem Zweiten Weltkrieg gab es fünf Theater in der kleinen Republik, darunter hatten die in Podgorica, Nikšić und Kotor eigene Spielstätten.

Gegenwärtig gibt es zwei professionelle Theaterensembles in Montenegro, das ›Stadttheater Podgorica‹ und das ›Montenegrinische Volkstheater‹, auch Nationaltheater genannt. Daneben gibt es zahlreiche Amateurtheatergruppen, die Aufführungen auf einem sehr hohen Niveau im ganzen Land geben. In Herceg Novi wird jedes Jahr das Festival des Amateurtheaters veranstaltet.

Das ›Montenegrinische Nationaltheater‹ (Crnogorsko narodno pozorište) wurde 1953 gegründet. Auf dem Spielplan stehen Werke einheimischer und internationaler Autoren. Die Klassiker werden aufgeführt, aber auch moderne Stücke von Gegenwartsautoren wie beispielsweise Rainer Werner Fassbinder. Immer wieder kommen Gastregisseure nach Podgorica, um mit dem Ensemble des Theaters Stücke einzustudieren. Das ursprüngliche Theatergebäude brannte im Jahr 1989 völlig aus. Acht Jahre später wurde das neue, moderne Theater fertiggestellt und in Betrieb genommen. Anlässlich der Neueröffnung des Theaters wurde – wie konnte es anders sein – ›Der Bergkranz‹ von Njegoš aufgeführt. Die bekanntesten Schauspieler des Landes haben früher oder später in Podgorica auf der Bühne gestanden. Theaterfreunden sind Namen wie Voja Brajović, Slobodan Aligrudić und Boro Begović, um nur einige wenige zu nennen, ein Begriff (Das Theater im Internet: www.cnp.me).

Das andere wichtige Theater in Podgorica ist das ›Stadttheater‹ (Gradsko pozorište). Es begann im Jahr 1951 mit den ersten Proben. Zunächst war es ein reines Amateurtheater, das Vorstellungen für Kinder gab. Sehr bald stellten sich große Erfolge ein. Aus der Amateurtruppe wurde ein professionelles Theater, das sich schnell zu dem erfolgreichsten Kindertheater im ehemaligen Jugoslawien entwickelte. Man beschränkte sich jedoch nicht nur auf Stücke für Kinder, sondern spielte auch Erwachsenentheater. Im ganzen Land wurden Vorstellungen gegeben. Das Ensemble trat auch auf Festivals im Ausland mit Erfolg auf und gewann zahlreiche Preise.

In Cetinje befindet sich das älteste Theater in Montenegro – Zetski Dom. Mit dem Bau des Gebäudes wurde bereits im Jahr 1884 begonnen. Anlass für die Errichtung war die Machtergreifung der Crnojevićs 400 Jahre zuvor. Ohne die Theaterliebe König Nikolas wäre das Projekt vermutlich nicht realisiert worden. Die König steuerte auch gleich selbst einige Stücke bei, die im Theater aufgeführt wurden.

Gespielt wurde in einem Saal mit 140 Zuschauerplätzen. Das Theater wurde später vorübergehend in ›Königliches montenegrinisches Volkstheater‹ umbenannt. Bis 1913 wurden die Klassiker gespielt, während des Ersten Weltkriegs blieb das Theater geschlossen. Es öffnete seine Pforten 1931 erneut, bis der Zweiten Weltkrieg dem Theater ein wenn auch nur vorläufiges Ende bescherte. Heute kommen internationale Regisseure nach Cetinje, um zu inszenieren. Charakteristisch für das Theater in der alten Residenzstadt ist, dass es bis in die Gegenwart über kein festes Repertoire verfügt.

Bildende Kunst

Lange bevor die Slawen den Balkan besiedelten, entstanden bedeutende Kunstwerke. Die künstlerischen Vermächtnisse der Illyrer, Römer, Osmanen und anderer Völker wurden über Jahrhunderte in den Schatzkammern der Kirchen aufbewahrt und werden noch heute in den Museen Montenegros gezeigt. Besonders in den Gotteshäusern an der montenegrinischen Küste sind alte und kunstvolle Goldschmiedearbeiten zu finden.

Auch die Ikonenmalerei hat eine sehr lange Tradition in Montenegro. Die montenegrinische Schule der Ikonenmalerei wurde nicht nur von einheimischen Künstlern besucht. Aus ganz Europa kamen junge Menschen, um ihre Fertigkeiten zu vervollkommnen. Die Werke der Ikonenmaler sind heute in fast allen Kirchen Montenegros zu finden.

Die bildende Kunst entwickelte sich erst relativ spät in Montenegro, stellte aber eine wichtige Grundlage für die zeitgenössische Kunst des Landes dar. Unter den bildenden Künsten ragt besonders die Malerei hervor. Zu den wichtigsten Malern älteren Generationen gehören Milo Virbica, Pero Poćek, Ilija Šobajić und Đoko Popović.

Die montenegrinische Küste stand lange Zeit unter der Herrschaft der Venezianer. So sind die Einflüsse der Gotik und der Renaissance noch heute deutlich sichtbar. Einflüsse des Barock sind in Skulpturen und in der Malerei aus dieser Zeit wiederzufinden. Einer der wichtigsten Maler dieser Epoche ist Tripo Kokolja (1661–1713). Über sein Leben ist wenig bekannt, so dass viele Erkenntnisse über ihn aus seinen Werken abgeleitet wurden. Analysten haben festgestellt, dass Kokolja ein Autodidakt in Bezug auf seine Malerei ist und eine akademische Ausbildung wohl nicht genossen hat. Kokolja lebte zu einer Zeit in Perast, als die Stadt ihre Blütezeit erlebte und auch die Kultur eine wichtige Stellung einnahm. Perast hatte gute Verbindungen in die damals wichtigsten Städte Südeuropas. Diese Einflüsse sind im Werk Kokoljas feststellbar.

Viele Kirchen weisen einen reichen Schatz an kostbaren Kunstwerken auf

Einer der bedeutendsten montenegrinischen Künstler der Gegenwart ist der Maler Petar Lubarda (→ Seite 67). Er wurde 1905 in Ljubotinj geboren, einem kleinen Ort nahe Cetinje. Er studierte an der Kunsthochschule in Belgrad und wurde später in Paris mit dem Grand Prix ausgezeichnet. Zahlreiche weitere internationale Auszeichnungen folgten, darunter der erste Preis der Biennale in Tokio. Seine Bilder wurden in fast allen großen europäischen Städten aus-gestellt, auch in Frankfurt und Berlin. Petar Lubarda starb 1974 in Belgrad. Sein Werk wird in einer ständigen Ausstellung in der Kunstgalerie in Cetinje gezeigt.

Zu den wichtigen zeitgenössischen Malern Montenegros gehören Anastas Bocarić, der in Budva zur Welt kam und in Athen ausgebildet wurde, sowie Milo Milunović. Er wuchs in Cetinje auf, erhielt seine künstlerische Ausbildung in Italien und lebte später lange Zeit in Paris. Seine Bilder wurden in Paris und Moskau sowie in vielen Städten des ehemaligen Jugoslawien ausgestellt. Zu nennen sind auch Branko Filipović-Filo, Miodrag-Dado Djurić sowie Vojo Stanić und der Bildhauer Risto Stijović.

Literatur

Die montenegrinische Literatur ist eng mit dem Namen Njegoš verbunden. Sein Werk ›Der Bergkranz‹ war Pflichtlektüre für alle Schüler im ehemaligen Jugoslawien. Auch über die Grenzen Montenegros hinaus ist sein Name bekannt. Doch die Geschichte der montenegrinischen Literatur begann weit vor der Geburt des Bischofs und späteren Staatsoberhauptes. Bereits im 12. Jahrhundert wurden in Montenegro die ersten Bücher verfasst. Geistige Würdenträger schrieben und gestalteten Texte und Bücher in mühevoller Handarbeit und mit reichhaltigen Verzierungen. Inhalte waren religiöse und kirchliche Themen. Das Evangelium nach Miroslav wurde in dieser Zeit aufgezeichnet. Ein weiteres bekanntes Buch aus dieser Epoche stammt von einem unbekannten Autor, es wird aber vermutet, dass es sich um einen katholischen Priester aus der Gegend der Küstenstadt Bar handelt. Das Buch beschäftigt sich mit der Besiedlung des Balkans durch die Slawen.

Miodrag Bulatović

Ein wichtiger Meilenstein in der Literaturgeschichte Montenegros ist die Einrichtung einer ersten Druckerei im Jahr 1493. Der Initiator dieses für damalige Zeiten mutigen Unterfangens stammt aus der Dynastie der Crnojević. In der Druckerei entstanden insgesamt fünf Bücher, das bekannteste ist das in kyrillischen Buchstaben gedruckte Buch ›Oktoih‹.

Mit dem Beginn der Dynastie Petrović manifestierte sich ein größeres kulturelles Bewusstsein in Montenegro. Petar I. Petrović war nicht nur der erste Mann im Land, sondern zugleich auch Schriftsteller und Verfasser von Texten,

Branimir Šćepanović

die sich mit der Geschichte Montenegros, seinen Kriegen und Helden beschäftigte – ein Thema, das die montenegrinischen Schriftsteller immer wieder in den Mittelpunkt ihrer Werke stellen. Vasilije Petrović Njegoš machte die Geschichte des Landes ebenfalls zum Thema seiner Bücher.

Vor Petar II. Petrović Njegoš war Sime Milutinović-Sarajlija (1791–1847) einer der wichtigsten Autoren des Landes. Auch er beschrieb in seinen Büchern die Geschichte Montenegros, verfasste darüber hinaus Lieder und Gedichte und förderte nicht zuletzt zahlreiche aufstrebende literarische Talente wie Laza Kostić oder Ljuba Nenadović.

Als größter Schriftsteller, Denker, Philosoph und zugleich auch Staatsoberhaupt Montenegros ist Petar II. Petrović Njegoš in die Geschichte eingegangen. ›Gorski vijenac‹ (›Der Bergkranz‹) erschien 1847 und ist sein bekanntestes Werk. Seine anderen Werke rücken oft in den Hintergrund. Noch im Jahr seines Todes 1851 erschien ›Lažni Car Šćepan Mali‹ (Der lügende Zar Stefan der Kleine) über einen Hochstapler, der sich zum König Montenegros krönen ließ. Im Schatten Njegoš' stehen die anderen wichtigen Schriftsteller dieser Epoche. Zu nennen sind Marko Miljanović (1833–1901) und Stefan Mitrov Ljubiša (1822–1878). Er wurde in Budva geboren und war eigentlich Seefahrer von Beruf.

Risto Ratković war der erste montenegrinische Autor, der einen Roman veröffentlichte. Zuvor hatte er überwiegend Gedichte verfasst. Sein Buch ›Nevid-bog‹ erschien 1933. Zwischen den Weltkriegen etablierte sich auch in Montenegro die sogenannte Sozialliteratur, die nach dem Zweiten Weltkrieg und der Gründung des kommunistischen Jugoslawien in eine sozialistische Literatur überging. Einer der wichtigsten Autoren zu dieser Zeit war Radovan Zogović.

Die gesellschaftlichen Veränderungen der sechziger Jahre brachten auch neue Genres hervor. Die Literatur in Montenegro war damals sehr stark von der neuen europäischen Literatur geprägt, ohne jedoch die eigenen Wurzeln zu vergessen.

Camil Sijarić wurde die damals wichtigste Vertreterin der sogenannten realistischen Literatur in Montenegro. Zu den bekanntesten Dramatikern zählte Cado Vuković (geb. 1920). Er erlangte als Verfasser historischer Dramen Berühmtheit und machte einmal mehr deutlich, dass die eigene Geschichte noch immer ein beliebtes Thema der montenegrinischen Autoren ist.

Miodrag Bulatović ist einer der bekanntesten und erfolgreichsten Autoren Montenegros. Seine Bücher wurden in über 40 Sprachen übersetzt. Im deutschsprachigen Raum erschienen unter anderem die Bücher ›Der Held auf dem Rücken des Esels‹ und ›Der rote Hahn fliegt himmelwärts‹. Geboren wurde Miodrag Bulatović 1930 in Okladina, einem kleinen Dorf in den montenegrinischen Bergen. Seine Jugend war von großer Armut geprägt. Noch als Erwachsener und erfolgreicher Autor verfolgte ihn die Angst vor dem Hungertod. Sein erstes Buch las er erst mit 16 Jahren. Später ging er nach Belgrad, lebte dort die erste Zeit auf der Straße und in Kellern. Zugleich besuchte er die Schule, erreichte das Abitur und begann ein Studium. Nebenher schrieb er Kurzgeschichten, die ihm erste Erfolge einbrachten. Bereits seine ersten beiden Romane wurden in mehrere Sprachen übersetzt. Bulatović bezeichnete sich selbst als Patrioten und eckte damit im kommunistischen Jugoslawien an. Sein Buch ›Der Held auf dem Rücken des Esels‹ wurde zwar in großer Auflage gedruckt, aber auch gleich wieder eingestampft, da er, wie er selbst sagt, mit seinem Buch den Mythos der Partisanen zerstört habe. Noch kurz vor seinem Tod erregte Bulatović auch in Deutschland die Gemüter, als er öffentlich die Politik des Milošević-Regimes unterstützte. Miodrag Bulatović starb 1991 mit 61 Jahren in Igalo an den Folgen eines Herzinfarkts.

Branimir Šćepanović ist auch im deutschsprachigen Raum kein Unbekannter. Er kam 1931 in Podgorica zur Welt, lebte später aber in Belgrad. Seinen ersten Roman ›Der Sommer der Schande‹ veröffentlichte er 1965. Zuvor war er mit Erzählungen bekannt geworden. 1974 erschien sein erfolgreichstes Werk ›Usta puna zemlje‹ (›Der Mund voll Erde‹). Šćepanović wurde für diese Erzählung mit dem wichtigsten jugoslawischen Literaturpreis NIN ausgezeichnet. Seine Bücher wurden in 18 Sprachen übersetzt, auch ins Deutsche.

Kulturelle Veranstaltungen

Überwiegend während der Sommermonate finden zahlreiche kulturelle Veranstaltungen mit Künstlern und Besuchern aus dem In- und Ausland statt. Zu einem der größten kulturellen Ereignisse gehört das Festival ›Theaterstadt‹ in Budva. Opernensembles und Theatergruppen aus aller Welt geben sich in Budva ein Stelldichein.

Darüber hinaus findet in Budva jedes Jahr im Sommer das Musikfestival ›Lied des Mittelmeeres‹ statt. In Herceg Novi zieht die Sommerbuchmesse Autoren und Verleger aus dem ganzen Land an. Anfang August treffen sich die Filmschaffenden und Fans aus dem ehemaligen Jugoslawien anlässlich des Filmfestivals in Herceg Novi. In Kotor findet jedes Jahr im Sommer das Jugoslawische Festival des Kindertheaters statt. Die ›Annalen von Bar‹ bieten einen Überblick über die künstlerische Entwicklung des Theaters und der Literatur. Während des gesamten Jahres finden kleinere kulturelle Veranstaltungen in ganz Montenegro statt. Einen Höhepunkt stellt das Mimosenfest mit seinen Umzügen im Februar dar.

Petar Lubarda – Künstler von Weltruhm

Petar Lubarda gehört zu den einflussreichsten und bekanntesten Malern des ehemaligen Jugoslawiens. Er studierte Malerei in Belgrad und Paris, war aber eigentlich Autodidakt. Motive seiner Bilder waren oft historische Themen, er fühlt sich von der montenegrinischen Landschaft und Geschichte inspiriert. Petar Lubarda lebte überwiegend in Belgrad, war als Professor tätig und Mitglied der Serbischen Akademie der Künste. Er wurde mit zahlreichen Preisen ausgezeichnet, viele seiner Bilder sind heute in Cetinje ausgestellt.

Petar Lubarda kam am 27. Juli 1907 in Ljubotinj, einem Dorf bei Cetinje, zur Welt. Er wuchs mit fünf Geschwistern auf. Sein Vater war Armeeoffizier und wurde oft versetzt, deshalb zog die Familie häufig um. Lubarda besuchte Gymnasien in Herceg Novi, Split, Sinj und Nikšić, wo er ernsthaft zu malen begann und bald seine erste Ausstellung hatte. Später studierte Lubarda einige Monate an der Kunstakademie in Belgrad, bevor er sich an der Academie des Beaux Arts in Paris einschrieb. Er musste das Studium aus Geldmangel jedoch abbrechen. Fortan malte er in offenen Ateliers, besuchte Museen und Galerien. In Frankreich zeigte er seine Bilder erstmals in einer Gemeinschaftsausstellung mit serbischen Künstlern, seine erste Einzelausstellung hatte Lubarda 1929 in Rom. Drei Jahre darauf zog er erneut nach Belgrad, hielt sich aber oft in Montenegro und Dalmatien auf. 1937 wurde Lubarda anlässlich der Weltausstellung in Paris mit dem Grand Prix ausgezeichnet. Später kamen unter anderen Auszeichnungen in Den Haag und bei den Biennalen von Sao Paolo und Tokio hinzu. 1956 erhielt Lubarda in New York den National Guggenheim Award. Mehrfach wurde er in Belgrad und Cetinje für sein Werk geehrt.

Kurz vor Beginn des Zweiten Weltkriegs hielt sich Lubarda längere Zeit in Paris auf. Zwischendurch unternahm er Reisen nach Deutschland, Spanien, Tunesien, Ägypten und Algerien, die ihn zu neuen Bildern inspirierten. Während des Krieges war Lubarda in Lagern in Deutschland und Italien interniert. Zahlreiche Skizzen, die während der Haft entstanden, zeugen davon. Nach dem Krieg unterrichtete Lubarda in Belgrad an der Akademie der Bildenden Künste. Er war Mitbegründer der Kunstschule in Cetinje, wo er sich immer wieder für längere Zeit aufhielt und malte. Zahlreiche Bilder, darunter auch einige seiner bekanntesten Werke – so ›Nacht in Montenegro‹, ›Zwischen Tag und Nacht‹ und ›Schlacht im Kosovo‹ – sind in Cetinje im Nationalmuseum beziehungsweise im Blauen Schloss ausgestellt.

Petar Lubarda

Petar Lubarda starb 1974 in einem Belgrader Krankenhaus. Sein Grab befindet sich an der Heldenallee auf dem Neuen Belgrader Friedhof.

Die montenegrinische Küche

In der montenegrinischen Küche spielt Fleisch die zentrale Rolle. Es darf ruhig deftig sein, mit Gewürzen wird nicht gespart. Neben dem Fleisch sind die anderen Beilagen zur tellerfüllenden Dekoration degradiert. Selbst in wirtschaftlich schlechten Zeiten legen die Montenegriner sehr viel Wert auf gutes Essen. Viele investieren ihr letztes Geld am Monatsende lieber in ein gutes Stück Grillfleisch anstatt zum Beispiel in ein neues Paar Schuhe, auch wenn ihre Anschaffung sinnvoller wäre.

Anlässe, Gäste einzuladen und ein üppiges mehrgängiges Mahl aufzutischen, finden sich in Montenegro reichlich, von der Taufe über den Namenstag und den Geburtstag bis zum orthodoxen Weihnachtsfest. Falls es keinen äußeren Anlass zu geben scheint, wird das Essen selbst zu einem. So lässt sich selbst einer Beerdigung noch etwas Positives abgewinnen.

Es ist üblich, dass die trauernde Familie für einen üppigen Leichenschmaus sorgt. Zubereitet wird das mehrgängige Menü von einer eigens engagierten Köchin. Die Tradition verbietet es, dass die Trauernden selber kochen. Die Köchin kommt sehr früh morgens, werkelt in der Küche der Trauernden und hat am Mittag eine Essensfolge für mehrere Dutzend oder auch hunderte Trauergäste bereitet.

In den touristischen Orten an der Küste Montenegros finden sich immer mehr Restaurants oder auch einfach Stände an der Straße, die Fast Food anbieten. Fast an jeder Ecke werden Hamburger, Pizza und frisch zubereitete Pommes Frites verkauft. Nicht selten sind die Standbetreiber im wahren Berufsleben Lehrer oder Universitätsprofessoren, die ihr mageres Gehalt in den Sommermonaten mit die-

Besonders an der Küste beliebt: Tintenfisch mit Kartoffeln und Mangold

ser zusätzlichen Einnahmequelle aufbessern. Sehr beliebt sind die Slasdićanas, eine Mischung aus Café, Konditorei und Eisdiele. Neben Limonade und Kaffee bekommt man hier die verschiedensten Eissorten, Hartgebäck und Torten.

Zu einem echten Menü gehört immer eine Suppe. Auch im Sommer und bei großer Hitze ist dies üblich und sinnvoll. Natürlich dürfen Ćivapćići, die bekannten Hackfleischröllchen, und der Fleischspieß Ražnići in keinem Restaurant fehlen. Für viele Touristen ist dies die typische Speise für diesen Landstrich, tatsächlich kommt beides in einer montenegrinischen Familie nur selten auf den Tisch.

Die Entdeckung der traditionellen montenegrinischen Küche lässt sich mit einer Reise durch ganz Montenegro verbinden. Jede Region hat ihre kulinarischen Spezialitäten und Besonderheiten in der Zubereitung.

Die kulinarische Reise kann an der Küste beginnen. Hier stehen Fisch und Meeresfrüchte in all ihren Variationen ganz oben auf der Speisekarte. Ihnen gemeinsam ist, dass sie mit viel Olivenöl und reichlich Gewürzen zubereitet werden. Es werden die unterschiedlichsten Fischsorten angeboten, daneben aber auch verschiedene Arten von Muscheln, Krebse und Tintenfisch (Kalamari). Dazu trinkt man einen wohltemperierten Rot- oder Weißwein.

Mehr als einmal wird der Besucher in Montenegro zu hören bekommen, dass ein Fisch dreimal schwimmen sollte: Zuerst im Meer, dann in Olivenöl und schließlich im Wein, wie der Volksmund sagt. Wer noch nicht genug von der montenegrinischen Art der Fischzubereitung erlebt und genossen hat und wem die kleinen Konventionen an den Geschmack der Touristen etwas schwer im Magen liegen, findet die traditionelle und seit Generationen weitergegebene Rezeptur der Fischzubereitung am Skutarisee. Der See mit seinem großen und artenreichen Fischvorkommen ist ein preiswerter Nahrungslieferant für die Menschen der Gegend.

Nur wenige Kilometer entfernt, in der montenegrinischen Hauptstadt Podgorica, trifft man auf eine ganz andere Art der Fischzubereitung. Besonders der Karpfen gilt als eine Spezialität aus der Hauptstadt. Serviert wird er mit getrockneten Pflaumen als Beilage. Gern gegessen werden geräucherter Karpfen und luftgetrocknete Ukeleien. Wem gar nicht mehr nach Fisch zumute ist, sollte Popećin, kleine Hackfleischrouladen, und Japreći, Rouladen in Grünkohl, probieren.

Im Norden Montenegros ist die traditionellen Küche so einfach und karg wie die steinige Landschaft, gleichwohl äußerst schmackhaft und reich an Nährstoffen. In dieser Gegend Montenegros ißt man noch das traditionelle montenegrinische Fladenbrot. Morgens oder zum Abendbrot kommt die Popara auf den Tisch, eine einfache Mahlzeit, die aus Brot, Butter, Käse und Milch besteht. Natürliche Nahrungsmittel wie Milch, Brot und Käse in den verschiedenen Variationen spielen in Montenegro immer wieder eine zentrale Rolle. Bekannt ist auch das aus Weizen- und Maismehl sowie Streichkäse bestehende Cicvara oder auch die, wie die Einheimischen sagen, montenegrinische Art der Polenta – Kaćamak – und nicht zu vergessen Kajmak. Das ist ein Streichkäse, der sich mittlerweile auch in anderen Ländern Europas großer Beliebtheit erfreut.

Deftiger ist die Spezialität des Durmitorgebirges. Dort trifft man noch oft auf eine traditionelle Zubereitung von Lammfleisch. Es wird unter einer speziellen Steinplatte, dem Sac, gebraten.

Gerollt und mit Käse gefüllt: Karađorđe-Schnitzel

Das Dorf Njeguši ist in erster Linie als Geburtsort von Njegoš bekannt, aber gleich an zweiter Stelle für seine zahlreichen Spezialitäten. Dazu gehören Käse in Olivenöl, Schinken, verschiedene Wurstsorten und geräuchertes Schaffleisch. Es wird gesagt, dass der einzigartige Geschmack durch die Besonderheit des Holzes aus dieser Gegend, das zum Räuchern benutzt wird, zustande kommt. Die Rezepte werden von Generation zu Generation weitergegeben. In Njeguši wird in einigen Restaurants auch der sehr alte slawische Honigwein Medovina angeboten.

Alle diese Spezialitäten werden zu einem Ereignis, wenn man dazu den entsprechenden Wein trinkt. Beliebt sind die Weine aus den Regionen Cermnica und Doljani und auch die von den Weinbergen des Cemovsko-Felds. Die Trauben vom Cemovsko Polje eigenen sich für Weine ebenso wie für Schnäpse. Ein sehr bekannter Weintraubenschnaps ist Lozoca rakija, von dem pro Jahr nur 6000 Flaschen abgefüllt werden. Wer keine Flasche mehr ergattern konnte, kann sich mit einem Prvijenac trösten. Diese Schnäpse werden in Montenegro nach alter Art in Kupferkesseln über dem Holzfeuer gebrannt. Zu den bekanntesten montenegrinischen Weinen gehören die in ganz Europa bekannten Vranac und Merlot. Nicht selten vergleicht man beide Weine mit dem französischen Bordeaux. Unter den Weißweinen ist Krstac jedem Kenner ein Begriff, der gern zum Fisch getrunken wird.

Natürlich darf auch das Bier nicht fehlen. Nikšićko pivo wird in Nikšić gebraut und wurde in der Vergangenheit im In- und Ausland ausgezeichnet. In Montenegro hat es fast eine monopolartige Stellung. Es ist in jedem Restaurant zu haben, meist ohne Konkurrenz.

Rezepte

Im Folgenden eine kleine Auswahl landestypischer Speisen zum Nachkochen. Sofern nicht anders angegeben, sind alle Rezeptvorschläge für vier Personen gedacht.

Brodet

Zutaten: *1 kg Sardellen, 1 Zwiebel, 3–4 Tomaten, je 1 EL Essig und Olivenöl, Gemüsebrühe, edelsüßer Paprika, Pfeffer und Petersilie.*

Zubereitung: Zunächst die Zwiebel in kleine Ringe schneiden und in einen Topf geben. Hinzu kommt ein Löffel Olivenöl. Beides bei mittlerer Hitze andünsten. Anschließend die Gemüsebrühe und eine Prise Pfeffer hinzugeben und alles zusammen dünsten, bis die Zwiebel weich geworden ist. Die Tomate in ein Gefäß mit heißem Wasser geben, nach kurzer Einwirkzeit ihre Haut abziehen und in kleine Würfel schneiden. Die Tomatenwürfel zusammen mit einer Prise Paprika zu der gedünsteten Zwiebel in den Topf geben, anschließend kommen noch 2 Milliliter Wasser hinzu.

Nun die gesäuberten Sardellen inklusive Kopf zusammen mit einem Löffel Essig hinzugeben. Die Fische benötigen etwa 15 Minuten bei mittlerer Temperatur, bis sie eine dunkle Farbe bekommen haben und knusprig geworden sind. Zur Geschmacksverfeinerung etwas Olivenöl und Salz nach Geschmack hinzugeben.

Brodet isst man in Montenegro überwiegend an der Küste. Als Beilage wird oft gekochter Maisgrieß gereicht.

Njeguši-Schnitzel

Das Njeguši-Schnitzel ist eigentlich kein Gericht zum Nachkochen. Um in den wirklichen Genuss dieser lokalen Spezialität zu kommen, sollte man es sich in einem Restaurant in Njeguši selbst servieren lassen.

Wer es selbst ausprobieren möchte, benötigt ein extra großes Schweineschnitzel. Es wird plattgeklopft, damit es nach dem Braten schön zart wird. Bevor es in die Pfanne kommt, wird es mit Kajmak bestrichen und mit Schafskäse und Schinken belegt. Das Fleisch wird dann samt Füllung aufgerollt, mit einem entsprechenden Stäbchen zusammengehalten und in der Pfanne vorgebraten. In einer separaten Schüssel mischt man etwas Mehl mit Eiern. Das Schnitzel wird mit Olivenöl eingerieben, mit der Mehl-Eier-Mischung paniert und anschließend gebraten.

Montenegrinischer Kaćamak

Dies ist ein relativ einfaches, aber sehr nahrhaftes Gericht. Es wird in den höher gelegenen Gegenden Montenegros gern gegessen.

Zutaten: *300 Gramm Maismehl, 3 große Kartoffeln, etwas Salz, Kajmak (montenegrinischer Streichkäse) und 2 l Wasser.*

Zubereitung: Das Wasser, etwas Salz und die drei Kartoffeln in einen tiefen Kochtopf geben und dann einige Minuten zum Kochen bringen. Anschließend das Maismehl hinzugeben, allerdings ohne dabei umzurühren; alles eine Stunde bei mittlerer Temperatur kochen lassen. Dann einen Teil des Wassers aus dem Topf nehmen und den Rest verrühren, bis eine sahnige Masse entstanden ist. Schließlich Kajmak und etwas Butter hinzugeben und alles mit Buttermilch abschmecken.

Pašticada

Zutaten: *1 kg Rindfleisch (Schulter oder Nacken), 150 g Zwiebeln, 100 g Speck, 150 g Möhren, 1 Sellerieknolle, 2 Knoblauchzehen, 1 EL Rotwein, 2 Lorbeerblätter, Petersilie, Rinderbrühe, 1 Tomate, Tomatenmark, Salz, Pfeffer und Mehl.*

Zubereitung: Das Fleisch mit Speckstreifen und Möhren belegen und in Öl anbraten. Zwiebel, den übrigen Speck und Möhren, Sellerie, Knoblauch, Rinderbrühe hinzugeben und dünsten. Wenn das Fleisch weich wird, Wein, Tomaten und Tomatenmark hinzufügen und gar werden lassen.

Lammfleisch in Milch

Zutaten: *1,5 kg Lammfleisch, 1,5 l Milch, 1 kg Kartoffeln, 3 Möhren, 2 Lorbeerblätter, Pfeffer, Petersilie und Salz.*

Zubereitung: Die Zubereitung ist einfach: Das gewaschene Fleisch in einen Topf geben, mit der Milch übergießen, Möhren, Lorbeerblätter, Pfeffer und Salz zugeben und kochen lassen. Derweil in einem zweiten Topf die Kartoffeln kochen. Nach etwa zwei Stunden das Fleisch aus dem Topf nehmen, in Scheiben schneiden. Die Kartoffeln und Möhren dazugeben und mit der zuvor mitgekochten Milch übergießen.

Forelle in Sauermilch

Zutaten: *4 Forellen (je ca. 250 g), 2 l saure Milch, 6 gehackte Knoblauchzehen, Schwarzpfeffer und etwas Salz.*

Zubereitung: Die Forellen ausnehmen, von Schuppen befreien und anschließend in reichlich Öl in einer tiefen Pfanne braten. Die gehackten Knoblauchzehen und etwas Salz in die saure Milch geben und durchrühren. Das Öl aus der Forellenpfanne in ein Gefäß geben und die Forellen noch in der Pfanne mit der sauren Milch übergießen, bis sie bedeckt sind. 1 EL vom Bratöl zugeben und mit Schwarzpfeffer bestreuen. Anschließend mit Folie abdecken und für 4 bis 5 Stunden im Kühlschrank durchziehen lassen.

Priganice

Priganice ist nicht typisch montenegrinisch, wird aber dort sehr gern gegessen, besonders an der Küste. Die Zubereitung ist sehr einfach.

Zutaten: *500 g Mehl, 1 Päckchen Hefe, 1 Ei, geriebene Zitronenschalen, 2 EL Zucker und 1 Schnapsgläschen Rum. Zur Not tut es auch Rumaroma.*

Zubereitung: Alle Zutaten bis auf das Ei zu einem Teig vermischen. Erst jetzt das Ei dazugeben, eventuell noch ein zweites, bis der Teig klebrig wird. Mit einem zuvor in heißes Wasser getauchten Teelöffel Teig entnehmen und in einer Pfanne oder auch einem Topf mit zuvor erhitztem Öl frittieren. Die Friganice müssen einmal gedreht werden, damit sie von beiden Seiten gleichmäßig braun werden. Anschließend kann man sie in Zucker oder Puderzucker wälzen. Man isst sie warm.

Brautabendkuchen

Am Abend vor der Hochzeit trifft sich die Braut ein letztes Mal als Unverheiratete mit ihren Freundinnen und feiert Abschied. Traditionell wird dann der Brautkuchen – oder wie die süße Teigware auch genannt wird – ›Abend des Fräuleins‹ gereicht.

Zutaten: *200 ml Öl, 500 g Mehl, 500 g Zucker, 200 g getrocknete Feigen, 200 g Walnüsse, 200 g Rosinen, 1 Zitrone und etwas Salz.*

Zubereitung: Wasser, Salz, Öl, Mehl und den Zitronensaft verrühren und zu einem festen Teig kneten. Den Teig dann auf ein zuvor mit Mehl bestäubtes Brett geben, mit Öl einreiben und mit einem Tuch abdecken. Etwa 40 bis 50 Minuten soll der Teig dann aufgehen.

Die Zwischenzeit lässt sich nutzen, um die Füllung des Kuchens zuzubereiten. Dazu die Walnüsse, die Rosinen und die Feigen zerkleinern. Die Zutaten sollten nicht zu klein gehackt werden. Die Füllung mit 100 g Zucker verrühren.

Nun benötigt man einen Esstisch inklusive sauberer Tischdecke. Diese wird mit Mehl gepudert, um darauf und der gesamten Tischplatte den Teig auszurollen. Zuletzt den Teig noch mit den Händen dünn ziehen. Die Kunst besteht darin, den Teig auf Tischplattengröße auszurollen und zu ziehen, ohne dass er reißt.

Den ausgerollten Teig erneut mit Öl bespritzen, anschließend die Füllung auf dem Teig verteilen und den Teig dann zusammenrollen. Die Montenegrinerinnen heben dazu das eine Ende der Tischdecken an und stupsen den Teig auf diese Weise zu einer Roulade. Anschließend den aufgerollten Teig in backblechgroße Stücke schneiden und bei mittlerer Temperatur backen.

Abschließend noch den Sirup zum Übergießen des Kuchens anrühren. Dafür benötigt man einen Liter Wasser und 400 g Zucker. Beides vermengen und kurz aufkochen. Den Sirup heiß über den Kuchen geben.

Schwarz und stark trinkt man den Kaffee in Montenegro

Die Bucht von Kotor ist ein einzigartiger Fjord mit kleinen geschichtsträchtigen Ortschaften am Fuße gewaltiger Gebirge, einsamen Küstenabschnitten und der Altstadt von Kotor als kulturhistorischem Höhepunkt.

Die Meerenge Verige bei Perast

DIE BUCHT VON KOTOR

Annäherung

Die Boka Kotorska, wie sie auf Montenegrinisch genannt wird, ist ein fast 30 Kilometer langer Fjord, der aus vier Becken besteht: den Buchten von Herceg Novi, Tivat, Risan und Kotor. Die Becken von Herceg Novi und Tivat sind durch den Kanal von Kumbor miteinander verbunden, die Becken von Tivat und Risan durch die bekannte und nur 330 Meter schmale Meerenge Verige. Der Einlass in die gesamte Bucht ist nur zwei Kilometer breit und wird im Westen durch die teilweise zu Kroatien gehörenden Halbinsel Prevlaka bestimmt und im Osten von der Landzunge Kap Arza der Halbinsel Luštica.

Die Bucht ist bis zu 1000 Meter tief in das Karstgestein der Gebirge Orjen und Lovćen eingeschnitten. Aufgrund ihrer Ähnlichkeit mit den Fjorden Norwegens wird die Boka Kotorska auch südlichster Fjord Europas genannt. Geologen haben festgestellt, dass – anders als zunächst vermutet – nicht Gletscher die massigen Gebirge ausschabten. Vielmehr wuschen Flüsse über längere Zeiträume das Gestein aus und hinterließen zwei Täler, die heute durch die Meerenge Verige verbunden sind.

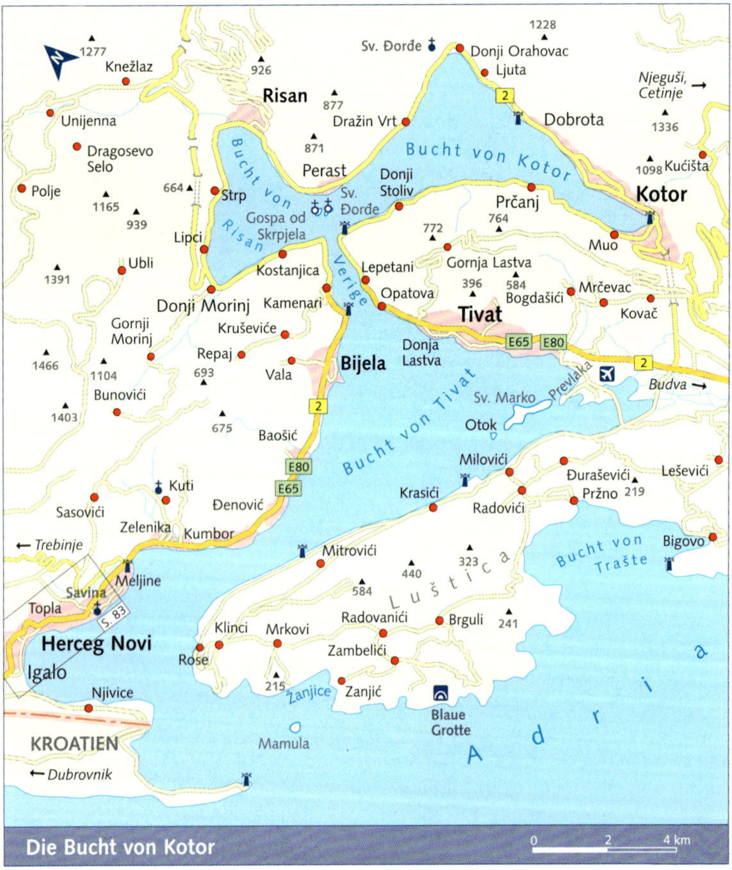

Vor Herceg Novi am Eingang der Bucht von Kotor

Die meisten Flüsse in der Bucht fließen unterirdisch. An vielen Stellen sprudeln Quellen, nicht alle bieten trinkbares Wasser. Ein besonderes Naturschauspiel zeigt der Orjenski Wasserfall (Orjenski Vodopad), der direkt an der Magistrale kurz vor Risan liegt, nach starken Regenfällen: Innerhalb kurzer Zeit bildet sich dann ein bis zu 25 Meter hoher Wasserfall, der unterhalb der Magistrale ins Meer sprudelt. Während der niederschlagsarmen Sommermonate ist dagegen meist nicht mal ein Rinnsal zu sehen.

Die Menschen in der Boka Kotorska nennen sich Bokelji – auch um sich von den Inlands-Montenegrinern abzugrenzen. Die Bevölkerung ist überwiegend orthodoxen Glaubens, in vielen Orten dominiert aber auch eine römisch-katholische Mehrheit. Bei der Volkszählung 2003 bezeichneten sich 42 Prozent der Bewohner als Serben, 35 Prozent als Montenegriner und 8 Prozent als Kroaten. Insgesamt leben rund 60 000 Menschen ständig in der Bucht. In den Sommermonaten sind es durch die Touristen oft dreimal so viele.

Entlang der Küste reihen sich die Orte und Dörfer aneinander. Will man aber in das Hinterland gelangen, müssen erst die Berge überwunden werden. Herceg Novi beispielsweise liegt am Orjen-, Tivat am Vrmac-Gebirge. Deshalb liegt die nächste größere Stadt weit außerhalb der Bucht. Eine Ausnahme bildet die frühere montenegrinische Hauptstadt Cetinje, die von Kotor über eine noch von den Österreichern angelegte Straße, die in Serpentinen den Berg hinauf und durch den Ort Njeguši führt, erreicht werden kann. Das Klima in der Bucht ist wärmer als in anderen Küstenregionen Montenegros. Die Bucht von Herceg Novi und der Ort Perast gehören zu den sonnenreichsten Gegenden des Landes. Die Jahresdurchschnittstemperatur in der Bucht beträgt 16 Grad. Im Juli und August ist es regelmäßig um die 30 Grad warm, nicht selten auch 35 Grad und mehr. Im Winter sind sonnige Tage mit Temperaturen um die zehn Grad nicht ungewöhnlich. Minusgrade kommen so gut wie nie vor. Außerhalb der gewöhnlich trockenen Sommermonate fällt ausreichend Regen, im Herbst und Winter manchmal auch tagelang. Die Stadt Kotor gehört im Jahresdurchschnitt sogar zu den regenreichsten Gegenden Europas. Man spürt das jedoch fast nur außerhalb der heißen Sommermonate.

Geschichte

Die Bucht von Kotor war bereits während der Jungsteinzeit besiedelt. Felsenbilder im Ort Stoliv bei Risan zeugen bis heute davon. Im 3. Jahrhundert vor unserer Zeitrechnung beherrschten illyrische Stämme weite Teile der Bucht. Die Illyrer wurden in langwierigen Kriegen von den Römern verdrängt. Die Römer gliederten die Bucht in die Verwaltungsgebiete Risan und Kotor, sie bauten Straßen und moderne Gebäude. Die römische Kultur setzte sich langsam, aber stetig durch, Latein wurde Amtssprache. Die Boka gehörte zu der von Kaiser Augustus eingerichteten Provinz Dalmatien. Aus dieser Zeit stammen auch die in Risan entdeckten römischen Bodenmosaiken.
Im 7. Jahrhundert ließen sich Slawen in der Bucht von Kotor nieder, vermischten sich mit der romanisierten Bevölkerung und stiegen rasch in wichtige Positionen auf, die ihnen Einfluss und Macht bescherten.
Vom 12. bis 14. Jahrhundert stand Kotor unter die Herrschaft der Nemanjiden-Dynastie, später unter dem Schutz des ungarischen Königs. Die übrige Bucht

Reste aus der Römerzeit bei Risan

▶ Karte S. 76

wurde von verschiedenen Herrschern kontrolliert. Risan gehörte zum Fürstentum der Balšić, das neugegründete Herceg Novi unterstand dem bosnischen König Tvrtko I. Eine neue Epoche brach mit Beginn des 15. Jahrhunderts an, als die Bucht von Kotor unter den Schutz Venedigs gelangte. So wollte man die Eroberung durch die Osmanen verhindern. Dennoch gelang es den Osmanen im 16. Jahrhundert, kurzzeitig Her ceg Novi und Risan zu erobern. 1688 verdrängten die Venezianer die Osmanen und sicherten sich ihre Macht bis 1797. Im Zuge der Napoleonischen Kriege beherrschten im Wechsel Österreich, Russland, Frankreich und erneut Österreich die Bucht von Kotor.
Die Handelsschifffahrt erlebte ihre Hochzeit vom 16. bis Ende des 18. Jahrhunderts. Damals besaßen die Reeder in der Bucht bis zu 300 Schiffe. Im Laufe der Zeit büßten sie bei Kämpfen und Überfällen die meisten Schiffe ein. In der Folge verlegten viele Reeder ihre Sitze nach Triest. Die Bucht verlor dadurch langsam, aber stetig ihren Wohlstand. Der manifestierte sich unter anderem in den prächtigen Villen der Kapitäne, etwa in Dobrota und Perast. Auch das kulturelle Leben befand sich damals auf einem hohen Niveau. Zudem war die Boka für die Handwerkskunst ihrer Goldschmiede bekannt, selbst die russischen Fürstenhöfe ließen hier ihren Schmuck anfertigen.
Nach der Niederlage Napoleons wurden ab 1815 die Grenzen in Europa neu gezogen. Die Bucht von Kotor wurde als Teil Dalmatiens der österreichischen Monarchie zugesprochen, Habsburg nutzte die leicht zu kontrollierende Bucht als Kriegshafen. Nach dem Ersten Weltkrieg war die Bucht von Kotor Teil des jugoslawischen Königreichs, nach dem Zweiten Weltkrieg der jugoslawischen Teilrepublik Montenegro.

Die ehemalige Gefängnisinsel Mamula

Die Buchten von Risan und Kotor gehören seit 1979 zum Natur-Weltkulturerbe der UNESCO. Heute ist die Bucht von Kotor ein beliebtes Urlaubs- und Ausflugsziel. Der Tourismus hat sich zu einem der wichtigsten Wirtschaftszweige entwickelt.

Eine Rundfahrt

Folgt man der Küstenstraße aus nordwestlicher Richtung, erreicht man die Bucht von Kotor, nachdem man das Sutorinatal durchfahren hat. Dann eröffnet sich sehr bald der Blick auf das nördlichste Becken der Bucht von Kotor, die **Toplabucht**. Die Bucht von Kotor besteht aus insgesamt vier Becken. Der Toplabucht folgt die Bucht von Tivat, von der man die Bucht von Risan erreicht, und schließlich die Bucht von Kotor. Sie ist die am weitesten in das Gebirge gewaschene Bucht und zugleich Namensgeberin der gesamten Bucht.

Der meerseitige Eingang in die Bucht führt durch die 1200 Meter breite Meerenge zwischen Kap Oštri rti mit seinem Leuchtturm und der Halbinsel Luštica, die die Bucht vom offenen Meer abriegelt und dafür sorgt, dass ihr Wasser oft mit einem See vergleichbar ist. Die bei stürmischen Winden meterhohen Wellen des offenen Meeres finden ihr Ende am glatten Stein des äußeren Lušticagebirges. Bewacht wird der Eingang in die Bucht von der inmitten der Meerenge thronenden **Festungsinsel Mamula**. Namensgeber der Insel ist der dalmatinische General Lazar Mamula, der Mitte des 19. Jahrhunderts lebte. Im Zweiten Weltkrieg diente die Festung den Italienern als Gefangenenlager. Vorwiegend jugoslawische Partisanen wurden auf der Insel eingesperrt und darbten in Sichtweite zur Heimat.

Kaum hat man die Insel Mamula mit dem Boot passiert, wird der Blick frei auf **Herceg Novi**. Gegenüber dem Eingang zur Bucht gelegen, ist der terrassenförmig angelegte Ort Mittelpunkt und Blickfang bei der Einfahrt in die Bucht.

Je weiter man in das erste Becken vordringt, die Toplabucht, umso deutlicher rückt die Silhouette von **Igalo** mit ihren hellen Hochhäusern ins Blickfeld. Ungefähr jetzt wird man rechts die ehemalige Zollstation **Rose** passieren. Heute ist

Anlegestelle vor Kotors Altstadt

das eine kleine Ansammlung von romantischen Häusern, die überwiegend im Sommer bewohnt sind, mit einem kleinen Hafen. Blickt man nun nach links, ist das Badeörtchen **Njivice** sehr bald zu sehen. Zu erkennen ist es an dem in der Mitte der Siedlung thronenden Hotelkomplex ›Riviera‹, dem größten Gebäude im Ort.

Um weiter in die Bucht vorzudringen, muss man die **Kumbormeerenge** durchqueren. Sie stellt die Verbindung zwischen der Toplabucht und der Bucht von Tivat her. Hier hat die Marine Stellung bezogen. Ein mehrere hundert Meter ins Meer reichender Anlegesteg der Marine macht dies schon aus der Ferne deutlich.

Die **Tivatbucht** ist das größte und am weitesten nach Süden reichende Becken in der Bucht von Kotor. Wie auf einer Bühne präsentiert sich am Horizont links die Werft in **Bijela**, und gleich daneben, so scheint es aus der Ferne, die Stadt Tivat mit dem Flughafenkontrollturm und noch etwas weiter rechts die kleine Kircheninsel. Kommt man näher, rücken zwei weitere Inseln beziehungsweise Halbinseln ins Blickfeld: Sveti Marko und das ehemalige Nudistenparadies Ostrovo Cveća.

Sobald man den Ort Bijela hinter sich gelassen hat, zeigt sich die **Meerenge Verige**. Sie ist die schmale Verbindung zwischen den äußeren beiden Becken der Bucht von Kotor und den beiden inneren Becken: Risanbucht und Becken von Kotor. Die Ufer stehen sich an dieser Stelle in nur 300 Metern Entfernung gegenüber. Zur Glanzzeit der Seefahrt in der Boka wurde eine Kette von einem Ufer der Enge zum anderen gespannt und so die Durchfahrt für feindliche Schiffe und Piraten unmöglich gemacht. Heute nutzt die Autofähre die Nähe der Ufer, verbindet die Orte Kamenari und Lepetane und verkürzt so eine Autofahrt in Richtung Kotor oder Tivat um eine halbe Stunde.

Nach der Durchfahrt durch die Meerenge erstreckt sich links die Risanbucht, rechts befindet sich die Bucht von Kotor. Vor Perast in der Risanbucht liegen die beiden Inselchen Gospa od Skrpjela und Sveti Đorđe.

In die nordöstlich gelegene **Risanbucht** fällt vergleichsweise wenig Sonne. Sie

▶ Karte S. 76

liegt wie zurückgezogen in den Berg und diente schon Teuta, der Königin der Illyrer, im Jahr 228 vor Christus als Versteck bei ihrer Flucht vor den herannahenden Römern. Heute trägt das größte Hotel in Risan den Namen der Fürstin.

Ganz am Ende und tief eingeschnitten in das Gebirge, am Fuße des Lovćen, liegt die Stadt **Kotor** in der gleichnamigen Bucht. Die Berge wirken in diesem Teil der Bucht besonders mächtig und erdrückend. Es bedarf schon einiges an seefahrerischem Geschick, um ein mittelgroßes Schiff durch die Meerengen der Bucht zu navigieren und anschließend an die Anlegestelle des kleinen Hafens von Kotor, unmittelbar vor der Stadtmauer, zu steuern.

Eine Radtour

Die Bucht von Kotor bietet sich ganz besonders für eine Radtour an: Die Entfernungen zwischen den Orten sind kurz, und Steigungen kommen so gut wie nicht vor.

Ein guter Ausgangspunkt ist Herceg Novi. Man fährt in südlicher Richtung, lässt bald Zelenika hinter sich und erreicht Kumbor. Die stark befahrene Magistrale gibt auf den kommenden Kilometern nicht sehr viel her, daher empfiehlt es sich, direkt hinter Zelenika dem Schild in die Ortsmitte zu folgen. Jetzt besteht die Möglichkeit, über Đenović und Baošić bis nach Bijela der Ortsstraße direkt am Meer zu folgen. Zügiges Fahren ist nicht möglich, aber man wird viel sehen, kann Badepausen einlegen und findet zahlreiche Gelegenheiten zur Stärkung.

In Kamenari sollte man die Fähre zunächst rechts liegen lassen, um sich die Mosaike in Risan und etwas später die alte Seefahrerstadt Perast mit ihren ›Kircheninseln‹ anzusehen. Weiter geht die kurvenreiche Strecke, und bald ist es nicht mehr weit bis Kotor. Eine Pause bietet sich hier an: Restaurants, Konditoreien und Cafés laden ein, und auch jetzt lohnt sich eine Besichtigung der Altstadt. Wer sich traut, kann anschließend mit dem Ziel Tivat weiterradeln. Allerdings führt der kürzeste Weg durch einen schlecht beleuchteten, mit Schlaglöchern übersäten Tunnel, in dem das Wasser von der undichten Decke tropft. Alternativ lässt sich Kotor auch als Wendepunkt der Radtour nutzen. Auf der anderen Seite der Bucht fährt man zurück, lässt Prćanj hinter sich und erreicht schnell die Fähre in Lepetane nach Kamenari. Für Radler ist sie kostenlos.

Njivice

Wer nicht gerade Gast des Hotels Riviera ist, wird Njivice vermutlich nur aus der Ferne erleben. Der Ort ist zwar aus Richtung Nordwesten der erste in der Bucht von Kotor, gilt aber eher als Geheimtipp für die Gäste, für die das Sonnen und Baden im Vordergrund steht.

Njivice befindet sich südwestlich von Herceg Novi, nahe dem Eingang zur Bucht von Kotor, und liegt unmittelbar am Meer. In der Sommersaison gibt es gegen Gebühr eine Bootsverbindung

Die Anlegestelle in Njivice

zwischen Herceg Novi und Njivice. Die Boote fahren in Herceg Novi beim Hotel Plaža ab und legen unmittelbar am Strand von Njivice an. Auf dem Landweg erreicht man den Ort über eine 1,5 Kilometer lange Straße, die von der Hauptküstenstraße bei Igalo abzweigt. Um zum **Strand** zu gelangen, folgt man der Beschilderung zum Hotel. Allerdings ist die Abzweigung zum Hotel leicht zu übersehen. Wer daran vorbeifährt, läuft Gefahr, sich nach einigen hundert Metern vor dem Häuschen des montenegrinischen Grenzpostens wiederzufinden. Njivice ist im Winter fast menschenleer, Abwechslung und Unterhaltung wird man dann dort nur schwer finden. Anders sieht es im Sommer aus. Die Hotelgäste bevölkern den Strand, und die gerade in den vergangenen Jahren verstärkt gebauten Sommerhäuser von Einheimischen aus dem Hinterland und aus Serbien sind besucht. Zu dieser Zeit herrscht reges Treiben in dem sonst beschaulichen Ort. Auch Besucher, die nicht im Hotel gebucht haben, können den Strand nutzen – allerdings nur gegen eine deftige Gebühr von derzeit 15 Euro. Wer mit dem Auto kommt, kann – sofern noch Plätze frei sind – gegen eine Gebühr im Hotelkomplex parken.

Geadelt wurde der Strand von Njivice 1934, als Königin Marija dort badete. Seitdem spricht man auch vom königlichen Strand. Königlich ist auf jeden Fall der Blick von Njivice auf Igalo, Herceg Novi, die Berge Orjen und Lovćen und Teile der Bucht von Kotor bis nach Tivat und seinem Flughafenkontrollturm. Das Meerwasser vor Njivice gilt als sehr sauber und klar. Der helle Meeresgrund verstärkt diesen Eindruck und macht das Baden zu einem Vergnügen. Allerdings sollte man auf Seeigel achten.

i Njivice

Vorwahl: 031. **Postleitzahl**: 85347.
Auskunft gibt auch: **Turistička Organizacija Herceg Novi**, Jova Dabovića 12, 85340 Herceg Novi, Tel. 350820.
www.hercegnovi.travel

Riviera Resort Hotel, Tel. 356000, 356001. Modernisiertes 4-Sterne-Hotel, alle Zimmer mit Meerblick. 700 Meter langer hoteleigener Strand (Beton und Sand), schöner Pool mit Meerblick, Sauna, Fitnesscenter, Kinderspielplatz, 5 km von Herceg Novi entfernt; je nach Saison 90–260 Euro. www.rivierahotelhn.com

Apartment **I love Njivice**, Tel. 673169 (in der Saison) und 00381/69795529. Apartments mit Klimaanlage, TV, Dusche, Terrasse, Meerblick. Kleiner Strand. www.ilovenjivice.com

Die Auswahl in Njivice beschränkt sich auf das Restaurant-Angebot der Hotels und Pensionen und dem Grillrestaurant ›Delfin‹ unmittelbar an der Zufahrt zum Hotel ›Riviera‹.

Igalo

Igalo ist ein bekannter Bade- und Kurort am Eingang der Bucht von Kotor. Man erreicht ihn über die Hauptstraße an der Küste. Bis in die Altstadt von Herceg Novi sind es drei Kilometer, nach Njivice anderthalb Kilometer (→ Karte S. 89). In Igalo befindet sich das **Institut für physikalische Medizin Dr. Simo Milošević**. Das Institut wurde schon 1949 vom damaligen Gesundheitsministerium Montenegros gegründet und 1997 in eine Aktiengesellschaft umgewandelt. Es wird von Menschen aus aller Welt frequentiert. Neben vielen anderen bekannten Persönlichkeiten war auch der jugoslawische Staatspräsident Tito regelmäßiger Kurgast.

▶ Karte S. 83

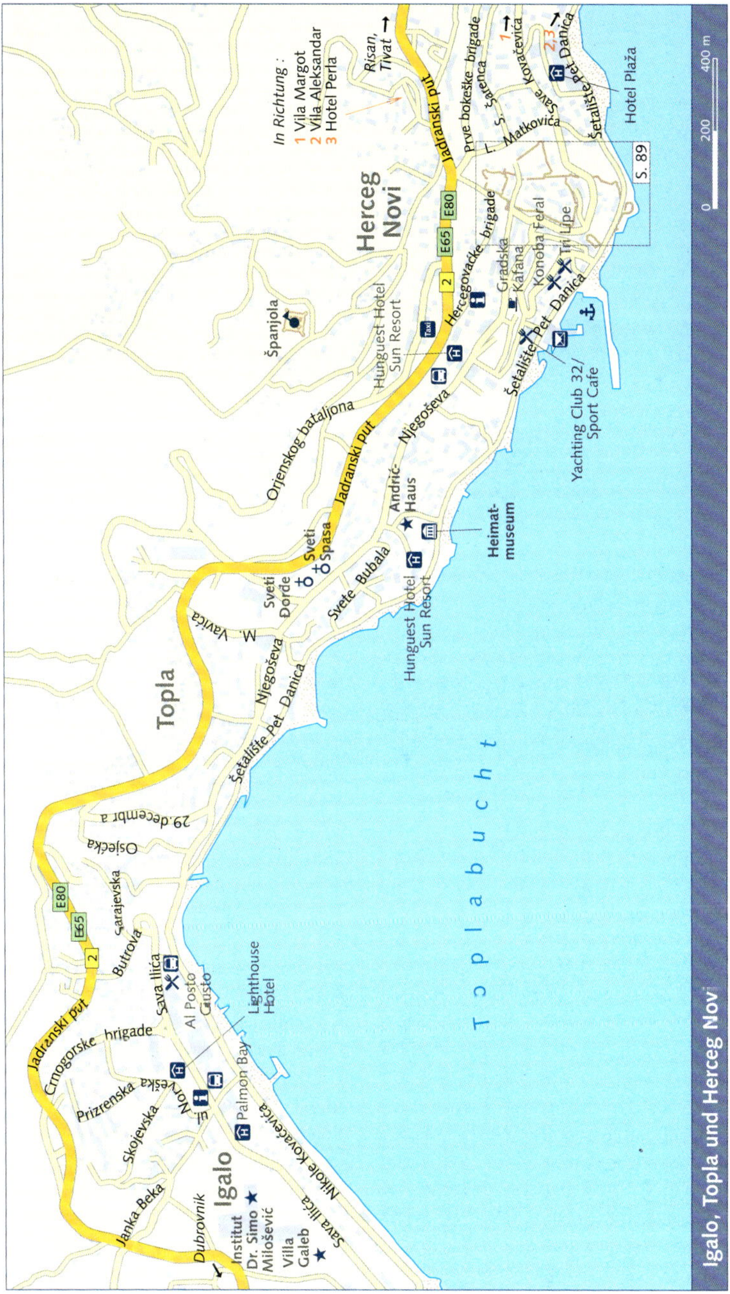

Igalo, Topla und Herceg Novi

Das Institut für physikalische Medizin

Menschen, die unter Rheuma, akuten und chronischen Schmerzen, Übergewicht und Stress leiden, finden hier wohltuende Hilfe durch zahlreiche Behandlungsmethoden. Das Rehabilitationsprogramm bietet Behandlungen für Herz- und Lungenleiden, Sportverletzungen, Frauenkrankheiten sowie neurologische Störungen und einige weitere bis hin zum ganz normalen Schönheitsprogramm.

Gleich neben dem Gesundheitszentrum, auf einer kleinen Anhöhe, steht die **Villa Galeb**, eine von Titos zahlreichen ehemaligen Residenzen. Die Villa wurde 1976 gebaut und bietet auf 6000 Quadratmetern 137 Zimmer. Neben dem berühmten blauen Apartment gibt es mehrere Sitzungssäle, Massageräume, einen Billardsaal und weitere drei Apartments. Die Villa ist von einem acht Hektar großen Park umgeben. Die Villa Galeb diente Tito während seiner Kuraufenthalte in Igalo als Domizil. Zahlreiche Staatsgäste nächtigten dort, darunter auch der damalige deutsche Bundeskanzler Helmut Schmidt, als er in Igalo kurte.

▶ Karte S. 83

Heute steht die Villa Besuchern offen. In den Sommermonaten werden montags, mittwochs, freitags und sonntags (18–19.15 Uhr) Führungen angeboten. Tickets kosten 3 Euro und können unter anderem am Eingang zur Villa gekauft werden.

Bereits vor über hundert Jahren gab es wissenschaftliche Veröffentlichungen, die sich mit der heilsamen Wirkung des Meerschlammes beschäftigten. Der Meeresgrund um Igalo besteht aus Sand und Heilschlamm, der zur Behandlung von Rheuma- und Muskelerkrankungen verwendet wird.

Wer möchte, kann sich auch selbst, ohne Kurgast des Instituts zu sein, an der Mündung des Flüsschens Sutorina mit der heilenden Erde einbalsamieren. Nahe der Mündung des Flusses Sutorina wurden zudem mehrere Mineralquellen mit leicht radioaktivem Wasser entdeckt. Das Mineralwasser wird in täglich bis zu 6000 Flaschen abgefüllt und unter dem Namen Igaljka vertrieben. In normalen Geschäften findet man das Wasser aber nur selten.

Igalo hat einen etwa zwei Kilometer langen **Badestrand**, teilweise betoniert, teilweise aus Sand und Kies.

Am Strand führt die **Promenade Pet Danica** entlang, die zum Spazieren und Flanieren einlädt. Sie wird von Verkaufsständen, Kiosken, Konditoreien und Restaurants gesäumt, und man kann auf dem ehemaligen Gleisbett der Eisenbahn über Herceg Novi bis nach Zelenika gelangen. Das ist eine Strecke von gut drei Kilometern

Igalo

Vorwahl: 031.

Postleitzahl: 85347.

Turist biro Igalo, Sava Ilića 48, Tel. 332496. Hilft auch bei der Vermittlung von preiswerten Privatzimmern.

Igalo hat ein großes Angebot an Übernachtungsmöglichkeiten. Es handelt sich meist um Zwei-Sterne-Hotels, die sehr einfach ausgestattet sind.

Hotel Palmon Bay, Sava Ilića 7, Tel. 332441. Das Hotel wurde 2015 grundlegend saniert. Zimmer mit Klimaanlage, TV, Meerblick. Hoteleigenes Restaurant, moderner Spa- und Wellnessbereich mit verschiedenen Therapie- und Kurangeboten.
www.palmonbayspa.com

Lighthouse Hotel, Ulica Norveška 2, Tel. 331615. Klimaanlage, Kabel/Sat-TV, Balkon und WLAN. Restaurant, Bar, Kosmetiksalon, Tauchschule. Pro Person und Nacht je nach Kategorie und Saison 30–150 Euro.
www.hotellighthouse.me

Das Angebot ist sehr groß. Hamburger, Pizza und weiteres Fast Food wird direkt an der **Promenade** verkauft. Dort befinden sich auch zahlreiche Restaurants, die nationale Spezialitäten und besonders Fisch in allen Variationen anbieten. Empfehlenswert:

Konoba Iliada, Nikole Kovaćevića, an der Strandpromenade. Urig eingerichtet, mit Fischernetzen an der Decke. Bekannte für seine mediterrane Küche und günstige Preise.

Al Posto Giusto, Obala Nikole Kovaćevića 6, Tel. 331071. Mediterranes Restaurant an der Strandpromenade. Diverse leckere Fischgerichte, aber auch die Pizza aus dem Holzofen lohnt.

Institut Dr. Simo Milošević A.D., Save Ilića 5, Tel. 658112. Kuren, Fitness, Wellness, medizinische Behandlungen, Rehabilitation. Die Ausstattung ist nicht immer auf allerhöchstem Niveau, dafür ist der Preis recht günstig: DZ pro Person 40 Euro, medizinische Grundbehandlung zusätzlich 30 Euro. www.igalospa.com

Topla

Nichts deutet heute darauf hin, dass Topla einst der wichtigste Ort am Eingang der Bucht von Kotor war. Noch bevor Herceg Novi gegründet wurde, war Topla Hauptort des Gaus Dračevica, später, zu Zeiten der Venezianer, Gemeindesitz. Es erlebte seinen größten Wohlstand im 19. Jahrhundert, als reiche Seefahrer und Reeder dort ihre Häuser bauten. Nicht ohne Grund trägt das erste Becken der Boka den Namen Toplabucht.

Heute ist Topla fest mit Herceg Novi verschmolzen und nicht mehr als dessen westlicher Vorort, wenn auch ein sehr schöner, in dem Njegoš die Grundschule besuchte und Literaturnobelpreisträger Ivo Andrić seinen Sommersitz hatte. Als Andrić 1961 den Nobelpreis erhielt, kaufte er sich von einem Teil des Preisgeldes das Haus in der Njegoševa br. 65. Herceg Novi entwickelte sich in dieser Zeit zu einem Treff für Literaten aus Belgrad und Podgorica. Gemeinsam mit seiner Frau Milica Babić verbrachte er die Sommer hier mit langen Spaziergängen und Lesen. Bei einem dieser Aufenthalte verstarb seine Frau überraschend.

Nach Andrićs Tod 1975 stand das Haus lange leer, später wurde es von der Städtischen Musikschule als Unterrichtsraum für angehende Pianisten genutzt. Anschließend war es sieben Jahre Sitz der ›Literary Community‹. Heute beherbergt das **Andrić-Haus** ein Restaurant mit einer großen Terrasse. Ein Besuch lohnt, denn wo sonst kann man im Garten eines Nobelpreisträgers gut und preiswert essen oder auch einfach nur einen Kaffee trinken?

Eine schmale Treppe führt in den ersten Stock des Hauses, heute Treff des ›Writers Club‹. Hier hatte Andrić sein Arbeits- und Schlafzimmer. An den Wänden hängen Porträts des Autors und seiner Frau, Fotos der Nobelpreisverleihung, Kopien einiger Manuskriptseiten, und in einer Vitrine sind die Originalausgaben einiger seiner Bücher ausgestellt.

Von der Njegoševa zweigt eine schmale Gasse zum **Heimatmuseum** (Zavičajni Muzej). Der Weg ist ausgeschildert. Hier werden eine historische, eine archäologische und eine ethnologische Sammlung gezeigt, darunter Funde aus Epochen vor unserer Zeitrechnung bis zum Mittelalter, Waffen, Schmuck und Trachten. Mindestens genauso interessant wie die Ausstellungsstücke ist das Gebäude, in dem das Museum untergebracht ist: die Villa von Olga und Mirko Komnenović. Der Hausherr bestimmte in seinem Testament 1941, die Stadt solle das Haus erhalten und ein Museum einrichten. Im Jahr darauf starb Komnenović, einige Jahre später seine Frau. 1953 war es dann soweit: Das ›Gradski Muzej‹ wurde eröffnet. Das Haus stammt aus dem 18. Jahrhundert und ist in einen 1000 Quadratmeter großen Park eingebettet. Entlang der Wege stehen Palmen, Kakteen, Mimosen und nahezu hundert weitere subtropische und mediterrane Pflanzenarten.

▸ Karte S. 76

Ebenfalls an der Njegoševa befinden sich die **Kirchen** Sveti Đorđe (Heiliger Georg) und Sveti Spasa (Erlöserkirche). Sveti Đorđe wurde während der Venezianischen Herrschaft errichtet und 1848 restauriert. Ins Auge fallen der kleine Glockenturm mit drei Bögen und die Fensterrosette etwas unterhalb. In der Kirche wird die Ikone Sv. Petra i Paula (Heiliger Petrus und Paulus) aus dem 16. Jahrhundert aufbewahrt.

Die Kirche Sveti Spasa (1713) steht gleich nebenan. Sie erhielt ihr heutiges Aussehen bei einer Renovierung im Jahr 1864. Zwischen den Kirchen befindet sich der Friedhof mit alten Gräbern der angesehenen und wohlhabenden Familien aus Topla.

In der Nähe der Kirchen richtete der herzegowinische Priester Josip Tropović Ende des 19. Jahrhunderts in seinem Wohnhaus die erste Schule der Gegend ein. Neben anderen lernte Dichterfürst Njegoš dort das Schreiben und Lesen. Das Haus wurde 1999 renoviert.

i Topla

Vorwahl: 031.

Postleitzahl: 85340.

Hunguest Hotel Sun Resort, ul. Sveti Bubala, Tel. 355000, 355023. Hotelkomplex mit 230 Zimmern, in einem Park gelegen. Alle Zimmer mit Klimaanlage, TV, Internetzugang, teilweise mit Meerblick. Eigener Strandabschnitt, Swimming-Pool, Wellnesseinrichtungen, Parkhaus. Pro Person und Nacht je nach Kategorie und Saison 30–150 Euro. www.hunguesthotels.hu/de

Zavičajni Muzej (Heimatmuseum), Mirka Komnenovića 9, Tel. 350820; Fr/Sa 9–21 Uhr, Eintritt 3 Euro. www.hercegnovi.travel

Nationalsport Wasserball

Wasserball gehört neben Fußball zu den populärsten Sportarten in Montenegro. Die Spiele der Nationalmannschaft werden stets live im Fernsehen übertragen, und bei großen Turnieren wie Welt- und Europameisterschaften sowie Olympischen Spielen berichten die Medien Wochen vorher täglich über den Stand der Vorbereitungen. Mehrere tausend Zuschauer pilgern regelmäßig zu den Erstliga-Spielen und sorgen in der Halle für eine Stimmung, wie man sie andernorts bei Bundesliga-Fußballspielen kennt.

Nur zwei Jahre nach der Unabhängigkeit Montenegros gelang den Wasserballern des kleinen Landes ihr bisher größter Erfolg: Das Team wurde 2008 in Malaga Europameister. Dass es im Finale ausgerechnet den Nachbarn Serbien besiegte, machte den Titelgewinn besonders pikant. Die Mannschaft wurde bei ihrer Heimkehr frenetisch empfangen. In Kotors Altstadt feierten mehrere tausend Menschen das Team, ebenso in Cetinje. Abschluss und Höhepunkt war jedoch der Empfang in der Hauptstadt Podgorica. Selbst der Staatspräsident ließ es sich nicht nehmen, die Spieler und Betreuer persönlich zu beglückwünschen. Keine Frage, dass das Fernsehen stundenlang live berichtete. Im Zuge des Titelgewinns wurde in Podgorica ein neues Schwimmstadion gebaut. Vier Jahre darauf eröffnete die Nationalteams von Montenegro und Spanien mit einem Freundschaftsspiel das modernisierte Wasserballstadion in Herceg Novi. die Regierung rechtfertigte die Baukosten in Höhe von vier Millionen Euro mit dem Hinweis, es sei ihr Ziel, den Wasserballsport zu fördern.

Zu den besten Vereinsmannschaften Montenegros gehören Jadran Herceg Novi, Primorac Kotor und Budvanska Rivijera, die meist bei den nationalen Meisterschaften die vorderen Plätze belegen, aber auch auf europäischer Ebene gefürchtete Gegner sind. Die Mannschaft Kotos gewann 2009 den Titel in der Euroleague.

Montenegro hat viele bekannte Wasserballer hervorgebracht. Einer von ihnen ist Veljko Uskoković. Der 1971 in Cetinje geborene Sportler spielte von 1991 bis 2002 für die jugoslawische Nationalmannschaft, deren Kapitän er fünf Jahre lang war. 2007 erlebte er sein Comeback als Nationalspieler, diesmal für Montenegro, das im Jahr zuvor seine Unabhängigkeit erlangt hatte. Als Kapitän führte er das Team 2008 in Malaga zum Europameistertitel. Bei den Olympischen Spielen im gleichen Jahr in Peking trug Uskoković die montenegrinische Fahne bei der Eröffnungsfeier ins Stadion. Er war 1991 Montenegros Sportler des Jahres und wurde 2000 und 2001 in die Weltauswahl berufen. Uskoković bestritt für Jugoslawien 300, für Montenegro 60 Länderspiele und warf dabei 500 Tore, bevor er 2009 seine aktive Karriere beendete. Heute ist Uskoković Trainer bei Primorac Kotor, dem Verein, wo er als Jugendlicher seine ersten sportlichen Erfolge feierte.

Bei einem Spiel der montenegrinischen Nationalmannschaft in Herceg Novi

Herceg Novi

Die terrassenförmig angelegte Stadt am Eingang der Bucht von Kotor ist bekannt für ihr mildes Klima und ihre subtropische Vegetation. Die Badesaison beginnt hier oft schon Anfang Mai und reicht nicht selten bis in den Oktober.

Herze Novi gehört zu den montenegrinischen Städten mit den meisten Sonnenstunden pro Jahr. Obwohl von Dezember bis März der größte Teil der jährlichen Niederschlagsmenge von 1700 Millimetern fällt, ist es nicht ungewöhnlich, Weihnachten oder Neujahr bei strahlendem Sonnenschein und angenehmen Temperaturen die frische, salzhaltige Luft genießen zu können. Ein Besuch der Stadt kann daher zu jeder Jahreszeit reizvoll sein.

In der Umgebung von Herceg Novi wachsen Feigen, Orangen und Zitronen. Es gibt Palmen, Pinien, Zypressen und Mimosen. Im Februar wird der Tag der Mimose gefeiert. Dazu finden in Herceg Novi und in den Orten der Umgebung karnevalsähnliche Umzüge statt. Die Besitzer von Mimosenplantagen verkaufen Sträuße der seltenen Pflanze im ganzen Land und erwirtschaften so nicht unerhebliche Gewinne.

Seinen Reichtum an exotischen Pflanzen hat Herceg Novi seinen Seefahrern zu verdanken. Sie brachten die damals für diese Gegend seltenen Pflanzen von Ihren Reisen mit. Das Klima in Herceg Novi sorgte dafür, dass sie sich bis heute gehalten haben.

Herceg Novi ist ganzjährig Schauplatz zahlreicher kultureller Veranstaltungen. Zu den wichtigsten gehören das Theaterfestival im April, die internationale Buchmesse im Juli und das Filmfest im August. Zum Schwimm-Marathon im August kann sich jeder anmelden, der sich die rund vier Kilometer lange Strecke zutraut.

▸ Karte S. 89

Für Herceg Novi ist der Tourismus heute wieder eine der wichtigsten Einnahmequellen. Auch wenn Ivo Andrić Herceg Novi einst ›die Stadt des ewigen Grüns, der Sonne und der Promenaden‹ nannte, wartet sie bei den meisten westeuropäischen Besuchern noch auf ihre Entdeckung. Ein Grund mag sein, dass es nur wenige Sand- und Kiesstrände gibt. Die Badegäste sonnen sich hier überwiegend auf Betonplateaus, die jedoch mit Süßwasserduschen und Leitern ausgestattet sind, über die man bequem aus dem Wasser kommt. Die Leihgebühren für Sonnenschirme und -liegen sind hier auch nicht teurer als anderswo an der montenegrinischen Adriaküste. Auch an den Hotels kann es nicht liegen. Die ehemaligen sozialistischen Übernachtungsbetriebe wurden durchweg privatisiert, renoviert und modernisiert und bieten zeitgemäßen bis luxuriösen Komfort – und das zu Preisen, die zwar nicht günstig sind, aber unter denen liegen, die an der kroatischen, slowenischen oder gar italienischen Adriaküste verlangt werden.

Auf sportlichem Parkett hat sich die Stadt ebenfalls einen Namen gemacht, wozu in erster Linie der Wasserballclub Jadran seit Jahrzehnten beiträgt. Der Verein gehört nicht nur zu den besten Mannschaften der an Wasserballtalenten reichen montenegrinischen Liga, sondern spielt auch international regelmäßig ganz vorne mit. Der deutsche Dauermeister Spandau Berlin kann davon ein leidvolles Lied singen.

Geschichte

Die Geschichte der Region am Eingang der Bucht von Kotor lässt sich bis zu den Zeiten der Illyrer zurückverfolgen. Ab 470 wurde das Gebiet von Byzanz beherrscht. Im 7. Jahrhundert ließen sich Slawen an diesem Teil der Adriaküste

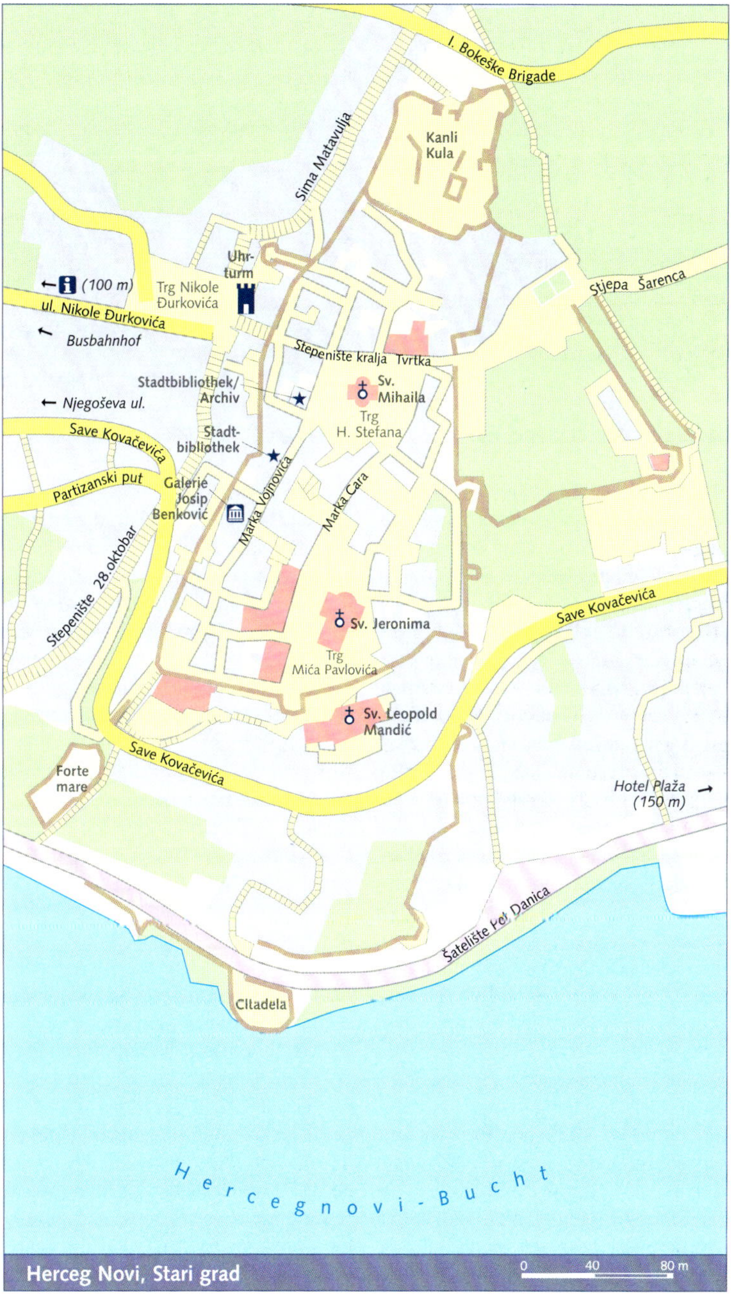

Herceg Novi, Stari grad

Blick über Herceg Novi

nieder. Im Mittelalter beherrschten abwechselnd die Fürsten von Zeta und die Nemanjiden das Gebiet.
Herceg Novi wurde 1382 vom bosnischen König Tvrtko gegründet. Dem König war daran gelegen, seinem Reich einen Zugang zum Meer zu verschaffen. In Herceg Novi wollte er einen Hafen errichten, um von den Häfen in Dubrovnik und Kotor unabhängig zu werden. Tvrtko nannte die neue Siedlung Sveti Stefan und wollte dem Handel mit dem neuen Hafen zur neuen Blüte verhelfen. Allerdings besann sich der König rasch eines anderen. Im Dezember räumte er den Dubrovniker Kaufleuten erneut Handelsprivilegien ein und nutzte erneut deren Hafen, woraufhin die wirtschaftliche Entwicklung Herceg Novis zum Erliegen kam.
Seinen Namen bekam Herceg Novi durch Herzog Stjepan Vukčić Kosača, der die Stadt 1435 einnahm und anschließend ausbauen ließ. 1482 geriet Herceg Novi für zwei Jahrhunderte unter türkische Herrschaft. Die Türken ließen neue Festungen bauen und die bestehenden wie Forte Mare erweitern. 1538 eroberten kurzzeitig die Spanier die Stadt. Sie verstärkten den höhergelegenen Festungsbau, der seitdem Španjola genannt wird. Die Spanier wurden schon bald von der türkischen Flotte unter Admiral Barbarossa verdrängt. Herceg Novi stand fortan wieder unter türkischer Herrschaft. Erst 1687 gelang es den Venezianern, die Stadt einzunehmen und die nahezu 200-jährige türkische Herrschaft zu beenden.
Nach dem Zusammenbruch der Republik Venedig besetzten die Österreicher Herceg Novi. Kurze Zeit wurde die Stadt von Russland, dann von Frankreich beherrscht, um dann erneut an Österreich zu fallen. Die Österreicher bauten Villen, Straßen und eine Eisenbahnlinie, die durch Herceg Novi führte. Das ehemalige Bahnhofsgebäude beherbergt heute ein Café und Hotel. Damals entstand auch das bekannte Hotel ›Boka‹, das aber beim Erdbeben 1979 zerstört wurde.
Ab 1870 erhielt Herceg Novi eine größere Autonomie von Österreich zugestanden. Justiz, Verwaltung und das Schulwesen wurden in die Hände der Stadt

▸ Karte S. 89

gegeben, die auch ein eigenes Wappen erhielt und - neben der österreichischen - eine eigene Flagge.
Nach dem Ersten Weltkrieg gehörte Herceg Novi zum Königreich der Serben, Kroaten und Slowenen. Im Zweiten Weltkrieg besetzten erst italienische, später deutsche Truppen die Stadt. Gegen Ende des Krieges, am 28. Oktober 1944, nahmen jugoslawische Partisanen Herceg Novi ein. Anschließend gehörte die Stadt als Teil der Republik Montenegro zum sozialistischen Jugoslawien. Heute ist Herceg Novi ein wichtiger touristischer Ort im unabhängigen Montenegro.

■ Orientierung

Herceg Novi lässt sich in zwei Teile gliedern. Da ist zum einen die Altstadt mit zahlreichen Sehenswürdigkeiten, Geschäften, Museen und Galerien und zum anderen der untere Teil direkt am Meer, mit Stränden, der Promenade, Restaurants und Cafés. Beide Teile sind mit Treppen verbunden. Für die Besucher bedeutet dies unter Umständen, viele Stufen bewältigen zu müssen.

■ Njegoševa Ulica

Eine der Hauptverkehrsadern der Stadt ist die Njegoš-Straße, auch wenn es sich nur um eine einspurige Einbahnstraße handelt. An ihr liegen die Gebäude der **Stadtverwaltung** und der **Hauptpost**, aber auch einige **Villen**, die sich nicht selten hinter dicht bewachsenen Gärten verstecken. Zu den bekanntesten gehört sicherlich das ehemalige Sommerhaus des Literaturnobelpreisträgers Ivo Andrić, in dem sich bis vor kurzem ein Restaurant befand und in dem der Schriftsteller-Club seinen Sitz hat. Darüber hinaus gibt es in der Njegoševa mehrere **Cafés**, von denen die Gradska Kafana (Stadtcafé) das meistbesuchte ist. Auch außerhalb der Sommersaison sorgt der rege Autoverkehr oft für langsames Vorankommen auf der Njegoševa, durch die sich auch noch der Lokalbus zwängt.

■ Đurković-Platz

Nachdem man auf der Njegoševa ulica die Gradska kafana erreicht hat, zweigt links die Nikola- Đurković-Straße (Ulica Nikole Đurkovića) ab, eine Fußgängerzone, in der sich schicke Boutiquen, ein Supermarkt, Schmuckgeschäfte und kleinere Läden befinden. Die kleine **Bronzestatue** rechts erinnert an Njunjo, den wohl bekanntesten Schornsteinfeger Herceg Novis und zugleich eines der Originale der Stadt. Das Denkmal zeigt ihn in Lebensgröße.
Die Straße geht in den Đurković-Platz über. Er ist einer der Treffpunkte Herceg Novis. Das hat auch damit zu tun, dass der **Markt** gleich um die Ecke liegt. Vielen kaufen erst frisches Obst und Gemüse, Käse, Kajmak, frische Eier, Fisch oder Fleisch ein und genießen anschließend einen Kaffee in einem der Straßencafés. Am Ende des Đurković-Platzes führt eine Truppe zum Uhrturm und dem Trg Herceg Stepan.

Der Uhrturm, das Wahrzeichen der Stadt

Die Kirche des heiligen Jeronimus

■ **Sat Kula**

Der Uhrturm entstand 1667 im Auftrag von Sultan Mahmud. Die ursprüngliche Uhr wurde 1995 ersetzt. Die neue Uhr ist ein Geschenk des Belgrader Gemeinde Zemun. Unter dem Uhrturm führt eine Treppe hindurch zum Herceg-Stepan-Platz, den die Kirche des Erzengels Michael dominiert.

■ **Kirche Sv. Arhangela Mihaila**

Die Kirche des heiligen Erzengel Michael befindet sich auf einem der Hauptplätze der Altstadt. Er heißt offiziell Trg Herceg Stepan, wird aber meist nur Belavista genannt, nach dem **Brunnen**, der den Platz ziert.

Der Grundstein der Kirche wurde 1883 gelegt, fertiggestellt wurde sie allerdings erst 1905, nachdem zuvor mehrere Architekten das Handtuch geworfen hatten. Die Kirche wurde im byzantinischen Stil erbaut, vereint aber auch romanisch-gotische und osmanische Elemente und gilt als eine der schönsten Kirchen in der Region. Errichtet wurde der Bau mit Steinblöcken von der kroatischen Insel Korčula. Die Ikonostase aus italienischem Marmor schuf der kroatische Künstler Pavle Bilinić, die Ikonen malte der aus Tschechien stammende Künstler Franjo Cigler.

■ **Galerie Josip Benković**

Die Galerie Josip Benković ist eine der bekanntesten in Montenegro. Benannt ist sie nach einem populären Maler und Antifaschisten aus Herceg Novi. Die Galerie entwickelte sich aus einem Regionalmuseum, das 1967 gegründet worden war. 2017 feierte die Galerie daher ihr 50-jähriges Bestehen. Gezeigt werden überwiegend Werke junger Künstler aus Montenegro und Serbien (http://jbbgalerija.me).

■ **Stadtbibliothek**

Die Stadtbibliothek ist eine Unterabteilung der Nationalbibliothek Montenegros. Sie besitzt 30 000 Bücher, darunter auch zahlreiche fremdsprachige und über 600 sehr alte, seltene und kostbare Exemplare. Das älteste Buch im Bestand der Bibliothek wurde 1550 in Venedig gedruckt.

■ **Kirche des heiligen Jeronimus**

Die Kirche des heiligen Jeronimus befindet sich im unteren Bereich der Altstadt auf dem Mića-Pavlović-Platz (Trg Mića Pavlovića). Die heutige Kirche entstand 1856. An gleicher Stelle hatte zuvor eine im 17. Jahrhundert erbaute kleine Pfarrkirche gestanden, die jedoch im 19. Jahrhundert zerstört wurde. In der Kirche befinden sich barocke Bilder des berühmten montenegrinischen Malers Tripo Kokolja.

■ **Kirche Sv. Leopold Mandić**

Das Kloster und die kleine Kirche wurden 1688 errichtet, nachdem die Venezianer die Türken vertrieben hatten.

▶ Karte S. 89

Später wurde die Kirche dem heiligen Franziskus gewidmet und seit 1976 Leopold Bogdan Mandić, einem Kapuziner, der 1866 in Herceg Novi zur Welt kam und sich für die Einheit der römisch-katholischen Kirche einsetzte. Er wurde 1983 von Papst Johannes Paul II. heiliggesprochen.

Forte Mare

Die Festung wurde zwischen dem 14. und 17. Jahrhundert auf einen Felsen oberhalb der heutigen Promenade errichtet und 1833 grundlegend restauriert. Seit Anfang der 1950er Jahre dient Forte Mare im Sommer als Freiluftkino. Besichtigungen sind im Sommer zwischen 9 und 21 Uhr möglich (2 Euro).

Spazierweg Pet Danica

Die Promenade führt über sechs Kilometer von Meljine nach Igalo. Bis in die 1960er Jahre war dies das Gleisbett der von den Österreichern gebauten Schmalspurbahnlinie von Sarajevo über Trebinje bis nach Zelenika. Heute ist Pet Danice eine lange Strandpromenade, an der sich Cafés, Restaurants, kleine Geschäfte und Verkaufsstände aneinanderreihen. Bei den Stränden an der Promenade handelt es sich fast ausschließlich um Betonplateaus.

Zitadelle

Die Überreste der Zitadelle befinden sich direkt am Spazierweg unweit des Tunnels. Die Zitadelle war ursprünglich ein Teil der unteren Befestigungsanlage und bestand überwiegend aus einer Mauer und einem Turm, die während der venezianischen Herrschaft erbaut worden waren, aber beim schweren Erdbeben 1979 in sich zusammenbrachen. Heute sind nur noch Ruinen übrig, die teilweise im Meer liegen. Der alte Eisenbahntunnel wurde nach dem Beben rekonstruiert.

Španjola

Der Bau der Festung begann im 15. Jahrhundert, während der türkischen Herrschaft. Ihr heutiges Aussehen erhielt sie jedoch von den Spaniern, die Herceg Novi ein Jahr beherrschten, bevor die Türken erneut die Oberhand gewannen. Die noch recht gut erhaltene Festung befindet sich nordwestlich der Stadt auf dem 170 Meter hohen Bajer-Hügel. Innerhalb der Mauern sind die Ruinen mehrerer Wohn- und Lagerhäuser auszumachen. Die Festungsmauer mit ihren vier Türmen ist rundum begehbar.

Kanli Kula

Die Festung entstand im 16. Jahrhundert während der türkischen Herrschaft und diente lange Zeit als Gefängnis. Dass es dort nicht zimperlich zuging, macht der Name Kanli Kula deutlich, der übersetzt Blutturm bedeutet. Mitte der 1960er Jahre wurde aus dem Gefängnis eine Freiluftbühne. Sie bietet bis zu 1500 Zuschauern Platz. Jedes Jahr im August findet dort das Montenegrinische Film-

Ehemaliges Bahnhofsgebäude am Spazierweg Pet Danica

Einsamkeit am Strand von Mamula

Architektur gebaut wurden, dennoch nichts verloren.

Der Ort soll noch von den Griechen gegründet worden sein und war schon damals als Zollhafen und Quarantänestation so bedeutend, dass sogar der byzantinische Kaiser Konstantin VII. Porphyrogennetos (905–959) ihn in seinen Aufzeichnungen erwähnte.

So wie er heute ausschaut, entstand der Ort überwiegend im 17. und 18. Jahrhundert. Damals blühte der Seehandel. Zahlreiche Segelschiffe aus der Bucht von Kotor waren regelmäßig im Mittelmeer unterwegs und verhalfen der Boka zu Wohlstand. Das ruhige und abgelegene Rose war damals als Ruhesitz für Kapitäne sehr beliebt. Auf dem Friedhof der serbisch-orthodoxen Kirche der Heiligen Dreifaltigkeit (Sv. Trojice) sind heute noch die Gräber der Seefahrer zu finden.

In Rose und seiner Umgebung befinden sich nahezu zwei Dutzend Kirchen, die meisten serbisch-orthodox, zwei katholisch. Eine der bekannteren ist die Kirche der heiligen Muttergottes, die 1783 vom venezianischen General Antonio Alberte erbaut wurde.

▸ Karte S. 76

Im Meer vor Rose fanden Taucher neben Kanonenkugeln und Anker auch ein Schiffswrack, das hier im 16. Jahrhundert mit einer Keramikladung an Board sank. Während der österreichisch-ungarischen Herrschaft diente Rose aufgrund seiner geschützten Lage und als erste Siedlung am Eingang der Bucht von Kotor erneut als Zollhafen. Die Österreicher richteten ihre Administration in der Befestigung Fortica ein, heute ist diese kleine Festung ein Touristenkomplex mit exklusiven Apartments, Pool und weiteren Annehmlichkeiten für zahlungskräftige Touristen. Mittelpunkt des Ortes ist der kleine Hafen, in dem heute Ausflugsboote festmachen. Von hier kann man Rose bequem zu Fuß erkunden. Alles liegt nahe beieinander. Es gibt ein Restaurant und ein kleines Geschäft. Folgt man den Weg zur Linken, erreicht man bald Klein-Rose mit seinen Olivenbäumen und einem in einer kleinen Bucht gelegenen **Strand**. Wer noch etwas weiter geht, findet die ein oder andere einsame Bademöglichkeit.

Festungsinsel Mamula

Die Insel Mamula liegt am Eingang der Bucht von Kotor zwischen den Halbinseln Prevlaka und Luštica. Von Herceg Novi ist sie 6,3 Bootskilometer entfernt. Die Insel ist fast kreisförmig, hat einen Durchmesser von etwa 200 Metern und ragt bis zu 16 Meter aus dem Meer. Die Festung entstand in der Mitte des 19. Jahrhunderts, während der österreichischen Herrschaft. Benannt ist sie nach ihrem Erbauer, dem in Dalmatien geborenen österreichischen General Lazarus von Mamula.

Während des Zweiten Weltkriegs nutzten die italienischen Besatzer die Festung als Gefängnis. Größtenteils jugoslawische Partisanen wurden dort unter grausamen Bedingungen eingesperrt. Über 80 Gefangene sollen während die-

ser Zeit hingerichtet worden sein, über 50 verhungerten, berichteten ehemalige Gefangene. Nach dem Krieg war die Insel ein beliebtes Ausflugsziel, um das sich jedoch niemand kümmerte. Die Festung verfiel zusehends. Nun hat Montenegro die Insel und seine Festung für 49 Jahre an eine schweizerisch-ägyptische Investmentfirma vermietet. Die will für 15 Millionen Euro aus der Insel ein Luxus-Hotel machen. Die Pläne stießen jedoch auf den Widerstand ehemaliger Gefangener, die argumentieren, dass noch nirgendwo ein KZ zu einem Hotel umgebaut worden ist. Wenn es nach ihnen geht, soll die Festung restauriert und eine Gedenkstätte werden.
Derzeit wird die Insel aber noch von Ausflugsbooten angesteuert. Die Anlegestelle und ein kleiner **Strand** aus eiergroßen Kieselsteinen werden von den Besuchern gerne zum Baden genutzt. Das Wasser ist an dieser Stelle glasklar und durch die ständige leichte Strömung sehr sauber.
Von der Anlegestelle erreicht man nach wenigen Schritten den Eingang zur **Festung**, die an dieser Stelle von einem Graben gezäumt wird und so in der Vergangenheit Eindringlinge abschrecken sollte. Man findet über die Zugbrücke in die Festung und steht nach dem Durchschreiten im Innenhof, dessen Mittelpunkt der Brunnen darstellt. Von hier erreicht man die ehemaligen Zellen, Lagerräume und auch die noch gut erhaltene Latrine der Festung. Eine Treppe führt in die obere Etage und auf das Dach. Der Aufstieg ist jedoch nicht ungefährlich, verfügt die Treppe doch über kein Geländer, und die Stufen sind über die Jahrzehnte sehr glatt geworden.
Die oberste Etage der Festung gleicht einer überdimensionalen Terrasse und bietet einen einzigartigen Rundumblick. Vom offenen Meer kann man den Blick zur Halbinsel Žanjice und weiter dem Lušticagebirge folgend in die Bucht von Kotor und Herceg Novi schweifen lassen. Wer noch höher hinaus möchte, kann die eisernen Stufen des **Leuchtturms** hinaufsteigen und auf einer Höhe mit der Signallampe den Ausblick genießen.

Kloster Savina

Das serbisch-orthodoxe Kloster Savina befindet sich im gleichnamigen Stadtteil, zwei Kilometer östlich von Herceg Novi, und ist sowohl über die Ortsstrasse als auch über die Magistrale zu erreichen. Beide Wege sind gut ausgeschildert.
Das **Denkmal** auf dem großen Parkplatz unterhalb des Klosters erinnert an die Gefallenen im Ersten Weltkrieg. Von dort führen ein Dutzend flache Treppenstufen zum Kloster mit seinen drei Kirchen und einigen prunkvollen Gräbern. Beim Erdbeben 1979 wurde das Kloster schwer in Mitleidenschaft gezogen, heute ist von den Schäden nichts mehr zu sehen.
Gleich zwei **Kirchen** sind der Mutter Gottes geweiht und tragen den Namen Maria Himmelfahrt. Die kleinere Kirche ist ein einschiffiger gotischer Bau. Von ihm nahm man lange an, dass er aus

Treppenstufen zum Kloster

Kloster Savina

dem Jahr 1030 stammt. Dann entdeckte man Wandmalereien mit Inschriften und ist nun sicher, dass die Kirche im 15. Jahrhundert errichtet wurde. Der Glockenturm wurde allerdings erst im 19. Jahrhundert angebaut.

Die größere Kirche Maria Himmelfahrt ist die Hauptkirche des Klosters. Es ist ebenfalls ein einschiffiger Bau, aber mit einer halbkreisförmigen Altarapsis, einer achteckigen Kuppel und einem viergeschossigen Glockenturm an der Westseite. Die Kirche wurde 1799 nach 22-jähriger Bauzeit fertiggestellt. Baumeister Nikola Foretić aus Korčula verband barocke und byzantinische Stilelemente.

In der **Schatzkammer** des Klosters befinden sich ein Reliquienschrein aus dem herzegowinischen Kloster Tvrdoš, ein Evangelium mit Silbereinband, handschriftliche Bücher, Dokumente serbischer Könige und wertvolle sakrale Kunstwerke; einige von ihnen stammen aus dem 15. Jahrhundert.

Etwas außerhalb des Komplexes steht die kleine einschiffige **Kirche des Heiligen Sava**. Sie stammt aus der Gründerzeit des Klosters und hat einen kleinen Glockenturm und einen nachträglich errichteten Vorbau.

In der **Kirche der Heiligen Anna** (Sv. Ana) auf dem Friedhof oberhalb der Klosteranlagen wurde der ehemalige spanische Stadthalter von Herceg Novi beigesetzt. Der 1538/39 auf den Grundmauern einer älteren Kirche errichtete Bau wurde mehrfach zerstört. Die Nachfahren des Stadthalters, die Familie Nikičević, ließ die Kirche restaurieren.

Meljine

Von Savina führt die Küstenstraße zum Meer herunter und zum Ort Meljine. Meljine befindet sich etwa drei Kilometer östlich von Herceg Novi, hat rund 1200 Einwohner und ist genau genommen ein Stadtbezirk von Herceg Novi.

Bekannt war Meljine jahrzehntelang in erster Linie wegen seines Krankenhauses. Es entstand während der österreichisch-ungarischen Herrschaft, in der ersten Hälfte des 19. Jahrhunderts. Zuvor hatte sich an gleicher Stelle ein Lazarett befunden, das zu Beginn des 18. Jahrhunderts von den Venezianern errichtet worden war. Nach dem Zweiten Weltkrieg war das **Krankenhaus** offiziell ausschließlich Militärangehörigen vorbehalten. Nur mit Beziehungen bekam man als normaler Bürger dort einen Termin. Heute steht der villenartige Komplex mit Meerblick in bester Lage wieder allen Bürgern offen. Die Arbeit im Krankenhaus während des Zweiten Weltkriegs wird in dem Buch ›Es ist Krieg und wir gehen hin‹ von dem slowenischen Schriftsteller und Arzt Paul Parin sehr interessant beschrieben.

Meljine hat fast den ganzen Tag Sonne, dadurch ist die Hitze im Sommer besonders groß. Von Herbst bis Frühjahr ist die **Strandpromenade**, die auf sieben Kilometern bis nach Igalo führt, ideal

▶ Karte S. 76

zum Spazierengehen, Radfahren oder Joggen. In der jüngeren Vergangenheit haben zahlreiche Cafés, Restaurants und kleinere Hotels an der Promenade eröffnet. Dennoch ist Meljine ein Ort abseits der großen Touristenströme geblieben. **Bademöglichkeiten** gibt es überwiegend an betonierten Stränden oder – etwas rustikaler, aber dafür ruhiger – zwischen den Felsen.

Ins Auge stechen der kleine **Bootshafen** und die **Eisenbahnbrücke**, über die einst die Schmalspurbahn aus Sarajevo mit Endstation in Zelenika tuckerte.

Meljine

Boutique-Hotel Kredo, Brace Grakalica 79, Tel. 338111. DZ ab 80 Euro. 4-Sterne-Haus mit toller Lage. Eigener Pool, Strand fast vor der Tür, Zimmer teilweise mit Balkon und Meerblick. www.perla.me

Wellness & Spa Hotel ACD, Ulica Narodnog fronta 91, Tel. 200506. Neues, modernes 4-Sterne-Haus mit Pool und Wellnesscenter. Hoteleigener Parkplatz. Bis zum Strand geht man etwa 150 Meter. http://acd.co.me

Ein Ausflug nach Trebinje

Trebinje ist kaum eine Autostunde von Herceg Novi entfernt. Ein Ausflug in die herzegowinische Stadt lohnt nicht nur wegen der sehenswerten Altstadt, auch ein Restaurantbesuch und eine Einkaufstour sind zu empfehlen, liegt das Preisniveau doch deutlich unter dem in Montenegro.

Anfahrt

Der Weg nach Trebinje ist leicht zu finden. In Meljine folgt man im Verkehrskreisel einfach den Schildern den Berg hinauf. Die Straße wurde erst vor Kurzem ausgebaut und frisch asphaltiert. Vorbei sind die Zeiten, als man vorsichtig am Gegenverkehr vorbei manövrieren musste. Die Straße überwindet in mehreren Serpentinen das Gebirge und bietet an vielen Stellen tolle Ausblicke auf Herceg Novi und die Bucht von Kotor. Allerdings wird kurz vor der montenegrinischen Grenzstation eine Straßengebühr (3 Euro) fällig.

Der Grenzübertritt ist unkompliziert, längere Wartezeiten gibt es nur selten. Nachdem die montenegrinische Grenze passiert ist, wird man auf einem überdimensionalen Schild in der Republika Srpska willkommen geheißen. Einige hundert Meter weiter ist der bosnisch-herzegowinische Übergang erreicht. Meist reicht den Grenzbeamten ein schneller Blick auf Reisepass und Grüne Versicherungskarte. Anschließend fährt man durch typisch herzegowinische Landschaften, bergige Abschnitte wechseln sich mit langen Ebenen ab. Es ist ratsam, nicht schneller als erlaubt zu fahren – die Polizei kontrolliert regelmäßig. Zudem sollte man mit Tieren auf der Fahrbahn rechnen, besonders im Dunkeln.

Bald ist die große Kreuzung erreicht. Links geht es nach Dubrovnik, rechts nach Trebinje. Nun folgt man einfach der Hauptstraße ins Stadtzentrum.

Sehenswürdigkeiten

Mittelpunkt im Zentrum ist der **Platz vor dem Hotel Platani**. Unter zahlreichen schattenspendenden Platanen breitet sich großflächig das Straßencafé des Hotels aus. Am Kopfende des Platzes befindet sich das **Njegoš-Denkmal** des Bildhauers Toma Rosandić. Die **Statue** auf der gegenüberliegenden Straßenseite erinnert an den Schriftsteller Jovan Dučić. Die **katholische Kirche**, schräg gegenüber, wurde Ende des 19. Jahrhunderts erbaut. In der kleinen Fußgängerzone sind Boutiquen und Parfümerien zu finden, in den Sommermonaten werden an zahlreichen Ständen Bücher verkauft. Unmittelbar an der Fußgängerzone, gegenüber dem Hotel, wird an jeden Tag Markt abgehalten. Die Händler bieten überwiegend selbstangebautes Obst und Gemüse aus der Umgebung an und das zu Preisen, die oft nur halb so hoch sind wie in Montenegro. Um in die Altstadt zu gelangen, lässt man den Hoteleingang links liegen und läuft dann direkt auf das westliche Stadttor zu. Die **Stadtmauer** wurde ab 1703 in Etappen errichtet, ist weitgehend erhalten und wurde vor Kurzem restauriert. Mittelpunkt der Altstadt ist die **Osman-Paša-Resulbegović-Moschee**. Sie trägt den Namen ihres Stifters und wurde 1729 von Baumeistern aus dem nahen Dubrovnik errichtet. Während des Bosnienkriegs zerstörten serbische Nationalisten die Moschee. Im Mai 2001 wurde der Grundstein für den Wiederaufbau gelegt

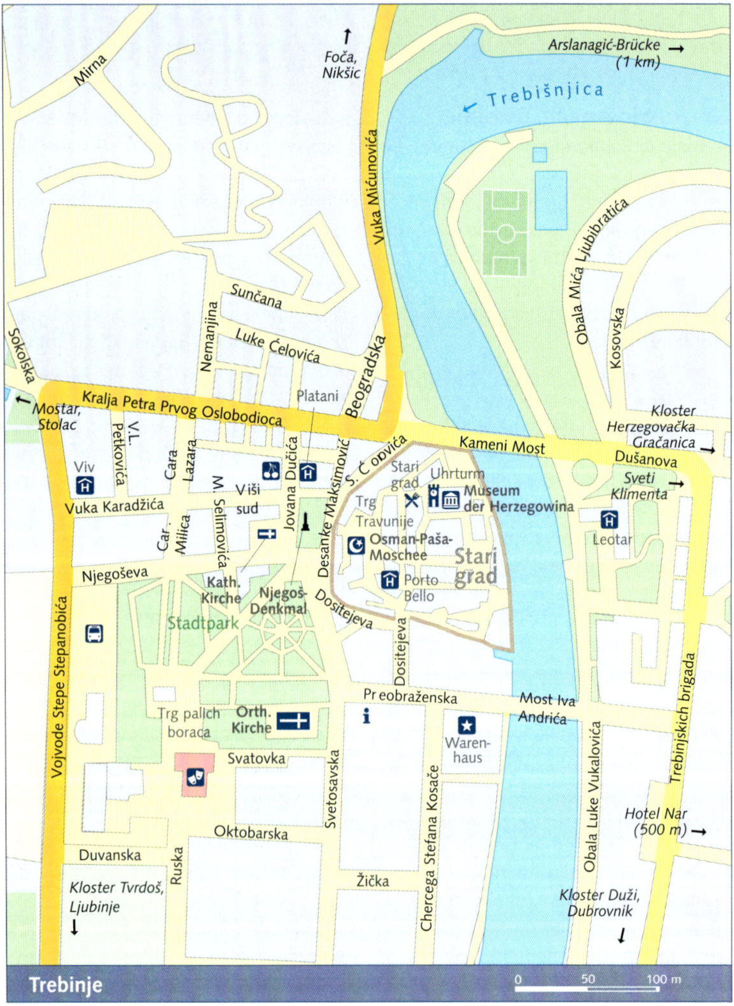

und vier Jahre später die rekonstruierte Moschee feierlich eingeweiht.

Im nördlichen Teil der Altstadt überragt der türkische **Uhrturm** die anderen Gebäude. Er stammt aus dem 18. Jahrhundert und ist 17 Meter hoch. Unmittelbar daneben befindet sich das **Museum der Herzegowina**. Es verfügt über eine archäologische und eine ethnografische Sammlung, außerdem werden Gemälde und Skulpturen aus der Sammlung des Schriftstellers Jovan Dučić gezeigt sowie einige seiner Manuskripte. Das Museum besitzt eine große Gemäldegalerie und ist Veranstaltungsort zahlreicher Konzerte, Sonderausstellungen und Lesungen.

Zwei Kilometer außerhalb des Stadtzentrums, auf der Anhöhe Crkvina, erhebt sich das **Kloster Herzegovačka Gračanica** mit der Kirche der Heiligen Mutter Gottes. Gestiftet wurde der Komplex von Serben aus Trebinje, die in die USA ausgewandert waren und dort zu Wohlstand kamen. In der Kirche befindet sich das Grab des Schriftstellers Jovan Dučić. Der Kirchenvorplatz bietet einen Panoramablick auf Trebinje und die **Arslanagić-Brücke**, die sich in zwei großen und mehreren kleinen Bögen 80 Meter über den Fluss spannt. Das um 1570 errichtete Bauwerk wurde von Mehmet Paša Sokolovć gestiftet. Ursprünglich befand sich die Brücke vier Kilometer flussaufwärts. Als man dort den Stausee baute, wurde sie Stein für Stein abgetragen und an ihrem jetzigen Standort wieder aufgebaut.

Trebinje

Tourist-Infozentrum (In der Fußgängerzone), Jovana Dučića bb. Auch Verkauf von Souvenirs.

In der Altstadt gibt es mehrere Restaurants wie zum Beispiel das **Stari grad** und das **Porto Bello**, die nationale Spezialitäten anbieten. Empfehlenswert ist auch die **Čevabdžinica** (vom Westtor kommend, geht man links an der Moschee vorbei). Dort gibt es Gegrilltes zu günstigen Preisen. Das mehrfach ausgezeichnete, aber nicht teure Restaurant **Studenac** in der Milentija Perovića bb, Tel. 00387/(0)59/482627, liegt rund zwei Kilometer außerhalb des Stadtzentrums. Man fährt auf der Hauptstraße Richtung Nikšić und biegt beim Schild ›Studenac‹ rechts ab. Aus der zweispurigen Straße wird bald eine einspurige Asphaltpiste, wovon man sich aber nicht abschrecken lassen sollte. Das Restaurant liegt idyllisch am Fluss Trebišnjica und besitzt einen großen Garten mit Teichen, Kinderspielplatz und einer Räucherkammer. Neben diversen Fischgerichten werden auch nationale Spezialitäten angeboten.

Mehrere Unterkünfte im Ort. Empfehlungen:

Hotel Platani, Cvijetni trg 1, Tel. 00387/(0)59/270420. Unmittelbar im Zentrum, 4 Sterne; DZ 55 Euro.
http://hotel-platani-trebinje.com

Hotel Leotar, Luke Vukalovića 1, Tel. 00387/(0)59/261086. Am Fluss Trebišnjica, drei Gehminuten von der Altstadt entfernt, kürzlich renoviert; DZ 45–65 Euro.
www.hotelleotar.com

Museum der Herzegowina, Dušanova, 89000 Trebinje, Tel. 00387/(0)/59271-060.

Zelenika

Von Meljine, weiter in in das Innere der Bucht, durchfährt man sehr bald den ersten von zwei Tunneln in der Bucht von Kotor und erreicht unmittelbar danach Zelenika. Der Ort liegt in einer großen zum Meer hin langsam abfallenden Ebene. Seinen Namen verdankt er seiner üppigen grünen – serbisch: zelen – Vegetation.

Noch vor wenigen Jahren war Zelenika ein aufstrebender und lebendiger Ort. Davon ist heute allerdings nicht mehr allzu viel zu spüren, viele Gebäude wirken verfallen und wenig attraktiv. Die Küstenstraße verläuft direkt durch das Ortszentrum und wird zu beiden Seiten von Geschäften und Cafés gesäumt, die häufig bis direkt an den Straßenrand reichen. Unmittelbar in der Ortsmitte, gleich hinter der Bushaltestelle, befindet sich der Zollhafen von Zelenika. Daran schließt unmittelbar ein kleiner **Bootshafen** an. Im ganzen Ort darf die Höchstgeschwindigkeit von 40 Kilometern nicht überschritten werden. Man sollte sich streng daran halten, nicht nur weil häufig unvermittelt Fußgänger die Straße überqueren, sondern auch weil die Polizei im Ort regelmäßige Radarkontrollen durchführt. Die touristische Glanzzeit Zelenikas liegt schon einige Jahre zurück. Das erste Hotel in der Bucht von Kotor wurde hier errichtet und lockte noch vor dem Ersten Weltkrieg Touristen aus ganz Europa an den rund vier Kilometer langen Küstenstreifen des Ortes. Später wurde aus dem Hotel ›Boka‹ ein Erholungsheim für Jugendliche aus ganz Jugoslawien. Hier findet man die besten **Bademöglichkeiten** in Zelenika. Die Strände sind aus grobkörnigem Sand und weitab von der Straße und dem geschäftigen Ortszentrum. In der Hochsaison liegen die Menschen hier dicht an dicht in der Sonne. Ein Campingplatz befindet sich in unmittelbarer Nähe, ein Karussell und verschiedene Spielautomaten sorgen für Unterhaltung – nicht unbedingt jedermanns Sache.

Ein weiter Strand befindet sich am östlichen Ortsausgang. Es liegt nahe der Hauptstraße, wird aber dennoch gern besucht, bietet er doch feineren Sand, eine Strandbar und Süßwasserduschen.

Kuti

In der Ortsmitte von Zelenika, gegenüber vom Hafen, biegt von der Hauptstraße die Ortsstraße rechts ab. Vorbei am ehemaligen Kino und der Post erreicht man den Ort Kuti, der sich zwei Kilometer nördlich von Zelenika befindet. Der Ort ist einen Besuch wert, befinden sich hier doch das **Frauenkloster des heiligen Johannes** und die **Kirche**

Zelenika

Karte S. 76

der heiligen Maria. Dort liegen montenegrinische Soldaten und Kämpfer aus der Herzegowina begraben, die 1687 in der Schlacht gegen die Osmanen starben. Njegoš hat die Kämpfe in seinem Epos ›Der Bergkranz‹ beschrieben und dadurch auch dem Ort Kuti zu einiger Bedeutung verholfen.

Zelenika

Vorwahl: 031. **Postleitzahl**: 85346.
Turist biro Zelenika, Poštanska bb, Tel. 350820. Vermittelt auch preisgünstige Privatzimmer.

Hotel Palace, Sunčana obala, Tel. 678102. Kleines Hotel, direkt an der Ortsstraße. Klima und WLAN. Im oberen Stockwerk schöne Terrasse mit Meerblick. Preise pro Person 25 bis 80 Euro mit Frühstück.

Autocamp Zelenika, Sunćana obala bb, Tel. 678631. Rund 80 Stellplätze, einfache Ausstattung, Anschluss für Strom, Wasser und Gas. Etwa 50 Meter bis zum Strand.

Kumbor

Östlich von Zelenika steigt die Küstenstraße wenige Meter an und gibt dann den Blick auf Kumbor frei. Eine Straße zweigt hier direkt in den Ort ab und führt durch die Orte Đenović, Baošić und Bijela bis nach Kamenari unmittelbar am Meer entlang. Wer es eilig hat, bleibt auf der Hauptküstenstraße, wird die Orte dann aber nur oberhalb passieren.

Kumbor liegt am Fuße des 780 Meter hohen Berges Devesilje und rund sechs Kilometer von Herceg Novi entfernt. Der Ortsname hat seinen Ursprung im italienischen Wort ›conborge‹ und bedeutet soviel wie ›Alte Stadt‹. Später trug der Ort die Bezeichnung Combur. Im 17. Jahrhundert stand in Kumbor eine türkische Festung, die den Osmanen zur Verteidigung des Gebietes um Herceg Novi diente. Als Truppen aus Perast die Festung einnahmen, wurde sie dem Erdboden gleichgemacht und verschwand buchstäblich spurlos. Reste sind nicht mehr vorhanden.

Ein großer Teil des Ortes wurde lange Zeit von der Marine beansprucht, es gab unter anderem Kasernen und ein Militärkrankenhaus. Inzwischen wurde das Gelände an einen aserbaidschanischen Investor verkauft, der dort einen Jachthafen und eine luxuriöse Wohnanlage baut.

Bademöglichkeiten gibt es an grobkörnigen Sandstränden mit Süßwasserdusche, Stränden aus Beton oder auch an Molen. Der Ort verfügt über einen kleinen **Park**, der zum Verweilen einlädt, und einen kleinen **Bootshafen**. Der Ort hat einen Supermarkt und zwei Kioske, von denen aber nur einer in der Sommersaison geöffnet hat.

Kumbor

Vorwahl: 031.
Postleitzahl: 85349.

Im Ort werden viele Privatzimmer vermietet. Auf Schilder ›Sobe‹ achten. Je nach Ausstattung werden 8 bis 20 Euro verlangt.
Hotel Xanadu, Tel. 684666. Vier-Sterne-Hotel mit eigenen Strandabschnitt, Pool, Sauna, Restaurant und Bar sowie bewachtem Parkplatz. An der Magistrale oberhalb Kumbors. DZ ab 30 Euro in der Saison, Apartment mit Halbpension 65 Euro pro Person. http://www.perla.me/Hotel-xanadu2

An der Ortsstraße gibt es zahlreiche Cafés und kleinere Restaurants. Sie bieten Pizza und Hamburger, Fischspezialitäten und Grillteller zu durchweg günstigen Preisen.

EXTRA

Das Erdbeben von 1979

Ostersonntag 1979 erlebte Montenegro eine der schlimmsten Naturkatastrophen seiner Geschichte, als ein schweres Erdbeben die Küstenregion erschütterte. 150 Montenegriner sowie 50 Menschen im benachbarten Albanien verloren ihr Leben, rund 100 000 Menschen waren mit einem Schlag obdachlos. Der jugoslawische Staatspräsident Tito, der sich während des Bebens zufällig in Igalo zur Kur aufhielt, rief die jugoslawische Bevölkerung zur Solidarität auf und versprach Finanzhilfen in Millionenhöhe. Dennoch dauerte es Jahrzehnte, bis sich Montenegro von der Naturkatastrophe erholt hatte, denn die Schäden waren immens. Die Altstadt von Ulcinj war unbewohnbar, die Stadtmauer teilweise ins Meer gestürzt. Die Altstadt von Budva lag in Trümmern. Die Bewohner wurden bis auf eine ältere Frau evakuiert, die sich beharrlich weigerte, ihr Haus zu verlassen. In Herceg Novi waren unter anderem die Festung Forte Mare, das Kloster Savina und fast alle Kirchen schwer beschädigt. Die Altstadt von Kotor war mit Trümmern übersät. Ein Haus war völlig in sich zusammengefallen, fast alle anderen Gebäude unbewohnbar. Allein die Kirche Sv. Tripun hatte das Beben nahezu unbeschadet überstanden. In Bijela waren die Anlegemole und die Maschinenhalle der Werft im Meer versunken, die Werft in Tivat und der Hafen in Bar waren ebenfalls stark beschädigt. Bekannte Hotels wie das ›Plaža‹, das ›Slavia‹ und das ›Avala‹ in Budva, das ›Jadran‹ in Ulcinj und das altehrwürdige ›Boka‹ in Herceg Novi waren dem Erdboden gleichgemacht.

Der Tourismus, der wichtigste Wirtschaftszweig Montenegros, brach ein. Die Besucherzahlen gingen um 70 Prozent zurück, die Einnahmen schrumpften von vormals 80 Millionen Dollar auf 15 Millionen Dollar im Katastrophenjahr. Viele Fabrikgebäude waren zerstört, 30 000 Beschäftigte ohne Arbeitsplatz. Die Menschen wurden in Zelten untergebracht und mit dem Nötigsten versorgt. Zahlreiche Nachbeben sorgten für Angst und Schrecken. Als Konsequenz aus der Katastrophe verfügten die Behörden, dass alle neuen Gebäude erdbebensicher gebaut werden müssen. Das ist dringend geboten ist, denn die Küste Montenegros befindet sich auf tektonisch schwierigem Gebiet – hier stoßen gleich mehrere Platten zusammen –, und Wissenschaftler haben errechnet, dass Montenegro etwa alle 70 Jahre von einem größeren Erdbeben heimgesucht wird.

Zerstörung in Budva durch das große Erdbeben

Đenović

Das Dorf Đenović, durch das die schmale Küstenstraße führt, schließt sich unmittelbar an Kumbor an. Zunächst versperren noch die Gebäude der Marine den Blick auf das Meer, aber schon die zweite Kurve gibt den Blick weit in die Bucht frei. Hier befindet sich auch der erste **Strand** des Dorfes, ein Betonplateau mit Süßwasserdusche.

Bis heute ist nicht ganz klar, wie das Dorf zu seinem Namen kam. Es gibt Dokumente aus dem Jahr 1758, in denen das Dorf als Storoevich bezeichnet wird. Später taucht die Bezeichnung Gionoevich auf, aus der der heutige Ortsname abgeleitet wurde.

Sehenswert sind die **Kirche Sveti Nikola** und die **Kirche Sankt Spiridona** aus dem Jahr 1867 mit seinen Ikonen, die Ilija Đinovski schuf.

Eine Besonderheit und Sehenswürdigkeit, die in ganz Europa wohl einmalig ist, stellt der **Garten der Familie Tomanović** dar. Der mittlerweile verstorbene Hausherr hat zahlreiche Nachbildungen berühmter Filmfiguren aus Beton gegossen. Stan und Olli, die lästernden Herren aus der Muppets-Show, Donald Duck, Schneewittchen und viele weitere Figuren bevölkern der Garten der Familie. Direkt an der Straße bewacht eine Löwin – aus Beton – den Eingang zum Garten. Eine Besichtigung des privaten Gartens ist leider nicht mehr möglich.

Ein Hinweisschild weist den Weg zur **Süßwasserquelle** des Ortes. Gerade im Sommer, wenn aufgrund von Engpässen bei der Wasserversorgung die Menschen auf dem Trocknen sitzen, suchen die Einheimischen die Quelle mit Kanistern und

Die Kirche Sveti Nikola

Flaschen auf und schaffen einen kleinen Wasservorrat nach Hause.

Gegenüber der Quelle befindet sich das **Wasserballbecken**, in dem in den Sommermonaten Spiele stattfinden. Dort wo sich einst die Tribüne erhob, stehen heute die Tische und Sonnenschirme des Restaurants ›Biss‹.

Die schönste **Badegelegenheit** im Dorf befindet sich noch vor dem Wasserballfeld in der weitläufigen Kurve. Hier fällt ein Kieselsteinstrand flach ins Meer ab, und so können gerade kleine Kinder wunderbar plantschen. Im Juli und August ist der Strand meist völlig überfüllt. Wer dagegen im Mai oder September nach Đenović kommt, hat ihn fast für sich allein. Im Dorf gibt es außerdem zahlreiche Betonstrände, die zumeist über Süßwasserduschen verfügen.

Entlang der Dorfstraße finden sich verschiedene Cafés und Restaurants, und mindestens ein Lebensmittelgeschäft befindet sich auch immer in der Nähe. Abends kann man dort schön flanieren.

i Đenović

Vorwahl: 031. **Postleitzahl**: 85345.

Turist biro Đenović, Tel. 676398. In der Ortsmitte neben dem Restaurant ›Bambi‹. Auch Vermittlung von Privatzimmern.

Unterkunft findet man in Privatzimmern und auf Campingplätzen.

Hotel Fanfani, Tel. 36270. Urlauberkomplex, in dem mehrere kleine Ferienhäuser angeboten werden. Fitnessraum, Tischtennis und ein Restaurant. Zum Strand geht man nur über die Dorfstraße.

Restaurant Flammanti. Bekannt für seine hochwertige mediterrane Küche. Die Preise liegen etwas über dem Durchschnitt, sind aber für das Gebotene angemessen. Das Restaurant liegt etwa in der Ortsmitte.

Restaurant Sidro, ebenfalls in der Ortsmitte. Vor allem gute Fischgerichte, auch frisches Bier vom Fass.

Baošić

Auf zwei Kilometer Länge, in direkter Nachbarschaft zu Đenović, erstreckt sich das Dorf Baošić. Bereits im Jahr 1351 fand es in einer Urkunde des Zaren Dušan erstmals Erwähnung. Es wird vermutet, dass der Dorfname durch die seinerzeit sehr angesehene und reiche Familie Balšić zustande kam.

Der französische Schriftstelle Pierre Loti lebte ab 1880 ein Jahr in Baošić und beschrieb seine Zeit in dem Ort in seinem Tagebuch sowie in einer Novelle, die in seinem Buch ›Fleurs d'ennui‹ veröffentlicht wurde.

Das Dorf ist Geburtsort des bekannten Mathematikers Đorđe Ćuković. Die erste Grundschule entstand bereits im Jahr 1802. Noch heute besuchen die Schüler aus der ganzen Gegend die Grundschule in Baošić; sie ist mittlerweile aber in einem neueren Gebäude untergebracht.

Eine **Steintafel** an einer Hausfassade gegenüber vom kleinen Hafen erinnert an den Aufenthalt des Schriftstellers.

Das Zentrum des Dorfes liegt nahe dem Kulturhaus. Hier befindet sich auch das **Wasserballstadion**, das während des Sommers auch als Theaterbühne dient. Kleine Theatertruppen – oft aus Belgrad – spielen Stücke überwiegend für Kinder.

Auf der Rückseite der Tribüne befinden sich verschiedene kleine Geschäfte. In der Saison bieten Straßenhändler gekochten und gesalzenen Mais an. Fast an jeder Ecke stößt man auf Buden, die Hamburger, Pleskavica und ähnliches anbieten.

Die Einwohner Baošićs waren in der Vergangenheit überwiegend Seefahrer und Fischer. Noch heute hat der Ort seine eigene kleine Fischfangflotte. Die grauen Boote liegen in einem kleinen

Die Anlegestelle in Baošić

▲ Karte S. 76

Hafen, der von den Badenden gerne zum Sonnen genutzt wird. Abends kann man die Flotte auslaufen sehen. Am nächsten Morgen fahren die Fischer durch die Dörfer und verkaufen ihren Fang.

Baošić hat einige schöne **Bademöglichkeiten** zu bieten. Neben den üblichen Betonstränden gibt es mehrere Molen, aber auch sehr schöne Kieselsteinstrände, die meist auch mit Süßwasserduschen ausgestattet sind.

i Baošić

Vorwahl: 031. **Postleitzahl**: 85344.

Hotel Max, Tel. 674789. Kleines Hotel mit 13 Zimmern, unmittelbar an der Ortstraße. Parkplatz, TV, Restaurant, Strandabschnitt vor dem Haus. 30 Euro pro Person mit Frühstück in der Saison. www.hotelmaxhercegnovi.com

Mehrere Restaurants entlang der Ortsstraße sowie zahlreiche Grill-buden, wo es Hamburger, Pommes frites u.a. zu günstigen Preisen gibt.

Bijela

Der 4000-Einwohner-Ort war lange in erster Linie wegen seiner Werft bekannt, die heute jedoch nicht mehr in Betrieb ist. Die Bijela-Adria-Schiffswerft (Jadransko Brodogradilište Bijela) entstand bereits 1927 und war bis zu ihrer Schließung 2017 eine der wichtigsten Reparaturwerften an der Adria-Küste. Die Werft verschaffte den Menschen in Bijela und der Umgebung Arbeit, sorgte aber auch dafür, dass der Ort bei Touristen in der Beliebtheitsskala nicht ganz oben stand. Das Meer war nahe der Docks nicht sonderlich sauber, und man hörte Tag und Nacht die Arbeiter hämmern und schweißen. Wer sich davon nicht abhalten ließ, fand auch in der Hochsaison immer einen attraktiven Platz an einem der betonierten Strände. Inzwischen hat sich Bijela verändert. In Blickweite der ehemaligen Werft wird gerade ein modernes **Hotel** gebaut. Der hoteleigene **Strand** ist bereits fertiggestellt und verspricht höchste Urlaubsfreuden.

Etwa in der Ortsmitte lieg das kleine **Wasserballstadion**, in dem einst der Ortsverein sehr erfolgreich seine Zweitligaspiele bestritt. Gegenüber befinden sich ein kleiner **Markt** und das **Kulturhaus**. Hier probte lange der Kirchenchor der Gemeinde. Ende der 1990er Jahre begleitete der Chorleiter seine Sänger auf dem Klavier des ehemaligen jugoslawischen Staatspräsidenten Tito. Titos Jacht ›Golub‹, damals im Besitz der Marine, ankerte nahe der Werft von Bijela im Meer und wartete auf einen Käufer. Titos Klavier hatte man vom Schiff getragen und in das Kulturhaus verfrachtet.

In Bijela gibt es mehrere kleinere Kirchen. Die interessanteste ist sicherlich die **Kirche Riza Bogorodica**. Die einschiffige Pfarrkirche stammt aus dem Jahr 1824, der Glockenturm wurde erst zwölf Jahre später angebaut. Die Ikonenwand schuf der griechische Maler Nikolaos Aspiati im 19. Jahrhundert. Bekannt wurde die Kirche, weil in ihr ein Exemplar des Oktoich – ein orthodoxes liturgisches Buch und zugleich das erste auf dem Balkan gedruckte Buch überhaupt – dort aufbewahrt wurde. Es stammte aus dem Jahr 1494. Interessant ist, dass sich hinter der Apsis eine zweite kleinere Apsis anschließt. Sie stammt von einer kleinen Kirche, die im 12. oder 13. Jahrhundert dort errichtet wurde.

Die Werft teilt den Ort in zwei Bereiche. Die Ortsstraße führt vom Meer weg in einem weiten Bogen um das Werftgelände und findet dann wieder zurück zum Meer.

Bijela schmiegt sich an die Berge

Hier, im anderen Teil von Bijela, findet das eigentliche touristische Leben statt. Es gibt sehr schöne **Sand- und auch Betonstrände**, Hotels und Cafés. Von hier hat man einen schönen Blick nach Tivat, den Inseln Ostrovo Cveća und Sveti Marko und auf die gegenüberliegende Seite der Bucht. Hier befinden sich das Hotel ›Delfin‹ und – etwas weiter zum Ortsende und ruhiger gelegen – das Hotel ›Park‹. Es entstand ursprünglich in den 1970er Jahren und war eines der profitabelsten Hotels in der Bucht von Kotor. 2015 kaufte eine Firma aus Podgorica das inzwischen marode Hotel, ließ es abreißen und ein neues Vier-Sterne-Haus mit 220 Zimmern errichten. Dass es ein Erfolg wird, gilt als sicher: Es liegt sehr ruhig in einem Park und ist nur durch die schmale Ortsstraße vom hoteleigenen Strand getrennt. Die Ortsstraße macht hier eine letzte Kurve und führt dann in einer längeren Gerade auf die Magistrale, die Hauptküstenstraße. Nach wenigen Metern auf der Hauptstraße verrät das Ortsschild, dass nun Kamenari erreicht ist.

Bijela

Vorwahl: 031. **Postleitzahl**: 85343.
Touristenbüro, Bijela bb (an der Magistrale), Tel. 350820. www.hercegnovi.travel
Reiseagentur Delfin im gleichnamigen Hotel. Vermittlung von Zimmern, Ausflüge und Leihwagen.
An der Hauptstraße in Bijela gibt es eine Tankstelle und eine Autowaschanlage. Der Ort verfügt über eine Apotheke, eine Post und eine Bank.

Hotel Delfin, Tel. 353100. 2014 komplett renoviert und um ein Gebäude erweitert. Hoteleigener Strand, Beachvolleyballplatz, Wellnessbereich mit schönem Pool. Zimmer teilweise mit Meerblick. Das Hotel befindet sich an der unteren Ortsstraße. http://hoteldelfin.me
Hotel Park, Bijela bb, Tel. 339412; DZ je nach Saison ab 100 Euro. Großer, moderner Hotelbau. Großer Wellnessbereich, Zimmer teilweise mit Meerblick. Hoteleigener Strand, Außenpool. www.hotelpark.me

Camping Zloković, Tel. 681890. Kleiner, einfach ausgestatteter Platz, nur durch die Ortsstraße vom Strand getrennt. Einfach über die Magistrale zu erreichen, gut ausgeschildert. Freundlicher, engagierter und hilfsbereiter Betreiber, organisiert auch Ausflüge in die Bucht von Kotor. www.campingzlokovic.com

▸ Karte S. 76

Kamenari

Vor allem wegen der **Fähre** ist Kamenari bekannt. Sie verbindet den Ort mit Lepetane auf der gegenüberliegenden Seite und transportiert bis zu 300 000 Fahrzeuge pro Jahr. In der jüngeren Vergangenheit gab es immer wieder Stimmen, die sich für den Bau einer Brücke an dieser Stelle der Meerenge aussprachen. Das andere Ufer wäre so sicherlich leichter und schneller zu erreichen, aber viele Touristen schätzen gerade die langsame und schöne Überfahrt. Sie ist gerade für die Gäste, die soeben am Flughafen Tivat angekommen sind, der erste Höhepunkt ihres Aufenthaltes in Montenegro.

Der Ort verdankt seinen Namen den Steinmetzen, die hier ihrem Handwerk nachgingen (Kamen – montenigrinisch für Stein). In der Umgebung von Kamenari nahe dem Dorf Đurići befinden sich Steinbrüche, in denen der bekannte rote und bläuliche Stein gewonnen wird. Die Steine werden hauptsächlich zu Dekorationszwecken verwendet. Das Denkmal ›Der Friede‹, das Jugoslawien den Vereinten Nationen in New York geschenkt hat, ist beispielsweise mit dem roten Stein aus Kamenari verziert.

Der Ort versteckt sich zunächst hinter einer Kurve. Dort finden Autofahrer einen Parkplatz, den man ansteuern sollte, wenn man einen ersten Blick in die Meerenge Verige werfen möchte.

Die eigentliche Attraktion ist nicht der Leuchtturm, der an dieser Stelle den Schiffen den Weg in die Meerenge weist; sie liegt etwas versteckt hinter Bäumen auf einer Anhöhe.

Es ist die **Kirche Sv. Neđelje**, zu der auf der anderen Straßenseite, gegenüber dem Parkplatz, eine unscheinbare Treppe in leichten Serpentinen führt. Die Kirche wurde 1704 errichtet. Sie verfügt über einen kleinen Friedhof und ist von schattenspendenden Bäumen umgeben. Der Kirchenvorplatz ist von einem Teppich aus Gras bedeckt und von einem Mäuerchen umgeben, das den Gläubigen auch als Sitzfläche dient. Von hier kann man bis nach Perast sehen, die Orte Kamenari und Lepetane in Augenschein nehmen und der Autofähre bei der Überfahrt zusehen.

Der Ort wird im Sommer überwiegend von einheimischen Urlaubern besucht. Kleine, einsame und oft versteckt liegende **Bademöglichkeiten** entdeckt man, wenn man die Anlegestelle der Fähre in östlicher Richtung passiert hat. Allerdings ist es nicht immer leicht, einen Abstellplatz für das Auto zu finden.

In Richtung Morinj, in einer scharfen Kurve, befindet sich ebenfalls ein Parkplatz, von dem man einen wunderbaren Blick auf das gegenüberliegende Perast werfen kann. Die beiden **Inseln Sveti Đorđe** und **Gospa od Skrpjela** liegen unmittelbar vor dem Betrachter im Wasser. Wer sich erfrischen möchte, kann die wenigen Meter zur Mole des Leuchtturms gehen, sich sonnen oder ein Bad im Wasser der Meerenge nehmen.

Autofähre in Kamenari

Kamenari-Brücke

Schon seit vielen Jahren ist der Bau einer Brücke von Bijela oder Kamenari nach Tivat im Gespräch, inzwischen sollen sogar schon die Planungsarbeiten abgeschlossen sein. Die Baukosten wurden mit 40 Millionen Euro beziffert. Da das Geld fehlt und die UNESCO Bedenken hat - die Bucht von Kotor gehört zum Weltkulturerbe - lässt der Spatenstich noch auf sich warten. Dies freut natürlich die Betreiber der Fähre, die wahrscheinlich den Betrieb einstellen müssen, wenn die Brücke fertiggestellt und dem Verkehr übergeben worden ist.

Meerenge Verige

Die Meerenge ist an ihrer engsten Stelle nur 330 Meter breit. Sie verbindet das Becken von Tivat mit dem Becken von Risan. Als die Seeschifffahrt in der Bucht von Kotor ihre Hochzeit hatte, wurde von einem Ufer zum anderen eine dicke Kette gespannt, um Piratenschiffe vom Eindringen abzuhalten. Heute zwängen sich gewältige Kreuzfahrtschiffe mithilfe eines Lotsen durch die Meerenge.

Entstanden ist die Meerenge durch einen heute versiegten Fluss aus dem Orjengebirge, der über lange Zeiträume tiefe Schluchten auswusch.

Kamenari und Meerenge Verige

Vorwahl: 031.

Unterkunft in Privatzimmern möglich. Zudem:

Boutique-Hotel Casa del Mare - Mediterraneo, Kamenari bb, Tel. 673706. Schickes 4-Sterne-Haus. Alle Zimmer mit Balkon. Hoteleigener Strand mit Bar. http://casadelmare.me

Campingplatz Vasilijević, Tel 0675/39335. Ruhiger, einfacher Platz zwischen Magistrale und Meer.

Verige 65, 19 E65, Kostanjica, Tel 067/656575. Direkt am Ufer der Meerenge hat vor kurzem ein modernes Restaurant eröffnet. Die große Fensterfront und die Terrasse ermöglichen von jedem Platz Ausblicke in die Meerenge und auf die vorbeifahrenden Boote und Schiffe. Auch die beiden Kircheninseln hat man gut im Blick. Angeboten wird mediterrane Küche zu akzeptablen Preisen. Und - ungewöhnlich für Montenegro - es gibt sogar eine Frühstückskarte. http://verige65.com

Die **Autofähre** verkehrt ganzjährig rund um die Uhr. Je nach Verkehrsaufkommen sind bis zu vier Schiffe im Einsatz, selbst in der Hochsaison kommt es kaum noch zu Wartezeiten. Der Fahrpreis für eine Überfahrt mit Pkw beträgt derzeit 4,50 Euro. Tickets kauft man in den kleinen Kassenhäuschen an der Fährauffahrt. Fußgänger und Fahrradfahrer werden kostenlos übergesetzt. www.ferry.co.me

Morinj

Karte S. 76

Das Dorf ist in das Obere und das Untere Morinj (montenigrinisch: Gornji i Donji Morinj) geteilt. Morinj liegt im Nordwesten der Bucht von Kotor und weist durch seine Lage nahe den Bergen und die dadurch deutlich geringere Sonneneinstrahlung ein ganz eigenes Klima auf, das es von seinen Nachbarorten unterscheidet. Im Sommer kann dies sehr angenehm sein, da man selbst in der Mittagshitze noch zahlreiche schattige Plätze findet. Im Winter ist es durchaus möglich, dass sich auf der Straße in Morinj Eis gebildet hat, während in der übrigen Bucht von Kotor fast frühlingshafte Temperaturen herrschen.

Im 17. Jahrhundert beherrschten die Osmanen das Gebiet einschließlich der Siedlung Morinj. Nach dem Abzug der Türken bekam der Ort eine eigene Identität und begann sich immer rascher zu entwi-

Am kleinen Strand in Morinj

ckeln. Die Einwohner Morinjs galten als verlässliche Soldaten im Kampf gegen Besatzer und Okkupanten. Zahlreiche Einwohner schlossen sich während des Zweiten Weltkrieges den Partisanen Titos an, um bei der Befreiung der Bucht von Kotor zu helfen.

Sehenswert ist die **Kirche Sveti Tripun**. Sie stammt aus dem 15. Jahrhundert. In Gornij Morinj steht die **Kirche des heiligen Jovan Bogoslav** aus dem 18. Jahrhundert.

In Morinj gibt es einige schöne **Bademöglichkeiten**. Gleich in der Ortsmitte befindet sich ein Sandstrand, etwas außerhalb liegen ein Betonstrand und Molen, die zum Sonnen einladen.

Die Gegend des Ortes gilt als sehr fruchtbar und weist eine üppige Vegetation auf. Der Grund sind die zahlreiche Quellen im Ort. Genährt werden sie vom Grundwasser, das von den Bergen zur Küste fließt.

Morinj

Vorwahl: 032. **Postleitzahl**: 85338.

Privatunterkünfte sind vorhanden.

Autokamp Naluka, Tel. 069/346346; Mai–Sept. Kleiner, einfacher Platz mit etwa 20 Stellplätzen. Zum Strand geht man nur über die Ortsstraße. Ab 5 Euro pro Tag für ein Zelt, 10 Euro für Wohnwagenstellplatz. www.campnaluka.com

Catovica Mlini, Tel. 325054. Wohl eines der schönsten Restaurants in Montenegro, liebevoll in einer alten Wassermühle eingerichtet. Fischgerichte und weitere einheimische Spezialitäten, preislich Mittel- bis Oberklasse. www.catovicamlini.me

Zwischen Morinj und Risan

Von Morinj erreicht man nach einer kurzen Autofahrt das Dorf **Lipci**. Hier haben meist Einheimische ihre Sommerdomizile errichtet, ausländische Touristen kommen nur selten hierher. Das Dorf entstand im 17. Jahrhundert. In einem nur schwer zugänglichen Abgrund wurden Felsmalereien aus prähistorischer Zeit entdeckt.

Nach Lipci folgt das Dorf **Strp**. Ausländische Durchreisende werden den Ort wohl nur aufgrund seines schwer auszusprechenden Namens in Erinnerung behalten. Auch hier ist man weit ab von den Touristenhochburgen Montenegros und kann auch in der Hochsaison ein einsames Plätzchen auf einer Mole oder einer der verschiedenen Betonstrände finden. Kurz hinter Strp steigt die Straße leicht an, macht einen leichten Knick und gibt dann den Blick auf Risan frei.

Risan

Risan ist die älteste Stadt in der Bucht von Kotor und blickt auf eine erlebnisreiche und lange Geschichte zurück. Sie liegt im äußersten Winkel der gleichnamigen Bucht, wo die alte Straße aus dem Landesinneren auf die Küstenstraße trifft und früher die wichtigste Verbindung mit der Boka herstellte. In Risan befinden sich Geschäfte, eine Bushaltestelle, ein Taxistand und der kleine Hafen.

In und um Risan sind zahlreiche historische Funde gemacht worden. Aus der Zeit der Illyrer sind Reste der kyklopischen Mauern erhalten geblieben, auch wurden Exemplare illyrischer Münzen gefunden. Zu Beginn des 19. Jahrhunderts entdeckten die französischen Besatzer die Grundmauern einer römischen Villa Rustica. Erst 20 Jahre später wurden in vier der fünf Räume des Gebäudes Mosaiken aus dem 2. Jahrhundert gefunden. Bei den Mosaikdarstellungen handelt es sich um Pflanzenmotive und geometrische Ornamente, während im Schlafraum ein Mosaik mit der Darstellung von Hypnos, dem griechischen Gott des Schlafes, gefunden wurde.

Das heutige Risan hat seinen Ursprung in einer vom illyrischen Stamm der Rhizoniten gegründeten Siedlung. Erste Erwähnung fand die Siedlung bereits im vierten vorchristlichen Jahrhundert. Ein Jahrhundert später war Risan das Zentrum des illyrischen Staates und zugleich wichtigster Hafen für die illyrische Seeflotte. Im Jahr 229 nach Christus kamen die Römer nach Risan, die Illyrer suchten das Weite. Der illyrischen Königin Teuta gelang zunächst die Flucht, wurde aber später von den Römern gefangen genommen und musste letztendlich ihr Leben lassen.

Risan war lange Zeit die wichtigste Siedlung in der gesamten Bucht von Kotor,

▲ Karte S. 76

Der kleine Hafen in Risan

die damals noch Bucht von Risan hieß und sehr begehrt bei den verschiedenen Herrschern war. Unter dem Kaiser Diokletian, 300 nach Christus, gehörte Risan zu Dalmatien. Von 590 bis ins 16. Jahrhundert war die Stadt Bischofssitz. Als im 7. Jahrhundert die Slawen den Balkan bevölkerten und auch bis in die Bucht von Kotor vordrangen, verließen die Bewohner Risans fluchtartig die Stadt. Später gehörte Risan lange zum Fürstentum Travunja, seit 1376 war der Ort im Besitz der Feudalherrn Balšić. Ab 1540 waren die Osmanen für rund 150 Jahre die neuen Machthaber. Durch seine Straßenverbindung mit dem Hinterland war Risan lange Zeit ein wichtiges Handelszentrum. Kaufleute aus der Herzegowina und dem montenegrinischen Grahovo kamen nach Risan und boten ihre Waren an. Oberhalb des Ortes entstanden im 17. Jahrhundert die venezianischen Festungen Grkavac und Velenjal. Sie dienten zur Abwehr der osmanischen Angriffe, konnten ihnen letztendlich aber nicht standhalten.

Im Zweiten Weltkrieg besetzten Deutsche und Italiener die Bucht und auch Risan. Im November 1944 befreiten die jugoslawischen Partisanen die Stadt. Im kommunistischen Jugoslawien war der Ort besonders bei den mit dem Auto reisenden Touristen bekannt, gab es doch hier eine der wenigen staatlichen Tankstellen der Gegend. Sie gibt es noch immer, mittlerweile ist aber private Konkurrenz hinzugekommen. Autofahrer sollten sich streng an die vorgeschriebene Geschwindigkeitsbegrenzung – 40 km/h – halten. Nicht nur versuchen oft und unerwartet streunende Hunde, Kühe und auch Kinder und unachtsame Erwachsene gedankenlos die Straße zu überqueren, auch die Ordnungshüter im Ort sind stets sehr aufmerksam.

Der Lokalbus von Igalo nach Kotor hält auch in Risan, die **Bushaltestelle** befindet sich in der Ortsmitte an der Magistrale. Empfehlenswerte Unterkünfte hat der Ot derzeit nicht zu bieten.

■ Sehenswürdigkeiten

Zunächst lohnt die orthodoxe **Kirche der heiligen Petrus und Paulus** (montenigrinisch: Petar i Pavao) einen Besuch. Sie wurde 1601 errichtet und verfügt über eine umfangreiche Schatzkammer. Die Kirche des Erzengels Michael stammt aus dem Jahr 1767. Das Denkmal im Stadtpark von Risan erinnert an den Befreiungskampf der Partisanen im Zweiten Weltkrieg.

Wichtigste Sehenswürdigkeit im Ort sind die Überreste der römischen **Villa Rustica** mit ihren Mosaiken aus dem 2. Jahrhundert. Die Villa Rustica hatte sieben Zimmer, darunter drei für Bedienstete, und ein Atrium in der Mitte des Gebäudes. Vier Räume sind mit Mosaikböden ausgestattet. Sie zeigen geometrische und blumenförmige Muster, sind aber nur teilweise erhalten. Entdeckt wurde das römische Vermächtnis bereits Ende des 19. Jahrhunderts bei archäologischen Grabungen. Besichtigt werden konnten die Mosaike aber erst seit den 1960er Jahren. Viele Jahrzehnte lag der historische Schatz schutzlos unter freiem Himmel und für jeden zugänglich. Ein Teil der Mosaike wurde durch Souvenirjäger beschädigt, die Steine mitnahmen. Erst 2006 begann, mit amerikanischer Hilfe, die Restaurierung und Umgestaltung des Areals zu einem überdachten und ummauerten Museum. (www.risanmosaics.me). Zufahrt: Etwa in der Ortsmitte in Richtung Nikšić und Krankenhaus abbiegen; das Museum liegt zwischen der Zufahrt zum Krankenhaus und dem Museumsshop.

Etwa fünf Kilometer südöstlich von Risan, im Ort **Lipci**, wurden prähistorische

In einer stillen Gasse in Perast

Wandmalereien entdeckt. Zu sehen sind Jagdszenen mit Tieren und Pfeil und Bogen. Der Weg zu dem vorzeitlichen Schatz ist ebenfalls gut ausgeschildert.

Perast

Das alte Seefahrerstädtchen Perast steht heute als Ganzes unter Denkmalschutz. Es ist einer der Orte mit den meisten Sonnenstunden in der Bucht von Kotor. Sind nicht gerade Besuchergruppen auf Besichtigungstour, wirkt Perast wie ein verschlafenes Städtchen, das erst bei genauerem Hinsehen seine Schätze offenbart.

Als ›Perastum‹ findet der Ort bereits im Jahr 1326 Erwähnung. Die Geschicke der Stadt waren zu dieser Zeit und auch in den darauffolgenden Jahrhunderten stark mit der Stadt Kotor verbunden. Erst im 16. Jahrhundert erreichte Perast den Status einer selbständigen Gemeinde. Perast war zu dieser Zeit Grenzstadt. Die Türken konnten bis Risan in die Bucht von Kotor vordringen, scheiterten aber immer wieder beim Versuch, auch Perast einzunehmen. Den Türken standen die Venezianer gegenüber, unter deren Verwaltung sich auch Perast befand.

Mit den Venezianern kam der ökonomische Aufschwung. Die Einwohner von Perast waren bis dahin überwiegend als gute Schiffsbauer bekannt; die erste Werft entstand bereits 1367. Der Schiffsbau wurde auch weiter betrieben, daneben gewann der Seehandel aber immer größere Bedeutung. Bekanntheit erlangten die Einwohner von Perast auch als Soldaten im Kampf gegen die Osmanen. Sie beteiligen sich erfolgreich als Befreier von Herceg Novi und Risan und wehrten unter der Führung von Marko Rastović den Angriff von 62 000 türkischen Soldaten erfolgreich ab. Die Pyramide im Norden von Perast erinnert bis heute an diese Schlacht.

Eine besondere Ehre wurde den Soldaten von Perast zu Teil, als man sie zum ›Beschützer der Kriegsfahne des Admiralsschiffs der Republik des heiligen Markus‹, der sogenannten Gonfalone ernannt wurden. Die Basis für den Reichtum von Perast stellten neben dem Handel und der Seeschifffahrt zahlreiche Zollprivilegien dar. Diese wurden wegen der Teilnahme an den verschiedenen Schlachten und dem Kampf gegen Piraten gewährt.

Im 16. Jahrhundert erlangte die erste nautische Schule, die ›Nautika‹ in Perast, weit über die Landesgrenzen hinaus Berühmtheit. Gründer der Schule war der Kapitän Marko Martinović. Selbst aus Russland sandte Peter der Große 17 ausgewählte junge Männer nach Perast, um sie an der Nautika ausbilden zu lassen. Im 17. und 18. Jahrhundert besaßen die Reeder in Perast insgesamt eine Flotte von über hundert Schiffen. Dies war die Zeit des größten Wohlstandes in Perast. Die Stadt bestand damals aus über 300 Gebäuden, darunter allein über 200 Gebäude mit einer barocken Bauweise und 14 Kirchen.

Mit dem Aufkommen der Dampfschifffahrt verlor Perast mit seinen Segelschiffflotten rasch an Bedeutung, viele Bewohner verließen den Ort. Heute leben nur noch knapp 300 Menschen ständig in Perast.

Zu Beginn des 21. Jahrhunderts erlebte Perast so etwas wie eine Wiederbelebung. Mit der Privatisierung in Montenegro kauften wohlhabende Ausländer, aber auch Einheimische – darunter Prominente wie der Musiker Goran Bregović – Häuser und Wohnungen in dem alten Seefahrerstädtchen. Viele der alten Kapitänspaläste und Villen wurden restauriert und modernisiert. Bereits zuvor war der gesamte Ort unter Denkmalschutz gestellt worden.

Sehenswürdigkeiten

Die **Kirche Sveti Nikola** mit ihrem imposanten 55 Meter hohen Glockenturm befindet sich auf dem Hauptplatz in der Ortsmitte. Der Turm ist so etwas wie das inoffizielle Wahrzeichen von Perast. Er wurde 1691 nach einem Entwurf des venezianischen Architekten Guiseppe Beati errichtet und kostet die damals unglaubliche Summe von 55000 Dukaten - ein Beleg für den Wohlstand und Reichtum, den das kleine Seefahrerstädtchen damals genoss. Interessant ist, dass die von 1740 bis 1809 errichtete Sv.-Nikola-Kirche mit der Apsis einer 1564 angefangenen, aber nicht fertiggestellten Kirche verschmolzen ist. Apsis und Kirchenschiff bilden heute eine Einheit. In der Kirche befinden sich mehrere Gemälde des bedeutenden montenegrinischen Malers Tripo Kokolja. Zudem besitzt die Kirche eine **Schatzkammer** mit beeindruckenden Schmuckstücken, darunter ist ein Silberkelch, der ursprünglich Zar Peter dem Großen gehörte. Über dem Eingang der Kirche erinnert eine Inschrift an die Schlacht von 1654, als die Einwohner von Perast die angreifenden Türken in die Flucht schlagen konnten.

Während der Blütezeit der Segelschifffahrt, als der Handel Perast Wohlstand bescherte, entstanden zahlreiche sogenannte **Paläste** im Barock- und Renaissancestil. Zwölf davon sind noch heute erhalten. Zu den bekannteren gehört der Palast der Familie Zmajević, der auch als Bischöflicher Palais bekannt ist, sowie der Palast der Familie Bujović. Er wurde 1693 von Giovanni Fonta erbaut und beherbergt heute das städtische Museum von Perast. Hier sind zahlreiche kulturhistorische Gegenstände sowie eine umfangreiche ozeanographische Sammlung zu besichtigen. Zudem sind Porträts berühmter Persönlichkeiten aus Perast ausgestellt, darunter auch ein Selbstbildnis des Malers Tripo Kokolja.

Oberhalb des Ortes und der Magistrale, auf dem Berg Ilijino, befinden sich die Überreste einer von den Venezianern 1570 erbauten **Festung**. Die Ruinen können auf eigene Faust besichtigt werden. Von dort hat man einen attraktiven Blick in die Bucht und besonders auf die Meerenge. Perast wurde niemals von einer Stadtmauer geschützt, stattdessen errichtete man, verteilt auf den ganzen Ort, insgesamt zehn **Wachtürme**, von denen Angreifer frühzeitig gesehen werden konnten.

Es gibt in Perast verschiedene **Molen** und betonierte **Strände**. Die beste Gelegenheit zum Sonnen und Schwimmen findet man sicherlich am östlichen Ortsausgang in Richtung der Stadt Kotor. Während der Sommersaison kommen viele Inlandsurlauber nach Perast zum Badeurlaub. Während man außerhalb der Sommersaison nur wenige Menschen auf der Ortsstraße von Perast trifft, wird es in der Saison eng an den Stränden.

Gospa od Skrpjela und Sveti Đorđe

Vor Perast liegen die beiden Inseln Sveti Đorđe (Heiliger Georg) und die durch Aufschüttung entstandene Gospa od Skrpjela (Muttergottes von Skrpjela). Es wird erzählt, dass Seefahrer aus Perast im Jahr 1452 an der Stelle der jetzigen Insel auf einem Felsen ein Bild der Muttergottes fanden. Daraufhin sollen die Einwohner von Perast einmal im Jahr versucht haben, das Bild mit Steinen zu versenken – so sei im Laufe der Zeit die Insel entstanden.

Der Bau der Kirche begann 1630 und wurde erst 1722 mit der Fertigstellung der Kuppel beendet. Schwer beschädigt wurde die Kirche durch deutsche Bombenangriffe während des Zweiten Weltkriegs. Der Altar und die Statuen entstanden gegen Ende des 17. Jahrhunderts und sind Werke italienischer

Der stolze Palast Bujović

Meister. Die Wände und die Decke sind mit 68 Bildern des Malers Tripo Kokolja geschmückt. Zwischen den Bilderreihen findet man insgesamt 2500 Täfelchen, die sogenannten Votivtafeln. Sie zeigen Motive aus dem Leben von Perast und Abbildungen von verschiedenen Schiffstypen und wurden aus Dankbarkeit für überstandene Krankheiten gestiftet.

Auf dem Inselchen Sveti Đorđe befindet sich die über lange Zeit bedeutendste Benediktinerabtei der Bucht. In ihrem Besitz befanden sich Ländereien in Morinj und Risan. Im 15. und 16. Jahrhundert wurde die Abtei wiederholt geplündert und zerstört. Das große Erdbeben von 1667 beschädigte sie ebenfalls erheblich. Erst zu Beginn dieses Jahrhunderts wurde die Kirche erneuert. Auf der Insel gibt es einen Garten mit Zypressen und einen alten Friedhof.

Auch Sveti Đorđe ist mit einer Legende verbunden: Der in Perast geborene Marinekapitän Ante Slovic war in ein Mädchen aus seinem Ort verliebt. Da er in der französischen Marine diente, musste er im Jahr 1814 auch Perast bombardieren. Bei dem Angriff starb das Mädchen. Nach dem Ende der Ausein-

Gospa od Skrpjela (rechts) und Sveti Đorđe (links)

andersetzungen ließ sich Slovic auf das Inselchen bringen, trat dem Orden bei und starb im Jahr 1821.

Dražin Vrt

In der Nähe von Perast, an der Straße in Richtung Kotor, liegt das Dorf Dražin Vrt. Unmittelbar an der Hauptstraße steht der Turm von Bajo Nikolić Pivljanin, einem montenegrinischen Helden, der im Kampf gegen die Osmanen sein Leben verlor. Das Gebäude steht unscheinbar an der Straße und hat mehr Ähnlichkeit mit einem Wohnhaus als mit einem Turm. Die meisten Reisenden werden wohl achtlos daran vorbeifahren. Auch die an der Außenwand angebrachte Tafel ist leicht zu übersehen.

Perast

Vorwahl: 032. **Postleitzahl**: 85338.

Hotel Admiral, Obala Kapetana Marka Martinovića bb, Tel. 373556. Kleines, feines Hotel in der Ortsmitte, nur durch die Ortsstraße vom Meer getrennt. Acht DZ, alle mit Klimaanlage, WLAN, Balkon und Meerblick. Schickes Restaurant mit Terrasse am Meer. 65–130 Euro. www.hoteladmiralperast.com

Mehrere Restaurants an der Ortsstraße. Empfehlungen:

Restaurant Stari mlini, Ljuta b.b., Tel. 333555. 5 km außerhalb im Dorf Ljuta unterhalb der Magistrale. Gilt als eines der besten Restaurants in Montenegro. Spektakulär ist das Ambiente in einer ehemaligen Mühle direkt am Wasser. Spezialität: Fischgerichte nach alten traditionellen Rezepten. Täglich 10–24 Uhr, Kreditkarten werden akzeptiert, Parkplätze vor dem Haus. www.starimlini.com

Restaurant Conte in der Ortsmitte. Fischspezialitäten und Nationale Küche. Terrasse mit schönem Blick in die Bucht.

Städtisches Museum, am Ortseingang. Der kurze Weg von der Hauptstraße zum Museum ist sehr gut ausgeschildert. 10–17 Uhr.

Betonplateus am Ortsausgang Richtung Kotor. Auch in der Saison nie überlaufen, Parkplätze an der Straße.

▶ Karte S. 76/116

Orahovac

Auch Orahovac ist zweigeteilt, in einen oberen und einen unteren Ortsteil. Der untere Teil - Donji Orahovac - liegt unmittelbar am Meer und der Hauptstraße, der obere Ortsteil - Gornji Orahovac - am Berghang. Während des Zweiten Weltkriegs brannten die abziehenden deutschen Truppen Gornji Orahovac nieder. Der Ort fand bereits im 14. Jahrhundert Erwähnung. Die Einwohner waren nicht, wie in der übrigen Bucht von Kotor, Seefahrer, sondern vor allem Landwirte. Sehenswert ist die **Kirche Sveti Đorđe** (deutsch: heiliger Georg) mit ihren Wandmalereien aus dem 15. und 16. Jahrhundert. Der Kirchenvorraum und der Glockenturm kamen allerdings erst später dazu. Die Kirche wurde an einem Felsvorsprung gebaut, daher war es nicht möglich, den Glockenturm direkt an die Kirche zu bauen. Die Kirche wurde zwar in ost-westlicher Richtung ausgerichtet, so wie die strengen Kirchenvorschriften es verlangen, der Eingang konnte wegen der Felsen aber nicht im Westen gebaut werden.

Orahovac ist ein kleiner sympathischer Ort, fast ein Geheimtipp. Die große Masse der Touristen wird bestenfalls auf dem Weg nach Kotor durch den Ort fahren. An den **Stränden** sonnen sich heute noch meist die Einheimischen.

Dobrota

Dobrota wird heute in erster Linie als Vorort von Kotor wahrgenommen. Dabei hat der Ort eine lange glanzvolle Geschichte als Seefahrerzentrum. Vom einstigen Reichtum Dobrotas sind heute allerdings nur noch die Villen der Reeder und Kapitäne übrig. Dobrota hat 7000 Einwohner und erstreckt sich auf sieben Kilometern entlang der Küste. Die Ortsstraße führt unmittelbar am Meer entlang. Dort befinden sich auch die Seefahrer-Villen, zudem

Orahovac

einige Restaurants und Cafés. Die Strände in Dobrota sind zwar nicht besonders attraktiv, für ein Sonnenbad und einen Sprung ins Meer aber durchaus geeignet. Dobrota wurde erstmals 1283 in Dokumenten erwähnt. Im 14. Jahrhundert wurde es Teil der Stadt Kotor, erhielt aber auf dem Höhepunkt der Handelssegelschifffahrt den Status einer selbstständigen Gemeinde. Die Einwohner waren traditionell Seefahrer und Reeder. Im 15. Jahrhundert begann für den Seehandel in Dobrota die goldene Zeit. Bis zu 100 im Ort registrierte Schiffe sollen damals über die Meere gesegelt sein, die Reedereien eröffneten sogar Büros in Albanien und Italien. Zu jener Zeit wurde in Dobrota die erste Versicherungsgesellschaft für Schiffe und Seefahrer an der Adria gegründet. Im 18. Jahrhundert war der Ort Stützpunkt der berühmten Boka-Flotte und Sitz der Schiffergilde. Unter der Führung von Petar I. Petrović wurde 1814 in Dobrota der Zusammenschluss des montenegrinischen Berglandes mit der Küstenregion beschlossen und so ein Grundstein für das heutige Montenegro gelegt. Mit dem Aufkommen der Dampfschifffahrt sank der Stern Dobrotas, 1903 ging das letzte Segelschiff auf Abschiedsfahrt.

Dobrota hat mehrere sehenswerte Gotteshäuser. Die **Kirche Sv. Matija** (1670) beherbergt in ihrer Schatzkammer zahlreiche Kunstgegenstände aus dem 16. bis 19. Jahrhundert, darunter das Bild ›Madonna mit Kind‹ von Giovanni Bellini. Das Äußere der **St.-Eustachius-Kirche** (1773) wirkt sehr schlicht, ganz anders ihr Inneres: Die Wände sind im Barock gehalten und mit Malereien italienischer Künstler verziert. Die Deckenbilder zeigen Szenen aus dem Leben des heiligen Eustachius. Sie stammen vom kroatischen Maler Jozo Kljaković. Ein weiterer Blickfang ist der aus dem 18. Jahrhundert stammende Altar.

Sehenswert sind auch die **Sv.-Ilijas-Kirche** aus dem 16. Jahrhundert, die **Gospaod-Milosrađa-Kirche** (Kirche der Barmherzigen Frau) sowie die 1783 erbaute **Sv.-Petar-Kirche**. Sie alle verfügen über wertvolle Kunstgegenstände.

Kotor

Am südlichsten Zipfel der Boka und zugleich am Fuße des Lovćen liegt Kotor, dessen geschichtsträchtige Altstadt mit ihren Kirchen und Palästen reicher Adelsfamilien von der UNESCO zum Weltkulturerbe erklärt wurde.

Kotor wurde über die Jahrhunderte immer wieder von schweren Erdbeben heimgesucht, zuletzt 1979, als fast die gesamte Altstadt zerstört wurde. Finanzielle Hilfe aus allen Teilen des ehemaligen Jugoslawien sowie fünf Millionen Dollar der UNESCO ermöglichten den Wiederaufbau. Mit einer großen Feier wurde die restaurierte Altstadt 1987 offiziell eingeweiht.

Während der Sommermonate finden in Kotor zahlreiche Veranstaltungen statt. Zu den bekanntesten gehören das Kindertheaterfestival im Juli, die ›Bokeljska noć‹ (›Nacht der Bucht‹) mit geschmückten und beleuchteten Booten und der Sommerkarneval im August.

Karte S. 76/121

Eine der früheren Kapitänsvillen

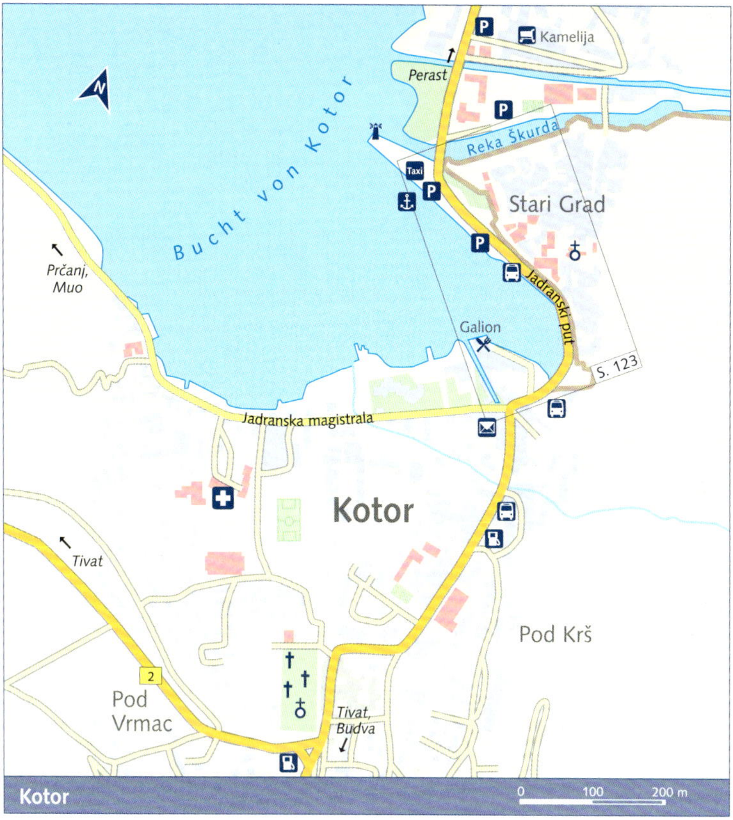

Für einen Badeurlaub ist Kotor allerdings nicht die erste Adresse. Das Wasser ist oft trübe und nicht sehr sauber, denn der Meerwasseraustausch findet hier, im hintersten Teil der Bucht, nur sehr langsam statt.

Wer sich nach der sommerlichen Stadtbesichtigung dennoch erfrischen möchte, findet schöne Strände – zumeist Betonplateaus – vor dem ehemaligen Hotel ›Fjord‹, beim Stadtpark im Norden und im Ortsteil Dobrota.

Kotor liegt recht verkehrsgünstig. Von hier fahren Busse in alle Landesteile. Dank dem frisch renovierten Tunnel im Ortsteil Škaljari ist man mit dem Auto in wenigen Minuten in Tivat und am Flughafen. Bis Budva dauert die Fahrt nur geringfügig länger.

Geschichte

Als Vorläufer Kotors gilt Catarum. Das war eine römische Siedlung, die sich auf dem heutigen Stadtgebiet befunden haben soll und von der im 11. Jahrhundert der slawische Name Kotor abgeleitet wurde.

Nach dem Untergang des weströmischen Reiches fiel Kotor an Byzanz, behielt aber eine kommunale Autonomie. Aber auch das mächtige Byzanz konnte nicht verhindern, dass Kotor mehrfach über-

Von der Festung ist der dreieckige Grundriss der Altstadt gut zu erkennen

fallen und ausgeraubt wurde, darunter vom Sarazenen Admiral Kalfun, der mit 36 Schiffen die Stadt belagerte und sie schließlich niederrannte.

Kotor wurde 1186 für fast 200 Jahre Teil des serbischen Staates Raška, bewahrte aber erneut seine Autonomie und sicherte im Gegenzug dem serbischen Reich als wichtigste Hafen- und Handelsstadt den Zugang zum Meer. Handwerker aus Kotor verdienten ihr Geld in Serbien, und zahlreiche Kotoraner bekleideten hohe Ämter, wie Nikola Buća, der unter Zar Dušan Finanzminister war.

Als der Zar 1355 starb, zerfiel das Serbische Reich. Auf der Suche nach einem mächtigen Verbündeten schloss sich Kotor dem kroatisch-ungarischen König Ludovik I. an. Aber der erhoffte Schutz blieb aus. Die Republik Dubrovnik und die Herrscherfamilie Balšić nahmen Teile der Boka ein, während Venedig Kotor überfiel. Erst der Friede von Turin 1381 ließ die Waffen schweigen und gab erneut Ungarn die Hoheit über die Bucht und die Stadt Kotor.

Schon vier Jahre später wurde der bosnische König Tvrtko I. neuer Machthaber. Seine Herrschaft währte jedoch nur sechs Jahre, anschließend war Kotor 30 Jahre selbständige Republik, ein gefährlicher Zustand, da der Hafen und die strategisch wichtige Lage am Ende der Bucht Eroberer auf den Plan rief. Feudalherrn und Gutsherrn fürchteten um ihren Besitz und drängten erfolgreich auf Venedig als Schutzmacht. Diese Ära begann 1420 und endete erst 1797. Die anfängliche zugesicherte Autonomie Kotors wurde jedoch mit den Jahren von Venedig aufgelöst.

Nach dem Untergang der Republik Venedig stand Kotor einige Jahre unter der Oberhoheit Österreichs, dann Russlands, anschließend Frankreichs. Kurzzeitig gelangte Kotor unter montenegrinische Herrschaft. Die ›Republik Montenegro und Bucht von Kotor‹ wurde ausgerufen und eine Regierung gebildet, an deren Spitze der Metropolit von Cetinje, Petar Petrović I., stand. Die Großmächte, darunter auch Russland, verweigerten je-

▶ Karte S. 121/123

doch die Anerkennung. Die Regierung wurde aufgelöst und die Boka Österreich unterstellt. 1918 ankerte die österreichische Flotte in der Bucht von Kotor, als die Matrosen meuterten. Der Aufstand wurde niedergeschlagen und die Anführer in Kotor hingerichtet.

Nach dem Ersten Weltkrieg wurde Kotor Teil des Königreichs der Serben, Kroaten und Slowenen. Seit dem Ende des Zweiten Weltkriegs gehört Kotor zu Montenegro.

Sehenswürdigkeiten

Das **Stadttor** liegt gegenüber vom Hafen, wird deshalb auch Seetor genannt und ist für die meisten Besucher der Zugang in die Altstadt und ein idealer Ausgangspunkt für eine Besichtigungstour. Das Tor entstand 1555 auf Veranlassung der Venezianer. Die Steinplatte mit der Gravur ›21. XI. 1944‹ erinnert an die Befreiung Kotors durch die Partisanen im Zweiten Weltkrieg. Zuvor befand sich an dieser Stelle ein geflügelter venezianischer Löwe.

Ein etwa fünf Meter langer gewölbter Gang führt vom Stadttor zum **Waffenplatz**, den größten Platz der Altstadt. Im Mittelalter wurden hier Urteile verkündet und vollstreckt. Heute finden auf dem Waffenplatz Freiluftkonzerte und

Kotor, Stari grad
0 60 120 m

Theateraufführungen statt, dominiert wird er vom **Uhrturm**, dem Symbol Kotors. Der Uhrturm wurde 1602 erbaut, hat dreieinhalb Stockwerke und besaß ursprünglich nur das Ziffernblatt an der Westseite. Die Franzosen ließen im 19. Jahrhundert ein weiteres an der Südseite anbringen. Der **Pranger** vor dem Turm ist eine Rekonstruktion. Im Mittelalter wurden hier vor den Augen des Volkes Gerichtsurteile vollstreckt.

Das **Alte Rathaus** am nördlichen Ende des Waffenplatzes wurde beim letzten Erdbeben 1979 schwer beschädigt und anschließend grundlegend restauriert. Nach seiner Errichtung 1762 diente es dem Militär als Lebensmittellager. Als die Franzosen diesen Teil Montenegros besetzten, richteten sie im Gebäude eines der ersten Theater Montenegros ein. 1904 wurde das Gebäude umgebaut, und die Stadtverwaltung zog ein. Heute befindet sich im Erdgeschoss eine Bank. Gegenüber, an der Südseite des Waffenplatzes, befinden sich die Paläste Bizanti

Anziehungspunkt in Kotor: der Uhrturm

▲ Karte S. 123

und Beskuća. Erwähnt wird der **Palast Bizanti** bereits im 14. Jahrhundert in einem Buch des Notars von Kotor. Das schwere Erdbeben von 1667 zog das Gebäude erheblich in Mitleidenschaft. Es wurde aber wiederaufgebaut und um den Nordflügel erweitert. Das Familienwappen an der Südwand stammt aus dem Jahr 1674. Das letzte schwere Beben 1979 beschädigte den Palast erneut empfindlich. Heute residiert in dem restaurierten Adelshaus eine Filiale der Post.

Der **Palast Beskuća** entstand Ende des 18. Jahrhunderts und fällt durch seine schlichte Architektur und sein gotisches Portal auf. Die Familie Beskuća gehörte zu den jüngeren Adelsfamilien Kotors. Ihren Titel erhielten sie erst Mitte des 18. Jahrhunderts.

Zur Zeit der Österreichisch-ungarischen Besatzung verstarben die letzten Familienmitglieder. Das Gebäude wurde städtischer Besitz und ist heute Sitz des Landgerichts.

Zwischen den beiden Palästen führt eine schmale Gasse zum **Mehlplatz** (trg Oslobođenja), der für viele Besucher nur eine Durchgangsstation auf dem Weg zur Kirche Sveti Tripon ist, aber mit dem Palast Pima und dem Palast Buća zwei sehenswerte Gebäude aufweist.

Der **Palast Pima** ist ein Blickfang mit seiner vorstehenden Loggia, dem Eingangsportal und dem von zwölf Stützpfeilern getragenen Balkon. Das Gebäude wurde 1667 errichtet und vereinigt Renaissance- und Barockelemente. Aus der Adelsfamilie Pima gingen mehrere bekante Dichter hervor, im 16. Jahrhundert Bernhard Pima, im 17. Jahrhundert Jeronim Pima. Etwas aus der Art schlug Dr. Ljudevik Pima: Er war Jurist und Universitätsdirektor.

Der **Palast Buća** wurde 1667 erbaut und besteht aus drei Gebäudeteilen, die zunächst jeweils drei Stockwerke

Der Palast Pima

besaßen, später kam ein viertes hinzu. Ursprünglich stand an dieser Stelle eine gotische Villa aus dem 14. Jahrhundert, die aber beim Erdbeben 1664 völlig zerstört wurde. Die Bućas gehörten zu den einflussreichsten Familien in Kotor. Aus ihr gingen hohe Finanzbeamte und Botschafter Serbiens in Frankreich und dem Vatikan hervor. Noch heute ziert das Familienwappen die Villenfront.

Eine enge Gasse führt zu einem der bekanntesten sakralen Bauten Montenegros, der **Kathedrale Sveti Tripon** auf dem gleichnamigen Platz. Im Jahr 809 brachte ein Händler die Reliquien des Heiligen Tripon aus Konstantinopel mit nach Kotor und verkaufte sie dem Kotoraner Andrea Saracenis. Zu Ehren des Heiligen Tripon ließ Saracenis eine kleine Rundkirche erbauen und bewahrte die Reliquien dort auf. An dieser Stelle wurde 1166, nach 44-jähriger Bauzeit, die Kathedrale Sveti Tripon fertiggestellt und mit einem großen Fest eingeweiht. Die dreischiffige Basilika ist 35 Meter lang und 18 Meter breit. Ihre Architektur weist romanische, aber auch byzantinische Einflüsse auf.

Bei den schweren Beben im 16. und 17. Jahrhundert wurde die Kirche stark beschädigt, ihr Aussehen beim anschließenden Wiederaufbau erheblich verändert. Erst die Restaurierungsarbeiten nach dem letzten Beben 1979 gaben ihr mit Hilfe alter Pläne ihr ursprüngliches Aussehen zurück – und zusätzlich eine Fußbodenheizung.

Auffällig sind die zwei unterschiedlich großen Glockentürme. Der Nordturm ist 33, der Südturm 35 Meter hoch. Sie wurden 1667 errichtet, nachdem das Beben drei Jahre zuvor die ursprünglichen Türme zum Einsturz gebracht hatte. Zwischen den Türmen befinden sich das Hauptportal und die Vorhalle mit Terrasse.

In der Kirchenschatzkammer werden sakrale Kunstgegenstände aus Gold und

Freskenreste in der Kathedrale

Silber aufbewahrt. Zum größten Teil wurden sie von Künstlern aus Kotor im 18. Jahrhundert gefertigt. Besonders wertvoll ist ein großes silbernes Kreuz, das die serbische Königin Helene von Anjon der Kirche schenkte.

Noch bedeutender für die Gläubigen und die Kirche sind aber die Reliquien des heiligen Tripon. Sie werden in einer silbernen Truhe aufbewahrt. Der heilige Tripon lebte im dritten Jahrhundert in Kleinasien zur Zeit der römischen Christenverfolgung. Auch nach mehrtägiger Folter weigerte er sich, seinem Glauben abzuschwören und wurde, gerade 18-jährig, hingerichtet. Sveti Tripon ist heute der Schutzheilige Kotors.

Der **Bischofspalast** neben der Kirche Sveti Tripon ist auch heute noch die Residenz des Bischofs von Kotor. Ursprünglich gehörte das Gebäude der Adelsfamilie Drago. Im Jahr 1333 hinterließ es Jelena Drago dem Kotoraner Bischof Reimond Agonti.

Der **Palast Drago** wurde im gotischen Stil erbaut. Erkennungsmerkmal ist der einsame Balkon im oberen Stockwerk an der zur Kirche Sveti Tripon gewandten Seite. Die Villa wurde bei den Erdbeben 1667 und 1979 schwer beschädigt. Nach umfangreichen Restaurierungsarbeiten hat sie wieder ihr ursprüngliches Aussehen. Heute ist das Amt für Denkmalschutz dort untergebracht.

Die Familie Drago hatte im Mittelalter großen Einfluss am serbischen Königshof. Tomo Drago war Diplomat und Finanzminister von König Dečanski. Andere Familienmitglieder wurden Bischof, Fürst und Richter. Die Familie unterhielt auch beste Kontakte zu den Nachbarn Dubrovnik, Dalmatien und Bosnien.

Das **Historische Archiv von Kotor** stellt während der Sommermonate zahlreiche historische Dokumente aus, darunter auch das Statut der Stadt Kotor aus dem Jahr 1616, in dem die Autonomie der Stadt festgelegt wurde. Das älteste

▲ Karte S. 123

Dokument im Archiv ist ein Kaufvertrag aus dem Jahr 1309. Besonders bedeutend sind die Gerichts- und Notarakten von 1326 bis 1942.

Vom Platz vor der Kathedrale führt eine Gasse in nördlicher Richtung zum Museumsplatz (trg Bokeljske mornarice). An dessen Nordseite erhebt sich das **Marinemuseum.** Zwei Schiffskanonen flankieren den Eingang zum Museum im Palast Gregorina. Anhand verschiedener Sammlungen wird die Geschichte der Seefahrt in der Bucht von Kotor von den Anfängen bis in die Gegenwart dargestellt. Ausgestellt sind Schiffsmodelle, Schiffstagebücher, Porträts berühmter Seefahrer, verschiedene Uniformen und Navigationsinstrumente.

Bischof Marko Anton Gregorina vermachte 1813 die Familienvilla der Stadt Kotor. Der barocke Palast wurde im 18. Jahrhundert mit Steinen von der Insel Korčula nach dem Vorbild venezianischer Adelshäuser erbaut.

Der **Brunnen Karampana** war vom 17. bis in das 20. Jahrhundert die einzige öffentliche Wasserstelle in der Altstadt. Mehrmals täglich kamen die Frauen links in die schmale Gasse zwischen Museums- und Lukas-Platz, holten Wasser und – was oft noch wichtiger war – tauschten Neuigkeiten aus. Bei dem Brunnen handelt es sich allerdings um eine Rekonstruktion.

Zwei Kirchen dominieren den **Lukas-Platz**: Sveti Nikola und die kleinere, aber sehr viel altere Sveti Luka. Ihr gegenüber steht das Gebäude der Musikschule und an der Südseite der Palast Lombardić.

Die **Kirche Sveti Luka** (Kirche des Heiligen Lukas) wurde, wie es die steinerne Inschrift über dem Eingangsportal verrät, ›1195 erbaut und gestiftet von Marurus Cazafrangi und seiner Frau Bona, der Tochter des Stadtfürsten Basilie.‹ Der einschiffige Bau vereint romanische und byzantinische Architekturelemente. Der barocke Glockenturm und die kleine Kapelle des Heiligen Spiridon an der Westseite wurden erst im 18. Jahrhundert angebaut. Das Innere der Kirche ist durch drei Rundbögen optisch unterteilt. Von den Fresken sind nur einige wenige Fragmente an der Südwand erhalten geblieben. Die Ikonen schuf Dimitrije Daskal, der Gründer der im 17. Jahrhundert berühmten Malerschule Boak aus Kotor. Im Jahr 1657 erlaubte die Venezianische Stadtverwaltung serbischen Flüchtlingen aus Grbalj, in der ursprünglich katholischen Kirche die orthodoxe Liturgie abzuhalten. Bis zur französischen Besatzung 1807 hatte die Kirche zwei Altäre. Katholiken und Orthodoxe feierten abwechselnd ihre Gottesdienste. Heute ist Sv. Luka eine orthodoxe Kirche.

Die **Kirche Sv. Nikola** wurde 1909 nach siebenjähriger Bauzeit fertiggestellt. Zuvor stand an dieser Stelle das Dominikanerkloster Sv. Nikola. Es wurde 1540 erbaut, brannte aber 1896 nieder. Sofort ins Auge fällt die Hauptfassade mit ihren beiden Glockentürmen, dem prachtvollen Kirchenportal mit einem großen Mosaik, das den Namensgeber der Kirche, den heiligen Nikola, auf goldenem Grund zeigt. Das Mosaik und die Ikonen in der Kirche schuf der böhmische Künstler Francišek Zigler.

Die Schatzkammer befindet sich in einem Gebäude hinter der Kirche und kann besichtigt werden. Gezeigt werden handgeschriebene Bücher aus dem 14. Jahrhundert, historische Dokumente und Ikonen aus der Malerschule Rafailović aus Risan, die im 17. bis 19. Jahrhundert viele Kirchen in der Bucht von Kotor mit Ikonen ausgestattet hat.

Eine Gasse zwischen Musikschule und der Kirche Sveti Nikola führt zum **Franziskanerkloster Sveti Klara**. Für Besucher steht die einschiffige Klosterkirche offen.

Interessant ist der Hauptaltar. Er wurde 1708 von dem venezianischen Bildhauer Pensa Cabianca geschaffen. Die 37 Skulpturen des Altars stammen indes aus dem Nachlass der Kotoraner Adelsfamilien Bolica und Buća. Die Klosterbibliothek umfasst 30000 Bände und Dokumente, von denen das älteste aus dem 10 Jahrhundert stammt.

Die **Michaelskirche**, ein einschiffiger romanisch-gotischer Bau aus dem 15. Jahrhundert, liegt etwas unterhalb des Klosters und war bekannt für seine Fresken, die der Maler Lovro Dobričević schuf. Allerdings sind heute nur noch Fragmente erhalten. Bei den Wiederaufbauarbeiten nach dem Erdbeben vom 1979 zeigte sich, dass an dieser Stelle zuvor eine Kirche aus dem 9. Jahrhundert gestanden hatte.

Beim **Flusstor** stand einst die im 6. Jahrhundert errichtete und damit älteste Kirche Kotors. Heute befindet sich dort die Marienkirche aus dem 13. Jahrhundert, ihr gegenüber der Palast Grubonja, in dem früher die erste Apotheke der Stadt untergebracht war. Gleich daneben ist der Zugang zur Stadtmauer. 1539 griff der türkische Admiral Barbarossa mit 30000 Soldaten Kotor vergebens an. Zur Erinnerung an die erfolgreiche Abwehr ließen die Stadtoberen das Flusstor errichten; das erzählt die lateinische Inschrift über dem nördlichen Zugang zur Altstadt. Vom Tor führt eine Brücke über den Fluss Škurda, der an der Stadtmauer entlangfließt und nach 400 Metern ins Meer mündet.

Die **Marienkirche** dominiert den Platz beim Flusstor. Die einschiffige Kirche mit Kuppel wurde 1221 errichtet, der Glockenturm aber erst 1771 angebaut. Die Kapelle des Heiligen Johannes entstand im 15. Jahrhundert und bildet zusammen mit der Sakristei das zweite Kirchenschiff. Beim Westaltar befindet sich der Sarkophag mit den sterblichen Überresten der Seligen Osana. Sie gilt zusammen mit dem heiligen Tripon als Schutzheilige Kotors und soll die Stadt vor der Pest, Überschwemmungen und beim Angriff Barbarossas vor Schlimmerem bewahrt haben. Das bronzene Kirchenportal zeigt das Leben der Heiligen Osana. Sie wurde 1493 als Katarina Kosić geboren und arbeitete zunächst als Dienstmädchen bei der Adelsfamilie Buća, bis sie 1515 dem Dominikanerorden beitrat, in einer kleinen kargen Zelle wohnte und ihr Leben Gott weihte. Papst Pius sprach sie 1927 selig.

Hinter der Marienkirche liegt der **Palast Grubonja**. Das Gebäude aus dem 16. Jahrhundert wurde 1955 Stein für Stein restauriert und überstand auch das Erdbeben von 1979 unbeschadet. Früher war im Parterre die Stadtapotheke untergebracht. Die Adelsfamilie Grubonja wird erstmals im 14. Jahrhundert erwähnt. Das Familienwappen befindet sich noch heute an der Hausfront.

■ Stadtmauer und Festung Sveti Ivan

Die Stadtmauer ist insgesamt 4,5 Kilometer lang, bis zu 20 Meter hoch und bis zu 16 Meter tief. Sie beginnt beim Meer, umfasst die gesamte Altstadt und schlängelt sich dann den Berg bis zur Festung Sveti Ivan hinauf. Ihr heutiges Aussehen erhielt die Stadtmauer zwischen dem 16. und 18. Jahrhundert. Damals verwalteten die Venezianer Kotor und ließen eine bereits bestehende Mauer ausbauen.

Die untere Mauer führt vom Flusstor entlang der Škurda und an der Meerseite zum Südtor. Es gibt drei Zugänge. Einer befindet sich beim Sommertheater nahe dem Flusstor, ein zweiter bei der Gasse am nördlichen Ende des Waffenplatzes und der dritte beim Südtor.

Die obere Stadtmauer hat zwei Zugänge. Der eine ist nahe beim Grudić-Tor und führt vom Salat-Platz (Pjaca od salate)

▸ Karte S. 123

Ein Teil der erhaltenen Festungsmauer

zwischen zwei Häusern über Treppen zum Pfad. Empfehlenswerter, da einfacher zu gehen, ist der Hauptaufgang nahe dem Flusstor an der Rückseite der Marienkirche. Von dort führt eine Gasse durch einen venezianischen Bogen (Eintritt 2 Euro). Der Aufstieg ist mühsam. 1200 Meter und 1350 Treppenstufen müssen erklommen werden, bis die auf 260 Meter Höhe befindliche Festung Sveti Ivan erreicht ist; man benötigt in etwa eine Stunde. Einige Teile des Weges, besonders im oberen Bereich, sind in einem schlechten Zustand, es wird sogar von offizieller Seite gewarnt.

Auf halber Höhe steht die im 17. Jahrhundert erbaute **Kirche Gospe od zdravlja**. Die Aussicht auf die Altstadt von Kotor und die Bucht ist bereits von hier atemberaubend. Serpentinen führen 300 Meter weiter zum **Festungsturm** Kontarina aus dem 15. Jahrhundert. Der Weg entlang der Mauer zur Festung Sveti Ivan ist unbefestigt und recht gefährlich. Diese wurde im 19. und 20. Jahrhundert errichtet, liegt heute aber verfallen da und bietet nicht viel Sehenswertes. Die Mühe des Aufstiegs lohnt aber alleine schon wegen des Blickes auf Kotor und die Bucht.

Kotor

Vorwahl: 032. **Postleitzahl**: 85530.
Tourist-Info, Unmittelbar vor dem Haupttor, Tel. 325950.
Tourismus-Organisation von Kotor, Stari grad 315, Tel. 322886.
Beide Büros bieten kostenpflichtige Broschüren und mehrsprachige Bücher an: stark bebildert, aber mit wenigen Informationen.

Der zentrale **Taxistand** befindet sich gegenüber dem Haupttor zur Altstadt. Tel. 323939.
Rotes Taxi, Tel. 19719.
www.redtaxikotor.com

Busbahnhof, Tel. 325809. Etwa 500 Meter südlich der Altstadt in Richtung Tivat im Ortsteil Škaljari. Tickets müssen vor Fahrtantritt am Schalter gekauft werden. Regelmäßige Verbindungen in alle Landesteile und in die Nachbarländer Montenegros. Der lokale Bus nach Herceg Novi hält auch unmittelbar vor dem Haupttor zur Altstadt.

Hafen Kotor (Luka Kotor), Tel. 325573. Der Hafen ist unmittelbar vor der historischen Altstadt und eignet sich für Yachten und Schiffe bis zu einer Länge von 300 Metern. Wasser- und Stromanschluss. www.portofkotor.co.me

Hotel Marija, Stari grad 449, Tel. 325062 und 325063. Gemütliches kleines Hotel (17 Zimmer) in der Altstadt. Hoteleigenes Restaurant; DZ ab 60 Euro. http://hotelmarija.me

Hotel Vardar, Stari grad bb, Tel. 32-5084 und 325086. In der Altstadt, nur wenige Meter vom Haupttor entfernt. 18 einfach ausgestattete Zimmer und sechs Apartments, teilweise mit schönem Blick auf Hauptplatz und Uhrturm. Nettes Café im Erdgeschoss; DZ 95–185 Euro. www.hotelvardar.com

Hotel Cattaro, Tel. 311000. Neues Vier-Sterne-Hotel am Hauptplatz. Zimmer mit Blick auf Hafen und Altstadt. Bemüht exklusiv eingerichtet, feines Restaurant, relativ hohe Preise; DZ in der Saison 180, im Winter 120 Euro. www.cattarohotel.com

Hostel Kotor, Stari Grad 284, Tel. 325317. Das Hostel befindet sich direkt in der Altstadt in einem Gebäude aus dem 14. Jahrhundert. Zimmer mit Gemeinschaftsbad, Studios mit eigener Küche und eigenem Bad. Freundliches, hilfsbereites Personal. Pro Person ab 8 Euro im Mehrbettzimmer. www.hostel-kotor.me

Restaurant Bastion, Stari grad br. 517, Tel. 322116. In der Altstadt beim Nordtor. Fangfrischer Fisch, delikat zubereitet, nicht gerade preiswert, aber sein Geld wert. www.bastion123.com

Restaurant Galion, Tel. 325054. Gegenüber vom Hafen, Terrasse mit Blick auf Hafen und Altstadt. Spezialität: Fisch in allen erdenklichen Variationen.

Pomorski muzej (Marinemuseum), trg Bokeljske mornarice br 391, Tel. 32-5646; 8–13 u. 18–24 Uhr im Sommer, 9–17 Uhr im Winter.

Kathedrale Sveti Tripon, für Besucher 9–13 u. 17–19 Uhr, im Sommer bis 22 Uhr.

Schatzkammer der Kirche Sv. Nikola, 8–13 u. 17–19, im Sommer bis 22 Uhr.

Historisches Archiv von Kotor, 10–13 u. 21–23 Uhr.

Klosterkirche Sveti Klara, 9–13 u. 17–19 Uhr.

Monte Marine Yachting, Poslovni centar Riviera, Tel. 302380. www.yachtmm.com

Shopping Centar Kamelija, Trg Mata Petrovića, Tel. 335380. Modernes und – im Sommer wichtig – klimatisiertes Einkaufszentrum, etwa 5 Gehminuten von der Altstadt entfernt: auf der Hauptstraße Richtung Dobrota, rechts, nicht zu übersehen. Großer Supermarkt, Drogerie, Modegeschäfte, Kindergeschäft, Cafés u.a. www.kamelija.me

Krankenhaus (Bolnica), Tel. 325602. Im Ortsteil Škaljari. www.infodb.me

Ambulanz (Dom Zdravlja), Tel. 325633. In Dobrota unmittelbar an der Hauptstraße.

Apotheke Montefarm, Stari grad, Tel. 325215. Am Mehlplatz gegenüber dem Palast Pima.

Notarzt, Tel. 124.

▶ Karte S. 121/123

Muo

Der Ort kann auf eine lange Geschichte zurückblicken. Er war bereits besiedelt, als die Römer in die Bucht von Kotor kamen und sie besetzten. Die Einwohner verdienten viele Jahrhunderte lang ihren Lebensunterhalt als Fischer. Die kleinen Bootsanlegestellen und die Stege machen deutlich, dass der Fischfang schon immer eine große Bedeutung für den Ort hatte. Muo gilt als ältestes Fischerdorf in der gesamten Boka Kotorska. Noch immer ist die Tradition des Fischfangs sehr lebendig: Jedes Jahr im Sommer wird die Nacht der Fischer gefeiert, die ›Ribarske noći‹.

Die Siedlung Muo erhielt ihr heutiges Aussehen zu Zeiten der Venezianer. Die Bauweise der Häuser gilt als charakteristisch für die Bucht von Kotor. Sehenswert sind die **Kirchen** des heiligen Kuzman und Damjan aus dem 18. Jahrhundert sowie die orthodoxe Kirche in der Ortsmitte. Sie stammt von 1864.

Prćanj

Der Ort entwickelte sein heutiges Erscheinungsbild erst im 18. Jahrhundert, ist aber wesentlich älter. Die ursprüngliche Siedlung befand sich oben an den Hängen des Vrmac-Gebirges. Die Bewohner verließen diese abgelegene Gegend und versuchten ihr Glück unmittelbar an der Küste.

Prćanj erstreckt sich auf fast fünf Kilometern zwischen den Ortschaften Muo und Donji Stoliv. Der Ort hatte seine wirtschaftliche Glanzzeit, als der Seehandel in der Bucht vor Kotor florierte. Bereits im 16. Jahrhundert machte sich Prćanj als Seefahrerbastion einen Namen. Bis ins Jahr 1806 wurden die Schiffe aus Prćanj eingesetzt, um die Post nach Venedig, Korfu und Zadar zu transportieren. Im Archiv von Prćanj findet man Urkunden und Anerkennungsschreiben der damaligen venezianischen Regierung für die gewissenhafte Erfüllung des Postverkehrs. Zu seiner besten Zeit verfügte das verhältnismäßig kleine Städtchen über eine Flotte von 30 Schiffen und dreimal soviel Kapitäne. Der Seehandel sorgte für großen Wohlstand unter der Bevölkerung.

Der Ort hat einige bekannte Seefahrer hervorgebracht. Der berühmteste ist sicherlich Kapitän Ivo Visin. Im Jahr 1852 stach er mit seinem Schiff ›Splendidio‹ in See und umsegelte in einem Zeitraum von sieben Jahren die gesamte Welt. Er war der erste Südslawe, dem dies gelang. Zu jener Zeit herrschten die Österreicher in der Bucht von Kotor, und das Schiff des Kapitäns segelte unter der Flagge der Habsburger. Der österreichische Kaiser verlieh dem mutigen Visin eine Auszeichnung.

Die Häuser der Kapitäne waren luxuriös ausgestattet und nicht selten von üppigen und exotischen Gärten umgeben. Sie beherbergten oft Gemäldesammlungen und handgefertigte, kunstvoll gestaltete Möbel sowie umfangreiche Bibliotheken.

Der berühmte Kapitän Ivo Visin

Man findet die Häuser noch heute im Ort; am Haus des Kapitäns Ivo Visin wurde 1952 zum Gedenken an seine Erdumsegelung eine Gedenktafel angebracht.
In Prćanj herrscht ein mildes, aber leicht feuchtes Klima, für das die verschiedenen Luftströme, die in dieser Gegend aufeinandertreffen, verantwortlich sind. Dieses Klima wirkt sich sehr günstig auf Atemwegserkrankungen aus, und nicht zufällig gibt es im Ort eine Abteilung des Krankenhauses, die sich mit diesen Krankheiten beschäftigt. Patienten, die unter Allergien leiden, werden ebenfalls hier behandelt.
An der Küste von Prćanj gibt es einige schöne **Bademöglichkeiten**.

■ Sehenswürdigkeiten

Mittelpunkt von Prćanj ist die dreischiffige **Kirche zu Ehren der Geburt Maria**. Für den Bau der Kirche wurde weißer Marmor von der Insel Korćula nach Prćanj transportiert. Gebaut wurde sie im Renaissance- und Barockstil. Sie gilt als eine der schönsten Kirchen in der Boka Kotorska und thront wie erhaben etwas erhöht über den Wohnhäusern des Ortes. Den Kircheneingang erreicht man über eine von Palmen flankierte Treppe, die nachträglich - 1913 - angebracht wurde. Auf der Terrasse vor dem Eingang zur Kirche findet man die Büste von Josip Strossmayer, die von dem berühmten Bildhauer Ivan Meštrović gefertigt wurde, der unter anderem auch das Njegoš-Mausoleum gestaltet hat. Eine weitere Büste zeigt Franco Uccellini, den ehemaligen Bischof, der einst in Kotor residierte. Sie wurde von Toma Rosandić geschaffen. Die Pfarrkirche ist unbedingt einen Besuch wert. Sie verfügt über eine große Sammlung von Werken berühmter Maler und Bildhauer, die es teilweise zu Weltruhm gebracht haben. Darunter sind Künstler wie Tripo Kokolja, Milo Milunović, Vasko Lipovac, Luka Tomanović, Nebojša Mitrić und Ivan Meštrović und Toma Rosandić. Darüber hinaus sind Goldschmiedearbei-

Legendenumwoben: das Haus der drei Schwestern

▲ Karte S. 76

ten, kostbare Geschenke und Mitbringsel der Seeleute und die Flagge des Weltumseglers Ivo Visin zu finden.
Neben der Pfarrkirche gibt es zahlreiche weitere **Kirchen**. Sie machen deutlich, welch hohen Stellenwert und großen Einfluss besonders die orthodoxe, aber auch die katholische Kirche in der Bucht von Kotor hatte und hat. Die einstige Pfarrkirche stand im Hinterland und wurde bereits im 14. Jahrhundert gebaut, die Kirche des heiligen Nikolaus im Jahr 1735 errichtet. Ihr angeschlossen ist ein Franziskanerkloster. In den Räumen des Klosters hielt früher die nautische Schule von Prćanj ihren Unterricht ab. Heute findet man hier neben einer Bibliothek das **Heimatmuseum**, das überwiegend die Geschichte der Seefahrt in Prćanj zeigt.
Das **Haus der drei Schwestern** steht etwas abseits an der Ortsausfahrt von Prćanj in Richtung Kotor. Lange Zeit waren zwei der drei Fenster in der ersten Etage zugemauert. Wie es dazu kam, erzählt eine Legende: Die Villa stammt aus dem 15. Jahrhundert und gehörte zu den ältesten Gebäuden in Prćanj. Ursprünglich diente das Haus der wohlhabenden Familie Buća aus Kotor als Sommerresidenz. Später lebten die drei Schwestern der Familie in der Villa. Alle drei verliebten sich in denselben Seefahrer. Der war den Schwestern zugetan, konnte sich jedoch nicht für eine entscheiden. Weil er unter der Eifersucht und den Streitereien der drei Frauen litt, ging er auf eine längere Seereise, von der er jedoch nicht heimkehrte. Die Schwestern gaben auch nach Jahren die Hoffnung nicht auf. Tag für Tag warteten sie an ihren Fenstern auf den Geliebten. Irgendwann starb die erste Schwester. Weil ihr Fenster nicht mehr gebraucht wurde, ließen die beiden anderen es zumauern. Als die zweite Schwester starb, wurde auch ihr Fenster zugemauert. Nach dem Tod der dritten Schwester gab es niemanden mehr im Haus, so blieb ihr Fenster unangetastet. Heute ist allerdings nur noch das mittlere Fenster blind. Die Legende wird dennoch, wie schon seit Jahrhunderten, gerne weitererzählt.

Prćanj

Vorwahl: 032. **Postleitzahl**: 85335.

Hotel Splendido, Tel. 301700. Sehr schicker Hotelkomplex in alten rekonstruierten Gebäuden. Pool mit Blick in die Bucht, eigener kleiner Strand, italienisches Restaurant. DZ ab 90 Euro.
www.splendido-hotel.com

Institut für Rehabilitation, Tel. 33-8009. Großer Bau mit 500 Betten. Behandelt werden u.a. chronische Lungenkrankheiten, Rheuma, Meerwasserhallenbad, Restaurant, eigener Strand.
www.rehabilitacija.com

Stoliv

Auch Stoliv setzt sich aus zwei Ortsteilen zusammen. Donji Stoliv heißt der untere Teil, Gornij Stoliv der obere. Dieser befindet sich etwa 300 Meter über dem Meer an den Abhängen des Vrmac-Gebirges und ist von der für diese Gegend typischen subtropischen Vegetation umgeben. Es gibt Olivenhaine, Kastanien-, Orangen- und Zitronenbäume. Von oben hat man einen schönen Blick in das Becken von Kotor, zur anderen Seite nach Perast und in die Bucht von Risan. Wer den Berg nach Gornij Stoliv bewältigt hat, sollte sich die **Kirche Sveti Ilija** ansehen. Die Gemälde über dem Altar sind Werke des slowenischen Künstlers Josip Tominc.
Das untere Stoliv – Donji Stoliv – ist ein typisches montenegrinisches Fischerdorf.

Vertäute Boote tänzeln mit leichter Bewegung auf dem Meer vor der Küste. Es gibt einige schöne und relative ruhige **Bademöglichkeiten**, und der Massentourismus ist selbst in den Monaten Juli und August weit entfernt. Allerdings bekommt dieser Küstenstreifen im Becken von Kotor, geschützt durch das Vrmac-Gebirge, verhältnismäßig wenig Sonne. In den Sommermonaten kann dies durchaus sehr angenehm sein. Während sich im gegenüberliegenden Perast die Sonne gnadenlos zeigt und für eine große Hitze sorgt, findet man hier immer ein schattiges und angenehm kühles Plätzchen.
Sehenswert sind die **Marienkirche** und ihr dreiteiliges Gemälde, das das Leben Christi zeigt. Es stammt ebenfalls von Josip Tominc. Das zweite Gemälde trägt den Titel ›Ecce homo‹ und entstand im 16. Jahrhundert.
Nahe der Küste befinden sich noch die **Kirche Sveti Troijca** (Heilige Dreifaltigkeit) sowie die **Kirche des heiligen Paulus und des heiligen Blasius**. Der einschiffige Bau stammt noch aus dem Mittelalter. Eine Besonderheit ist, dass die Kirche in der Vergangenheit sowohl von katholischen als auch orthodoxen Gläubigen genutzt wurde.

Lepetane

Der Ort, fast am Ende der Meerenge Verige gelegen, ist in erster Linie als Anlegestelle der Autofähre bekannt. So kommen viele hundert Menschen jeden Tag durch Lepetane. Nur wenige von ihnen nehmen sich jedoch die Zeit, die Gegend zu erkunden. Die Autofähre pendelt zwischen Lepetane auf dieser Seite der Bucht und Kamenari auf der gegenüberliegenden Seite. Wer mit der Autofähre nach Lepetane übersetzt, sollte einen Blick auf das Panorama des Ortes werfen. Dicht beieinander stehen die kleinen, teilweise sehr alten, aber renovierten Häuser. Auch hier findet sich die typische Architektur der Boka Kotorska. Der Blick auf Lepetane lässt kaum vermuten, dass der Ort auf eine lange Geschichte zurückblicken kann. Bereits im 15. Jahrhundert war der Ort unter seinem heutigen Namen bekannt. Die reiche Peraster Familie Lepetan zeichnet für den Ortsnamen verantwortlich. Zuvor hieß die Siedlung Kraj Svetog Lovrijenca (Land des Heiligen Lorenz).
Im Ort gibt es zwar einige Molen und kleine Bootsanlegeplätze, aber ein Badeparadies ist er nicht. Denn durch den regen Schiffsverkehr ist das Schwimmen

Die Fähre zwischen Kamenari und Lepetane

▲ Karte S. 76

Donja Lastva, der untere Ortsteil

nicht ganz ungefährlich und das Wasser nicht eben klar. Schöne **Badegelegenheiten** finden sich aber etwas außerhalb des Ortes, wenige hundert Meter an der Küstenstraße in Richtung Tivat. Dort gibt es eine Haltebucht und dahinter verschiedene kleine Strände und Molen. Die Strände liegen zwar unmittelbar an der Straße, haben aber fast den ganzen Tag Sonne und erlauben einen tollen Blick von Kamenari über Bijela und seine Werft bis nach Kumbor. An diesem Strand verbringen nur wenige einen ganzen Urlaub. Er ist aber bestens für eine Pause auf dem Weg nach Tivat geeignet.

Donja Lastva und Gornja Lastva

Der Ort Lastva verfügt über einige **schöne Küstenabschnitte**, die zum Baden einladen und im Sommer auch gut besucht sind. Es gibt einen Campingplatz und ein Hotel. Vor allem einheimische Urlauber verbringen ihre Ferien hier. Donja Lastva war früher Erholungsstätte für die reichen Patrizierfamilien aus Kotor, die sich hier Wochenendhäuser errichten ließen. Wie archäologische Funde belegen, wussten bereits die Römer diesen sonnigen Fleck Erde zu schätzen.

Sehenswert im unteren Teil des Ortes – Donja Lastva – ist die **Kirche des heiligen Rochus**, vor allem wegen eines Gemäldes des griechischen Malers Elias Moskos, das den heiligen Trifun darstellt.

Den oberen Teil von Lastva – Gornja Lastva – erreicht man nach einem etwa halbstündigen Fußmarsch. Auch hier lassen sich mehrere kleine, aber dennoch sehenswerte **Kirchen** besichtigen. Die Kirche Sveti Vid wurde bereits im 14. Jahrhundert erbaut, die Kirche der Muttergottes hat einen Altar aus Marmor. Über dem Altar hängt ein Gemälde, das Maria zeigt. Gemalt wurde es von Angelo Trevisani.

In der Umgebung von Gornja Lastva befinden sich die Ruinen der mittelalterlichen Siedlung Pasiglav und die Reste eines Friedhofs.

i Lastva

Vorwahl: 032.**Postleitzahl**: 85332.

Hotel Kamelija, Tel. 684588. Direkt am Meer gelegen, ca. 1,5 km von Tivat entfernt, 250 Betten. Sommergarten, Bar, Restaurant sowie Schwimming-Pool und Tennisplatz. www.htpmimoza.me

Das neue Monaco: Porto Montenegro

Der kanadische Milliardär Peter Munk flog 2006 im Helikopter über die Bucht von Kotor. Obwohl er dem kurz vor der Unabhängigkeit stehenden Montenegro skeptisch gegenüberstand, weckte das Gelände der Werft von Tivat sein Interesse. Denn der ehemalige Militärstützpunkt Österreich-Ungarns bot beste Voraussetzungen für einen exklusiven Jachthafen, einer, der es mit Monte Carlo und Porto Cervo würde aufnehmen können, wie Munk dachte. Und so kaufte er 2008 dem Staat Montenegro das Gelände ab. Über den Kaufpreis wurde Stillschweigen vereinbart, Schätzungen schwanken zwischen 5 und 150 Millionen Euro. Munk und seine Finanzpartner investierten insgesamt 600 Millionen Euro. Es entstanden 650 Jachtliegeplätze, außerdem exklusive Wohnanlagen, Zweifamilienhäuser, Luxus-Hotels, Restaurants, Boutiquen und Sportanlagen, darunter ein 64 Meter langer Pool.

Munk ist größter Geldgeber und treibende Kraft. Er konnte zahlreiche namhafte Investoren von seinem Projekt überzeugen, etwa den Bankier Jacob Rothschild und den russischen Rohstoffmagnaten Oleg Deripaska. Die Investition erwies sich als voller Erfolg. Die Käufer - überwiegend aus Russland, Großbritannien und dem ehemaligen Jugoslawien - rissen sich um die Jachtplätze und Wohnungen. Quadratmeterpreise von 4000 bis 8500 Euro konnten die zahlungskräftige Kundschaft nicht abschrecken, zumal Montenegro das Land mit der jachtfreundlichsten Gesetzgebung am Mittelmeer ist. So ist etwa der Schiffskraftstoff zoll- und steuerfrei zu haben und die Liegeplatzgebühren liegen weit unter dem Niveau vergleichbarer Häfen.

Schon ist Porto Montenegro dabei, der neue Lieblingsstützpunkt der Reichen und Schönen zu werden. Bankierssohn Net Rothschild ließ es sich nicht nehmen, mit 400 Gästen seinen 40. Geburtstag in dem Luxusresort zu feiern. Aber auch der gewöhnliche Besucher hat freien Zugang zur Marina. Nicht nur ein Spaziergang durch die exklusive Anlage lohnt, auch ein Besuch des Marinemuseums verspricht viel Interessantes. Anhand von über 300 Ausstellungsstücken wird dort die Seefahrtgeschichte des Landes veranschaulicht. Spektakulärstes Ausstellungsstück ist ein komplett renoviertes U-Boot der jugoslawischen Marine. (Informationen: www.portomontenegro.com).

Kunstwerk in Porto Montenegro

Tivat

Über die Entstehung Tivats ist wenig bekannt. Erstmals erwähnt wird die Stadt in einem Dokument aus dem 14. Jahrhundert, das heute im Archiv von Kotor aufbewahrt wird. Es wird vermutet, dass die Siedlung damals Teude oder Theode genannt wurde. Tivat entfaltete sich rasch, nachdem die Österreicher Ende des 19. Jahrhunderts die Bucht von Kotor besetzt hatten, Straßen und öffentliche Gebäude errichteten und die Wirtschaft belebten.

Nach dem Zweiten Weltkrieg entwickelte sich Tivat besonders in wirtschaftlicher Hinsicht. Gründe waren unter anderem die Militärwerft – eine der größten an der jugoslawischen Adriaküste - und der Flughafen. Dennoch war Tivat bis Anfang der 2000er Jahre ein ruhiges, fast verschlafenes Städtchen, das durch seinen Flughafen fast jedem Besucher Montenegros ein Begriff war, aber tatsächlich fast ausschließlich von Autotouristen aus Bosnien, Serbien und Mazedonien besucht wurde. Damals überzeugten die Hotels in Tivat in erster Linie durch ihre Lage und relativ günstige Preise, weniger durch Service und Ausstattung. Dies hat sich grundlegend geändert, seitdem der kanadische Milliardär und Investor Peter Munk zusammen mit weiteren zahlungskräftigen Geldgebern einen exklusiven Luxus-Jachthafen, edle Residenzen und ein 5-Sterne-Hotel dort errichten ließ, wo sich zuvor die Werft befunden hatte. Jachtliegeplätze und Immobilien wurden dem Kanadier förmlich aus der Hand gerissen. Als das Luxus-Hotel eröffnet wurde, konnten selbst die Zimmerpreise von 400 Euro und mehr nicht verhindern, dass das Hotel ausgebucht war.

Die unscheinbare Marienkirche

Scheinbar haben die Planer alles richtig gemacht, denn Porto Montenegro ist kein abgeschottetes Luxus-Ressort, dass ausschließlich den Reichen und Schönen vorbehalten ist, sondern wirkt heute wie ein natürlicher Teil Tivats, zu dem jeder Zugang hat. Und wer das nötige Kleingeld besitzt, kann in den Edel-Boutiquen einkaufen, in den 5-Sterne-Restaurants zu Mittag essen oder sich eine Kugel Eis gönnen, die so viel kostet wie drei abgepackte Eis an einem der Stände in Tivat. Auf dem Gelände befindet sich – quasi als Reminiszenz an die Militärwerft – ein **Museum**, das an die Zeit erinnert, als hier Kriegsschiffe repariert wurden. Beeindruckend ist das **U-Boot**, das neben dem Museum aufgedockt wurde, um besichtigt werden zu können. Im Zuge der Erbauung von Porto Montenegro hat sich auch das alte Stadtzentrum Tivats herausgeputzt. Viele Gebäude wurden renoviert, ein neuer großer Gebäudekomplex entstand dort, wo zuvor viele Jahre ein staubiger Schotterparkplatz das Stadtbild verschandelte.

▲ Karte S. 137

Fast nicht verändert hat sich die Riva, die **Promenade**, mit ihren Cafés, Restaurant und kleineren Hotels. Glaubt man den Bewohnern der Boka, kann man im Hotel ›Pina‹ die beste ›Krempita‹ und überhaupt den besten Kuchen in der Bucht bekommen. Die Cafés an der Riva sind zu jeder Tageszeit gut besucht. Und tatsächlich sitzt man dort sehr gemütlich, kann die Vorbeiflanierenden beobachten und hat die Anlegestelle mit den Ausflugsschiffen im Blick. Die Promenade führt von dort weiter in östliche Richtung, vorbei an weiteren Cafés, Eisständen und **Stränden**, die überwiegend aus Betonplateaus bestehen. Über Leitern kommt man aber bequem ins und aus dem Wasser.

Auch wenn man woanders schönere Strände findet, lohnt auf jeden Fall ein Ausflug nach Tivat, um sich Porto Montenegro anzusehen, die Promenade entlangzuspazieren, vielleicht den bekannten Stadtpark zu besichtigen und auf jeden Fall eines der Cafés an der Riva zu besuchen.

Sehenswürdigkeiten

Im Mittelalter bauten sich wohlhabende Adelsfamilien aus Kotor Sommerresidenzen in Tivat. Davon ist nur der Turm der **Residenz Buća-Luković** bis in die Gegenwart erhalten geblieben. Die Inschrift besagt, dass ihn 1548 Vićencije erbaute, der Sohn des Meisters Mihailo aus dem Nachbarort Lastva. Der Renaissance-Palast gehörte zunächst der Familie Buća, später der Familie Luković und soll mit 130 Marmorsäulen ausgestattet gewesen sein. Heute ist der Turm Teil des **Kunst- und Kulturzentrums** und Treffpunkt von Malern, Musikern und Theaterleuten. Außerdem ist hier das **Stadtmuseum** untergebracht, das anhand von Bildern die Geschichte Tivats im 19. und 20 Jahrhundert zeigt.

Gleich gegenüber befindet sich die **Freilichtbühne**. Während der Sommermonate finden hier Konzerte sowie Theater- und Kinovorführungen statt.

Berühmt ist Tivats **Stadtpark** (Gradski Park). Die meisten der über hundert tropischen und subtropischen Pflanzen brachten Seeleute von ihren Reisen mit, darunter Eukalyptus, Oleander- und Zedernbäume. Im Park steht das Denkmal der beiden Seeoffiziere Milan Spasić und Sergej Mašeri. Sie sprengten 1941 das vor Tivat ankernde Kriegsschiff ›Zagreb‹, um zu verhindern, dass es den italienischen Besatzern in die Hände viel. Das Schiff sank, aber beide Männer verloren bei der Aktion ihr Leben. Im sozialistischen Jugoslawien verlieh man ihnen postum den Titel ›Narodni hiroj‹ (Volksheld).

Solila, die bekannten **Salinenfelder**, befinden sich südlich von Tivat in der Ebene Solisko polje. Im Mittelalter ließen sich Mönche dort nieder und widmeten sich der Meersalzgewinnung. Zu Beginn des vergangenen Jahrhunderts lagen die Salinen brach. Erst nach dem Zweiten Weltkrieg wurde dort wieder für einige Jahre Salz gewonnen. Heute sind die Felder ein Naturreservat und beliebtes Ziel von Naturfotografen und Vogelbeobachtern. Auf dem sumpfigen Boden gedeihen seltene Pflanzen, leben Kormorane, Flamingos und viele andere seltene Tiere.

Die Inseln in der Tivat-Bucht

Etwa zehn Bootsminuten von Tivat entfernt, in der Tivat-Bucht (Tivatski zaliv), liegen die Inseln Prevlaka, Sveti Marko und Otok.

Prevlaka, auch Ostrovo cveća (Blumeninsel) genannt, ist eine flache Insel, gerade mal 300 Meter lang und etwa halb so breit, aber reich an **üppiger Vegetation**, mit Weingärten und Olivenhainen. Inmitten der Insel befinden sich die Ruinen des orthodoxen **Klosters Sveti Arhanđeo Mihailo** (Heiliger Erzengel Michael) und eine **Benediktinerkirche**. Das Kloster wurde im 9. Jahrhundert erbaut und zunächst von einem Benediktinerorden genutzt, später von orthodoxen Mönchen, bis im 15. Jahrhundert die Venezianer das Kloster als Vergeltung für den Bauernaufstand in der Grbalj-Ebene zerstörten.

Die Überreste sind bis heute erhalten und werden von kleinen und einfachen Ferienbungalows umgeben, die bis Ende der 1980er Jahre beliebte Domizile für

Otok, die kleinste der Inseln in der Tivat-Bucht

In der früheren Feriensiedlung auf Sveti Marko

inländische Urlauber waren. Während des Krieges in Bosnien und im Kosovo dienten sie Flüchtlingen als Unterkunft. Die Insel ist durch eine Brücke mit dem Festland verbunden, also auch mit dem Auto erreichbar.

Auf **Sveti Marko**, der mittleren und größten der drei Inseln, betrieb das französische Unternehmen Club Mediterannée ein FKK-Feriendorf im polynesischen Stil. Mit Beginn des Konflikts im ehemaligen Jugoslawien verwaiste die Siedlung, und die Strohhütten und Club-Anlagen verfielen. Mitte der 1990er Jahre waren Teile der jugoslawischen Marine auf der Insel stationiert. Das ehemalige Feriengelände darf noch immer nicht betreten werden, wie handgeschriebene Schilder an der Mole verraten. Vor kurzem hat ein russischer Investor das Feriendorf gekauft. Es bleibt abzuwarten, welche Pläne er dort realisieren wird.

Otok, die kleinste der drei Inseln, wird von vielen auch Kircheninsel genannt; kein Wunder: Das **Franziskanerkloster** der Heiligen Mutter Gottes nimmt fast die ganze Insel ein. Die Benediktiner errichteten die Anlage, die Franziskaner übernahmen sie im 15. Jahrhundert. Bei einem Unwetter 1844 wurde das Kloster schwer beschädigt. Bischof Frano Ućelini aus Kotor organisierte im 20. Jahrhundert den Wiederaufbau. Heute wird es von Jesuiten bewohnt. Aus der Gründerzeit des Klosters stammen ein der Göttin Juno geweihter römische Altar und die Überreste einer Statue der Muttergottes aus dem 15. Jahrhundert. Zu den Schätzen gehört auch die wertvolle Bibliothek. Die Jesuiten sehen es nicht gern, wenn ungebetene Gäste kommen, Schilder verbieten das Anlegen. Wer die Insel dennoch betritt, wird ignoriert und angeschwiegen.

i Tivat

Vorwahl: 032.
Postleitzahl: 85320.
Turistička organizacija Tivat, Palih boraca 8, Tel. 671323. Sehr freundliche Mitarbeiter, die auch bei der Zimmervermittlung helfen. Infomaterial teilweise kostenpflichtig. www.tivat.travel

Autobuska stanica, Tel. 067/617650. Der Busbahnhof befindet sich außerhalb von Tivat an der Magistrale in Richtung Flughafen. Fahrplan: https://busticket4.me Die Bushaltestelle für den Bus nach Lepetane befindet sich im Stadtzentrum in der Straße Palih boraca direkt vor dem Kiosk.

▶ Karte S. 137

Postamt, Ul. Palih boraca bb, Tel. 67-4011. Oberhalb des Busbahnhofs.

Aerodrom Tivat, Tel. 670930. Drei Autominuten südlich von Tivat. Linienflüge mit Montenegro Airlines und Air Serbia mehrfach täglich nach Belgrad. Wird in der Sommersaison überwiegend von Chartermaschinen angeflogen. www.montenegroairports.com
Info-Schalter der **Montenegro Airlines** im Flughafengebäude, Tel. 020/405576.
Air Serbia, Tel. 671186.

Mehrere Autoverleiher haben Büros am Flughafen, u.a.:
Meridian Car, Tel. (0)69/060525.
EuroCar, Tel. (0)67/606314.
AVIS, Tel. (0)68/344002.

Hotel Vila Royal, Kalimanj bb, Tel. 67-5310. Einziges Vier-Sterne-Haus in Tivat. Etwa drei Gehminuten vom Zentrum entfernt, südlich des Yachthafens. Klima, Sat-TV, Restaurant. DZ von 70 Euro (Sep.–Juni) bis 96 Euro (Juli–Aug.).
Hotel Pine, Obala Pine, Tel. 662104. Komplett renoviertes 4-Sterne-Haus, direkt an der Promenade. Viele Zimmer mit tollem Blick in die Bucht. Wellness- und Fitnessbereich. Sehr gutes Café und Restaurant im Haus. DZ ab 94 Euro.
http://hotelpine.me
Hotel Palma, Šetalište Kapetana Iva Vizina 8, Tel. 672288. 4 Sterne-Haus mit Spa-Bereich. Zimmer teilweise mit Meerblick. Hoteleigener Strand.

Tivat verfügt über ein großes Gastronomieangebot, von der Pizza am Imbiss bis zu gehobener Küche. Empfehlungen:
Restaurant Montenegrino, Ul. 21. novembra 27, Tel. 674900. Gehobene nationale Küche zu günstigen Preisen.
Restaurant Marzamin, Šetalište Kapetana Iva Vizina 8, Tel. 671256. Im Hotel ›Palma‹. Spezialität: Meeresfrüchte aller Art, dazu Weine aus allen Gegenden des ehemaligen Jugoslawien.

Ethnografisches Museum, Trg Kulture (im Kulturzentrum), Tel. 674591. Die kleine, aber sehenswerte Sammlung spiegelt das Leben der Menschen in Tivat aber die Jahrhunderte wieder. Schade ist, dass die Schautafeln nur in montenegrinischer Sprache verfasst sind. Der Eintritt ist frei.
Maritimes Museum, am Spazierweg durch Porto Montenegro. Es zeigt in einem renovierten Gebäude der einstigen Werft eine kleine Ausstellung zur Geschichte der Seefahrt in der Bucht von Kotor. Insgesamt gibt es über 300 Exponate vom U-Boot über alte Tauchanzüge, Schiffsmotoren bis hin zum Tagebuch der montenegrinischen Prinzessin Ksenija. Eine besondere Attraktion ist das ausgestellte U-Boot P821, das besichtigt werden kann; Mo–Fr 9–16, Sa 13–17 Uhr. Der Eintritt ins U-Boot kostet 5 Euro.

Tauchclub **Neptun-Mimoza**, Donja Lastva (im Hotel ›Kamelija‹), Tel. 684563. Die Tauchlehrer sprechen neben Serbisch auch Englisch und Russisch, organisiert werden Tauchexkursionen an attraktiven Standorten der Bucht von Kotor und auf dem offenen Meer, archäologische Forschungen und Tauchen an erschlossenen archäologischen Standorten, Unterwasserfischfang, Fotografieren und nächtliches Tauchen. Ausrüstung und Kompressoren vorhanden.
www.dcneptun.com

Dom zdravlja (Gesundheitshaus), Tel. 671774. Unweit des Stadtparks und der Magistrale in der Istarska-Straße (zweigt bei der roten Tankstelle von der Magistrale in Richtung Meer ab).
www.dztivat.com

Im Hinterland der Bucht

Mit der alten Residenzstadt Cetinje, dem Lovćen-Nationalpark und dem fast 1600 Meter über dem Meer gelegenen Njegoš-Mausoleum sie die beliebtesten Besucherziele kaum mehr als eine Autostunde von der Küste entfernt. Die Fahrt in die Berge bietet an vielen Stellen beeindruckende Ausblicke auf die Bucht von Kotor.

Zwischen Kotor und Njeguši

Wer vom Zentrum Kotors nach Cetinje fährt, passiert zunächst die Stadtmauer, durchfährt dann eine Rechtskurve und findet sich schließlich an einer Kreuzung mit Abbiegemöglichkeiten nach Prćanj und Tivat sowie Budva. Wer nun die Straße nach Cetinje sucht, wird sich schwer tun, den richtigen Weg zu finden. Es gibt ein Schild, die Wegbeschreibung ist aber sehr ungenau. Man muss zunächst der Beschilderung Richtung Budva folgen. Es geht an einer Tankstelle vorbei, bald darauf folgt auf der rechten Seite das verfallene Gebäude einer früheren Seifen- und Waschmittelfabrik. Gegenüber der Fabrik befindet sich der Busbahnhof von Kotor. Hier befindet man sich in **Škaljari**. Der Ortsteil war als Industriestandort bekannt – und als Hinrichtungsstätte. Die Anführer der Meuterei auf österreichisch-ungarischen Kriegsschiffen vor Kumbor im Februar 1918 ließen hier ihr Leben.

Die Straße beschreibt noch einige Kurven und erreicht dann eine weitere Abzweigung. Noch bevor die Hauptstraße sich teilt, führt links ein unscheinbares Sträßchen den Berg hinauf und nach Cetinje. Eine Beschilderung gibt es jedoch nicht. Sicherer ist die zweite Möglichkeit. Diese Straße führt zunächst weiter in Richtung Budva und folgt anschließend dem Schild in Richtung Vrmac. Die Straße ist breit und gut zu befahren. Im Frühjahr und Herbst dient sie auch als Autorennstrecke, wie die Markierungen auf dem Asphalt und die Reifenstapel in den Kurven verraten.

▲ Karte: vordere Umschlagklappe

Die Straße steigt nun kontinuierlich an und erlaubt bereits nach kurzer Fahrt einen sehr schönen Ausblick auf die Stadt Kotor und die Bucht. Nach etwa vier Kilometern folgen einige enge Serpentinen. Später, wenn der Berg weiter erklommen wurde, wird deutlich, was es mit den engen Kurven auf sich hatte. Sie besitzen die Form des Buchstabens ›M‹. Es wird erzählt, dass der Straßenbauer Josip Šilović dadurch seine Sympathie für die montenegrinische Königin und Ehefrau von König Nikola, Milena, ausdrücken wollte.

In einer Höhe von 230 Metern erreicht man **Trojica**. Das Dorf hatte lange Zeit eine wichtige Bedeutung. Bereits den Venezianern diente er als Grenzort, später errichteten die Franzosen und anschließend die Österreicher eine Grenzstation in dem heute unscheinbaren Dörfchen. Lange Zeit befand sich an dieser Stelle ein wichtiger Verkehrsknotenpunkt, der erst seine Bedeutung verlor, nachdem die Küstenstraße fertiggestellt war. Heute ist der Ort, von dem sich weite Blicke in die Umgebung ergeben, ruhig und geradezu menschenleer.

Nach einem längeren geraden Straßenabschnitt folgen in einer Höhe von rund 500 Metern zahlreiche dicht aufeinander folgende Serpentinen, die sich am Lovćen hochwinden und mit jeder Kehre einen weiten Blick in die Bucht von Kotor erlauben.

Die Straße ist nicht besonders breit. Kommen sich zwei Fahrzeuge entgegen, ist nur ein langsames und vorsichtiges Passieren möglich, Ausweichbuchten erleichtern die Manöver. Busse und Lastwagen trifft man fast gar nicht mehr auf dieser Strecke, da sie auf ihrem Weg ins montenegrinische Hinterland die ausgebaute und besser zu befahrende Straße über Budva benutzen.

Die letzte Serpentine bietet den schönsten **Ausblick**. Das Vrmac-Gebirge lässt sich überblicken, Tivat und das Luštica-Gebirge zeigen sich in voller Schönheit dem Betrachter. Der Ausblick reicht bis zum offenen Meer.

Ein gerades Straßenstück markiert den Abschied vom Meer. Bald erreicht man das Dorf **Krstac**, eine unscheinbare Ansiedlung, die früher ebenfalls den Österreichern als Grenzstation diente. Sie beherrschten damals die Küste, während die Montenegriner das Hinterland kontrollierten.

Vom Dorf Krstac zweigt ein Weg in südlicher Richtung nach Ivana Korita und zum Njegoš-Mausoleum ab. Allerdings eignet sich diese Route eher für Abenteurer und Wanderer mit guter Kondition, da der Weg lang, beschwerlich und nicht besonders gut befestigt ist.

Njeguši

Weit vor dem eigentlichen Ort steht das Ortsschild von Njeguši. Dahinter führt die Straße von Kotor zunächst weiter durch grünes fruchtbares Land, am Straßenrand finden sich vereinzelt Ferienhäuschen von Montenegrinern aus Podgorica. Parallel zur Straße verläuft die Grenze des Lovćen-Nationalparks. Schilder machen auf den Verkauf von Käse und Schinken aufmerksam, dann ist auch Njeguši erreicht.

Das Dorf verdankt seine Berühmtheit vor allem Petar II. Petrović Njegoš, der hier 1813 geboren und im Alter von nur 19 Jahren zum Herrscher Montenegros wurde. Das Geburtshaus von Njegoš befindet sich unmittelbar an der Hauptstraße und ist noch heute zu besichtigen.

Njeguši ist aber nicht nur als Geburtsort einer der großen Persönlichkeiten Montenegros bekannt, sondern auch wegen seiner kulinarischen Spezialitäten wie Rauchfleisch, Käse und dem nach alter slawischer Tradition hergestellten Honigwein.

Überall entlang der Ortsstraße stehen Schilder mit der Aufschrift ›Njeguški pršut‹ und ›Njeguški sir‹. Da der Name nicht geschützt ist, wird Schinken und Käse unter dieser Bezeichnung zwar im ganzen Land angeboten, echt ist er jedoch nur hier. Der Schinken ist ab rund

Das Njegoš-Geburtshaus

sechs Euro zu haben; oft kann man vor dem Kauf eine Scheibe probieren. Allerdings wird der Schinken in Njeguši nur geräuchert, das Fleisch kommt überwiegend aus Serbien.

Njeguši hat nur noch relativ wenige ständige Bewohner. Es sind größtenteils ältere Menschen, die jüngeren hat es in die Städte verschlagen. In den Ferien und an den Wochenenden kommen die Menschen aus der Stadt nach Njeguši, um Erholung in ihren Ferienhäusern zu suchen.

Über dem Ort Njeguši thront fast majestätisch auf der Spitze des Jezerski Vrh das **Mausoleum zu Ehren von Njegoš**. Die Zeiten, da ganze Busladungen mit Schulkindern aus dem ehemaligen Jugoslawien oder auch Touristen vor dem **Geburtshaus Njegoš'** Station gemacht haben, sind offenkundig vorbei. Interessierte finden sich aber auch heute regelmäßig ein und besuchen das bekannte Gebäude. An der straßenseitigen Hauswand weist eine Tafel mit Inschrift eines der Häuser als Geburtsstätte Njegoš' aus. Das Gebäude und der kleine Garten sind umzäunt. Besucher gehen durch ein Tor und erreichen über eine Treppe die kleine unscheinbare Eingangstür. Empfangen wird der Besucher vom Museumsleiter – Historiker, Eintrittskartenverkäufer und Führer in einer Person.

Die Räume des Hauses liegen nebeneinander und sind durch einen langen Flur miteinander verbunden. Njegoš ist im zweiten Zimmer des Wohnbereichs zur Welt gekommen. Im Museum sind Bilder ausgestellt, die ihn und andere Personen seines Wirkungskreises darstellen, darüber hinaus Alltagsgegenstände und Werkzeuge aus dieser Epoche. Darunter befinden sich auch die typisch montenegrinischen, flachen Holzstühle mit hoher Lehne. In einer Vitrine sind die übersetzten Ausgaben von Njegoš' berühmtesten Werk ›Der Bergkranz‹ zu bestaunen, unter anderem eine frühe österreichische Ausgabe. Über schmale Stufen geht es in das Untergeschoss. Die kühlen Räume dienten früher als Vorratslager für Nahrungsmittel und als Arbeitsräume zu ihrer Verarbeitung, die entsprechenden Werkzeuge sind heute dort ausgestellt.

Das gesamte Gebäude macht einen für die damaligen Verhältnisse eines kleinen Dorfes doch recht luxuriösen Eindruck, seine Mauern sind dick und massiv. Sie halten im Winter die Wärme im Haus und lassen im Sommer die Hitze nicht hinein.

Schräg gegenüber dem Geburtshaus befindet sich eine kleine **Kirche**, errichtet, wie die mit ungelenken Zeichen eingravierte Inschrift verrät, im Jahr 1856.

Von Njeguši nach Cetinje

Kurz hinter Njeguši steigt die Straße recht steil an und erlaubt nur an wenigen Stellen einen Blick auf den sich langsam entfernenden Ort.

Der weitere Weg nach Cetinje ist von zahlreichen Serpentinen und Kurven geprägt. Dem ein oder anderen Beifahrer mag dadurch ein flaues Gefühl in den Magen steigen.

Bei dem Dorf **Ćekanje** sind erstmalig die Ebene von Cetinje und die alte Residenzstadt selbst zu sehen. Die Straße führt nun stetig hinab und erreicht die erste größere Ortschaft, **Bajica**, die auch den Beginn der Ebene von Cetinje markiert. Die Straße ist hier in einem sehr schlechten Zustand und wird zunächst auch nicht besser, wenn Cetinje erreicht ist.

Diese Schäden und auch die teilweise verfallenen Hausfronten sind jedoch schnell vergessen, sobald das sehenswerte Zentrum von Cetinje erreicht ist.

▲ Karte: vordere Umschlagklappe

Die Ikone der Mutter Gottes von Philermos

Die Ikone soll vom Evangelisten Lukas gemalt worden sein und zeigt das Antlitz der Mutter Gottes. Die Geschichte des geweihten Bildes lässt sich bis ins 11. Jahrhundert zurückverfolgen. Es galt als Schutzherrin der Insel Rhodos und des Malteser-Ritterordens. Durch die wundertätige Macht der Mutter Gottes soll die Ikone den Johannitern bei der Verteidigung der Insel Rhodos gegen die Türken geholfen haben – zumindest bis 1522. In diesem Jahr war der Widerstand gebrochen, und die Ikone fiel den Eroberern in die Hände. Suleiman der Prächtige, der Anführer der Türken, zeigte sich beeindruckt von dem Mut und der Tapferkeit der Johanniter und gab ihnen die Ikone zurück. So gelangte sie zunächst nach Italien, dann nach Frankreich und aufgrund einer Vereinbarung mit dem spanischen König Carlos V. nach Malta. Hier soll sie dem Malteser-Ritterorden bei der Verteidigung gegen die Türken übernatürliche Kräfte verliehen haben.

Als Napoleon 1798 Malta besetzte, fiel die Ikone in seine Besitz und gelangte anschließend nach Triest und später nach Russland, wo sie einen neuen goldenen und mit Diamanten verzierten Rahmen erhielt.

Bei Ausbruch der Revolution 1917 wurde die Ikone der russischen Zarenmutter Maria Feodorowa anvertraut. Über Estland und Dänemark kam sie nach Berlin in die russisch-orthodoxe Bischofssynode und später in den Besitz der serbischen Königsfamilie Karađorđević, die sie nach der Bombardierung Belgrads am 6. Juni 1941 dem Kloster Ostrog in Montenegro anvertraute.

Im sozialistischen Jugoslawien schlummerte die Reliquie in der staatlichen Schatzkammer, bis sie 1978 der Kirche übergeben wurde. Die Ikone ist heute in der Blauen Kapelle des Nationalmuseums in Cetinje ausgestellt.

Die sehr verehrte Ikone

EXTRA

Cetinje

Cetinje ist die ehemalige Residenz- und Hauptstadt Montenegros. Sie liegt scheinbar verträumt in der sogenannten Hochebene von Cetinje, die sich auf einer Länge von fünf Kilometern und einer Breite von drei Kilometern erstreckt und von hohen Kalksteinfelsen umgeben ist. Cetinje liegt 670 Meter über dem Meer. Luftlinie ist die Stadt nur zwölf Kilometer von der montenegrinischen Küste entfernt, man ist jedoch fast eine Stunde auf der Straße unterwegs, ehe die Berglandschaft überwunden und Cetinje erreicht ist.

Die Ebene wurde ursprünglich Lovćen-Tal genannt und später Feld von Cetinje. Namensgeber der Stadt war der Fluss Cetina, der sich im 15. Jahrhundert durch die Hochebene schlängelte, um dann unter der Erde zu verschwinden.

Die Winter in Cetinje sind sehr schneereich, aber nicht so kalt wie beispielsweise in den Wintersportgebieten Kolašin oder Žabljak. Während im Frühjahr und Spätherbst der Regen dominiert, sind die Sommer sonnig, trocken und angenehm warm, aber ohne die große Hitze, wie sie zu dieser Zeit oft an der Küste Montenegros herrscht.

Der Hauptstadtstatus wurde an Podgorica abgegeben, dennoch stellt Cetinje einen Mittelpunkt im kulturellen und wissenschaftlichen Leben Montenegros dar. Cetinje bietet gerade während der Sommermonate einen in sich ruhenden Kontrast zum touristisch-hektischen

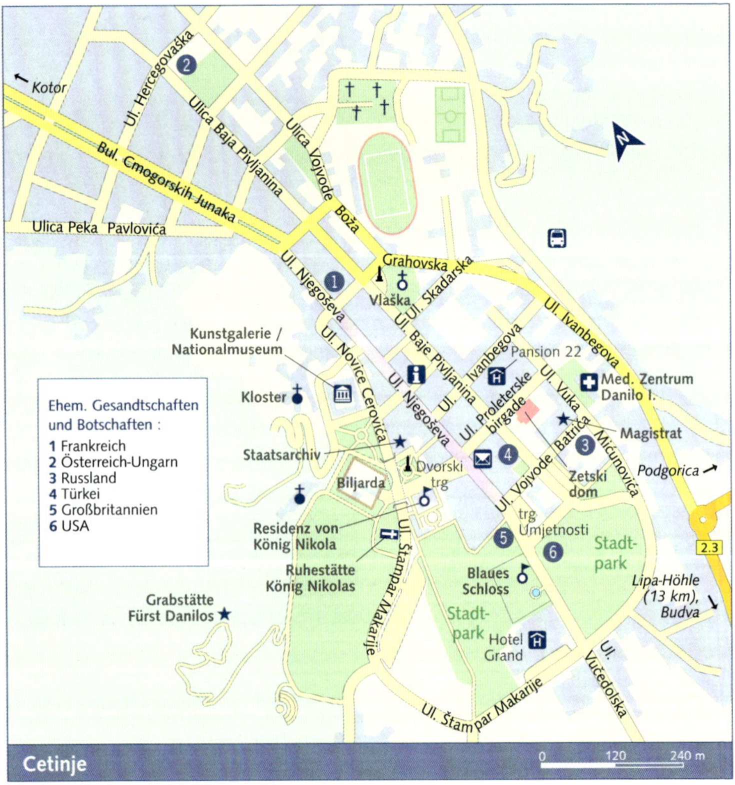

Treiben an der Küste. Erst bei genauerer Betrachtung wird deutlich, welch große historische Bedeutung die Stadt hat. Ein Besuch von Cetinje ist auch eine Reise in die Vergangenheit Montenegros, die ihre Spuren buchstäblich an jeder Straßenecke hinterlassen hat.

Die Umgebung von Cetinje ist steinig und karg. Die landwirtschaftliche Nutzung der Erde erfordert sehr viel Arbeit, dennoch sind die Erträge aufgrund des kargen Bodens nur gering. Eine wichtigere wirtschaftliche Rolle spielen die Industriebetriebe. Die ersten Fabriken entstanden anlässlich des Wiederaufbaus nach dem Zweiten Weltkrieg. Da sie außerhalb des Zentrums liegen, wird sie der Besucher kaum wahrnehmen.

Das Hauptaugenmerk der Touristen richtet sich auf die lange und abwechslungsreiche Geschichte von Cetinje und die zahlreichen historischen Gebäude. Cetinje gilt heute als Stadt der Museen und wird als solche auch von den Stadtoberen gepflegt.

Geschichte

Cetinje wird erstmals 1440 erwähnt. Damals befand sich in der Ebene nur eine unscheinbare Siedlung, erst 40 Jahre später gewann die Region langsam an Bedeutung. Der Grundstein wurde durch Ivan Crnojević gelegt. Die türkischen Angreifer hatten ihn gezwungen, seine Residenz in Žabljak zu verlassen. Seine Flucht führte ihn nach Cetinje, wo er sich niederließ und eine neue Festung baute. Cetinje gewann weiter an Bedeutung, als nur zwei Jahre darauf ein serbisch-orthodoxes Kloster errichtet und Cetinje so zum Zentrum des Bistums von Zeta wurde.

Etwas später beherbergte das Kloster die erste Druckerei auf dem Gebiet des südlichen Balkan. Das Kloster wurde mehrfach von den Türken zerstört und

Wache am Präsidentensitz

geplündert, aber immer wieder aufgebaut. Das erste Mal ging das Kloster 1682 in Flammen auf. Die Türken drangen nach Cetinje vor, die Montenegriner verschanzten sich hinter den Mauern des Klosters. Als der Feind auch das Kloster einzunehmen drohte, sprengten die Verteidiger sich selbst, das Kloster und einen Teil der eindringenden Türken mit ihren Schießpulverreserven in die Luft. Später wurde es von Fürst Danilo, dem ersten Heerscher Montenegros aus der Dynastie der Petrovićs, an gleicher Stelle wieder aufgebaut. Im Jahr 1714 wurde es erneut von den Türken als Vergeltung für eine Niederlage auf dem Schlachtfeld zerstört. 1785 nutzen die Türken die Abwesenheit von Petar I. Petrović Njegoš. Dieser hielt sich gerade in Russland beim Zaren auf, als die Türken ein letztes Mal das Kloster in Schutt und Asche legten. Es wurde erneut aufgebaut und steht nun seit 1792 an der

Die ehemalige türkische Botschaft

Stelle, wo es noch heute zu finden ist, nahe der Biljarda.

Erst nach dem Bau des Klosters und der Residenz entwickelte sich verstärkt die Siedlung in der Umgebung der beiden Gebäude. Mit der Machtübernahme durch Petar I. Petrović Njegoš 1782 entwickelte sich Cetinje vom Dorf zu einer kleinen Stadt. Dieser Aufschwung war erst möglich, nachdem den Türken in zwei großen Schlachten empfindliche Niederlagen beigebracht werden konnten. Der Wesir von Skutari, Mahmut Paša Bušatlija, musste buchstäblich die Fahne streichen. Diese Fahne wie auch die Totenmaske des Wesirs sind heute im Palast von König Nikola ausgestellt.

Der Nachfolger von Petar I., Petar II. Petrović Njegoš, gründete 1834 die erste Schule in Cetinje und veranlasste 1838 die Fertigstellung der Residenz Biljarda. Mit der Herrschaft des Fürsten Nikola entwickelte sich Cetinje schnell zu einer Stadt. 1871 wurde das ›Mädcheninstitut der Russischen Kaiserin‹ gegründet, bald darauf entstand das erste Krankenhaus Montenegros und zugleich die erste Gastschänke mit dem Namen Lokanda. Eine Residenz für den Thronfolger kam hinzu und im Jahr 1910 ein Regierungsgebäude.

Der Berliner Kongress im Jahr 1878 brachte die internationale Anerkennung Montenegros als souveränen Staat und bedeutete zugleich eine längere ungewohnt friedliche Periode im Leben der Montenegriner. Erstmals seit langem nicht mit der Kriegsführung beschäftigt, konnte man sich nun der Weiterentwicklung der Stadt widmen. Wo sich zuvor nur zwei Dutzend Strohhütten um das Kloster von Cetinje gruppiert hatten, entstanden steinerne Häuser. Das Stadtbild veränderte sich in kürzester Zeit, bereits zu diesem Zeitpunkt wurde das Augenmerk auf die Kultur gelegt. Es entstanden zusätzliche Bildungseinrichtungen, man förderte die historischen und kulturellen Belange der Stadt. Organisiert wurde das Leben in Cetinje von einer erstmals ins Leben gerufenen Verwaltung. Die Bemühungen Cetinjes, ande-

▶ Karte S. 146

ren europäischen Städten nachzueifern, wurden belohnt: Die wichtigsten Staaten der Welt schickten ihre Diplomaten in das kleine Städtchen. Allerdings mussten die hohen Herren zunächst ohne die Errungenschaften der modernen Welt auskommen - erst 1910 fand die Elektrizität nach Cetinje.

Im Ersten Weltkrieg besetzten österreichisch-ungarische Truppen die Stadt. Vermutlich schlimmer als der zeitweilige Verlust der Macht war die Vernichtung großer Teile des kulturhistorischen Vermächtnisses aus den vorherigen Jahrhunderten. Sie fielen den Kämpfen um die Stadt zu Opfer oder wurden geplündert wie etwa die Zentralbibliothek.

Nach Kriegsende 1918 wurde Montenegro Teil des ersten jugoslawischen Staates. Cetinje verlor langsam seinen Status als erste Stadt im Land, da Belgrad die Hauptstadt des neuformierten Staates war.

Im Zweiten Weltkrieg besetzten zunächst die Italiener, später die Deutschen Cetinje für relativ kurze Zeit. Die Bürger Cetinjes zeichneten sich durch ihren Widerstand gegen die Besatzungsmächte aus. Sie kämpften in Partisanenverbänden im ganzen Land und waren so maßgeblich an der Befreiung beteiligt. Sie vertrieben die Besatzer Cetinjes im Januar 1944.

Nach 1945 entwickelte sich die Industrie in und um Cetinje. So ließ sich die im ehemaligen Jugoslawien sehr bekannte Kühlschrankfabrik Obod hier nieder, ebenso eine Schuhfabrik.

Mit dem Zerfall Jugoslawiens wurden auch in Montenegro Stimmen laut, die die Loslösung Montenegros von Jugoslawien und einen eigenständigen Staat mit einer Hauptstadt Cetinje forderten. Einige sprachen sich auch für die Wiedereinführung eines Königreiches und die Überführung der sterblichen Überreste König Nikolas nach Montenegro aus. Der König fand tatsächlich seine vorerst letzte Ruhe nur einen Steinwurf von seinem ehemaligen Palast entfernt. Als Hauptstadt konnte sich Cetinje nicht durchsetzten - das ist Podgorica -, wohl aber als kulturelles und historisches Zentrum Montenegros. In den 1970er Jahren lebten hier 12 000 Menschen, heute sind es ungefähr 15 000.

Sehenswürdigkeiten

Cetinje ist eine historisch bedeutsame Stadt und zugleich kleinflächig. Dies kommt dem Besucher sehr entgegen, da alle Sehenswürdigkeiten und Museen bequem zu Fuß zu erreichen sind.

Einen idealen Ausgangspunkt für eine Stadtbesichtigung bildet die **Ulica Njegoševa**, die Njegoš-Straße. Sie ist die Hauptstraße, verläuft quer durch die Stadt und bietet einen sehr guten Orientierungspunkt. Von ihr aus erreicht man in wenigen Minuten fast alle historischen Denkmäler, Museen und die ehemaligen Gesandtschaften aus der Zeit vor dem Ersten Weltkrieg. Der südliche Teil der Ulica Njegoševa, nahe dem ehemaligen Botschaftsgebäude des Vereinigten Königreiches - heute eine Musikschule-, bietet sich als Startpunkt an. Hier befindet sich ein großer Autoparkplatz. Wenige Schritte nördlich davon befindet man sich auf den Spuren der Vergangenheit. Die Ulica Njegoševa ist in diesem Bereich autofrei und wird von zahlreichen Cafés gesäumt.

Die erste Querstraße ist der **Dvorski trg**. Wer den hellen Platz betritt, muss aufpassen, nicht von Kindern in kleinen Elektroautos überfahren zu werden. Ein findiger Geschäftsmann nutzt die Fläche für ›biznis‹, wie die Montenegriner sagen. Während sich die kleinen Besucher vermutlich mehr für die Autos begeistern, werden die Älteren bereits einige

der wichtigsten und interessantesten Gebäude in Cetinje entdeckt haben.
Auf der linken Seite befindet sich die Residenz König Nikolas, schräg gegenüber auf der anderen Straßenseite das **Staatsarchiv**.
Die **Residenz von König Nikola** wurde 1871 erbaut und dient heute als Museum. Begonnen wurde mit dem Bau bereits im Jahr 1863, im Jahr 1910 ist sie grundlegend renoviert und erweitert worden. Geplant war das Gebäude ursprünglich als Residenz für die Frau von Fürst Danilo, dem Vorgänger König Nikolas. Es ist ein relativ schlichter Bau, auch der Schlossgarten ist in seinen Ausmaßen bescheiden.
Im **Museum** sind verschiedene Waffen und Fahnen aus den Kriegen gegen die Türken, Porträts sowie archäologische Gegenstände ausgestellt, weiter findet sich ein **Archiv** mit Urkunden aus dem 14. Jahrhundert. Darüber hinaus kann man sich Reste der ersten Buchdruckerei und Möbel und Gegenstände von König Nikola ansehen. Wie in Montenegro üblich, zeigt ein vielsprachiger Museumsführer den Besuchern das Schloss. Der Führer ist ganz offensichtlich eine Kapazität auf seinem Gebiet, freut sich über Fragen und lässt sich gerne in historische Diskussionen verwickeln, die er multilingual mit mehreren Besuchern aus verschiedenen Erdteilen zeitgleich führt. Er schreckt auch nicht davor zurück, Einzelheiten intensiv und kenntnisreich zu beleuchten.
Vor dem Schloss befand sich früher eine Ulme, die sogenannte Tenne. Hier empfing der König seine Untertanen, um volksnah politische und private Probleme seiner Bürger zu lösen. In der Nähe befindet sich die letzte **Ruhestätte des Königs und seiner Frau**, Königin Milena. Sie haben ihre letzte Ruhe neben dem Staatsgründer Ivan Crnojević gefunden, in marmornen Särgen in der Kirche Rođenje Bogorodice.

▲ Karte S. 146

Nicht zu übersehen ist die wenige Meter westliche gelegene **Biljarda** mit ihren kleinen charakteristischen Türmen. Die Residenz erhielt ihren ungewöhnlichen Namen nach einem Billardtisch, der aus Wien nach Cetinje gebracht wurde.
Das Gebäude war die Residenz von Petar II. Petrović Njegoš. Sie wurde 1838 erbaut, aber erst 1951 fand sie ihr noch heute bestehendes Aussehen. Der Bau der Residenz bedeutete zugleich die Abkehr von einer kirchenstaatlichen hin zu einer weltlichen Macht. Das Gebäude beherbergte auch die staatliche Druckerei. Als im Jahr 1871 das neue Schloss von König Nikola gebaut wurde, verlor die Biljarda ihre Funktion als Herrschersitz. Anlässlich Njegoš' 100. Todestages wurde die Biljarda restauriert. Seitdem ist in seinen Räumen das Njegoš-Museum untergebracht.
Unmittelbar dahinter befindet sich das **Kloster** von Cetinje. Oberhalb des Klosters auf dem Berg ist der **Turm Tablja** zu erkennen. Sein Bau wurde von Njegoš veranlasst. Ursprünglich sollte er dazu dienen, Waffen zur Verteidigung des Klosters zu beherbergen. Dann benutzte man den Turm, um die Köpfe gefallener türkischer Soldaten zur Schau zu stellen. Erst im Jahr 1850 wurde dieser Brauch verboten. Später wurde in dem Turm die über 1600 Kilogramm schwere Glocke des Klosters angebracht.
Hinter dem Kloster, auf dem Orlov Krš (Adlerfelsen), liegt die **Grabstätte des Fürsten Danilo**. Dem Begründer der Dynastie Petrović-Njegoš wurde ein kleines Mausoleum errichtet. Die Idee zu dieser Grabesstätte hatte Prinzessin Jelena, die spätere Königin von Italien. Geht man rechts am Kloster vorbei, stößt man auf eine Schotterpiste. Sie führt um das Kloster den Berg hinauf zum Turm. Ihn erreicht man nach etwa zehn Minuten.

Die letzte Ruhestätte von König Nikola und Königin Milena: Rođenje Bogorodice

Von der Biljarda führt ein kurzer Fußweg durch einen kleinen Park zum ehemaligen Regierungsgebäude. Heute beherbergt es die **Kunstgalerie** und das **Nationalmuseum**. Allerdings benötigt man etwas Glück, um zu den offiziellen Öffnungszeiten auch wirklich eingelassen zu werden. So mancher Besucher stand schon vor verschlossener Tür und musste unverrichteter Dinge wieder gehen.

Vom Regierungsgebäude empfiehlt es sich, in nördlicher Richtung weiterzugehen. Nach einigen Schritten befindet man sich wieder auf der ulica Njegoševa. Unmittelbar an der Straße, im Zentrum von Cetinje, befindet sich das Gebäude der **ehemaligen Gesandtschaft Frankreichs**. Heute beherbergt das Haus die **Zentralbibliothek** von Montenegro.

Die Zentralbibliothek wurde unmittelbar nach dem Zweiten Weltkrieg neu gegründet. Zu finden sind Buchsammlungen, Handschriften und Teile der Bibliothek des Fürsten Nikola sowie Wiegendrucke. Im Jahr 1912 führte die Bibliothek 15000 Bände. Während des Ersten Weltkrieges wurde sie geplündert, aber später wieder aufgebaut. Das gleiche Schicksal widerfuhr ihr im Zweiten Weltkrieg. Heute führt die Bibliothek eine halbe Million Bände. In der ›Volksbibliothek Njegoš‹ sind weitere 100000 Bände zu finden.

Von der Bibliothek ist es nur ein kurzer Fußweg über die Ulica Nikća od Rovina zum Sportstadion von Cetinje. In der Nachbarschaft zum Stadion befindet sich der städtische Friedhof. Die ulica Vojvoda Bože führt vom Stadion nach rechts am Friedhof vorbei und weiter zum Gebäude der **ehemaligen Botschaft Österreich-Ungarns**.

In entgegengesetzter Richtung erreicht man, nachdem man das Stadion hinter sich gelassen hat, die kleine **Vlaška-Kirche**, das älteste Baudenkmal in Cetinje. Es wurde ursprünglich von Viehhirten, die ihre Herde dort weideten, um 1450 aus Holz erbaut. 1894 erhielt die Kirche ihr heutiges Aussehen. Eine Besonderheit stellt die Umzäunung des Kirchengrundstückes dar. Sie besteht aus rund 1000 Gewehrläufen, die den Osmanen in den

Der frühere Königspalast

Kriegen 1858 und 1876 abgenommen wurden. Vor dem Portal der Kirche befinden sich zwei Steingräber. Es wird erzählt, dass der Soldat Bajo Nikolić Pivljanin dort begraben wurde. Im zweiten Grab soll seine Frau ihre letzte Ruhestätte gefunden haben. Direkt daneben befindet sich **Die Fee von Lovćen**, ein Denkmal für die montenegrinischen Freiwilligen, die anlässlich des Ersten Weltkriegs mit dem Schiff aus Amerika kamen, um auf der Seite ihres Heimatlandes zu kämpfen. Das Schiff lief vor der Küste Albaniens auf eine Mine und versank, alle Passagiere ertranken. Das Denkmal, entworfen von Risto Stijović, wurde 1939 errichtet.

Folgt man weiter dem Straßenverlauf, rückt sehr bald der Busbahnhof von Cetinje ins Blickfeld. Lässt man auch den Busbahnhof links liegen und biegt rechts in die Ulica Crnojevića ab und links in die Ulica Vuka Mićonovića, erreicht man das **medizinische Zentrum Danilo I**. Dieses Krankenhaus wurde 1875 eröffnet und war das erste seiner Art in Montenegro. Später wurde es erweitert und bekam sein heutiges modernes Aussehen. Es spielte eine wichtige Rolle bei der Ausbildung des Ärztenachwuchses. Die Kunst seiner Ärzte wird auch in der Gegenwart im ganzen Land geschätzt. So mancher Kranke reist von weit an, um sich in Cetinje behandeln zu lassen. Einige werdende Väter haben Blut und Wasser geschwitzt, wenn sie ihre in den Wehen liegenden Frauen viele Kilometer durch die Gebirge Montenegros chauffierten, weil diese darauf bestanden, in Cetinje zu entbinden.

▲ Karte S. 146

Einige Schritte weiter biegt rechts die ulica Vojvode Batrića ab. In dieser Straße befindet sich das Gebäude der **ehemaligen Botschaft Russlands**. In ihr ist heute die Musikschule von Cetinje untergebracht. Folgt man der Straße und orientiert sich nach rechts, ist nach wenigen Schritten der **Zetski-Dom** zu erkennen und daneben das Gebäude des **Magistrats**. Die 400-Jahr-Feier Cetinjes als Residenzstadt war Anlass für den Bau des Doms. Der Architekt Josip Slade hat das Gebäude entworfen, mit seinem Bau wurde im Jahr 1884 begonnen. Seit seiner Fertigstellung dient der Zetski-Dom der Unterbringung kultureller Institutionen, unter ihnen befand sich bereits bei der Eröffnung eine Amateurtheatergruppe. So wurde der Bau das, was er noch heute ist: das älteste Theatergebäude in Montenegro.

Schräg gegenüber befindet sich das Gebäude der **ehemaligen Gesandtschaft der Türkei**. Das Haus macht wenig her, wenn nicht eine an der Hauswand angebrachte Tafel an seine vergangene Funktion erinnern würde. Die Njegoševa ist wieder in Sichtweite und der Weg zum Ausgangspunkt nicht weit.

Wer noch Zeit für einen weiteren Abstecher hat, findet einige Schritte südwärts, wiederum Njegoševa, das **Blaue Schloss**. Es war das Wohnhaus von Fürst Danilo. Fertiggestellt 1895, wurde seine Architektur Vorbild für andere Herrscherhäuser. Früher war die Nationalgalerie im Blauen Schloss untergebracht.

Lipa-Höhle

Die Lipaska pećina wurde erst 2015 für Besucher geöffnet. Rasch entwickelte sie sich zu einer beliebten Touristenattraktion. Sie besteht aus einem 2,5 Kilometer großen System aus Wegen und Hallen mit Seen, Stalagmiten und Stalaktiten. Bei einem Besuch sollte man unbedingt an warme Kleidung denken: In der Höhle beträgt die Temperatur ganzjährig nur 8 bis 12 Grad. Die Höhle ist beleuchtet und besitzt sicher zu gehende Wege.

Angeboten werden verschiedene geführte Touren in montenegrinischer und englischer Sprache. Die sogenannte Lipska-Tour ist auf die ganze Familie zugeschnitten und eignet sich für Kleinkinder ebenso wie für Erwachsene im fortgeschrittenen Alter. Sie dauerte etwa eine Dreiviertelstunde und führt 500 Meter in die Höhle.

Wenn man körperlich fit ist und Lust auf ein kleines Abenteuer hat, kann man die sogenannte Höhlenexpedition buchen. Sie kostet für Erwachsene stolze 50 Euro, für Jugendliche bis 15 Jahre immerhin noch 25 Euro, dauert aber auch bis zu drei Stunden. Dabei erkundet der Besucher die Höhle wie einst die Forscher. Mit Seilen abgesichert, nehmen Besucher auch die entlegenen Ecken in Augenschein.

Wissenschaftler erkundeten bereits im 19. Jahrhundert die Höhle und hielten ihre Erkenntnisse schriftlich fest. Einer der ersten Forscher, der sich in die Höhle traute, war 1839 der englische Archäologe Henry Layard, der den ersten offiziellen Bericht verfasste. 1887 beschrieb der russische Wissenschaftler Pavel Rovinski die Höhle nach einem Besuch.

Die Höhle befindet sich beim Dorf Dobrska, etwa 6 Kilometer von Cetinje entfernt. Man fährt von Cetinje auf der Hauptstraße in Richtung Podgorica und biegt dann, der Beschilderung folgend, rechts ab zum Dorf. Orientieren kann man sich dabei auch an den Wegweisern zum bekannten Nationalrestaurant ›Belvedere‹. Das liegt an der Straße, die zum Höhlenparkplatz führt. Vom Parkplatz bringt ein kleiner Zug die Besucher zum Höhleneingang und nach der Besichtigung wieder zurück.

Wunderliche Felsformationen in der Lipa-Höhle

Cetinje

Vorwahl: 041.
Postleitzahl: 81250.
Tourismusorganisation Cetinje, ul. Njegoševa 39, Tel. 230250.
www.cetinje.travel

Postamt, Ul. Njegoševa br. 28, Tel. 231026.
Mehrere **Banken** in der Ortsmitte, z.B. Podgorička Banka, Ul. Njegoševa 138, Tel. 230500.

Hotel Grand, Ul. Njegoševa 1, Tel. 231651. Vor einigen Jahren renoviert; Schwimmbad, Sauna, Kegelbahn. Restaurant mit großer Terrasse. Zimmer mit Sat-TV, WLAN, ab 30 Euro.
www.hotelgrand.me
Pansion 22, Ivana Crnojevića 22, Tel. 067/236420. Die Pension der Familie Martinović liegt direkt im Zentrum von Cetinje. Einfache, saubere und preisgünstige Zimmer, die meisten gehen nach hinten raus und sind sehr ruhig. Frühstück wird allerdings nicht angeboten. Ab 20 Euro.
www.pansion22.com

Mehrere Cafés und Restaurants, auch Fast Food auf der ul. Njegoševa.
Restaurant Konak, Zabrđe bb, Tel. 761011. An der Straße nach Budva, etwa 4 km außerhalb. Käse und Brot aus eigener Herstellung, große Wein-Auswahl, Fischspezialitäten.
www.restorankonak.me
Restaurant Belveder, Tel. 067/569217. Etwas außerhalb von Cetinje, an der Straße Richtung Podgorica, in einem alten montenegrinischen Haus. Schöne Terrasse mit Blick auf den Skardarsko-See. Ersteröffnung 1888, König Nikola soll hier gerne eingekehrt sein. Traditionelle montenegrinische Küche. http://belveder.me

Lipa-Höhle, Eintritt: Erwachsene 11, Kinder und Jugendliche 7, Kinder unter 5 Jahren 1 Euro. http://lipa-cave.me

Krankenhaus Bolnica Danilo I, Ul. Vuka Mićunovića bb, Tel. 231336, 231502.
http://daniloprvi.me
Apotheken **Montefarm** und **Galateja**, beide auf der ul. Njegoševa.

Lovćen-Nationalpark

Der 62 Quadratkilometer große Nationalpark wurde 1952 gegründet, um neben der Natur das historische, kulturelle und architektonische Erbe der Region zu schützen. Wichtigste Sehenswürdigkeit des Parks ist das Njegoš-Mausoleum auf dem zweithöchsten Gipfel des Lovćen-Gebirges. Der höchste Gipfel im Nationalpark ist der Štirovnik mit 1749 Metern, leicht zu erkennen an den vielen Sendemasten.

Der Lovćen ist genau genommen eine Bergkette, ein Teil des Dinarischen Gebirges. Er liegt zwischen der Bucht von Kotor und der Adria-Küste. Am Fuße des Lovćen befinden sich beispielsweise die Städte Kotor und Budva und – etwas höher gelegen – die ehemalige Hauptstadt Cetinje. Der Lovćen steigt zwischen Kotor und Budva steil vom Meer her an, bietet aber an vielen Stellen wunderschöne Aussichten auf die Küste und besonders in die Bucht von Kotor. Der Park liegt an der Schnittstelle zweier Klimazonen, der kontinentalen und der mediterranen. Dies führte zur Entwicklung einer reichen Tier- und Pflanzenwelt. Über 300 Pflanzenarten wurden gezählt, darunter viele endemische. Ähnlich verhält es sich in der Tierwelt. Hier wurden beispielsweise über 200 Vogelarten, 85 Schmetterlingsarten, 100 Ameisenarten sowie zahlreiche Arten von Reptilien, Amphibien und andere registriert.

▲ Karte: vordere Umschlagklappe

Der Eintritt in den Park kostet 3 Euro. Im Informationszentrum auf Ivanova Korita werden neben Prospekten und Wanderkarten auch Führungen angeboten.

Ivanova Korita

Der auf 1261 Metern gelegene Ort Ivanova Korita war zur jugoslawischen Zeit aufgrund seiner sauberen und frischen Luft in erster Linie als Kurort für Kinder und Jugendliche mit Atemwegserkrankungen bekannt. Heute wird das von Wiesen und Wäldern bedeckte Tal von Naturliebhabern, Wanderern und im Winter von Ski- und Rodelfreunden besucht. Die **Skipiste** mit Lift befindet sich etwas oberhalb von Ivanova Korita. Obwohl der kleine Ort in großer Höhe liegt, ist das Klima gemäßigt. Die wärmsten Monate sind der Juli und August, der kälteste ist der Dezember mit durchschnittlich einem Grand. Der Ort liegt etwa 6,5 Kilometer von Cetinje entfernt und kann bequem über die Asphaltstraße erreicht werden.

Abenteuerpark

Der zwei Hektar große Klettergarten befindet sich ebenfalls auf Ivanova Korita, nahe den Bungalows. Jeder Besucher erhält eine Sicherheitsausrüstung und bekommt eine Einweisung. Der Park besitzt mehrere Kletterbahnen mit unterschiedlichen Schwierigkeitsgraden. Die Koala Staža beispielsweise befindet sich in nur 1,5 Meter Höhe und ist für Kinder bis 5 Jahre gedacht. Am anspruchsvollsten ist die Tarzan staža, die sich in 15 Meter Höhe befindet und ein Mindestalter von 15 Jahren voraussetzt.

Juni–15. Sept. 10–18 Uhr, 15. Sept.–Okt. 12–18 Uhr. Preise: Kinder bis 5 Jahre 8 Euro, danach 12 und ab 14 Jahren 18 Euro; Vergünstigungen für Gruppen. Wer länger bleiben möchte, kann sich einen Bungalow für 40 Euro pro Nacht mieten. Er bietet bis zu vier Personen Platz.

Njegoš-Mausoleum

Noch zu Lebzeiten wählte Njegoš Jezerski den Vrh zu seiner letzten Ruhestätte und ließ eine Kapelle errichten, die sein Grab beherbergen sollte. Milovan Đila schreibt in seiner Biographie, dass Njegoš im Sommer 1851, zu diesem Zeitpunkt 38 Jahre alt, unter Tuberkulose litt und bereits vom Tod gezeichnet war. Da er

Hinreißende Karstlandschaft im Lovćen-Nationalpark

nicht mehr in der Lage war zu gehen, ließ er sich auf einen Stuhl festgeschnallt von Maultieren über schmale Pfade auf den Lovćen bringen, um ihm ein letztes Mal nahe zu sein. Noch im gleichen Jahr starb Bischof Petar Petrović Njegoš. Aus Furcht vor Überfällen durch die Türken und aufgrund starker Unwetter wurde sein Leichnam zunächst im Kloster von Cetinje bestattet. Drei Jahre später – 1854 – veranlasste Fürst Danilo die Umbettung in die Kapelle auf dem Lovćen. Im Jahr 1916 befahlen die österreichisch-ungarischen Besatzer eine Verlegung der Gebeine Njegoš in das Kloster von Cetinje. Die österreichischen Machthaber planten, die Njegoš-Kapelle abzureißen und an gleicher Stelle ein Siegerdenkmal zu errichten. Der Abriss wurde begonnen, jedoch nicht zu Ende geführt. 1921 wurde ein staatliches Komitee zur Planung und Einrichtung eines Monuments zu Ehren von Njegoš gegründet. Das Vorhaben scheiterte aber an den nicht aufzubringenden finanziellen Mitteln. König Aleksander Karađorđević beschloss stattdessen den Wiederaufbau der zerstörten Kapelle. Auf Resten des alten Fundaments wurde 1925 die neue Kapelle errichtet, im Herbst des gleichen Jahres wurden die Gebeine Njegoš' dort bestattet. Später wurde kritisiert, dass die neu errichtete Kapelle aufgrund der inneren Ausstattung mehr an den Geldgeber erinnere als an Njegoš.

Zu Njegoš' 100. Todestag 1951 beschloss das Festkomitee, ein würdigeres Denkmal für den großen Sohn Montenegros zu errichten. Treibende Kraft war der damalige montenegrinische Republikpräsident Blažo Jovanović, der anstelle der relativ bescheidenden Kapelle ein gewaltiges Mausoleum plante. Es wurde ein Wettbewerb für den Denkmalsentwurf ausgeschrieben, dessen Ergebnisse jedoch nicht die Erwartungen erfüllten. Deshalb wurde der kroatisch-dalmatinische Bildhauer Ivan Meštrović gebeten, das Projekt zu übernehmen. Unterstützt wurde er dabei von dem Architekten Harold Billinic. Schon 30 Jahre zuvor hatte Meštrović, damals Rektor der Königlichen Akademie der Bildenden Künste in Zagreb, König Aleksander einen Entwurf vorgelegt, der jedoch als zu überfrachtet und symbollastig und ohne Bezug zu Njegoš und den Völkern Jugoslawiens abgelehnt wurde. Von der Auftragserteilung 1952 bis zur endgültigen Fertigstellung vergingen nochmals mehr als 20 Jahre. Für die kleine Republik Montenegro entstanden riesige, kaum zu bewältigende Kosten. Granit und Marmor wurde von der Adriainsel Brać herangeschafft und mit Hubschraubern auf den Gipfel des Lovćen transportiert. Der bei der Auftragserteilung schon greise Meštrović starb 1962, ohne die Baustelle jemals besucht zu haben. Die praktische Umsetzung seiner Entwürfe übernahm sein Schüler, der Bildhauer Andrija Krstulović.

Das Njegoš-Mausoleum

▲ Karte: vordere Umschlagklappe

Die gesamte Bauzeit war von kritischen Diskussionen jugoslawischer Intellektueller begleitet. Sie forderten, den Bau aufgrund der immensen Kosten zu stoppen, jedoch ohne Erfolg: Am 28. Juli 1974 wurde das 1660 Meter über dem Meeresspiegel gelegene Mausoleum feierlich eröffnet.

Die Monumentalität der Anlage ist unmittelbar erlebbar. Sie lässt sich jedoch auch an einigen Zahlen ablesen. Die betonierte Straße zum Mausoleum endet 1578 Meter über dem Meeresspiegel in einer gepflasterten kreisförmigen Parkfläche mir einem Durchmesser von 22 Metern. Von hier aus geht man über 461 Stufen, von denen 80 Meter durch einen Tunnel führen, zu einer **Terrasse** vor dem Mausoleum. Dort angekommen, hat man seit dem Verlassen des Parkplatzes einen Höhenunterschied von 82 Metern bewältigt. Die Terrasse ist mit Steinen von der Insel Brać sowie Steinen vom Lovćengebirge gepflastert.

Das Mausoleum liegt 1660 Meter über dem Meeresspiegel, ist 37 Meter lang, 15,40 Meter breit und 10,50 Meter hoch. Zunächst gelangt man in einen **Vorhof**, der mit Granit aus Jablanica gepflastert ist. Der **Brunnen** in seiner Mitte wurde aus einem vier Tonnen schweren Steinblock geschlagen. Die beiden weiblichen Gestalten am Ende des Vorhofes stellen montenegrinische Frauen dar. Sie sind jeweils 4,33 Meter hoch und aus einem 7,5 Tonnen schweren Marmorblock gehauen.

Die **Kapelle** ist ein 6,5 Meter breiter und 10 Meter langer Raum. Der Boden besteht aus roten Steinen aus der Bucht von Kotor und aus hellgrauen Steinen von der Insel Brać. Hier befindet sich auch die Njegoš-Skulptur aus Granit; 3,74 Meter hoch, 3,10 Meter lang und 1,40 Meter breit, dabei 28 Tonnen schwer. Die **Krypta** ist ein halbkreisförmig überwölbter

Die Aussichtsplattform am Mausoleum

Raum. Dort befindet sich der 2,20 Meter lange, 42 Zentimeter hohe und 85 Zentimeter breite Sarkophag. Auf seiner Deckplatte sieht man das montenegrinische Wappen und das Kreuz sowie die kyrillische Inschrift ›Njegoš 1813–1851‹. Zur **Aussichtsplattform** führt ein 1,30 Meter breiter und 40 Meter langer Weg, der mit bearbeiteten Steinen aus dem Lovćengebirge gepflastert ist. Die Aussichtsplattform stellt einen montenegrinischen Dreschplatz dar und hat einen Durchmesser von 8,60 Metern. Gebaut wurde er ebenfalls aus Steinen des Lovćen. Bei entsprechendem Wetter hat man von dort einen weiten Blick auf das montenegrinische Hinterland, die Ebene von Cetinje, Teile der Küste und die albanischen Berge.

Eine direkte Busverbindung zum Njegoš-Mausoleum gibt es nicht. Ist man auf öffentliche Verkehrsmittel angewiesen, kann man mit dem Bus nach Cetinje fahren und von dort mit dem Taxi hoch zum Mausoleum. Hin- und Rückfahrt mit dem Taxi inklusive Wartezeit kosten ca. 25 Euro.

Ein Ausflug nach Rijeka Crnojevića

Der kleine Ort liegt am Fluss Crnojevića und ist noch ein Geheimtipp, obwohl er inzwischen schon in einem Hollywood-Film als Kulisse diente. Ein Abstecher dorthin lohnt aber auch wegen der alten Brücke und den Fischrestaurants, die gerne von Diplomaten und Politikern besucht werden. Kurz bevor die Straße von der Küste kommend Cetinje erreicht, trifft man auf die große Kreuzung. Hier kontrolliert die Polizei, und hier zweigt die Straße in Richtung Podgorica ab. Sie gibt bald den Ausblick auf den Skutarisee frei. Nach einigen Kilometern zweigt rechts die lokale Straße nach Rijeka Crnojevića ab. Sie ist nur etwa drei Meter schmal und sehr kurvenreich, dazu an vielen Stellen von hohen Büschen und Bäumen umgeben. Da man ständig mit Gegenverkehr rechnen muss, ist nur ein langsames Fortkommen möglich. Zwischen der Abzweigung bei Cetinje und Rijeka Crnojevića liegen nur etwa zehn Kilometer, die wegen der vielen Kurven jedoch viel Fahrzeit in Anspruch nehmen.

Ein Dorf ist bis Rijeka Crnojevića nicht auszumachen. Nach einigen Kilometern trifft man auf eine alte Hausruine, dann senkt sich die Straße langsam und kurvenreich hinab nach Rijeka Crnojevića. Der Ort liegt am linken Ufer des gleichnamigen Flusses. An einigen wenigen Stellen erlaubt das dichte Buschwerk vorab einen Ausblick auf den Ort.

▸ Karte: vordere Umschlagklappe

Im Ort selbst mag man zunächst ein wenig enttäuscht sein. Die Gebäude entlang der Ortsstraße sind in einem sehr schlechten Zustand oder gar verfallen. Dazwischen thront eine frisch renovierte Osnovna škola, die Grundschule, die in Montenegro bis zur achten Klasse besucht wird. Abbruchreife und verlassene Häuser wechseln sich mit ganz neuen oder renovierten Gebäuden ab. Rechts von der Straße führen Treppen zum Fluss Crnojevića und seiner schönen neuen **Promenade**.

Der Flanierweg führt einige hundert Meter am Fluss entlang zur alten, aus dem 19. Jahrhundert stammenden **Steinbrücke**. In zwei großen und zwei kleinen Bögen spannt sie sich über den Fluss – ein überaus beliebtes Motiv für Fotos, Bilder und Postkarten. Am Ufer liegen die für das Gebiet des Skutarisees typischen schmalen Fischerboote. Die Brücke leuchtet aus der Ferne fast weiß. Sie wurde in jüngerer Zeit wie auch das Haus am Brückenaufgang renoviert.

Wenige Schritte von der Brücke entfernt befindet sich ein sehr niveauvolles **Restaurant**. Hier lassen sich mit Blick auf die Brücke und den Fluss Fischspezialitäten aus dem Skutarisee genießen. Der ganze Ort strahlt eine große Ruhe und Gelassenheit aus. Die Bewohner lassen die Haustüren auf, wenn sie auf einen Plausch zum Nachbarn gehen. Bislang verirrten sich selbst in der Hochsaison nur wenige Touristen hierher.

Wegen seines milden Mittelmeerklimas diente der Ort früher den Honoratioren des Landes als beliebter Urlaubsort. Hier stehen Reste von König Nikolas Sommerresidenz; auch ein ausgedehntes Jagdrevier stand ihm zur Verfügung.

Die Straße führt durch den Ort und erreicht bald eine zweite Brücke, die zu Beginn des 20. Jahrhunderts erbaut wurde. Davor befindet sich die Fischfabrik. Die Einwohner der Gegend verdienen seit jeher ihren Lebensunterhalt als Fischer. So überrascht es nicht, dass die einzige Konservenfabrik der Region hier gebaut wurde. Auf der anderen Seite der Brücke befindet sich ein weiteres Restaurant. Es wurde direkt am Flussufer errichtet, ein Teil seiner Terrasse liegt auf einem Bootsrumpf im Wasser.

Die berühmte Steinbrücke in Rijeka Crnojević

Vor der Zufahrt zur Brücke ist das große **Denkmal** nicht zu übersehen. Es erinnert an den Volksbefreiungskampf im Zweiten Weltkrieg und die gefallenen Bewohner der Gegend.

Der Ort **Obod**, auf einem Hügel gegenüber von Rijeka Crnojevića, war Herrschersitz und Standort der ersten Druckerei des Landes. Um 1475 ließ der Herrscher Zetas, Ivan Crnojević, eine Klosterfestung in Obod errichten. Sein Sohn Đurađ kaufte in Venedig eine Druckmaschine und ließ sie in der Klosterfestung aufbauen. Den Druck besorgte der Mönch Makarije, der in Venedig das Handwerk gelernt hatte. Er stellte in Obod das erste Buch in kyrillischer Schrift im südslawischen Raum her: das Oktoich, ein Gebetsbuch mit Psalmen. Das 25,4 mal 18,6 Zentimeter große Werk hat 269 Seiten und wurde zweifarbig – Schwarz und Rot – gedruckt. Es gibt vom Oktoich noch 105 Exemplare, 2 sind im Museum in Cetinje ausgestellt. Obod ist heute ein stiller Ort mit gut 100 Einwohnern, einer Kirche und den Resten der Festung.

Die Straße führt weiter zum Skutarisee und dann am See entlang bis nach Virpazar und Ulcinj. Im Winter kann es passieren, dass der Fluss die parallel verlaufende Straße überschwemmt.

Rijeka Crnojevića

Restaurant Konoba Most, Tel. (0) 69/843317. Das Restaurant wird von vier Brüdern betrieben und befindet sich unmittelbar an der Alten Brücke. Spezialität: Fischgerichte mit frischen Fischen aus dem Fluss.

Hotel und Restaurant Gazivoda. Folgt man links an der Alten Brücke vorbei der schmalen Straße aus dem Ort, erreicht man nach wenigen Kilometern das einsam gelegene Hotel. Es hat sechs Zimmer, alle mit Balkon und einmaligem Blick auf den Fluss, seiner berühmten Biegung und den zwei Hügeln mit Namen ›Busen von Sophia Loren‹ im Hintergrund. Den gleichen Blick bietet die große Terrasse des Restaurants. Im Angebot: nationale Küche und Fischspezialitäten. Hauptgericht mit Salat und Getränk für zwei Personen 25–40 Euro.

Dieser Landesteil besticht nicht nur mit seiner Hauptstadt Podgorica als wirtschaftlichem und politischem Zentrum. Mit Danilovgrad und Nikšić findet man hier auch ungeschminkte montenegrinische Städte und mittendrin das einzigartige, in den Berg gebaute Kloster Ostrog.

DAS MITTLERE MONTENEGRO

Kloster Ostrog

Zwischen Cetinje und Podgorica

Zwischen Cetinje und Podgorica liegen 31 Kilometer. Wer von der Küste kommt und bei Budva in das Landesinnere abgebogen ist, wird während der Fahrt nach Podgorica zum ersten Mal den Skutarisee erblicken können. Er ist fast am Horizont auszumachen, zwischen den montenegrinischen und den albanischen Bergen, blau, gelassen und unberührt. In diesem Moment offenbart sich das Land in seiner ganzen landschaftlichen Faszination. So plötzlich wie sich der See für kurze Momente während der Weiterfahrt immer wieder zeigt, so sehr rücken die kargen montenegrinischen Berge und oft auch nur steinige unbewachsene Hügel in das Blickfeld und versperren die Sicht auf den Skutarisee. Bald bietet sich dem

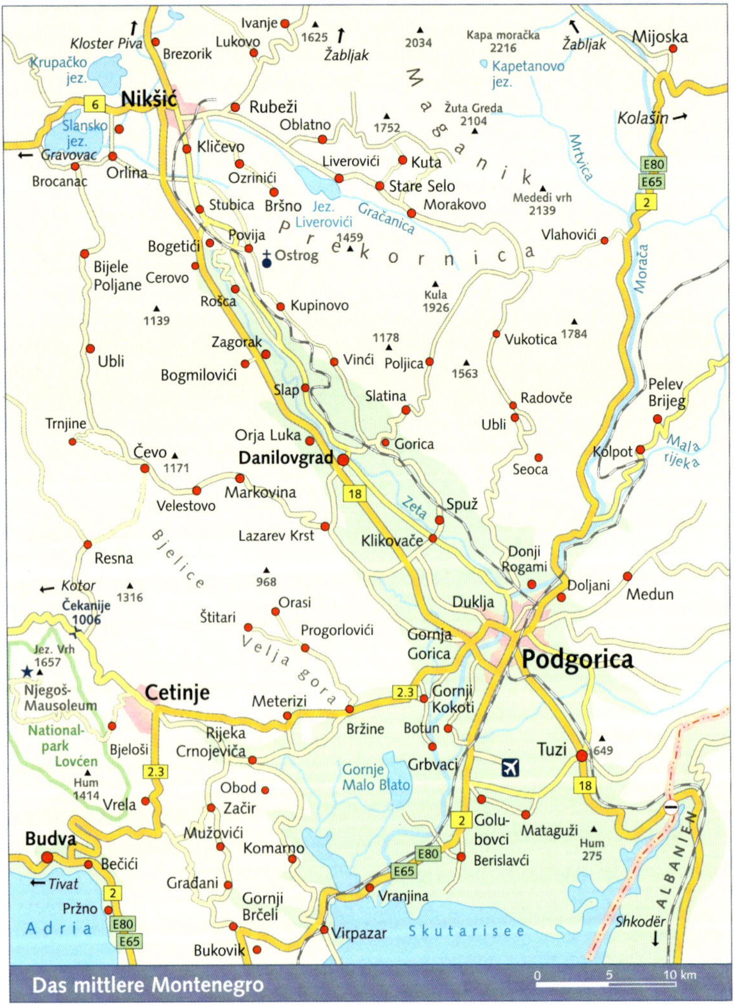

Das mittlere Montenegro

In den Bergen bei Cetinje

Auge ein weiteres Ereignis. Wie so oft in Montenegro, kann die Welt hinter der nächsten Straßenkurve mitreißend anders aussehen. In diesem Fall gibt sie fast schlagartig den Blick auf die Ebene von Podgorica frei.

Vorn verteilen sich viele kleinere Einfamilienhäuser, dazwischen sind immer wieder Industriegebäude auszumachen. Dahinter drängelt sich das Zentrum von Podgorica. Die Silhouette der montenegrinischen Hauptstadt wird von gewaltigen Hochhausblöcken aus kommunistischer Zeit dominiert. Sie ragen wie traurige Gestalten einer hilflosen Architektur aus dem Dunst, der über der Stadt liegt. Rechts, etwas außerhalb der Stadt, ist der Flughafen mit seinem Tower zu erkennen. In der Nachbarschaft befinden sich weitere Industriegebäude. Unmittelbar an der Straße befindet sich ein Restaurant in der Entstehung. Der Blick auf die Hauptstadt wird die Reisenden sicherlich an die Tische auf der Aussichtsterrasse locken, ist es erst einmal fertiggestellt. Denn von hier oben hat man die Stadt direkt vor Augen.

Es sind noch einige pfeilgerade Straßenkilometer, bevor Podgorica erreicht ist. Die Straße in die Stadt ist – wie so viele Zufahrtsstraßen – zu jeder Jahreszeit trostlos und wenig verheißungsvoll. Möbellager wechseln mit Wohnhäusern ab, Fabrikgebäude mit Autowerkstätten, dazwischen quetschen sich Cafés, Kioske und Obstverkäufer mit ihren Ständen.

Podgorica

›Großes Dorf‹ – so nennen manche Küsten-Montenegriner mit einem liebevollen Augenzwinkern ihre Hauptstadt. Diese Bezeichnung ist durchaus irreführend: Podgorica hat rund 150 000 Einwohner und ist das wirtschaftliche, kulturelle und politische Zentrum Montenegros. Alle wichtigen Institutionen sind hier vertreten, darunter zahlreiche diplomatische Vertretungen. Podgorica ist Universitätsstadt und Sitz der Montenegrinischen Akademie der Wissenschaft und Künste. Podgorica (deutsch etwa ›Am Berg‹) liegt in der fruchtbaren Zeta-Ebene und wird auch die Stadt der sechs Flüsse genannt. Die beiden wichtigsten sind die

Das Partisanendenkmal am Berg Gorica

Morača und die Ribnica, die Podgorica in drei Teile gliedern. Die Ribnica mündet mitten in der Stadt in die Morača und ist die natürliche Grenze zwischen den Stadtteilen Nova Varoš (Neustadt) und Stara Varoš (Altstadt).
Gefürchtet sind die trockenen und heißen Sommer mit Temperaturen von über 40 Grad. Die Winter sind dagegen recht mild, die Jahresdurchschnittstemperatur beträgt 17 Grad. Vorherrschend ist ein mediterranes Klima.
Die Hauptstadt ist auch das Medienzentrum des Landes. Der staatliche Fernseh- und Radiosender RTCG (Radio Televizija Crne Gore), die wichtigsten privaten Sender wie Montena, Elmag TV und RTV Atlas haben ihre Studios in Podgorica. Die größten Tageszeitungen wie Vijesti, Dan, Pobjeda und die Wochenzeitung Monitor entstehen ebenfalls in der Hauptstadt.
Podgorica wurde im Zweiten Weltkrieg sehr stark zerstört und nach dem Krieg in aller Eile wieder aufgebaut. Dabei entstanden, besonders in der Vorstadt, typische sozialistische Wohnblocksiedlungen. Erst in den 1990er Jahren hielt die moderne Architektur Einzug. Verglaste Büro- und Apartmenthäuser wurden errichtet, zugleich schossen die Quadratmeterpreise in die Höhe. Es entwickelte sich ein regelrechter Bauboom, der nach der Unabhängigkeit Montenegros einen neuen Höhepunkt erreichte.
Wichtiger Arbeitgeber ist das Aluminiumkombinat KAP (Kombinat Aluminijuma Podgorica), das für die Hälfte des montenegrinischen Außenhandels verantwortlich ist. Der Anbau und die Verarbeitung von landwirtschaftlichen Erzeugnissen – besonders Tabak – und die Textilindustrie sind ebenfalls wichtige Wirtschaftsfaktoren. Die meisten Menschen sind jedoch im Dienstleistungssektor und bei den staatlichen Behörden beschäftigt.
Podgorica ist auch die Stadt der Theater, Museen und Galerien. Neben dem Montenegrinischen Nationaltheater ist das Stadttheater sehr bekannt. Beide Ensembles wurden vielfach mit Preisen ausgezeichnet. Im Stadtmuseum lässt sich die Geschichte Podgoricas nacherleben, ähnlich wie im Naturhistorischen Museum.

▶ Karte: hintere Umschlagklappe

Der Podgorica-Marathon

Es muss nicht immer gleich der Marathon in New York oder Berlin sein: warum nicht mal beim Podgorica-Marathon mitlaufen?

Start und Ziel ist der trg Republike im Herzen Podgoricas. Die 42,195 Kilometer lange Laufstrecke ist eben und führt über Golubovci und Tuzi zurück nach Podgorica. Dem Sieger winkt neben Pokal und Urkunde auch noch ein Preisgeld von 4000 Euro, der Fünftplazierte erhält immerhin noch 1500 Euro. Wer die Bestzeit knackt, erhält eine Sonderprämie von 2000 Euro. Allerdings sollte man sich keiner falschen Hoffnung hingeben, denn der Streckenrekord steht bei beachtlichen zwei Stunden und elf Minuten. Ihn zu verbessern, ist eher ein Job für die eingekauften Asse aus Kenia, Bulgarien und Rumänien, die am Ende in der Regel auf dem Siegertreppchen stehen.

Dennoch eignet sich der Marathon auch bestens für Freizeit-Marathonläufer. Wer es leid ist, sich beispielsweise beim Berlin-Marathon mit 35 000 anderen Läufern in der Startbox zu drängeln, wird in Podgorica paradiesische Zustände vorfinden. Lediglich 120 Athleten versammeln sich hier an der Startlinie, darunter auch zahlreiche Hobbyläufer. Die meisten bleiben unter der berühmten Vier-Stunden-Marke. Aber auch die Teilnehmer, die etwas mehr Zeit benötigen, werden im Ziel genauso herzlich empfangen wie die Spitzenläufer.

Das Zuschauerinteresse an der Strecke hält sich jedoch in überschaubare Grenzen. Im Ziel sind es immerhin einige Hundert, die die Läufer beklatschen. Selbstverständlich berichten Radio und Fernsehen. Die Wahrscheinlichkeit, dass man sich als Marathon-Teilnehmer abends in den Fernsehnachrichten sieht, ist sehr hoch.

Das Startgeld beträgt 20 Euro. Jeder Läufer, der es bis ins Ziel geschafft hat, bekommt eine Medaille, eine Urkunde, ein Marathon-Shirt, eine Tasche und ein Lunch-Paket. Der Veranstalter bietet eine kostenfreie Unterkunft im Sport Center ›Segej Stanić‹ an. Etwas komfortabler und preiswert schläft man im offiziellen Marathon-Hotel ›Ljubović‹; die Übernachtung mit Frühstück kostet für Marathonläufer 20, mit Vollpension 30 Euro.

Wem die 42 Kilometer zuviel sind, kann sich auch über die Halbmarathon-Distanz versuchen. Die Läufer werden morgens von Podgorica mit dem Bus zum Start über die 21 Kilometer nach Danilovgrad gefahren und laufen von dort zurück nach Podgorica.

Jedes Jahr Ende März wird in Podgorica der Ultra-Marathon über 50 Kilometer ausgetragen. Gelaufen wird auf einer Ein-Kilometer-Runde auf der ul Crnogorskih Serdara nahe dem Hotel ›Ljubović‹. Die Teilnahme ist kostenlos, der Sieger erhält 300 Euro. Nach dem Rennen gibt es ein gemeinsames Abendessen im Hotel ›Ljubović‹.

Informationen im Internet unter www.maraton.co.me.

Kurz vor dem Start

Geschichte

Die Geschichte Podgoricas lässt sich über 2000 Jahre zurückverfolgen. Als die Römer die Region beherrschten, entstand am Zusammenfluss von Morača und Ribnica eine erste Siedlung. Sie trug zunächst den Namen Birzinium, später Ribnica und gilt als Geburtsort von Stefan Nemanja, dem 1175 geborenen Begründer der Nemanjiaden-Dynastie. Er wurde in der Kirche Sv. Đorđe, die noch heute in Podgorica besichtigt werden kann, getauft. 1326 taucht erstmals der Name Podgorica in einer offiziellen Urkunde auf. Bis ins 15. Jahrhundert waren die Namen Ribnica und Podgorica gebräuchlich, erst dann setzte sich Podgorica durch. Damals war Podgorica eine wichtige Ortschaft am Handelsweg von der Küste ins Landesinnere.

Den einflussreichen Clans der Balšić und Crnojević gelang es nicht, das Gebiet gegen die vorrückenden Türken zu verteidigen. Die Osmanen eroberten 1474 nach langem Kampf das strategisch wichtige Podgorica und bauten umgehend die Befestigungsanlagen aus. Es entstand ein ganzes Stadtviertel im orientalischen Stil mit kleinen Wohnhäusern, engen Gassen und Moscheen. Zu den schönsten Bauten aus der türkischen Epoche gehörte die Brücke über die Morača, die aber, wie so viele Bauten, im Zweiten Weltkrieg zerstört wurde.

Erst 1879, nach dem Abzug der Türken, wurde Podgorica ein Teil Montenegros. Anschließend entwickelte sich die Stadt zu einem wichtigen Wirtschafts- und Handelszentrum. Fürst Nikola beauftragte den Stadtplaner Varman mit dem Bau von Nova Varoš, dem neuen Stadtviertel am rechten Ufer der Ribnica. Innerhalb eines Jahres waren die ersten Gebäude fertiggestellt. Zwei Jahrzehnte später entstanden die Straßen nach Cetinje, Nikšić und Kolašin.

Im Ersten Weltkrieg besetzten die Österreicher die Stadt, im Zweiten Weltkrieg deutsche und italienische Truppen. 1944 wurde die Stadt siebzigmal aus der Luft angegriffen und dabei zu 90 Prozent zerstört. Am schlimmsten traf es Nova Varoš. Nach dem Ende des Krieges entstand Podgorica buchstäblich von Grund auf neu.

Zu Ehren des Partisanenführers Tito wurde Podgorica in Titograd (Titostadt) umbenannt und Hauptstadt der jugoslawischen Teilrepublik Montenegro. Industriebetriebe wurden angesiedelt

Der Republikplatz

▲ Karte: hintere Umschlagklappe

und machten sich schnell einen Namen bei der Herstellung von Baumaschinen, Möbeln, Textilien und Zigaretten.
Im Jahr 1992, nach dem Zerfall Jugoslawiens, erhielt die Stadt wieder den Namen Podgorica.

Sehenswürdigkeiten

Podgorica gibt sich seit den 1990er Jahren immer mehr das Aussehen einer modernen europäischen Stadt. Boutiquen mit der aktuellen italienischen Mode, feine Parfümerien, Cafés, Galerien und Theater prägen das Stadtbild. Ein Spaziergang durch die montenegrinische Hauptstadt gleicht einer kleinen Entdeckungsreise. Charakteristisch für Podgorica sind die breiten Boulevards und die zahlreichen Parks. Es gibt kaum eine Straße, die nicht von Bäumen gesäumt wird. Sehenswert sind auch die etwas außerhalb gelegenen Orte Duklja und Medun.

Das Stadtzentrum

Das Herz im Stadtzentrum ist der neu gestaltete **Trg Republike**. Früher diente er als Parkplatz, jetzt ist er autofrei. In seiner Mitte sprudelt ein italienischer Brunnen. Gegenüber dem Trg Republike, auf der anderen Seite der ul. Slobode, befindet sich Gradska Knjižara, die bestsortierte Buchhandlung des Landes. Neben Büchern aus dem ehemaligen Jugoslawien gibt es Übersetzungen aktueller internationaler Titel und auch Reise- und Wanderführer in deutscher Sprache.
Die **ul. Slobode** wird ab 17 Uhr für den Autoverkehr gesperrt und verwandelt sich dann in einen dicht bevölkerten Spazierweg – der Abendspaziergang hat Tradition in Podgorica.
Nordöstlich der ul. Slobode, in der ul. Hercegovačka, befindet sich die erste echte **Fußgängerzone** der Hauptstadt. Große Warenhäuser finden sich auch

Die Millenniumsbrücke, das neue Wahrzeichen Podgoricas

hier nicht; stattdessen bestimmen, wie in der Njegoševa, Cafés, kleinere Geschäfte und feine Boutiquen das Bild. Diese beiden Straßen gelten als die ›Shoppingzone‹ Podgoricas.

Most Milenijum

Über den Bul. Ivana Crnojević ist es nur ein kurzer Spaziergang zur ganz in weiß strahlenden Most Milenijum (Millenniumsbrücke). Die Schrägseilbrücke wurde am 13. Juli 2005, dem Nationalfeiertag Montenegros, eröffnet. Sie avancierte schnell zum bekanntesten Bauwerk des Landes, zog aber wegen der Baukosten auch Kritik auf sich: Sechs Millionen Euro – manche Schätzungen sprechen sogar von acht – sind eine immense Summe für das kleine Land.
Gebaut wurde die Most Milenijum von einer slowenischen Firma nach einem Entwurf von Mladen Ulićević, Professor für Architektur an der Universität von Podgorica. Die Brücke ist 57 Meter hoch, 173 Meter lang, 24,2 Meter breit und hat eine Hauptspannweite von 140 Metern.

Kathedrale der Auferstehung Christi

Die monumentale Kathedrale ist die größte Kirche Podgoricas und die größte orthodoxe Kirche Montenegros. Baubeginn war 1992, also zu einer Zeit, als der Staat Jugoslawien zerfiel. Fertiggestellt wurde die Kathedrale genau 20 Jahre später.
Ihr Grundriss ist kreuzförmig angelegt. Die drei **Glockentürme** beherbergen insgesamt 17 Glocken, die schwerste wiegt 11 Tonnen und soll die größte auf dem Balkan sein. Die Türme sind bis zu 26,7 Meter hoch. Auf ihren Dächern und auf dem Dach der 35,5 Meter hohen Hauptkuppeln leuchten goldene Kreuze. Eine Besonderheit stellen die künstlerisch wertvollen **Bilder** und **Mosaike** im Eingangs- und Innenbereich dar. Das große Mosaik über dem Eingangsportal zeigt die Auferstehung Christi. Im Inneren fallen der Marmorboden und die Bodenmosaike sofort ins Auge. Die gesamten Kirchenwände sind mit Mosaiken und Fresken verziert, ebenso die Decke der Kathedrale bis in die große Kuppel. Von der Decke hängt ein großer goldener Leuchter.
Die Kathedrale hat sich rasch zu einem Wallfahrtsort für orthodoxe Christen entwickelt, zugleich aber auch zu einer beliebten Touristenattraktion.

Sveti Đorđe und Partisanendenkmal

Die ul. 19 december führt am Stadion von FK Budućnost vorbei und weiter den Berg Gorica hinauf. Bald ist die **Kirche Sveti Đorđe** erreicht. Der einschiffige Bau wurde im 12. Jahrhundert aus Steinen antiker Gebäude errichtet und gilt als das älteste noch erhaltene Bauwerk in Podgorica. Die Kirche wurde mehrfach restauriert, die Vorhalle an der Westseite erst im 19. Jahrhundert angebaut. Ungewöhnlich ist die Kuppel: Außen hat sie die Form eines Würfels, im Innern der Kirche ist sie jedoch rund. Die wenigen noch erhaltenen Fresken stammen aus dem 17. Jahrhundert. Es wird gesagt, dass Stefan Nemanja, der Begründer der Nemanjiaden, in der Kirche getauft wurde, belegt ist dies jedoch nicht. Schräg gegenüber der Kirche hat das Montenegrinische Olympische Komitee seinen Sitz.
Weiter oben auf dem Berg Gorica thront das monumentale **Kriegerdenkmal** aus weißem Stein. Es erinnert an den Partisanenkampf von 1941 bis 1945 und ist auch die letzte Ruhestätte einiger Kämpfer. Der Eingang zur Gruft wird von zwei überlebensgroßen Soldatenstatuen eingerahmt.

Stara Varoš

Der Stadtteil Stara Varoš (Altstadt) entstand zur Zeit der türkischen Besatzung und verströmt auch heute noch orientalisches Flair: enge verwinkelte Gassen, kleine zweistöckige Wohnhäuser, teilweise umgeben von einer mannshohen Mauer als Sichtschutz.

Ikonenwand in der Kirche Sveti Đorđe

▲ Karte: hintere Umschlagklappe

Stara Varoš lässt sich bequem zu Fuß erkunden. Von der Neustadt führt die ul. Kralje Nikole zunächst über die Ribnica und weiter zum Trg Vojvode Bećir Bega Osmanagića. Inmitten des Platzes erhebt sich das alte, aber mittlerweile von der Most Milenijum abgelöste Wahrzeichen Podgoricas: **Sahat kula**. Der Uhrturm wurde zusammen mit der **Osmanagić-Moschee** im 18. Jahrhundert erbaut. Mehmed Paša Osmanagić stiftete die Bauwerke, sein Grab befindet sich in der Türbe im Garten der Moschee. Die Moschee erlitt während des Zweiten Weltkriegs bei Bombenangriffen schwere Schäden und wurde erst 1997 wieder instandgesetzt. Zusammen mit dem Uhrturm war die Moschee lange Zeit so etwas wie ein inoffizielles Wahrzeichen Podgoricas.

Noch älter als die Osmanagić-Moschee ist die **Skender-Čauš-Moschee** (Skender Čauševa džamija), die im 15. Jahrhundert errichtet und im Laufe der Zeit viele Male renoviert wurde. Eine grundlegende Restaurierung erfuhr sie 1985. Im Gebäude neben der Moschee haben die muslimischen Gemeinschaften von Podgorica und Montenegro ihre Sitze.

Nordwestlich des Uhrturms, am Zusammenfluss von Morača und Ribnica, befinden sich die Ruinen der **Festung Ribnica**. Sie wurde von 1474 bis 1478 von den Osmanen erbaut. Erhalten sind heute nur noch die Grundmauern und Überreste von Wänden und einem Turm.

Unterhalb der Festungsruinen überspannt eine ältere, aber gut erhaltene **Brücke** in einem großen und einem kleinen Bogen die Ribnica. Besonders in den heißen Sommermonaten kommen die Menschen gerne hierher, ins Café nahe der Flussmündung, weil es kühler ist als zwischen den Häusern in der Stadt.

Königspalast

Südwestlich von Stara Varoš, am rechten Morača-Ufer im Kruševac-Park, steht das 1891 erbaute Winterschloss des König Nikolas (Dvorski Kompleks Kralja Nikole). Ursprünglich war es ein Geschenk für Prinz Mirko, der sich jedoch nur selten im Schloss aufhielt.

Neben dem Königshaus befindet sich der Perjanički dom, die Unterkunft für die Leibwache und eine kleine Hofkapelle. Zur jugoslawischen Zeit diente das Schloss als zusätzliches Bettenhaus für die nahe Klinik und anschließend als Museum für die Kunst der blockfreien Staaten. Heute ist es das **Zentrum der Zeitgenössischen Kunst**. Gezeigt werden Werke montenegrinischer Meister.

Stadtmuseum

Das Stadtmuseum wurde 1950 eröffnet und hat vier große Themenschwerpunkte: einen archäologischen, einen ethnografischen, einen historischen und einen kulturhistorischen. Gezeigt werden Exponate von der Antike bis in die Gegenwart, darunter auch Münzen und Werkzeuge der Illyrer und Römer.

Die archäologische Sammlung besteht seit 1961. Ausgestellt sind Fundstücke aus ganz Montenegro, die meisten stammen aus dem Durmitor-Nationalpark und dem Gebiet der Morača-Schlucht. Anhand der Ausstellungsstücke werden die verschiedenen Epochen Montenegros beleuchtet.

Naturhistorisches Museum Montenegros

Das Naturhistorische Museum wurde erst 1995 gegründet. Es besitzt zwölf verschiedene Sammlungen, darunter eine mit Fischen, Reptilien und Vögeln, aber auch Moose, Farne und Algen. Zu sehen gibt es auch zahlreiche Schmetterlingsarten und diverse ausgestopfte Tiere. Den Interessierten die Sammlungen zugänglich

Der moderne Bau des montenegrinischen Volkstheaters

zu machen, ist aber nur ein kleiner Teil der Arbeit des Museums. Es beschäftigt zwölf Biologen und Wissenschaftler, die sich mit der Feldforschung und wissenschaftlichen Analysen beschäftigen und ihre Ergebnisse regelmäßig dokumentieren und veröffentlichen. Die Institution ist auch Gründer und Herausgeber der ersten nur im Internet publizierten wissenschaftlichen Zeitung des Landes, der ›Natura Montenegro‹, die seit 2001 erscheint.

Aussichtsturm

Der Sende- und Aussichtsturm auf dem Hügel Dajbabska Gora gehört zu den neueren Touristenattraktionen Podgoricas. Das 55 Meter hohe Bauwerk wurde von 2008 bis 2011 für 6 Millionen Euro errichtet. Der Turm befindet sich südwestlich des Stadtzentrums. Die drei Aussichtswaben bieten einen Rundumblick und weite Ausblicke in die Ebene von Podgorica.

Theater und Kino

Das **Montenegrinische Volkstheater** wurde 1953 gegründet, damals noch unter dem Namen ›Stadttheater von Titograd‹ aber bereits zu diesem Zeitpunkt mit dem Ziel, in naher Zukunft das Nationaltheater Montenegros zu werden. 1989 zerstörte ein Brand das Theatergebäude. Der Wiederaufbau dauerte bis 1997. Zur Eröffnung des neuen und sehr modernen Theaters wurde Njegoš' ›Der Bergkranz‹ in der Regie von Branislava Mićunović aufgeführt.

Das Ensemble des Stadttheaters begann 1951 als Amateurtheater, das zunächst ausschließlich Stücke für Kinder spielte und schnell zum bekanntesten Kindertheater im ehemaligen Jugoslawien wurde. Erst seit 1999 werden auch Stücke für Erwachsene gespielt. Das Ensemble tritt im Großen Saal des ›Kulturno informativni centar Budo Tomović‹ (KIC) auf.

Das 1951 eröffnete Kino war ein Kulturdenkmal. Die technische Ausstattung gehörte lange Zeit zum Besten, was im ehemaligen Jugoslawien geboten wurde. Als erstes Kino führte es den Vierkanalmagnetton ein. Nach dem Zerfall Jugoslawiens verblasste der Glanz jedoch. Das Geld für Modernisierungen fehlte und die Konkurrenz durch das neue Cineplexx-Haus war zu groß. Nur noch wenige Besucher verloren sich in den beiden Sälen mit 400 beziehungsweise 120 Plätzen. Das Kino war finanziell nicht mehr zu halten und musste schließen. Im Juni 2011 wurde das 60 Jahre alte Lichtspielhaus schließlich abgerissen.

Einkaufen

Gut 50 Boutiquen buhlen mit Designermode, exklusiven Schuhen und Parfüms um den zahlungskräftigeren Kunden. Die Preise für die edlen Stoffe und Düfte sind meist auf westeuropäischem Niveau, aber oft locken die Geschäfte mit ›Popust‹ –

▶ Karte: hintere Umschlagklappe

Preisnachlässen. Dann lässt sich auch das eine oder andere Schnäppchen machen. Die größte Boutiquendichte gibt es in den Straßen **Njegoševa**, **Hercegovačka** und **Slobode**.

Rund um den **trg Republike** gibt es Lebensmittelmärkte, Bäckereien, Fast Food, Buchhandlungen, ein Warenhaus und mehrere Banken. Ein Einkaufserlebnis bietet der **Große Markt** am Bulevar Sava Kovačevića, östlich von Stara Varoš. Sehr günstig gibt es hier Obst und Gemüse, Fisch und Fleisch, aber auch preiswerte Kleidung und Elektronik meist aus der Türkei und China.

Sport

Der Sport hat in Podgorica, wie im ganzen Land, einen sehr hohen Stellenwert. Die populärsten Sportarten sind Fußball und Basketball, aber auch Handball und Volleyball sind sehr beliebt. Sportliches Aushängeschild der Hauptstadt ist der 1925 gegründete Verein ›Budućnost Podgorica‹. Die Fußballer von Budućnost waren zweimal Pokalfinalist und Vizemeister, die Basketballer viermal Meister und ebenso oft Pokalsieger. Die Handballer spielen ebenfalls in der ersten Liga, die Volleyballer sogar regelmäßig in der Champions League.

Im Sommer 2006, nur zwei Monate nach der Unabhängigkeit Montenegros, wurde die Prva Crnogorska Liga, die Erste Montenegrinische Fußballliga gegründet. Ihr gehören zwölf Mannschaften an, die in jeder Saison jeweils dreimal gegeneinander spielen. Erster Montenegrinischer Meister wurde FK Zeta Golubovci.

Der Montenegrinische Fußballverband wurde nach der Selbständigkeit des Landes neu gegründet und ist seit Januar 2007 Mitglied der UEFA, seit Mai 2007 auch der FIFA.

Im März 2007 bestritt Montenegro sein erstes Länderspiel: Das Freundschaftsspiel gegen Ungarn in Podgorica endete 2:1. Allerdings wurde das erste offizielle Spiel zwei Monate darauf gegen Japan mit 0:2 verloren.

Erster Präsident des Montenegrinischen Fußballverbandes nach der Unabhängigkeit war Dejan Savićević. Er kam 1966 im damaligen Titograd zur Welt und begann seine Karriere als Fußballer bei Budućnost. Später wechselte er zu Roter Stern Belgrad und gewann unter anderem den Europapokal der Landesmeister und den Weltpokal. Später gewann er mit dem AC Mailand die italienische Meisterschaft, Champions League und den Europäischen Supercup. Er spielte 54-mal für die jugoslawische Nationalmannschaft und war von 2001 bis zu seinem Rücktritt 2003 ihr Trainer.

Predrag Mijatović ist nicht erst seit seinem Siegtor für Real Madrid im Champions-League-Finale 1998 eine montenegrinische Fußball-Legende. Mijatović kam 1966 in Titograd zur Welt und spielte ebenfalls für Budućnost, bevor er in Spanien und Italien zu einem der besten Stürmer seiner Generation wurde. Für Jugoslawien bestritt er 86 Länderspiele. Heute ist er Sportdirektor bei Real Madrid.

Duklja

Drei Kilometer nordwestlich von Podgorica, an der Mündung der Zeta in die Morača, sind die Ruinen der antiken **illyrischen Stadt Dioclea** zu besichtigen. Sie wurde erstmals im 2. Jahrhundert vor unserer Zeitrechnung erwähnt und war Hauptort des illyrischen Stammes der Diocleaten.

Die Römer machten sie zum wirtschaftlichen, politischen und religiösen Zentrum der Provinz Prävahis und nannten sie Duklja. Durch das schwere Erdbeben im Jahr 580 wurde die Stadt völlig zerstört, Kaiser Justinian ließ sie aber wieder aufbauen.

Als die Slawen die Region besiedelten, verschwand Duklja vom Erdboden. Erst in der zweiten Hälfte des 19. Jahrhundert brachten Archäologen die Überreste der Stadt zurück ans Tageslicht. Die Ausgrabungen wurden nach dem Zweiten Weltkrieg fortgesetzt. Gefunden wurden Spuren von Wallanlagen, eine Brücke. Grabsteine, Sarkophage, die Grundmauern von Häusern und Tempeln. Ein großer Teil der Funde, darunter Skulpturen und Münzen, werden im Archäologischen Museum in Podgorica ausgestellt.
Die Fundstelle selbst – eingerahmt von Eisenbahnschienen, einer Straße und Häusern – mutet unspektakulär an.

Medun

Im Ort Medun, zwölf Kilometer nördlich von Podgorica, befinden sich die Überreste der **illyrischen Festung Meteon**. Nach der Überlieferung wurde sie im 4. Jahrhundert vor unserer Zeitrechnung erbaut. Den Illyrern diente die aus mächtigen Steinblöcken erbaute Festung als Zufluchtsstätte im Kampf gegen die Römer. Bis heute erhalten geblieben sind allein die Zyklopenmauern im unteren Teil der Anlage.
Medun ist auch die Heimat des montenegrinischen Freiheitskämpfers Marko Miljanov Popović. Ein Museum im Ort erinnert an ihn, sein Grab befindet sich auf dem Friedhof von Medun.

Podgorica

Vorwahl: 020.
Postleitzahl: 81000.
Turistička Organizacija Podgorica, Ulica Slobode 47, Tel. 667535, 667536. www.podgorica.travel
Nationale Tourismusorganisation von Montenegro, Marka Miljanova 17, Tel. 077/100001. www.montenegro.travel
▸ Agenturen: Vermittlung von Unterkünften, Ausflügen, Flugtickets, Autovermietungen u.a.m. Auswahl:
Atlas, Svetog Petra Cetinjskog 15, Tel. 203111. www.atlasmne.com
Grand, Ekspozitura Delta, Tel. 291100. www.grand.me
Gallileo, Džordža Vašingtona br. 2/7, Tel. 229590. www.gallileo.me
Top Travel, Bracana Bracanovića 48, Tel. 647636. www.toptravel.me
Deutsche Botschaft, Hercegovacka 10, Tel. 441000, 667285. www.podgorica.diplo.de
Österreichische Botschaft, Svetog Petra Cetinjskog 1A/VI, Tel. 201135, 201136.

Mehrere **Banken** mit EC-Automaten am Trg Republike.

Hauptpost, ul. Slobode br. 1 (nahe dem Hotel Hilton Podgorica Crna Gora), Tel. 225149.

Busbahnhof (Autobuska stanica Podgorica), Trg golootočkih žrtava 1, Tel. 620430, 633010. Mehrfach täglich Verbindungen in alle Landesteile, außerdem nach Belgrad, Subotica, Sarajevo, Mostar, Dubrovnik, Split und Skopje. www.busterminal.me

Der **Bahnhof** befindet sich beim Busbahnhof: Trg Golootočkih žrtava 13; Tel. 441211, 441212. www.zcg-prevoz.me
Podgorica liegt an der Bahnstrecke Belgrad–Bar. Täglich mehrere Verbindungen nach Belgrad, Subotica, Novi Sad, Niš, Bijelo Polje und Bar.

Airport Podgorica, Tel. Tel. 444244. Der Flughafen liegt 15 Kilometer außerhalb Podgoricas. Kostenpflichtige Parkplätze. www.montenegroairports.com
Montenegro Airlines, Bulevar Ivana Crnojevića 55, Tel. 664411. Schalter der

▸ Karte: hintere Umschlagklappe

Montenegro Airlines Schalter im Flughafen Podgorica, Tel. 624524. Fliegt u.a. nach Frankfurt, Zürich, Wien und Belgrad. www.montenegroairlines.com

Air Serbia, Vuka Karadžića BB, Tel. 664750; Mo–Sa 9–17 Uhr. Mehrfach täglich nach Belgrad und von dort europaweit. Der Air-Serbia-Schalter am Flughafen öffnet immer zwei Stunden vor Abflug, Tel. 653050.

Ebenfalls am Flughafen:

Adria Airways, Tel. 201201. www.adria.si/de.

Austrian Airlines, Tel. 653350. www.austrian.com

Ryanair fliegt zweimal in der Woche von Berlin-Schönefeld nach Podgorica. www.ryanair.com

Autoverleih am Flughafen:

Rokšped Rent A Car, Tel. (0)69/144044. http://roksped-rentacar.com

Sixt Rent A Car, Tel. 645200. www.sixt.com

Ideal Rent A Car, Tel. 888777. www.idealcar.me

Autovermietung in Podgorica:

Gorbis, Njegoševa 64, Tel. 205215. www.gorbis.com

Grand, Hercegovačka 94, Tel. 232263. www.grand.me

Meridian, Bulevar Džordža Vašingtona 85, Tel. 234944. www.meridian-rentacar.com

In der Innenstadt gibt es zahlreiche Halteplätze, u.a. am Bahnhof und am Trg Republike. Taxis könne auch herangewunken werden. Wer sicher gehen will, bestellt vor:

Alo Taxi, Tel. 19700.

City Taxi, Tel. 19711. www.citytaxi.com

De Luxe Taxi, Tel. 19706.

Lady Taxi, Tel. 19727.

Pg Taxi, Tel. 19704.

Red line Taxi, Tel. 19714.

Royal Taxi, Tel. 19702.

Taxi Plus, Tel. 19712.

Das Hotelangebot ist groß, das Preisniveau recht hoch.

Hotel Eminent, Njegoševa 25, 81000 Podgorica, Tel. 664545, 664646. Kleines gemütliches Vier-Sterne-Hotel, zentral gelegen, aber sehr ruhig; DZ 120 Euro. www.eminent.co.me

Hotel Podgorica, Bul. Sv. Petra Cetinjskog 1, Tel. 402500, 402501. Das 2005 komplett renovierte Hotel gilt als erste Adresse in Podgorica. Feines Restaurant und schöne Terrasse mit Blick auf die Morača. Sehr edel eingerichtet, aber gewöhnungsbedürftige Architektur; EZ ab 100, DZ bis 160 Euro. www.hotelpodgorica.co.me

Best Western Premier Hotel Montenegro, Svetog Petra Cetinjskog 145, Tel. 406500, 406510. Hotel mit 48 Zimmern, Sat TV, Internetzugang, großer heller Frühstücksraum. Wird gerne von Geschäftsleuten genutzt; EZ 95, DZ 125 Euro. www.bestwestern.com

Hilton Podgorica Crna Gora, 2 Bulevar Svetog Petra Cetinjskog, Tel. 443443. Das Hilton ist aus dem altehrwürdigen Hotel Crna Gora hervorgegangen. Das 2016 nach umfangreichen Modernisierungsarbeiten eröffnete 5-Sterne-Haus besitzt mehrere Restaurants, Wellnessbereich mit 18-Meter-Pool; DZ ca. 100 Euro.

Hotel Evropa, Orahovacka 16, Tel. 623444. In Nähe des Busbahnhofs, Zimmer mit Sat-TV, Klima und DSL-Internetzugang. Sauna und Fitnessraum, Autovermietung im Haus; EZ 34, DZ 54 Euro. www.hotelevropa.co.me

Hotel Kerber, Novaka Miloševa 6, Tel. 405405, In einer Einkaufspassage direkt im Zentrum, dennoch ruhig. Zimmer mit Sat-TV und Internet; DZ 100 Euro. https://hotelkerber.me

Hotel Lovćen, Petrovacki put bb, Tel. 20669201. Etwas außerhalb des Zentrums gelegen, bis zum Flughafen etwa 6 Kilometer. Zimmer mit TV, Klima und Internetanschluss, bewachter Parkplatz vor dem Haus; DZ 60 Euro. www.hotellovcen.co.me

Restaurant Maša, Bulevar Sv. Petra Cetinjskog 31, Tel. 069/595498. Feines italienisches Restaurant mit erstklassiger Konditorei.

Pizzeria Laterna, Marka Miljanova 41, Tel. 663163. Kleines nettes Restaurant in der Stadtmitte. Neben Pizza und italienischen Nudelspezialitäten auch Fisch und Gegrilltes zu recht günstigen Preisen.

Pod Volat, 1 Trg Vojvode Bećira Osmanagića, Tel. 069/618633. Eines der beliebtesten Restaurants in Podgorica. Liegt nicht weit vom Uhrturm entfernt. Professionelle und schnelle Bedienung. Große Portionen, gute Qualität und günstige Preise.

Restaurant Hemera, Njegoševa 17, Tel. 067/173000. Die Preise liegen etwas über dem Durchschnitt, die Qualität aber auch. Nettes Ambiente im Inneren, auf der Terrasse sitzt man nicht sonderlich gemütlich.

Zentrum für Zeitgenössische Kunst, Kruševac bb, Tel. 243914; Mo–Fr 9–21, Sa 10–14 Uhr, So geschlossen.

Stadtmuseum, Marka Miljanova 4, Tel. 242605, 621267; 9–20 Uhr (außer Mo), 1–5 Euro.

Umwelt- und Naturmuseum, Trg Vojvode Bećir Bega Osmanagića 16, Tel. 633184, 623640; 9–17 Uhr.

Montenigrinisches Volkstheater, ulica Stanka Dragojevića 18, Tel. 664074, Karten unter Tel. 078/111075. Lohnt allein wegen des Ambientes einen Besuch. www.cnp.me

Stadttheater, 2 Bokeška, Tel. 665085. http://pgpozoriste.me

Cineplexx, Cetinjski put bb, Tel. 414424. Modernes Kino mit sechs Sälen. www.cineplexx.me

Beliebtester Treffpunkt für die Hauptstädter ist das Kneipenviertel in der ul. Njegoševa. Wann immer es das Wetter zulässt, sitzt man hier draußen, im Sommer auch bei Live-Musik.

Kino, Aufführungen des Stadttheaters und hochkarätige Konzerte von Klassik über Jazz bis Rock finden regelmäßig im **Budo Tomović Centar** hinter dem Budućnost-Stadion statt.

KIC Budo Tomović, Vaka Đurovića 12, Tel. 664235, Karten-Tel. 664237. http://kicpodgorica.me

Einkaufsstraßen im Stadtzentrum sind die Ulica Slobode, die Hercegovačka ulica, die Njegoševa ulica und der Bulevar Džordža Vašingtona. Dort findet man zahlreiche Cafés, Bars, Boutiquen bekannter Modemarken und andere Läden.

Delta City, Cetinjski put bb. Das größte Shopping-Center des Landes. www.deltacity.me

Weitere Center:

Mall of Montenegro, Bulevar Save Kovačevića 74. www.mallofmontenegro.com

Bazar, Blaža Jovanovića, br.8. www.bazar-pg.me

Ärztliche Hilfe bieten:

Klinik Centrum, Ljubljanska bb, Tel. 412412. Größtes Krankenhaus des Landes. www.kccg.me

JZU Dom zdravlja Podgorica (Gesundheitshaus), Trg Nikole Kovačevića br. 6, Tel. 481900, Call-Center: 19816. www.dzpg.me

Zahnärzte: Dr Arnad Alivodić, Slobode 70/1, Tel. 231551.

Extradent, Njegoševa 18, Tel. 665625.

Asteria Dental office, B Svetog Petra Cetinjskog 48, Tel. 245045.

Zahlreiche **Apotheken** im Stadtzentrum, Bulevar Svetog Petra Cetinjskog 45 (Rund um die Uhr geöffnet), Tel. 241441. Svetozara Marković 33, Tel. 238198. Serdara Jola Piletića S3, Tel. 238633. Ivana Vujoševića 40, Tel. 248677.

▶ Karte: hintere Umschlagklappe

Von Podgorica nach Nikšić

Um nach Nikšić zu gelangen, verlässt man Podgorica in nördlicher Richtung. Sehr bald sieht man Plastikblumen und Gedenksteine am Straßenrand, die an Verkehrstote erinnern. Diese Mahnungen finden sich in Abständen von wenigen Kilometern, sind aber offenkundig nur wenigen eine Warnung. Auch die regelmäßigen Geschwindigkeitskontrollen der Polizei halten nicht alle ab, mehr Vernunft am Steuer walten zu lassen.

Die Straße nach Nikšić ist verhältnismäßig neu und recht gut zu befahren. Parallel zu ihr, aber nur selten in Sichtweite, verläuft die alte Straße nach Nikšić. Der Weg nach Nikšić verläuft durch die Bjelopavlićko-Ebene. Sie erstreckt sich auf über 50 Kilometer Länge und reicht von Podgorica bis an die Quelle der Zeta nördlich von Nikšić. Die strategische Bedeutung des Gebietes erkannten schon die Römer. Sie legten Siedlungen an und bauten eine Straße durch das Tal, deren Überreste noch zu bestaunen sind. Bjelopavlićko Polje war auch immer wieder Schlachtfeld. So bekämpften sich hier über einen Zeitraum von 200 Jahren Türken und Montenegriner.

Von der Straße blickt man immer wieder auf kleine und sehr alte Dörfer. Es lohnt sich, eine der zahlreichen Abzweigungen in eines dieser Dörfer zu nehmen, die oftmals nur aus wenigen Häusern und einer Kirche bestehen. Von fast jedem Punkt der Straße reicht der Blick nach hinten über das Tal bis nach Podgorica.

Spuž

Oberhalb von Hauptstraße und Flusslauf und rund zehn Kilometer, nachdem man Podgorica verlassen hat, erreicht man den Ort Spuž. Früher befand sich hier eine römische Siedlung. Die **Reste römischer Gebäude** und Grundmauern wurden in der Gegenwart entdeckt und ausgegraben. Auf einem Hügel in diesem Teil der Ebene befindet sich eine **Festung**, die auch den Namen Spuž trägt und besichtigt werden kann. Ihre Entstehungsgeschichte ist unbekannt. wird jedoch in Zusammenhang mit der Herrschaft des bosnischen Königs Tvrtko (1380-82) gebracht. Erste Erwähnung findet sie 1382. Im 19. Jahrhundert besetzten die Türken die Festung und kontrollierten und verwalteten die Region.

Danilovgrad

Danilovgrad ist ein unaufgeregtes Städtchen am Fluss Zeta. Wer hierher kommt, stößt auf grob verputzte Häuser in traditioneller ein- oder zweistöckiger Bauweise mit winzigen Holzfenstern und Türen; kann sozialistisches Flair im Café

Die Galerie der Künstlerkolonie

Stadion genießen – nur das Tito-Porträt wurde von der Wand genommen. Der Friseur, einige Meter weiter, hat seine Einrichtung aus den 1950er Jahren nie verändert. Die freundliche Bäckersfrau verkauft an einer schmalen Theke, während ihr Mann die frischen Brote aus dem Ofen holt. Kurzum: Gäste haben Einblick in die Normalität einer Kleinstadt, wie sie an der Küste so nicht zu finden ist.

Danilovgrad ist nur 18 Kilometer von Podgorica entfernt und von der Hauptstraße über eine kurze Zufahrt zu erreichen. Von den 16 000 Einwohnern der Gemeinde leben nur 3000 in der Stadt, der größere Teil im Umland, der sehr fruchtbaren Bjelopavlićko-Ebene. So wundert es nicht, dass die Landwirtschaft und die Viehzucht wichtige Wirtschaftszweige sind. In den 1970er Jahren entschlossen sich die Stadtoberen, verstärkt Industrie anzusiedeln. Es entstanden kleinere Fabriken zur Herstellung von Baumaterial und elektronischer Geräte sowie zur Verarbeitung von Tabak.

Geschichte

Archäologische Funde in den Dörfern Kosov Lug und Jelenko sowie die ausgegrabenen Überreste einer Festung und einer Kirche in Martinić zeigen, dass die Region schon zur Römerzeit besiedelt war. Später erlangte sie Bedeutung als Transitstation an der wichtigen Handelsroute von Bosnien nach Albanien.

Danilovgrad entstand am Reißbrett. Der montenegrinische Fürst Danilo I Petrović hatte die Idee, eine Stadt zu bauen. Es wird vermutet, dass er den im nur wenige Kilometer entfernten Ort Spuž herrschenden Türken die Stirn bieten wollte. Danilovgrad wurde erst 1869, unter Fürst Nikola, nach den Plänen des Stadtpla-

Das Partisanendenkmal dominiert die Ortsmitte

Karte S. 162

ners Dragiša Milutinović errichtet, aber nach Fürst Danilo benannt.
Während des Zweiten Weltkriegs waren die Stadt und die Bjelopavlićko-Ebene Schauplatz heftiger Kämpfe zwischen jugoslawischen und deutschen Truppen.

Sehenswürdigkeiten

Am Ortseingang befindet sich das Hotel ›Zeta‹. Hier und auf der gegenüberliegenden Straßenseite gibt es kostenlose Parkmöglichkeiten. Der Ort lässt sich gut zu Fuß erkunden.
In der Ortsmitte dominiert das große **Denkmal** zu Ehren der gefallenen Partisanen mit seiner Säule und dem Mosaik auf der Rückseite. Gegenüber befindet sich die **Galerie der Kunstkolonie** Danilovgrads. Einheimische und internationale Bildhauer zeigen ihre Werke in dem kleinen Gebäude und in dem umliegenden Park.
Die große Brücke neben Galerie und Denkmal führt über die Zeta. Unterhalb der Brücke, an den Ufern des Flusses, befinden sich kleine **Strände**. Von den Plateaus kann man ein Bad im kalten Fluss wagen, einfach nur die Natur genießen oder die Angel auswerfen. Die Zeta gilt als sehr fischreich.
Im **Heimatmuseum** werden lokalhistorische Exponate gezeigt, darunter Trachten, Dokumente, Bücher, Waffen und Münzen.

Danilovgrad

Vorwahl: 020. **Postleitzahl**: 81410.

Postamt, ul. Baja Sekulića br., Tel. 812110.

CK Bank, Vlajka Đuranovića bb, Tel. 812028.
Podgorička banke, ul. Save Burića br. 1, Tel. 812704.

Hotel Perjanik, Bralenovića, Tel. 813140. Neu, an der Regionalstraße nach Podgorica. Zimmer mit Klimaanlage, Sat-TV und WLAN. DZ 65 Euro.

Hotel Pejović, Ćurilać bb, Tel. 68312120. Neues, modernes 3-Sterne-Hotel, 3 Kilometer außerhalb an der Hauptstraße in Richtung Podgorica. Hoteleigenes Restaurant; DZ 50 Euro.

Heimatmuseum, Trg 9. decembar bb, Tel. 812629; Mo–Fr 7–15 Uhr.
Kunstkolonie, Trg 9. decembar bb, Tel. 069/058689; Mo–Fr 7–15 Uhr.

Ambulanz, ul. I Bokeljske brigade bb, Tel. 812106.
Apotheke Zdravlje, ul. Novice Škerovića bb, Tel. 811220.

Kloster Ostrog

Das Kloster Ostrog ist ein von Touristen und Gläubigen gleichermaßen stark frequentierter Ort. Bereits wenige Kilometer hinter Danilovgrad in Richtung Nikšić lässt sich nordöstlich der Straße, oben am Berg, ein unregelmäßiger weißer Punkt ausmachen. Mit jedem Kilometer, den man sich nähert, nimmt der helle Fleck deutlichere Konturen an und entpuppt sich dann als das obere Kloster Ostrog.
Nach rund 35 Kilometern – von Podgorica aus gemessen – weist ein Schild die Abzweigung zum Kloster. Von der Hauptstraße bis zum Kloster ist noch ein Weg von acht Kilometern zurückzulegen. Das ist keine lange Strecke, aber sie hat es in sich. Anfangs ist die Straße zum Kloster gut ausgebaut, breit und angenehm zu befahren, am Straßenrand befinden sich Cafés und Restaurants. Die Straße führt dann in steilen Serpentinen den Berg hin-

Kloster Ostrog ist in den Berg gebaut

auf und entspricht in ihrer Breite nur einer Fahrspur. Sehr eng wird es, wenn Gegenverkehr auftaucht, und zum Nervenkitzel wird die Fahrt, wenn ein Bus entgegenkommt. Die Straße verfügt für diese Fälle über kleine Ausweichbuchten, die das Vorbeifahren ermöglichen. Wer den eigenen Wagen schonen möchte, kann in eines der zahlreichen Taxis steigen. Sie befahren nur diese eine Strecke und bringen die Besucher zum Kloster und wieder zurück. Im unteren Bereich unterquert man die Gleise der Bahnstrecke Podgorica–Nikšić. Früher sind die Gläubigen dort ausgestiegen und haben sich zu Fuß und über Trampelpfade auf den Weg zum Kloster Ostrog begeben.

Man erreicht zunächst das **untere Kloster Ostrog**. Noch bevor man es wahrgenommen hat, fällt auf, dass auch in dieser abgelegenen Gegend der Kommerz Einzug genommen hat: Restaurants, Cafés und zahlreiche Devotionalienstände

▲ Karte S. 162

prägen das Bild. Die Straße schraubt sich in engen Serpentinen weiter zum **oberen Kloster** den Berg hinauf. Für kurze Momente zeigt sich das Klostergebäude bereits jetzt und bietet einen kleinen Vorgeschmack seiner Einmaligkeit. Parkplätze gibt es unmittelbar vor der Anlage. Sind sie belegt, weisen Parkwächter bereits etwas weiter unten den Besuchern Abstellplätze zu – erfreulicherweise wird keine Parkgebühr verlangt. Allerdings ist dann noch ein kurzer aber steiler Fußweg zurückzulegen. Oben fällt zunächst ein neueres, ebenfalls in den Berg gebautes Gebäude auf. Es ist fast größer als das Kloster und dient dem Souvenirverkauf sowie als Unterkunft.

Errichtet wurde das Kloster im Jahr 1665. In einer Höhe von 900 Metern wurde es direkt in den Felsen gebaut. Der Bau wurde von Vasilije Ostrovski gestiftet, Metropolit der Herzegowina. Die sterblichen Überreste des Erbauers, zugleich Namensgeber des Gotteshauses, wurden innerhalb der Klostermauern beigesetzt.

Für viele Montenegriner hat das Kloster eine große religiöse Bedeutung und wird wie ein Heiligtum verehrt. Es diente nicht nur als religiöse Stätte, sondern war auch Zufluchtsort und Festung im Kampf gegen die Osmanen. Mehrfach wurde das Kloster als Opfer kriegerischer Auseinandersetzungen in Brand gesteckt, geplündert und beschädigt.

Es dient noch heute als Aufbewahrungsort für Werke bekannter montenegrinischer Schriftsteller, die sich mit dem Kloster und seiner Bedeutung beschäftigt haben, so Schriften von Njegoš, Aleksa Šantić und anderen.

Der Zugang ist kostenfrei. Es gibt jedoch zahlreiche Möglichkeiten, Spenden loszuwerden. Beim Besuch sollte auf angemessene Kleidung geachtet werden. Zu empfehlen ist ein Besuch an einem Werktag, denn am Wochenende kommen sehr viele Gläubige aus allen Republiken des ehemaligen Jugoslawien und den Nachbarländern, und es bilden sich längere Schlangen am Eingang.

Sie zieht es vor allem zu den Gebeinen des Heiligen Vasilje. Sein Leichnam liegt in einem offenen steinernen Sarg in einer höhlenartigen Gruft. Seinen sterblichen Überresten werden von den Gläubigen übernatürliche Fähigkeiten zugeschrieben.

Viele bitten den anwesenden Mönch um Fürsprache und ein Bittgebet über dem Sarg des Heiligen Vasilje. An den Wänden des niedrigen Raumes sorgen Wandmalereien, Ikonenbilder und Kerzenlicht für eine feierlich-religiöse und zugleich auch beklemmende Atmosphäre.

Die Räume des Klosters sind fast alle zugänglich, nur die Privatzimmer der dort lebenden Mönche sind verständlicherweise tabu. In einem weiß gekalkten Treppenhaus führen abgewetzte Steinstufen nach oben. Die Wände werden von Heiligenbildern und Mosaiken mit religiösen Motiven geschmückt. Im Gegensatz dazu stehen die modernen Holztüren, die zu den Privaträumen der Mönche führen. Über das Treppenhaus erreicht man zunächst einen unteren Balkon.

Die Stufen führen jedoch noch eine Etage weiter, und dort befinden sich zu beiden Seiten Balkone, die einen unbeschreiblichen Blick in das weite offene Land bieten. Über den östlichen Balkon erreicht man einen weiteren Raum, dessen Wände mit Ikonenmalereien geschmückt sind. Auch hier ist ein Mönch bereit, Fürsprache zu halten. Dazu erklärt man dem Mönch, in welcher Angelegenheit man um die Unterstützung Gottes bittet. Der Mönch legt dann seine Hand auf eines der Heiligenbilder, die andere auf das Haupt des Gläubigen und spricht dann ein Bittgebet.

Der heilige Vasilje

Sveti Vasilje Jovanović wurde in Popovo Polje in der Herzegowina als Stojan Jovanović geboren. Sein genaues Geburtsjahr ist nicht bekannt, in Dokumenten und Schriften aus dieser Zeit wird das Jahr 1610 als Datum seiner Geburt erwähnt. Seine Erziehung war vom Glauben an Gott geprägt und sehr religiös. So wundert es nicht, dass er als junger Mann zur Ausbildung in das Kloster Turdoš in der Herzegowina ging. Dort beendete er seine Ausbildung zum Mönch und erhielt den Namen Sveti Vasilje Veliki.

Als junger Mönch ging er zunächst in das Kloster von Cetinje und später zurück an die Stelle seiner Ausbildungsjahre, in das Kloster Turdoš. Aber auch hier hielt es ihn nur eine kurze Zeit. Er war wissbegierig und immer bemüht, seine Ausbildung zu vervollkommnen. So reiste er nach Russland und Griechenland, lebte und lernte in den dortigen Klöstern. Zurück in seiner Heimat, reiste er durch die Herzegowina, um zu predigen und die Kinder das Lesen und Schreiben zu lehren.

Im Jahr 1656 wurde er Metropolit der herzegowinisch-orthodoxen Kirche, fünf Jahre später zwangen ihn die vorrückenden Türken zur Flucht. Der Verlust seiner Heimat und das vorläufige Ende seiner Arbeit bedeuteten für den Metropoliten einen Fall in die Depression. Er suchte die Einsamkeit und zog sich auf den Berg Ostrog zurück. Hier kam ihn die Idee für den Bau des Klosters in einem nur schwer zugänglichen Gelände weit oben am Berg. Nach elfjähriger Bauzeit wurde es im Jahr 1667 fertiggestellt.

Das Kloster Ostrog wurde in seinen Anfangsjahren immer wieder überfallen und geplündert. Sveti Vasilje verließ es nach einiger Zeit und ging nach Peć in Serbien. Er starb 1671, wurde aber bereits zu Lebzeiten von den Gläubigen wie ein Heiliger verehrt. Es wird erzählt, er sei an einer Stelle gestorben, an der eine Weinrebe aus einem Stein wuchs. Nach seinem Tod soll er dem Igman Rafaelo Kosjerevce im Traum erschienen sein und ihm befohlen haben, nach Ostrog zu gehen und sein Grab zu öffnen. Dies tat der Igman. Seitdem ist die Grabeshöhle für Besucher zugänglich.

Der heilige Vasilje

Nikšić

Nikšić ist mit 90 000 Einwohnern die zweitgrößte Stadt Montenegros. Sie ist kein klassisches Touristenziel, dennoch lockt Sehenswertes, etwa das Schloss des Königs Nikolas und die alte Festung Onogošt. Die abwechslungsreiche Geschichte der Stadt lässt sich bis zum Beginn unserer Zeitrechnung zurückverfolgen.

Heute ist Nikšić vor allem Universitäts- und Industriestadt. Es gibt ein Eisenwerk und mehrere holzverarbeitende Betriebe. International bekannt ist das Nikšićko Pivo. Das Bier wird seit über hundert Jahren in der Brauerei Onogošt hergestellt und bekam zahlreiche Auszeichnungen. In der Vergangenheit war Nikšić ein wichtiger Verkehrsknotenpunkt. Wer die Region beherrschte, kontrollierte auch den

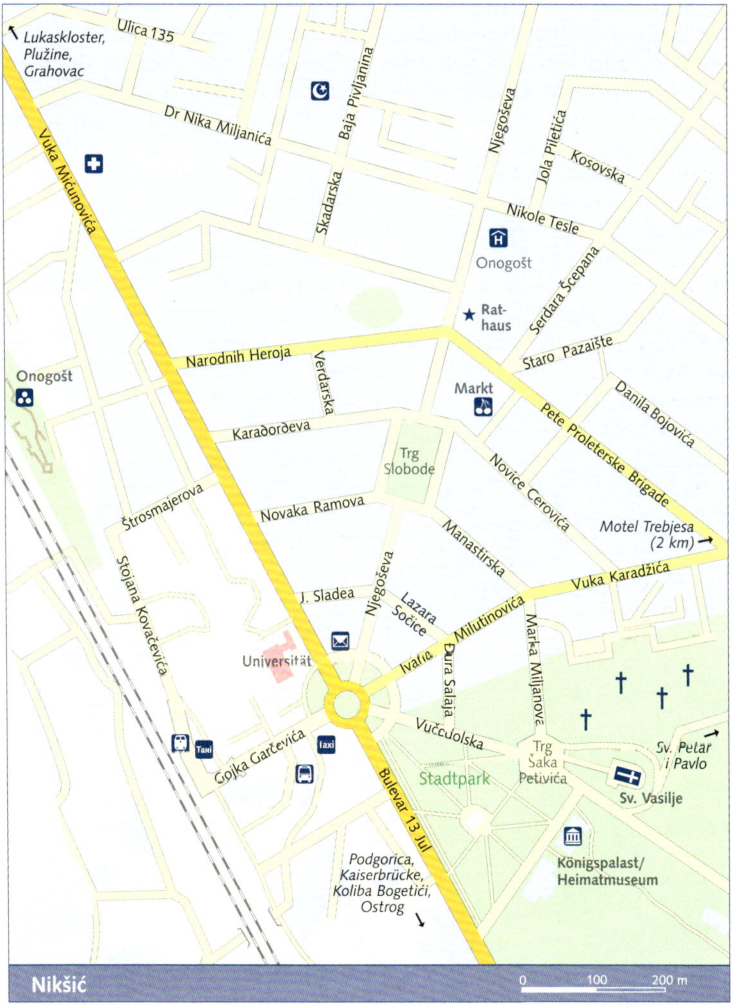

Warenverkehr von und zur Küste, nach Bosnien und Serbien. Heute ist Nikšić für den Transitverkehr von Bedeutung und zugleich Endstation der Eisenbahn aus Podgorica.

Die erste Zeitung Montenegros – ›Onogošt‹ – wurde im 19. Jahrhundert in Nikšić herausgegeben, viele weitere folgten. Nikšić ist die Wiege der montenegrinischen Zeitungskultur und war fast ein Jahrhundert der wichtigste Standort der Zeitungsverleger. Diese Tradition wurde auch nach dem Zweiten Weltkrieg fortgesetzt. Bereits wenige Tage nach Kriegsende ging in Nikšić das Blatt ›Pobjeda‹ (›Sieger‹) in den Druck, etwas später auch ›Radni narod‹ (›Das werktätige Volk‹), die Zeitung der Kommunistischen Partei, und das Handelsblatt ›Trgovački List‹.

Ein großer Teil der in Nikšić gegründeten Zeitungen und Zeitschriften existieren nach wie vor, kommen jetzt aber aus Podgorica.

Geschichte

Die Osmanen hatten sich gerade aus der Region zurückgezogen, als 1878 der englische Archäologe Arthur Evans nahe der Stadt, im Westen des Nikšićko Polje, die Überreste der illyrischen Siedlung Anderva fand.

Als die Ostgoten im 5. Jahrhundert in die Region vordrangen, lag das illyrische Anderva bereits in Trümmern. Sie bauten eine neue Siedlung und gaben ihr den Namen Anagustum, benannt nach ihrem Feldherren Anagusta. Die Ostgoten mussten nach nur vier Jahrzehnten den Byzantinern weichen. Im 7. Jahrhundert kamen die Slawen und gaben der Siedlung Anagustum die slawische Bezeichnung Onogošt.

Im 12. Jahrhundert fiel die Region unter die Herrschaft des serbischen Königs Stefan Nemanja. 170 Jahre blieb Onogošt im Besitz des Clans der Nemanjden. Nach dem Zerfall des Serbischen Reiches wechselten die Herrscher in schneller Folge.

In der Festung Onogošt

▲ Karte S. 181

Einige Jahre bestimmte der bosnische König Turtko I. die Geschicke von Onogošt. Im Jahr 1465 drangen die Osmanen in die Region vor. Das Volk wollte sich mit den neuen Machthabern nicht abfinden, es kam zu zahlreichen, zunächst vergeblichen Aufständen. Einer der größten wurde von dem berühmten Vojvoden Grdan angeführt. Später griffen bis zu 10 000 Montenegriner zu den Waffen. 1711 wurde die von den Osmanen mittlerweile erneuerte und verstärkte Festung Onogošt über Wochen belagert. Die Erstürmung scheiterte ebenso wie der Großangriff 1807 gemeinsam mit russischen Truppen. Aber 70 Jahre später gelang dem montenegrinischen Heer gemeinsam mit Freiwilligen aus der Herzegowina der Sieg über die zahlenmäßig weit überlegenen Osmanen, und Nikšić, wie der Ort mittlerweile hieß, wurde 1878 Teil des ersten montenegrinischen Staates.

Die Bezeichnung Nikšić geht auf einen Mann namens Nikša aus dem Clan der Nikšić zurück. Er kam aus dem Dorf Krtole in der Bucht von Kotor, ließ sich mit seiner Familie in der Stadt nieder und wurde ein sehr einflussreicher Bürger.

Das heutige, sich fächerförmig ausbreitende Stadtbild entstand 1883 am Reißbrett. Entworfen hat es Josip Slade im Auftrag von König Nikola. Slade entwarf auch die Pläne für den Königspalast und die Kaiserbrücke. Er trug den Beinamen ›Erbauer von Nikšić‹.

Sehenswürdigkeiten

Ein Muss für jeden Besucher und zumeist auch erste Anlaufpunkt der Touristen sind die Ruinen der **Festung Onogošt**. Sie befindet sich auf der etwa 25 Meter hohen Erhebung Bedem, nahe der Straße nach Trebinje. Die Festung wurde von den Osmanen auf den Ruinen eines älteren Kastells errichtet.

Die Kirche des heiligen Vasilije

Sie ist 210 Meter lang und bis zu 30 Meter breit. Die Festungsmauern sind bis zu 1,60 Meter tief, an ihrer schmalsten Stelle immerhin noch über einen Meter. In der Festung befinden sich Überreste alter Gebäude, darunter eines, das vermutlich als Munitionskammer diente, sowie ein Gefängnis. Der gut erhaltene Turm trägt den Namen Nebojša. An den höchsten Stellen befanden sich zwei Plattformen, auf denen bis zu 14 Geschütze Platz fanden. Die Festung wurde restauriert und dient heute während der Sommermonate als Freilufttheater.

Der **Königspalast** wurde 1900 im sogenannten Pseudorenaissancestil fertiggestellt. Den Bau gab der König selbst in Auftrag, die Pläne fertigte Josip Slade. König Nikola nutzte das Schloss nur in den ersten Jahren regelmäßig, später hatte er in Cetinje seinen Hauptsitz. Seit 1951 beherbergt der Palast das **Heimatmuseum** und eine **Galerie**. Ausgestellt sind prähistorische Funde aus

In der Fußgängerzone in Nikšić

der archäologischen Ausgrabungsstätte Crvena stijena (Roter Stein), aber auch Exponate aus der Region und Werke des Künstlers Ilija Sobajić.

Unmittelbar neben dem Königspalast, etwas erhöht auf einem Hügel, befindet die **Kirche des heiligen Vasilije**. Der Bau wurde ebenfalls von König Nikola initiiert und soll an die in den Kriegen gegen die Osmanen von 1857 bis 1878 gefallenen montenegrinischen und herzegowinischen Soldaten erinnern. Die Namen der Soldaten wurden auf einem Seidentuch verewigt, das in der Kirche hängt. Mit dem Bau der Kirche wurde im Jahr 1895 begonnen, die Weihe fand am 28. August 1900 statt. Die Pläne für die Kirche stammen vom russischen Architekten Michael Preobraženski.

Die Kirche und das Heimatmuseum erreicht man, wenn man bei der Einfahrt nach Nikšić im Verkehrskreisel scharf rechts abbiegt. Die Straße führt zu den beiden Sehenswürdigkeiten.

Die **Kaiserbrücke** gehört zu den schönsten Brücken Montenegros. Sie ist 269 Meter lang, in der Mitte 13 Meter hoch, hat 18 Bögen und führt aus Podgorica kommend über die Zeta durch das Nikšićko polje in die Stadt. Erbaut wurde sie im Jahr 1896 nach Plänen von Josip Slade. Der russische Zar Alexander III. unterstützte den Bau finanziell und wurde Namensgeber der Brücke.

Die **Kirche der Heiligen Peter und Paul** (Sveti Petar i Pavao) ist die älteste in Nikšić. Sie befindet sich auf dem Gelände des Friedhofs. Es wird vermutet, dass sie im 15. oder 16 Jahrhundert während der serbischen Herrschaft errichtet wurde. Als sicher gilt, dass die leider nur teilweise erhaltenen Fresken aus dem 16. Jahrhundert stammen. Eine Besonderheit stellen die um die Kirche herum aufgestellten Monolithkreuze dar. Es handelt sich um Kreuze, die aus einem Stück gefertigt wurden.

Die Umgebung

Wer noch tiefer in die Geschichte Westmontenegros eintauchen möchte, findet in der Umgebung Sehenswertes. In der

▲ Karte S. 162/181

unmittelbaren Nähe von Nikšić, im Ort Župa, befindet sich das **Lukas-Kloster**. Es stammt aus dem Jahr 1492 und soll von einer Enkelin des Nemanjić-Clans gegründet worden sein. Zweimal - 1853 und 1877 - brannte es bei türkischen Angriffen nieder. Im Kloster befinden sich noch heute wertvolle religiöse Schriften und Bücher.

Nahe Nikšić, bei dem Dorf Petrović, befindet sich die archäologische **Ausgrabungsstätte Crvena Stijena** (Roter Stein). Hier wurden Gegenstände aus der frühen und mittleren Steinzeit gefunden, die teilweise im Heimatmuseum ausgestellt werden.

Im Dorf **Staro Selo** befindet sich der **Fürst-Danilo-Turm**, eigentlich ein größeres Haus mit zwei Rundtürmen und Schießscharten. Fürst Danilo Petrović ließ das Gebäude um 1855 zur Abwehr der Osmanen bauen.

Die **Gedächtniskirche** in **Grahovac** soll im Mai 1858 zum Gedenken an die gefallenen montenegrinischen Soldaten an nur einem Tag erbaut worden sein.

Nikšić

Vorwahl: 040.
Postleitzahl: 81400.

Postamt, trg Stojana Kovačevića br. 3, Tel. 213700.

Bahnhof, Stojana Kovačevića br. 1, Tel. 214480. Nur lokaler Zugverkehr nach Podgorica.

Busbahnhof, Ul. Gosko Garčevića bb, Tel. 213018. Täglich mehrere Verbindungen nach Podgorica, Žabljak, Pljevjla und Kotor und auch nach Sarajevo, Trebinje und Belgrad.

Taxis warten vor der zentralen Bushaltestelle und dem Bahnhof und auf dem Trg Slobode im Stadtzentrum.
Maxi Taxi, Tel 200300.
Maestro, Tel. 19500.
Taxi Taxi, Tel. 19720.

Motel Trebjesa, Trebjesa bb, Tel. 200060. Etwas außerhalb und ruhig in einem Kiefernwald gelegen, sehr schönes Restaurant. Zimmer mit Safe, WiFi, TV. DZ 60–100 Euro. www.hoteltrebjesa.me

Hotel Onogošt, Njegoševa 18, Tel. 067/035999. Aus sozialistischer Zeit, im Zentrum; 35–62 Euro pro Person. www.hotelonogost.com

Im Stadtzentrum gibt es Pizzerien und zahlreiche kleine Bäckereien, die montenegrinische Snacks anbieten.
Restaurant Trebjesa (im gleichnamigen Motel), Trebjesa bb, Tel. 212021. Gute deftige Küche, gepflegtes Ambiente.
Koliba Bogetići, Bogetići bb, 81417 Nikšić, Tel. 069/603986. Zwölf Kilometer außerhalb der Stadt in Richtung Ostrog. Gilt als eines der besten Restaurants mit nationaler Küche, bietet sämtliche montenegrinischen Spezialitäten an.

Stadtmuseum, trg Saka Petrovića 1 (im Schloss), Tel. 212975; Mo–Fr 9–13 u. 17–19, Sa u. So 9–13 Uhr. Im selben Gebäude befindet sich auch die **Galerie Nikola I**, Tel. 212975.

Städtisches **Krankenhaus** und **Ambulanz**, Radoja Dakića bb, Tel. 244111/200. http://bolnica-nk.com
Viele **Apotheken**, z. B. Montefarm unmittelbar neben dem Krankenhaus in der Radoja Dakića bb, Tel. 200495.

Der meistbesuchte Landstrich Montenegros vereint lebhafte Badeorte und einsame Strände mit historischen Altstädten und kulturellen Sehenswürdigkeiten.

DIE KÜSTE ZWISCHEN BUDVA UND ALBANIEN

Sveti Stefan

Annäherung

Die meisten Touristen fahren vom Flughafen in Tivat direkt an die Küste, zumeist um an den ausgedehnten Stränden zwischen Budva und der Albanischen Grenze einige Zeit zu verbringen.

Fährt man vom Zentrum Tivats in Richtung Küste, passiert man nach etwa drei Kilometern den Flughafen der Stadt. Die Küstenstraße verläuft parallel zur Start- und Landebahn und erreicht unmittelbar anschließend eine Kreuzung. Hier stößt die Straße aus Kotor auf die Küstenstraße, ein Weg zweigt rechts ab zur Halbinsel Luštica und führt auch zur Bucht von Pržno mit dem schönen Sandstrand. Um nach Budva zu gelangen, bleibt man auf der Hauptstraße, die jetzt oft kilometerlang so pfeilgerade ist, als habe man ein Lineal in die Landschaft gelegt. Man sollte den kurvenarmen Verlauf der Straße nicht als Einladung zum

Die Küste zwischen Budva und Albanien

schnellen Fahren verstehen – gerade an diesen Stellen kontrolliert die Polizei sehr intensiv. Bald erreicht man die Grbalj-Ebene. Das ist ein Tal, das sich auf über 15 Kilometer erstreckt. In der Vergangenheit war es aufgrund seines fruchtbaren Bodens sehr häufig Grund für militärische Auseinandersetzungen zwischen den Herrschenden.

Zahlreiche Quellen sorgen für die reichhaltige Vegetation. Einst wurde das Tal die Kornkammer Kotors genant. Die Einwohner bauen auch heute Weizen, Feigen, Weintrauben und Oliven an. Die Viehzucht wird ebenfalls sehr stark betrieben. Die Gegend ist relativ dicht besiedelt.

Die Straße führt durch viel Grün, das Meer ist jetzt nicht mehr zu sehen. In dieser Gegend findet man unmittelbar an der Straße nur vereinzelt Häuser. Manchmal taucht eine Fabrik auf oder die Garage einer Autowerkstatt. Ein grell angestrichenes Hotel steht etwas verloren am Straßenrand, zwischendurch immer wieder Restaurants und Cafés, manchmal ein kleines Geschäft. Nur wenige Kilometer bevor man Budva erreicht, öffnet sich plötzlich die Bucht von Jaz dem Reisenden. Kurz bevor die Straße leicht ansteigt, führt von der Hauptstraße ein Weg zu Campingplatz und Strand Jaz. Ein kleines, leicht zu übersehendes Schild weist den Weg. Nun ist die Küste erreicht.

Jaz

Der **Strand** von Jaz liegt rund 2,5 Kilometer westlich von Budva. Er besteht aus zwei Abschnitten, die durch einen Felsen getrennt sind. Der erste Teil ist 850 Meter, der zweite 450 Meter lang. Bis vor einigen Jahren wurde dort FKK toleriert, inzwischen verbieten No-Nudist-Schilder das Nacktbaden. An beiden Strandabschnitten gibt es Cafés, außerdem werden Sonnenschirme und -liegen verliehen (10 Euro pro Tag).

Unweit des Strandes wurde 2007 eine große Fläche betoniert, um dort Großkonzerte zu veranstalten. Ziel war, das kleine Montenegro bekannter zu machen und den Tourismus zu fördern. Zur Premiere kamen mit den Rolling Stones gleich Hochkaräter der Rockgeschichte. Mit 50 000 Zuschauern war das Konzert das größte in der Geschichte des nur 650 000 Einwohner zählenden Landes.

Der Strand in Jaz gehört zu den beliebtesten des Landes

Zudem darf sich Budva seitdem rühmen, die kleinste Stadt zu sein, in der die Rolling Stones jemals aufgetreten sind. Im darauffolgenden Sommer spielten weitere internationale Stars wie Lenny Kravitz und Madonna am Jaz-Strand. Auch 2009 waren weitere Großkonzerte geplant. Im Gespräch waren Tina Turner und Britney Spears, aber wegen der weltweiten Finanzkrise kamen die Konzerte nicht zustande. Eine Fortsetzung gab es erst 2012. Bei dem mehrtägigen Musikfestival traten aber nur noch nationale Rock- und Pop-Größen auf.

Budva

Budva mit seinen knapp 20000 Einwohnern ist einer der beliebtesten und meistbesuchten Badeorte an der montenegrinischen Adriaküste. Die Touristen kommen wegen der schönen Altstadt, der attraktiven Strände, aber auch weil zahlreiche Bars, Clubs und Freiluftkonzerte ein lebhaftes Nachtleben versprechen. Bis vor einigen Jahren war Budva besonders bei Serben als Urlaubsziel besonders beliebt, weshalb die Stadt scherzhaft auch ›Belgrader Strand‹ genannt wurde. Heute sind es oft Russen, die in großer Zahl in Budva anzutreffen sind. Seit der Unabhängigkeit Montenegros ist die Gemeinde großflächig gewachsen. Zahlreiche neue Gebäude entstanden im Zentrum, aber auch an den Hängen der umliegenden Berge. Viele Bauten wurden ohne behördliche Genehmigung errichtet. Schmiergelder flossen, die Korruption grassierte. Die dunklen Machenschaften kamen zumindest teilweise ans Licht und hatten zur Folge, dass Gebäude wieder abgerissen werden mussten und korrupte Beamte und Politiker zu Haftstrafen verurteilt wurden.

Budva ist auch einer der ältesten Orte an der Adria. Angeblich soll er vor über 2500 Jahren von Kadamos, einem Sohn des griechischen Königs, gegründet worden sein. Beim schweren Erdbeben von 1979 wurde Budva fast vollständig zerstört, anschließend aber über einen Zeitraum von 20 Jahren wiederaufgebaut. Touristisch vermarktet wird Budva schon seit 1923. In diesem Jahr gründete sich hier die Touristengesellschaft ›Mogren‹. Budva wird erstmals im 4. Jahrhundert v. Chr. unter diesem Namen als Sied-

Budva liegt malerisch

▲ Karte S. 190

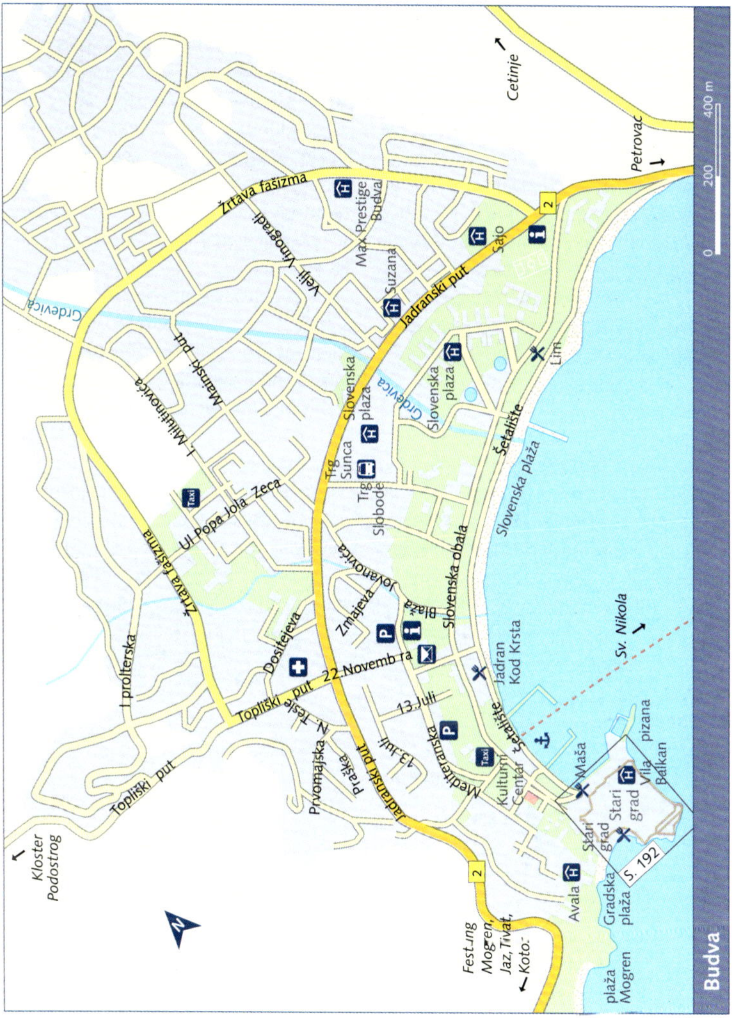

lung der Illyrer erwähnt. Dann stand das Gebiet unter römischer Herrschaft. Die Herrschaftsverhältnisse wechselten häufig. 1186 wurde Budva von Stevan Nemanja erobert, ab 1442 war es im Besitz Venedigs. Mehr als hundert Jahre später griffen die Türken die Stadt an und plünderten sie. Dann eroberten die Venezianer die Stadt erneut. Bis zum Niedergang Venedigs blieb sie in ihren Händen, um dann den Österreichern zuzufallen.

Erst im Jahr 1813 stand Budva, wenn auch nur für ein Jahr, unter der Hoheit Montenegros. Nach der Okkupation durch Österreich gehörte die Stadt erst wieder zu Beginn des Ersten Weltkriegs den Montenegrinern. Während des Zweiten Weltkriegs besetzten Italiener und Deutsche die Stadt. Sie war in den nächsten Jahren ein Zentrum der jugoslawischen Volksbefreiungsbewegung und wurde von ihr im November 1944 befreit.

In und um Budva wurden größere archäologische Funde gemacht. Als etwa 1952 die Fundamente des Hotels Avala ausgegraben wurden, entdeckte man Urnen mit Asche, römische Münzen, Amphoren, römische Inschriften und weitere Gegenstände aus vergangener Zeit.

Altstadt

Die berühmte Altstadt ist mit einer mittelalterlichen **Stadtmauer** umgeben und steht unter Denkmalschutz. Die Stadtmauer entstand Ende des 15. Jahrhunderts und ist auf Resten einer Mauer aus dem 9. Jahrhundert gebaut. Sie ist fast rundherum begehbar und erlaubt von oben interessante Einblicke in die Altstadt. Auf der anderen Seite der Mauer liegen der **Jachthafen** und in der Ferne Slovenska Plaža und der Strand von Bečići. Einen Kilometer vor Budva liegt die Insel Sveti Nikola. Auf ihr befinden sich die Kirche des Heiligen Nikolaus und ein Nachtclub.

Das letzte große Erdbeben im Jahr 1979 zerstörte fast die komplette Altstadt. Buchstäblich Stein für Stein wurde sie nach Plänen, die man in österreichischen Archiven fand, wieder im venezianischen Stil aufgebaut.

Die **Altstadt** liegt auf einer kleinen Halbinsel mit felsigem Untergrund. Ursprünglich eine Insel, entstand erst durch Ablagerungen von Sanddünen eine schmale

Budva, Stari grad

Blick von der Stadtmauer auf Vorplatz, Stadtcafé und Hotel Mogren

Verbindung zum Festland. In die Altstadt gelangt man durch das **Landtor** (Kopnena Vrata) und das **Seetor** (Morska Vrata). Neben historischen Gebäuden, Kirchen und Denkmälern findet man auch moderne Boutiquen, kleine Lebensmittelgeschäfte, Juweliere, Cafés und Restaurants.

Vor den Toren zur Altstadt und mit Blick auf das Meer befindet sich das altehrwürdige **Hotel Avala**. Auch das Hotel erlitt beim Erdbeben große Schäden und musste fast völlig neu aufgebaut werden. Es verfügt über einen eigenen Strand unmittelbar an der Stadtmauer und dem Hotel. Hier gibt es ein Café, und die Altstadt erreicht man nach wenigen Schritten. Der Strand ist jedoch häufig sehr voll und gilt aufgrund seiner Stadtlage nicht als sehr sauber.

Innerhalb der Stadtmauern befinden sich zwei der bedeutendsten Gebäude von Budva. Die dreischiffige **Kirche des Heiligen Johannes des Täufers** (Sv. Ivana) wurde im 9. Jahrhundert erbaut und bis heute mehrfach restauriert. Der weit sichtbare Glockenturm stammt aus dem Jahr 1867. In der Kirche werden mehrere kunsthistorische Gegenstände aufbewahrt, darunter eine Ikone der Muttergottes, Gemälde und ein Mosaik. Die orthodoxe **Kirche der Heiligen Dreifaltigkeit** (Sv. Troica) stammt aus dem Jahr 1806. Erneuert wurde die Kirche 1965, dabei legte man wertvolle Wandgemälde frei. Die Ikonen und Gemälde im Chor des Gotteshauses wurden von dem griechischen Maler Aspiatis angefertigt. Vor der Kirche befindet sich das Grab des in Budva geborenen Dichters und Politikers Stjepan Mitrov Ljubisan. Er starb 1878 im Alter von 54 Jahren.

In der einschiffigen **Kirche der Heiligen Maria** befindet sich heute ein **Museum**, das archäologische Funde aus dem Stadtgebiet ausstellt. Die Kirche wurde laut Inschrift 840 von Benediktinermönchen neben einem Kloster errichtet.

Das **Stadtmuseum** (Muzej grada) befindet sich direkt in der Altstadt, in einem historischen Gebäude aus dem frühen 19. Jahrhundert. Die Ausstellungsräume wurden erst vor Kurzem renoviert und modernisiert, seitdem gilt das Mu-

Die Kirche Sveti Troica

seum als eines der schönsten des Landes. Es besitzt eine archäologische und eine ethnografische Abteilung mit insgesamt 2000 Exponaten. Das älteste Ausstellungsstück stammt aus dem 5. Jahrhundert vor unserer Zeitrechnung.
Das **Museum der modernen Kunst** wurde 1972 mit der Ausstellung ›Moderne Expressionisten‹ gegründet. Seitdem organisiert es regelmäßig Einzel- und Gruppenausstellungen von Künstlern aus Montenegro, aber auch aus dem ganzen ehemaligen Jugoslawien. Zu den Beständen gehören 220 Aquarelle, Zeichnungen und Skulpturen, darunter sind Werke so bekannter Künstler wie Petar Lubarda und Bengt Lindström.

Außerhalb der Altstadt

Südlich von Budva, auf dem Berg Spas, errichteten die Österreicher 1860 die **Festung Mogren**. Daneben finden sich außerhalb der Stadt mehrere Klöster von kulturhistorischer Bedeutung. Zwei Kilometer nördlich steht das **Kloster Podostrog**. Es besteht aus zwei Kirchen, einem Wohnbereich, einem Lagerhaus und einem Gebäude, in dem sich in der Vergangenheit wiederholt die Führer Montenegros trafen. Njegoš soll sich mehrfach im Kloster aufgehalten haben, um hier in der Abgeschiedenheit an seinen Werken zu arbeiten. Im Kloster starb Fürst Danilo I. im Jahr 1735.
Westlich von Budva, unweit der Küstenstraße und nahe der alten Straße nach Kotor, befindet sich ein weiteres interessantes Kloster. Das **Kloster Podlastva** war Treffpunkt der Herrschenden, die im Jahr 1427 die sogenannten Gesetze von Grbalj in den heiligen Mauern beschlossen. Fast 400 Jahre später, im Jahr 1807, trafen sich hier der montenegrinische Fürst Petar I. und der französische General Marmont, um über die Machtverhältnisse in Montenegro zu verhandeln.
Das Kloster wurde mehrfach völlig zerstört, aber immer wieder neu aufgebaut. So findet man in der Kirche auch nur noch Reste von Wandmalereien und einige Ikonenbilder, die, so wird vermutet, im Jahr 1745 entstanden.
Während der Sommermonate finden in Budva zahlreiche kleinere und größere kulturelle Veranstaltungen statt, unter denen das Internationale Theaterfest am renommiertesten ist. Es findet jedes Jahr im Juli statt. In der ganzen Stadt werden dann Freilichtbühnen aufgebaut und Theater- und Ballettensembles aus der ganzen Welt geben Vorstellungen.

Strände

Mogren ist einer der bekanntesten Strände Montenegros und wurde mit der Blauen Flagge ausgezeichnet. Die beiden 350 Meter langen Abschnitte sind durch einen schmalen Weg verbunden. Der Eintritt kostet zwei Euro, dennoch ist der Strand in der Saison sehr voll, in der Vor- und Nachsaison jedoch ein Traum. Es gibt Umkleiden, Toiletten und

▸ Karte S. 191

ein Café. Vom Hotel ›Avala‹ geht man rund 300 Meter in westliche Richtung über einen schmalen Weg zum Strand. Der **Stadtstrand** (Gradska plaža) liegt unterhalb vom Hotel Avala direkt an der Stadtmauer. Wo sonst lässt es sich vor historischer Kulisse baden? Gegen Gebühr stehen Sonnenschirme und Liegestühle bereit. Mit Strandcafé.

Pizana ist ein kleiner Kiesstrand zwischen Wasserballstadion und Stadtmauer. Wie die meisten Strände in Montenegro wird er privat geführt, ist deshalb sehr sauber, aber auch mit kostenpflichtigen Sonnenliegen zugestellt. Kostenlos ist der Blick auf die ein Kilometer im Meer vorgelagerte Insel Sv. Nikola.

Sveti Nikola

Die Insel Sveti Nikola ist die beliebteste Ausflugsattraktion in Budva und der Umgebung. Die Insel ist einen Kilometer von Budvas Stränden entfernt. Sie ist nur 36 Hektar groß und 2 Kilometer lang, aber dennoch die größte Insel des Landes. Neben **Kieselsteinstränden** bietet Sveti Nikola mehrere versteckte **Buchten**, die aber nur mit dem Boot erreichbar sind. Die schönsten befinden sich an der Südseite.

Früher war Sveti Nikola von Budva über eine Landzunge erreichbar, heute bringen Taxiboote die Besucher für drei Euro zur Insel. Bekannt ist das Eiland auch unter dem Namen Hawai, nach einer Disco, die einst auf der Insel betrieben wurde. Manch einer versucht, die Insel schwimmend zu erreichen. Auf keinen Fall sollte man die Strecke von einem Kilometer im offenen Meer unterschätzen. Selbst geübte Schwimmer brauchen etwa 30 Minuten.

Slovenska Plaža

Etwa einen Kilometer östlich der Altstadt von Budva liegt die Feriensiedlung Slovenska Plaža mit dem gleichnamigen, 1600 Meter langen Sandstrand. Der Name entstand, als noch vor dem Zweiten Weltkrieg Slowenen dort regelmäßig badeten. Man erreicht die Feriensiedlung und den Strand von Budva bequem zu Fuß über die Uferpromenade, mit dem Auto über die Hauptküstenstraße.

Der Strand Slovenska PlaÏa gehört zu den meistfrequentierten in Budva und an der montenegrinischen Küste. Er bietet ideale Bedingungen für Familien mit Kindern, da das Ufer flach ins seichte Meer abfällt. Unmittelbar am Strand gibt es Cafés, Geschäfte und Kioske.

Die **Feriensiedlung** vermittelt den Eindruck eines kleinen lebhaften Dorfes. Alle Gebäude sind durch kleine Wege mit-

Sveti Nikola

Gäste der Feriensiedlung

einander verbunden und stoßen früher oder später auf den Korso, die Flaniermeile. Sie wird gesäumt von Boutiquen, kleinen Supermärkten, Cafés, Restaurants, Pizzerien und anderen Geschäften, die die Bedürfnisse der Besucher befriedigen. Wer auch in den Ferien der körperlichen Ertüchtigung frönen möchte, findet hier beste Bedingungen für fast alle gängigen Sportarten. Es gibt Tennis- und Fußballplätze, einen ein Kilometer langen Trimmpfad und Tischtennisplatten. Am Strand wird Wasserski angeboten, Surfbretter können gemietet werden und sogar das Fallschirmspringen kann betrieben werden. Die komplette Anlage ist autofrei.

Budva

Vorwahl: 033.
Postleitzahl: 85310.
Tourismusorganisation der Gemeinde Budva, ul. Mediteranska 8/6, Tel. 402814. www.budva.travel

Zahlreiche Geldautomaten, die Bankangestellten sprechen meist Englisch. Gleich drei Banken liegen sehr zentral:
Erste Bank, 22. Novembra, Tel. 403844. www.erstebank.me
CKB, Mediteranska ulica, Tel. 451075. www.ckb.me
Prva Banka Crna Gora, Mediteranska 5, Tel. 403937. www.prvabankacg.com

Postamt, Mediteranska 8, Tel. 402564; 7–20 Uhr.

Busbahnhof, trg Sunca br. 7, Tel. 456000. In der Saison mehrmals täglich Busverbindungen in alle Landesteile und nach Belgrad. Alle 30 Minuten fahren Busse nach Ulcinj und in die andere Richtung nach Herceg Novi.

Taxivereinigung Budva, Slovenska obala b.b., Tel. 456777.
Eco Taxi, Tel. 19567.
Hello Taxi, Tel 19555.
Sany Taxi, Tel. 19728.

Der **Flughafen** Tivat liegt 20 Kilometer entfernt. Flughafenauskunft Tivat: Tel. 032/670975. Bis zum Flughafen Podgorica 80 Kilometer. Flughafenauskunft Podgorica: Tel. 020/444240. www.montenegroairports.com
Büro der **Montenegro Airlines**: Mediteranska 2, Tel. 451735.

Budva ist das Touristenzentrum in Montenegro, daher ist das Übernachtungsangebot groß. Zahlreiche Privatpersonen vermieten Zimmer und Ferienwohnungen, es gibt Campingplätze und Hotels in allen Preisklassen.
Hotel Avala, Mediteranska 2, Tel. 402656. Neben der Altstadt, kürzlich renoviert. Zimmer mit Sat-TV, Klimaanlage, teilw. Meerblick. Zwei Restaurants, Bar, Café, Hallenbad und Außenpool. 300 Meter bis zum Strand Mogren, Zu-

▶ Karte S. 191/192

gang für Hotelgäste kostenlos. Whirlpool, Dampfbad und Sauna kostenlos, Massage gegen Gebühr. DZ ab 160 Euro. www.avalaresort.com

Vila Balkan, Tel. 403564. In der Altstadt beim Bootshafen. Fünf nett eingerichtete Zweizimmer-Apartments, Klimaanlage, Kabel-TV, Telefon. Italienisches und Chinesisches Restaurant; DZ 80 Euro. www.vilabalkan.me

Hotel Max Prestige Budva, Žrtava fašizma b.b., Tel. 458330. Neues, sehr stilvolles Hotel im Südosten Budvas, etwa 700 Meter vom Strand entfernt, mit 11 Zimmern und 8 Apartments. Mit Pool, kleiner Kinderspielplatz, Parkplatz, Autoverleih, Restaurant, Zimmer mit Klimaanlage, Kabel-TV, geschmackvoll eingerichtet; DZ 80–120 Euro. www.hotelmaxprestige.com

Hotel Moskva, Topliski put bb, Tel. 681110. Schickes 4-Sterne-Hotel, etwa 500 Meter vom Strand entfernt. Elegant eingerichtet, Sauna und Hamam, Terrasse mit Meerblick; DZ ab 120 Euro. http://hotelmoskva.me

Feriensiedlung Slovenska plaza, Trg Slobode 1, Tel. 402456; DZ ab 70 Euro. Preiswerter wird es, bucht man über einen deutschen Reiseveranstalter. Dann kostet eine Woche im DZ ab 150 Euro. www.hgbudvanskarivijera.com

Hotel Sajo, Jadranski put bb, Tel. 460243. Acht Zimmer, zwölf Apartments. Klimaanlage, Telefon, Internetanschluss, Kabel-TV, überwachter Parkplatz, Sauna. Rent-a-car im Haus. Etwa 300 Meter bis zum Slovenska Plaža; DZ 80–125 Euro. www.sajohotel.com

Hotel Suzana, Jadranski put bb, Tel. 458578. Kleines Hotel mit 30 Zimmern, ausgestattet mit Klimaanlage, Sat-TV, Telefon, teilweise mit Balkon und Meerblick; DZ 70–110 Euro.

Auto kamp Anton,Mainski put bb, Tel. 457158. www.turizamcg.com/AUTOKAMP/anton/autokampanton.htm.

Auto kamp Budva, Velji vinogradi b.b, Tel. 278747. http://www.montenegro-camps-budva-autokamp.com.

Beide Plätz liegen stadtnah unter Bäumen, Stellplatz jeweils 5–10 Euro pro Tag.

Autocamp Jaz, Plaža Jaz, Tel. 474895. Platz mit sehr einfacher Ausstattung, aber unmittelbar beim Strand. Sanitäre Anlagen und ein kleiner Supermarkt sind vorhanden.

In Budva reicht das gastronomische Angebot, wie fast überall an der Küste, vom Hamburger am Straßengrill bis zum Feinschmeckerrestaurant. Zahlreiche Möglichkeiten zur Verpflegung.

Restaurant Maša, Gradska luka bb, Tel. 453777. Direkt am Strand zwischen Wasserballstadion und Stadtmauer, mit Blick auf den Yachthafen. Edles Ambiente und entsprechende Preise. Fisch in allen Variationen.

Restaurant Jadran Kod Krsta, Obala bb, Tel. (0)69/030180. An der Strandpromenade mit Blick auf die Altstadt. Schöne schattige Gartenterrasse. Mediterrane Küche mit durchschnittlichen Preisen. www.restaurantjadran.com

Restaurant Stari grad, Njegoševa 14, Tel. 454443. Kleines Fischrestaurant beim Stadtstrand. In der Saison Live-Musik, Menüs auch zum mitnehmen.

Restaurant Lim, Slovenska obala, Tel. 069/023957. Direkt an der Strandpromenade. Guter Service, günstige Preise, nettes Ambiente; tgl. 9–1 Uhr.

Gesundheitshaus (Dom Zdravlja), trg Sunce br. 6, Tel. 427200. Im gleichen Gebäude auch die Erste Hilfe: Hitna pomoć, Tel. 453738. www.dzbudva.com

Budva hat zahlreiche Apotheken. Gleich mehrere gibt es in der Altstadt:

Apotheke Stari grad, trg pjesnika (Stari grad), Tel. 453705.

Apotheke Althara, ul. Jadranski put bb, Tel. 458955.

Bečići

Der Tourismus hat in Bečići eine lange Tradition und prägt den Ort auch heute. Bereits 1939 wurde sein **Strand** in Frankreich zum schönsten Naturstrand in Europa erklärt, und seitdem hat der Strand nichts von seiner Attraktivität verloren. Er besteht aus feinem Sand und fällt flach ins seichte Meer ab, das an dieser Stelle, wie fast an der ganzen montenegrinischen Küste, sehr ruhig ist. Familien mit Kindern finden ideale Bedingungen vor. Aber auch für sportambitionierte Besucher ist gesorgt: Es gibt Fußball- und Tennisplätze, Basketball- und Volleyballfelder können genutzt werden, Wasserski und Paragliding werden angeboten. Am Strand von Bečići findet jedes Jahr im Sommer das internationale Beach-Soccer-Turnier statt. Fußballhochburgen wie Brasilien und Frankreich schicken dann ihre Auswahlmannschaft nach Montenegro.

Im Winter ist Bečići fast menschenleer und sehr ruhig. Wer sich zu dieser Zeit hier aufhält, kann allein am Strand entlang spazieren und die Ruhe genießen. Während der Sommermonate erlebt der Besucher genau das Gegenteil. Besucher aus der ganzen Welt kommen hierher und sorgen zusammen mit den touristischen Attraktionen für ein pulsierendes Leben. Allerdings hat der Strand in den letzten Jahren eine Kommerzialisierung erfahren. Die großen Hotels besitzen inzwischen eigene markierte Strandabschnitte, an nur noch wenigen Stellen kann man einfach sein Handtuch ausbreiten. Möchte man sich am Strand sonnen, muss man Liege und Sonnenschirm mieten. In der Hochsaison ist es am Strand voll, laut und lebhaft. Zahlreiche Wassersportmöglichkeiten wie Jet-Ski, Tretboot oder auch Paragliding werden angeboten. Wer es ruhiger mag, kommt besser in der Vor- oder Nachsaison hierher.

▲ Karte S. 188

Bečići ist im Sommer sehr lebhaft

Bečići

Vorwahl: 033.
Postleitzahl: 85316.

Hotel Queen of Montenegro, ul. Narodnog fronta bb, Tel. 662662. Vier-Sterne-Hotel mit Wellnessbereich, Kasino, Terrasse und Pool mit Meerblick. Das wurde 2008 renoviert. Schlauchartige Zimmer, aber mit Balkon, Kabel-TV, Klimaanlage und Safe; DZ 120–240 Euro. www.queenofmontenegro.com

Hotel Mediteran, Tel. 424000. Großer Hotelkomplex mit 230 Zimmern, großem Wellnessbereich, drei Restaurants und dem Café ›Opera‹. Geschmackvoll eingerichtete Zimmer, teilweise mit Balkon, Meerblick gegen drei Euro Aufpreis; DZ 100–200 Euro. www.hotelmediteran.info

Hotel Tara, Tel. 771771, und 455072. Hotelkomplex mit 146 Zimmern. In den oberen Stockwerken mit Meerblick, funktional eingerichtet. Hoteleigenes Restaurant, Bar, TV-Raum; DZ 70–140 Euro. www.unistours.com

Hotel M-Kuč, Bečićka plaza 77, Tel. 471180. Hotel direkt am Strand mit eigener Anlegestelle. Wasserski und Jet-Ski möglich. Neben Einzel- und Doppelzimmern auch Familienapartments. Ausgestattet mit Klimaanlage, Sat-TV, Kühlschrank, Terrasse, Meerblick. Hoteleigenes Restaurant; DZ 60–140 Euro. www.hotel-kuc.com

Hotel Montenegro, Tel. 773773. Wurde mehrfach zum besten Hotel Montenegros gewählt. Der komplette Komplex ist klimatisiert, alle Zimmer mit Balkon, Kabel-TV, und Safe. Großer Wellnessbereich; DZ 100–200 Euro. www.montenegrostars.com

Tri Ribara, am Strand im kleinen Fischerdorf Rafailovoći, Tel. 451436. Gutes Fischrestaurant, geführt von einer alteingesessenen Fischerfamilie. Im Stil der für diese Gegend typischen Fischerhäuser. Dazu gehören steinerne Bänke im Inneren und auf der Terrasse Holzstühle und -tische. Die Preise orientieren sich am gehobenen Ambiente.

Campingplatz Avala, Jadranski put bb, Tel. 453941; Mai–Okt. Etwa 300 Meter vom Strand entfernt, einfach ausgestattet.

Kamenovo und Pržno

Der bekannte **Strand** von Kamenovo ist 320 Meter lang und liegt zwischen Bečići und Pržno. Man erreicht ihn zum Beispiel von Rafailovići zu Fuß über die Strandpromenade, die hier durch einen recht langen Tunnel führt. Wie inzwischen fast alle Strände in Montenegro wird auch dieser privat betrieben.

Gleich hinter Kamenovo liegt der Ort Pržno, nicht zu verwechseln mit der Bucht Pržno bei Tivat. Die Einwohner von Pržno lebten früher vom Fischfang, der Ort ist somit ein richtiges Fischerdorf. Im Jahr 1970 wurde das Hotel ›Maestral‹ fertiggestellt, seitdem hat der Tourismus auch hier eine große Bedeutung erlangt. Der sehr schöne **Strand** von Pržno liegt in einer kleinen Bucht und erstreckt sich auf rund 300 Metern.

Miloćer und Kloster Praskvica

Der Ort Miloćer ist wegen des gleichnamigen Hotelkomplexes in dem 15 Hektar großen Park bekannt. Schon die Zufahrt durch einen Torbogen verrät, dass es sich nicht um eine gewöhnliche Touristensiedlung handelt. In früheren Tagen verbrachte König Karađorđević mit seiner Familie die Sommer an diesem Ort. Die königliche Sommervilla wurde später zum Hotel umgebaut und präsentiert sich nun als exklusives Haus in ruhiger Umgebung inmitten des Parks. Der Strand

Auch Kamenovo ist vor allem wegen seines Strandes bekannt

ist nur 20 Meter entfernt, und daher hat man einen schönen Blick auf das Meer. Hotel und der 400 Meter lange Strand liegen in der Bucht Velika Luka. Vom Strand führt in östlicher Richtung ein in den Fels geschlagener Tunnel, den man nur gebückt durchlaufen kann, zu einer kleinen Mole mit Bootsanlegestelle. Hier, etwas abseits, hat man den Strand und das Hotel im Blick, und es lässt sich auch sehr gut baden.

Die Königsfamilie hatte zwar hier ihr Sommerhaus, die Königin nutzte jedoch einen Strand in der unmittelbaren Nachbarschaft zum Baden und Sonnen. Der Strand der Königin – Kraljica Plaža – befindet sich wenige Meter weiter westlich, in der Bucht Mala Luka.

In der Bucht Velika Luka führt die Strandpromenade unmittelbar am Hotel vorbei. Folgt man ihr in östlicher Richtung, erreicht man am Ende des Strandes einen schmalen Weg, der an den Klippen entlang weiter nach Sveti Stefan führt. Selbst im Sommer und bei großer Hitze kann man den Spaziergang wagen, schützt doch die dichte Bewaldung vor der Sonne und spendet angenehme Kühle. Belohnt wird man mit einem einzigartigen Blick auf Miloćer und die Hotelinsel Sveti Stefan auf der anderen Seite. Oberhalb der Küstenstraße, und von Miloćer in 30 Minuten Fußweg zu erreichen, befindet sich das orthodoxe Kloster Praskvica. Es hat zwei Kirchen. Die kleinere, Sveti Trojice (Heilige Dreifaltigkeit), stammt, so wird vermutet, aus dem Jahr 1307. Der Glockenturm der Kirche wie auch der Vorraum wurden allerdings erst nachträglich angebaut. Die Gemälde an den Wänden der Kirche stammen von dem zu seiner Zeit sehr bekannten Ikonenmaler Radul und wurden im Jahr 1681 geschaffen.

Die große Kirche wurde 1847 erbaut. An gleicher Stelle stand bereits seit 1413 eine Kirche, die jedoch von den Franzosen 1812 niedergerissen wurde. Nur ein Teil des Mittelschiffs blieb erhalten und wurde beim Neubau der Kirche integriert. Bedeutung hat das Kloster in anderer Hinsicht: Hier entstand die erste Schule an der Küste Montenegros.

Noble Unterkunft: Miloćer

▲ Karte S. 188

Miloćer

Vorwahl: 033. **Postleitzahl**: 85315.

Hotel Maestral, Pržno bb, Tel. 410100. Großer, jüngst komplett renovierter Hotelkomplex. 180 Zimmer mit Klimaanlage, Safe, Telefon, TV und Meerblick. Wellnesscenter mit Außenpool, Sauna, Massage, Internetcenter; DZ 100–240 Euro. https://maestral.me

Hotel Miloćer, Tel. 468242. Exklusives Luxushotel mit Privatstrand. Suite ab 900 Euro. www.aman.com

Hotel Adrović, Jadranski put bb, Tel. 468507. Knapp 200 Meter vom Strand entfernt. Die Preise für ein Apartment beginnen außerhalb der Saison bei 60 Euro und enden bei 150 Euro in der Hochsaison. Die Hotelterrasse bietet einen exklusiven Blick auf Sveti Stefan. www.hoteladrovic.com

Sveti Stefan

Seit 1960 ist Sveti Stefan eine Hotelinsel. Die letzten Bewohner der Insel wurden 1952 ausgesiedelt, um die Gebäude dann restaurieren und grundlegend umgestalten zu können. Es entstanden 110 komfortable Apartments mit fast 250 Betten. Zur damaligen Zeit war die Umwandlung der Insel zur Touristensiedlung eine revolutionäre Idee. Mittlerweile haben sich jedoch einige Nachahmer gefunden.

Die kleine Insel ist durch einen Damm mit dem Festland verbunden. Er entstand durch Ablagerungen von Sand und Kies und wurde später mit Steinen befestigt. Heute führt ein betonierter Fußweg zur Insel. Dorthin gelangt man nur als Hotelgast oder zur Besichtigung gegen Eintrittsgebühr an bestimmten Tageszeiten. Außerhalb der Touristensaison, von November bis April, ist das Inseldorf geschlossen. Zahlreiche Prominente waren Gäste auf Sveti Stefan, darunter Sophia Loren, Sylvester Stallone oder Claudia Schiffer.

Vor der Insel und zu beiden Seiten des Damms gibt es einen schönen flach ins Meer abfallenden **Sandstrand**, auf der Insel befinden sich mehrere alte **Kirchen** wie die kleine Kirche des Heiligen Stefan, die ihr den Namen gab.

Sveti Stefan wurde im 15. Jahrhundert von Angehörigen der Paštrovići gegründet. Dieser Clan bestand aus zwölf Stämmen. Jeder Stamm errichtete ein Haus auf der Insel, um dort, wenn Gefahr vom Festland drohte, Schutz zu finden und Lebensmittelvorräte sicher lagern zu können. Noch heute zeugen alte Olivenpressen und Gefäße zur Aufbewahrung von Öl davon.

Den Paštrovići wurde auch unter den verschiedenen Herrschern und Besatzern der montenegrinischen Küste stets ihre Autonomie zugestanden. Sie besaßen ihre eigenen Vertreter, die sich aus vier Richtern, zwei Herzögen und zwölf Clanmitgliedern zusammensetzten. Diese tagten auf dem Platz vor dem Stadttor; so erhielt Sveti Stefan auch den Beinamen ›Platz der Gerechtigkeit‹ (Mjesto od prave).

Die Hauptküstenstraße verläuft oberhalb von Sveti Stefan und gibt den bekannten Panoramablick auf die Hotelinsel frei. Eine Einbuchtung an der Straße erlaubt das Abstellen des Fahrzeugs, in aller Ruhe lassen sich dann Fotos schießen. Der Blick ist tatsächlich einmalig und beschränkt sich nicht nur auf die Halbinsel, sondern reicht bis Miloćer und die Umgebung von Budva.

Schon bei der kurvenreichen Abfahrt ans Meer wird deutlich, dass Sveti Stefan ganz auf Besucher und Touristen eingestellt ist. Überall findet man Schilder, die auf Übernachtungsmöglichkeiten hinweisen, Kioske, Eisbuden und Geschäfte, die ihr Sortiment in erster Linie am Touristenbedarf ausrichten. Seit Eröffnung der Hotelinsel

Die reizvolle Insel Sveti Stefan

galt Sveti Stefan als Urlaubsgegend für den gut gefüllten Geldbeutelbesitzer, viele der in jüngster Vergangenheit errichteten Hotels und Apartments sind in dieser Tradition errichtet worden. Dabei ist erfreulich, dass die Gebäude der Gegend angepasst wurden: Bettenburgen und Hotelhochhäuser wird man nicht finden. Während der Sommermonate wimmelt es in Sveti Stefan von Menschen. Der Strand an der linken Seite des Damms ist zwar kostenpflichtig, aber dennoch im Juli und August sehr frequentiert. Der etwas kleinere Strand auf der rechten Seite ist den Gästen der Hotelinsel vorbehalten.

Die Schönheit von Sveti Stefan und der Umgegend zeigt sich am deutlichsten außerhalb der Hochsaison, von Mai bis Mitte Juni und vor allem im September. Meist wird dann noch kein Einritt für den Strand verlangt, selbst der hoteleigene Strand kann benutzt werden.

Für die Besucher der Hotelinsel steht ein großes Parkhaus zur Verfügung. Wer Sveti Stefan in den Sommermonaten nur kurz besuchen möchte, kommt am besten mit dem Bus oder parkt sein Auto schon vor den Toren der Stadt. Auf der engen Ortsstraße drängeln sich die Fahrzeuge, so dass die kurze Strecke zum Strand nicht angenehm ist.

Sveti Stefan

Vorwahl: 033. **Postleitzahl**: 85315.

Hotel Vila Montenegro, Vukice Mitrovic 2, Tel.468802. Exklusives Fünf-Sterne-Hotel gegenüber der Hotelinsel Sveti Stefan. Zimmer mit TV, Terrasse mit Meerblick, Pool, Fitnesscenter und Türkisches Bad; DZ ab 260 Euro.
www.villa-montenegro.com

Hotelinsel Sveti Stefan, Aman Sveti Stefan, Tel.420000. Die Insel wurde von einem Investor für 30 Jahre gepachtet und zum Luxushotel umgestaltet. Suiten gibt's ab 1000 Euro. www.aman.com

Campingplatz Crvena glavica. 200 Stellplätze teilweise unter Bäumen, etwa sieben Kilometer südlich von Budva in Richtung Petrovac. Sehr einfache sanitäre Anlagen.

Tauchclub **Deep & Blue**, Tel. 069/030003. Organisation von Tauchexkursionen in der Umgebung von Sveti Stefan. Ausrüstung kann vom Verein gestellt werden.

▸ Karte S. 188

Kloster Režević

In der Nähe des Örtchens Režević befindet sich das gleichnamige orthodoxe Kloster. Vermutlich wurde mit seinem Bau bereits im 13. Jahrhundert begonnen. Der Baubeginn der großen Kirche des Klosters lässt sich ebenfalls nicht datieren. Untersuchungen haben aber gezeigt, dass sie zu den ältesten Gebäuden des Klosters gehört. Erweitert wurde die große **Kirche der Maria Himmelfahrt** erstmals im 18. Jahrhundert. Es entstanden zusätzliche Wandmalereien und Ikonenbilder, die der Künstler Aleksije Lazović gestaltete.

Die kleine der beiden Kirchen ist die **Kirche der Heiligen Dreifaltigkeit**, errichtet 1770. An gleicher Stelle hatte sich zuvor die Kirche des heiligen Stefan befunden. Sie wurde niedergerissen, lediglich Teile einer Mauer mit Wandmalereien blieben erhalten. Sehenswert ist die vom Künstler Marko Gregović gemalte Ikonenwand.

Das Kloster war immer wieder Ziel von Plünderern und wurde mehrfach zerstört. Zunächst raubten die Türken alles Wertvolle, später richteten die Franzosen Schäden an, das letzte Mal wurde es zu Beginn des Zweiten Weltkriegs zu großen Teilen zerstört.

Petrovac (Petrovac na moru)

Petrovac ist ein touristischer Ort, der während der Hochsaison sehr stark frequentiert wird. Obwohl während dieser beiden Monate die Menschen dicht an dicht am **Strand** von Petrovac liegen und zahlreiche kleinere Geschäfte und sonstige Verkaufsstände versuchen, Umsatz zu machen, bewahrt sich der Ort auch in dieser Zeit sein Flair.

An der **Uferpromenade** und in der Hafengegend befinden sich viele kleine Restaurants. Spezialität ist hier frischer Fisch und andere Meerestiere. Der Ort ist umgeben von Olivenhainen, Pinienwäldern und Weinbergen.

Petrovac erhielt seinen heutigen Namen erst nach dem Ersten Weltkrieg. Erwähnung fand der Ort aber schon im 12. Jahrhundert, damals noch unter dem Namen Lastva, der vermutlich illyrischen Ursprungs ist. Man hat im Ort und in der Umgebung **Gräber und Ruinen aus römischer Zeit** entdeckt. Seit 1442 war Petrovac unter venezianischer Herrschaft, seit Ende des 18. Jahrhunderts entwickelte sich Petrovac in seiner neueren Form.

Anfang des 19 Jahrhunderts wurden in den Olivenhainen nahe der Orthodoxen **Kirche sv. Ilija** (Heiliger Elias) zwei **Bodenmosaike** mit einer Größe von 15 und 37 Quadratmetern freigelegt. Es wird angenommen, dass sie im 3. oder 4. Jahrhundert entstanden. Am Ende der Bucht von Petrovac errichteten die Venezianer im 16. Jahrhundert die Festung Castel Lastua, die im Volksmund auch

Im Sommer dicht bevölkert: der Strand in Petrovac

›Kastio‹ genannt wird. Etwas weiter westlich befindet sich das ehemalige Lazarett von Petrovac. Es diente als Isolationsstelle bei Epidemien und zur Quarantäne von Seeleuten. Heute befindet sich ein Restaurant in dem restaurierten Gemäuer. Der lange, sandige, flach ins Meer abfallende Strand liegt bananenförmig in der kleinen Bucht von Petrovac. Am Strand entlang führt ein Spazierweg, der durch einen kleinen Park vom Strand getrennt wird. Auch im **Park** liegen im Sommer die Sonnenhungrigen und Strandbesucher, dank seiner Bäume bietet er auch ohne kostenpflichtige Sonnenschirme reichlich Schatten.

Über die Promenade erreicht man in nordwestlicher Richtung die **Festung Kastio** und den kleinen **Bootshafen** von Petrovac. Über einige Stufen gelangt man zum **Denkmal der Familie Petrovićs**. Es erinnert an die im Zweiten Weltkrieg gefallenen Familienmitglieder. Die Festung diente früher dazu, feindliche Angriffe auf die Stadt abzuwehren. Ein Überbleibsel aus dieser Zeit ist eine auf das Meer gerichtete Kanone, die heute friedlichen Zwecken dient und ein beliebtes Fotomotiv ist. Von dort aus lässt sich der gesamte Strand von Petrovac überblicken. Petrovac wird das ganze Jahr von Touristen besucht. Von Juni bis September werden zahlreiche Wassersportmöglichkeiten angeboten, beispielsweise Wasserski und Surfen. Es stehen auch mehrere Tennisplätze gegen eine Gebühr zur Verfügung. Wer darauf keinen großen Wert legt oder nicht gezwungen ist, in der Hochsaison zu reisen, dem sei ein Besuch im Mai oder September empfohlen. Dann lässt sich die Schönheit des Ortes und die erholsame Ruhe, ohne dass eine Spur von Langeweile aufkommt, am besten genießen.

1,5 Kilometer vor Petrovac erheben sich die beiden kleinen Inseln **Katice** und **Sveta Nedelja** aus dem Meer. Auf Sveta Nedelja befindet sich eine Kirche, die Seeleute dort errichteten, nachdem sie vor der Insel gestrandet waren. Südöstlich von Petrovac liegt die **Grotte Petrovacka Pecina**. Sie ist nur mit einem Boot zu erreichen.

Petrovac

Vorwahl: 033. **Postleitzahl**: 85300.

Busbahnhof an der Zufahrt oberhalb des Ortes, Tel. 461510.

Hotel Palas, Tel. 561202. Großes Hotel an der Uferpromenade. Zimmer teilw. mit Balkon und Meerblick. Speisesaal, Bar, Fitnessraum, große Terrasse im weitläufigen Garten; DZ ab 80 Euro. www.hgbudvanskarivijera.com

Hotel Monte Casa, Obala bb, Tel. 426900. Das ehemalige Hotel ›4. Juli‹ oberhalb des Kastells wurde nach vierjähriger Umbauzeit neu eröffnet. Herausgekommen ist ein stilvolles Hotel mit Wellness- und Spa-Center. Außenpools, Terrasse mit Blick auf Petrovac und das Meer; DZ ab 150 Euro. www.montecasa.com

Hotel Danica, Nika Andjusa bb, Tel. 462304. 80-Betten-Hotel an der Uferpromenade. Zimmer mit Klimaanlage, Heizung, Kabel-TV; DZ 80–130 Euro. www.hoteldanica.net

Hotel Rivijera, Tel. 422100. Vier Sterne, ruhig in einem Pinienwald gelegen. Zimmer mit Balkon, Klimaanlage, Sat-TV, Telefon und Internetanschluss; DZ 110–200 Euro. Günstigere Preise bei Buchung über einen Reiseveranstalter. http://hotel-rivijera-montenegro.com

Hotel Djurić, Naselje Brezine bb, Tel. 461814. Drei-Sterne-Haus, 200 Meter vom Strand entfernt. Zimmer mit Klimaanlage, Kabel-TV und Küchenzeile; DZ 40–80 Euro. www.hoteldjuric.com

Hotel W Grand, Brezine, Tel. 461703. 2006 eröffnet, tolles Panorama vom Restaurant in der oberen Etage. Zimmer mit Klimaanlage, Kabel-TV und Internetanschluss, Wellnessbereich; DZ 80–110 Euro mit HP. www.wgrandpetrovac.com

An der Uferpromenade reihen sich Konditoreien, Cafés, Pizza- und Hamburger-Läden aneinander. Dazwischen findet man einige sehr feine Restaurants.

Konoba Orada, an der Promenade nahe dem Kastell. Schattige Terrasse unter Weinreben. Spezialität: Fisch und Meeresfrüchte.

Campingplatz Maslina in Buljarica, etwas außerhalb von Petrovac, Tel. 461215/16. Platz für 200 Campingeinheiten mitsamt den üblichen sanitären Anlagen; rund 300 Meter vom Strand. www.campingmaslina.com

Der **Strand** von Petrovac ist rund 850 Meter lang, aus feinem rötlichen Sand und in einer flachen Bucht gelegen. Sonnenschirmverleih, Restaurants und Hotels in der Nähe. Zahlreiche Wassersportmöglichkeiten, Uferpromenade zum Flanieren, kleiner Hafen.

Drobni pijesak: 300 Meter lang, abgelegen und romantisch. Einsamer Strand mit einer Süßwasserquelle, zahlreiche versteckte Plätze, Restaurant.

Lućice: 250 Meter lang, 30 Meter breiter Kieselstrand, flach ins Meer abfallend. Romantisch in einer ruhigen Bucht gelegen, umgeben von Bäumen und Feldern, weit ab von der Hauptstraße.

Perazica Do: 200 Meter langer Stein-Kiesel-Strand. Eingebettet zwischen Felsen und dem Hotel Zlatna Obala.

Sutomore

Nachdem man Petrovac hinter sich gelassen hat, entfernt sich die Küstenstraße etwas vom Meer und erreicht zunächst den Ort Buljarica. Von dort bis Sutomore befinden sich einige der attraktivsten Strände Montenegros. Sie sind von der Straße kaum auszumachen, scheinbar wahllos am Straßenrand geparkte Autokolonnen deuten aber an, dass in der Nähe ein Weg zu einem dieser Strände führen muss.

Sutomore ist verkehrstechnisch gesehen die erste oder letzte Eisenbahnstation an der Küste, unter touristischen Gesichtspunkten ein Ort mit einem sehr schönen breiten Sandstrand. Die Kombination von beidem bestimmt im Sommer sein Erscheinungsbild. Der Ort liegt in einer kleinen Bucht, in Strandnähe befinden sich einige Hotels. Sutomore ist umgeben von Olivenhainen, Weinreben und Gemüsegärten.

Der Ort entstand erst in der Mitte des 19. Jahrhundert, als Bewohner des Hinterlandes sich an diesem Teil der Küste niederließen. Die Bewohner der Gegend sind meist orthodoxen oder katholischen Glaubens. Bemerkenswert ist, dass beide Glaubensrichtungen seit langem die selbe, mit zwei Altären ausgestattete Kirchen besuchen, um ihre Gottesdienste abzuhalten.

Leider hat Sutomore in der jüngeren Vergangenheit eine negative Entwicklung durchgemacht. Galt es früher als romantischer ruhiger Badeort, ist es mittlerweile vom Massentourismus eingeholt worden. Viele inländische Urlauber kommen mit der Bahn aus Podgorica oder dem Hinterland nach Sutomore. Hinzu kommen die Urlauber aus den verschiedenen Hotels des Ortes. Während der Hochsaison ist kaum ein Platz am Strand zu finden. Auf der parallel zum Strand verlaufenden Promenade drängen sich selbst bei großer Hitze in der Mittagszeit die Touristen und machen ein Flanieren unmöglich. Zwischen den Menschenmassen sucht noch die Strandbimmelbahn mühsam nach einem Durchkommen. Flankiert wird die gesamte Promenade und auch fast jedes andere freie Plätzchen von Restaurants und vor allem von Verkaufsständen, die Plastikspielzeug und andere wenig nützliche Dinge an-

Sonnenschirmmuster in Sutomore

▲ Karte S. 188

bieten. Der Ort tritt völlig in den Hintergrund und hat keine Chance, seine Attraktivität zu entfalten.
Wer diese Art von Tourismus mag, ist in den Monaten Juli und August gut in Sutomore aufgehoben. Allen anderen sei der Rest des Jahres empfohlen, um das zu erleben, was in einem Reiseführer von 1981 als ›dramatische und wildromantische Landschaft‹ beschrieben wird.

Sutomore

Vorwahl: 033. **Postleitzahl**: 85355.

In etwa stündliche Verbindung Richtung Podgorica. Die Straße zum **Bahnhof** zweigt oberhalb des Ortes von der Magistrale ab; Tel. 373257.

Sutomore wird traditionell von einheimischen, serbischen und tschechischen Urlaubern besucht. Die Hotels haben meist zwei und drei Sterne und gehören zu den preiswerteren an der montenegrinischen Adriaküste. Allerdings muss man Abstriche bei Komfort und Ausstattung machen, und in der Saison geht es meist sehr lebhaft zu.
Apart Hotel Sea Fort, Obala Iva Novakovića, Tel. 314888. Direkt an Promenade und Strand gelegen. Luxuriöses Apartment-Hotel. Exklusives Restaurant, Beauty-Center, Kinderspielplatz. Hoteleigener Strandabschnitt; ab 60 Euro.
Hotel Lovćen, Tel. 374444. Zwei-Sterne Hotel, nähe Busbahnhof, 400 Meter bis zum Strand. Alle Zimmer mit Terrasse, Heizung und Internetanschluss; DZ ab 40 Euro.
Hotel Sato, Obala Ive Novakovića bb, Tel. 374256. Bei dem Hotel handelt es sich um das ehemalige Hotel Nikšić. Er wurde von Grund auf renoviert und modernisiert und hat jetzt mehrere Restaurants, moderne Zimmer mit Internetzugang und einen schönen Wellnessbereich sowie Außenpool und einen hoteleigenen Strandbereich; ab 50 Euro, in der Sommersaison schnell ausgebucht. http://satoresort.com

Sehr schöner 30 Meter breiter und 1400 Meter langer **Sandstrand**, in einer kleinen Bucht gelegen. Liegestuhl-und Sonnenschirmverleih, Duschen, Umkleidekabinen, Restaurants. Mehrere Hotels nahe am Strand.

Restaurant Izvor, Coast Iva Novakovica, Tel. 032821. Vier-Sterne-Restaurant an der Promenade, montenegrinische Spezialitäten und Fisch.
Pizzeria Montenegro 8, Obala Iva Novakovica, Tel. 030/311043. An der Promenade, von der großen sonnengeschützten Terrasse lässt sich das Treiben am Strand beobachten.

Bar

Bar ist die bedeutendste Hafenstadt Montenegros und Endpunkt der wichtigen Eisenbahnlinie Belgrad–Bar. Die Stadt ist unterteilt in Stari Bar (Alt-Bar) und Bar. Stari Bar mit seiner Befestigung liegt fünf Kilometer landeinwärts am Fuße des 1593 Meter hohen Rumija-Gebirges. Das neue Bar entwickelte sich zu Beginn des 20. Jahrhunderts an der Küste und wird von Hochhaussiedlungen aus sozialistischer Zeit dominiert. Aus dieser Epoche stammt auch das große Kaufhaus im Zentrum, wie unschwer an seiner Architektur zu erkennen ist.
Bar war aber auch Königsstadt, das frühere Königsschloss zeugt davon. Zudem ist Bar bekannt für den Anbau von Weintrauben, Zitrusfrüchten und Oliven. Vor den Toren der Stadt befindet sich einer der ältesten Olivenbäume Europas.
Bar besitzt eine lange **Promenade** und einige schöne **Stadtstrände**, allerdings fast immer mit Hafenblick. In der Stadt

leben 14 000 Menschen, die Gemeinde hat 20 000 Einwohner. Nach den Montenegrinern bilden Serben, Albaner und Bosniaken die größten Bevölkerungsgruppen. Die beiden wichtigsten Wirtschaftszweige sind Handel und Tourismus.

Geschichte

Bar wurde erstmals im 9. Jahrhundert erwähnt, damals noch als Antibarum. Über die Entstehung der Stadt gibt es jedoch kaum gesicherte Erkenntnisse. Vermutet wird, dass eine erste Siedlung im 6. Jahrhundert errichtet wurde, um sich besser gegen die Angriffe der Awaren verteidigen zu können. Andere sagen, der Grundstein wurde im 7. Jahrhundert gelegt, als Slawen das Gebiet besiedelten. Im 10. Jahrhundert war Bar als Ort der Heeresprovinz Dyrrachion bekannt, die zum Byzantinischen Reich gehörte.

Fürst Stefan Vojislav von Zeta wählte Bar 1042 zu seiner Residenzstadt. Als sein Sohn Mihailo 1079 vom Papst zum Herrscher ernannt wurde, stieg Bar zur Königsstadt auf. Ende des 12. Jahrhunderts eroberte Stefan Nemanja die Adriaküste, Bar wurde Teil des serbischen Staates der Nemanjiaden. Die Stadt erlebte In dieser Zeit ihre erste Blüte und fand erstmals als Bar Erwähnung. Anschließend wechselten die Herrscher in rascher Folge. Zu ihnen gehörten die Herrscherfamilie Balšić, der serbische Despot Stefan Lazarević und die Venezianer. Deren Herrschaft dauerte von 1443 bis 1551. Zeitweise genoss Bar einen teilautonomen Status und durfte beispielsweise eigene Münzen prägen.

Die Osmanen beherrschten ab 1571 die Region. Erst über 300 Jahre später, 1877, gelang es der montenegrinischen

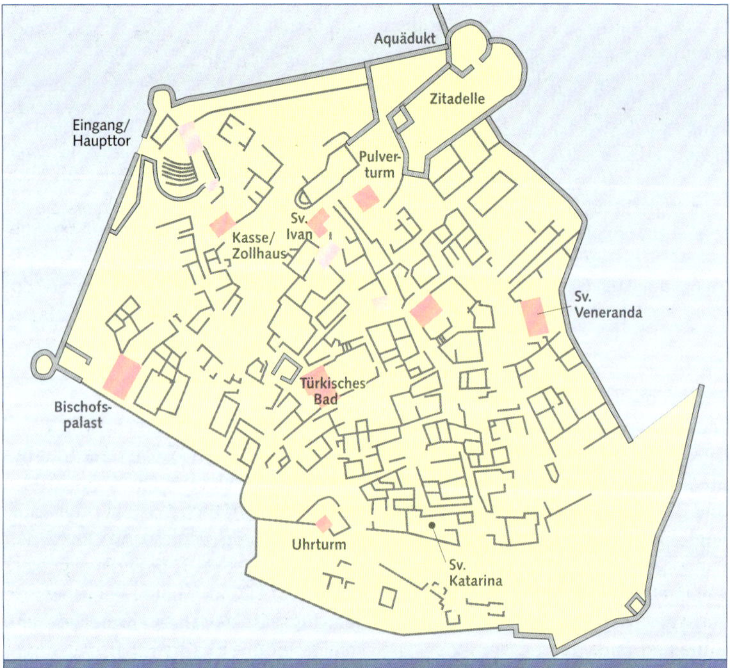

Stari Bar

Am Hafen von Bar

Armee, die Osmanen empfindlich zu schlagen. Der Preis war jedoch hoch, bei den Kämpfen wurde die Stadt nahezu vollständig zerstört. Auf dem Berliner Kongress 1878 wurde Bar dem Fürstentum Montenegro zugesprochen. Danach entstand an der Küste eine neue Stadt, die 1908 offiziell den Namen Bar erhielt. Im selben Jahr wurde die Bahnverbindung Bar–Virpazar eröffnet, die erste Montenegros. Für die rund 40 Kilometer lange Strecke benötigte die Schmalspurbahn gut vier Stunden. 1909 wurde der Hafen von Bar eröffnet. Im Jahr darauf machte der Panzerkreuzer Potemkin dort fest. Das Schiff hatte den Abgesandten des russischen Zaren zur Krönungsfeier König Nikolas an Bord.

Im Ersten Weltkrieg wurde Bar von österreichischen Truppen eingenommen, im Zweiten Weltkrieg war die Region Teil des italienischen Besatzungsgebietes. Nach dem Krieg gehörte Bar als Stadt der Republik Montenegro zu Jugoslawien. Wichtig für die Entwicklung von Bar war der Ausbau des Hafens 1952. Sieben Jahre darauf wurde die Schmalspurbahn gegen eine Normalspurbahn ausgetauscht und die Strecke bis Titograd (heute Podgorica) erweitert. Die Bahnstrecke Belgrad–Bar wurde erst 1979 fertiggestellt. Beim schweren Erdbeben von 1979 musste Bar erhebliche Zerstörungen hinnehmen.

Stari Bar

Der befestigte Teil Stari Bars steht seit den 1960er Jahren unter Denkmalschutz. Zu seiner Hochzeit besaß die Stadt Kirchen, Paläste und Patrizierhäuser. Von den meisten sind nur noch Ruinen vorhanden. Gut erhalten sind die teilweise begehbare **Stadtmauer** und das **Haupttor**. Einige Bauwerke, zum Beispiel der ursprünglich 1753 erbaute **Uhrturm**, wurden rekonstruiert.

Er wird angenommen, dass die Venezianer einen Großteil der befestigten Stadt errichteten, etwa den Bischofspalast und die Stadtmauer. Zu den ältesten und bekanntesten Bauwerken gehörte die spätromanische St.-Georg-Kirche aus dem 12. Jahrhundert. Sie wurde von den Osmanen zur Moschee umfunktioniert. Zur Zeit der osmanischen Herrschaft entstanden mehrere türkische

Ortsstraße in Stari Bar

Bäder und das nördlich gelegene Aquädukt. Bei zwei Pulverexplosionen, 1881 und 1912, wurden die meisten Gebäude zerstört, darunter neben der St.-Georg-Kirche auch die frühgotische St.-Nikola-Kirche aus dem 13. Jahrhundert, die gotische St.-Katharina-Kirche (14. Jahrhundert) und die St.-Veneranda-Kirche (15. Jahrhundert).

Von der Stadtmauer bietet sich dem Besucher ein schöner Blick auf Teile des neuen Bar, den Hafen, das Meer und das Rumija-Gebirge. Unterhalb der befestigten Stadt bieten Einheimische auf dem Wochenmarkt und in kleinen Läden Produkte aus der Region an, etwa Oliven und Olivenöl, Käse und Zitrusfrüchte sowie Kunsthandwerksarbeiten.

■ Weitere Sehenswürdigkeiten

Die **Omerbašić-Moschee** wurde 1662 nördlich der befestigten Stadt erbaut und seitdem mehrfach renoviert. Die kleine Moschee besitzt einen rechteckigen Grundriss und ein nachträglich angebautes Minarett. Zum Komplex gehört auch ein Wohnhaus für den Imam. Neben der Moschee befindet sich das im 17. Jahrhundert angelegt **Grab des Derwischs Hasan**.

Fast 2400 Jahre alt soll der **Olivenbaum** sein, der im Ort Mirovica, etwa 5 Kilometer außerhalb von Bar, nahe der Hauptstraße nach Ulcinj steht. Die Montenegriner sprechen sogar vom ältesten Baum Europas, was jedoch zweifelhaft ist. Auf jeden Fall ist der Baum ein beeindruckendes Exemplar seiner Gattung und leicht an der aufwendigen Umzäunung zu erkennen. Er steht seit 1963 unter Naturschutz. Die Region von Bar ist bekannt für ihre Olivenbäume und die aus den Oliven gewonnenen Produkte, etwa Öl. Jedes Jahr im Dezember wird zu Ehren der Olive die Maslinijada gefeiert, ein Fest, bei dem regionalen Produkte präsentiert werden und es diverse Aufführungen gibt.

■ Der Palast von König Nikola

Der Palast von König Nikola befindet sich rund 300 Meter nordwestlich des Ha-

▸ Karte S. 208

fens unmittelbar an der Strandpromenade. Seine Architektur erinnert sehr stark an die der Paläste in Cetinje und Nikšić. Entworfen hat alle Gebäude Josip Slade, der Hofarchitekt des Königs. Das Schloss wurde bis 1885 erbaut und zuletzt 2007 grundlegend renoviert; heute sind dort wie in den vergangenen Jahrzehnten das **Historische Museum** und das **Archäologische Museum** untergebracht.

Schön ist der kleine, schattige und frei zugängliche **Schlosspark**. Nur die Promenade trennt den Palast vom **Strand** aus großen Kieselsteinen und mit Blick auf den Hafen. Auch in der Saison ist er nie überfüllt und ideal für ein Sonnenbad und eine Erfrischung im Meer. Autofahrer werden von großen Schildern zum kostenfreien Parkplatz am Schlosspark gelotst.

Bar

Vorwahl: 030. **Postleitzahl**: 85000.
Tourismusorganisation Bar, Obala 13. Jula, Tel. 311633. www.bar.travel

Der Weg zum **Bahnhof** ist ausgeschildert. Drei- bis viermal täglich Züge nach Belgrad, häufiger noch nach Podgorica. Tickets gibt's am Schalter im Bahnhof, Tel. 301622.

Der **Busbahnhof**, Tel. 346141, liegt gleich neben dem Bahnhof. Busse fahren im 30-Minuten-Takt Richtung Herceg Novi und Ulcinj.

Regelmäßige **Fährverbindung** mit Montenegro-Lines auf der Strecke Bar–Bari–Bar. Überfahrt ab 110 Euro inklusive PKW und Sessel, keine Kabine. Im Hafen gibt es auch Liegeplätze für Boote und Yachten. www.lukabar.me (internetseite des Hafens) und http://www.montenegrolines.com

Postamt, Ul. Jovana Tomaševića bb, Tel. 301305.

Hotel Sidro, Obala 13. jula bb, Tel. 311146. In einem Park nicht weit von Stadtzentrum und Strand gelegen. Zwei-Sterne-Haus, preiswert und funktional; DZ je nach Saison und Zimmerkategorie 30–100 Euro.
www.hotelsidro.com

Hotel Princess, Jovana Tomaševića 59, Tel. 300100. 4-Sterne-Haus, nahe beim Strand. Große Zimmer, Meerblick, hoteleigener Parkplatz. Umfangreiches Frühstücksbüfett. Innen- und Außenpool. Sauna; DZ ab 80 Euro.
www.hotelprincess.me

Heimatmuseum im früheren Palast König Nikolas; in der Saison Mo–Sa 9–14 u. 18–21 Uhr, So 9–14 Uhr.

Langer schöner **Stadtstrand** aus hellen großen Kieselsteinen. Strandbesucher haben das Schloss von König Nikola im Rücken, aber den Hafen mit Fährschiffen und Öltankern ständig vor Augen. Daher mag die rechte Urlaubsatmosphäre nicht aufkommen.

Tauchclub **RC Hobotnica**, Tel. 020660. Tauchausflüge in die Umgebung von Bar und zu versunkenen Schiffen.
www.divemontenegro.com

OMC Marina Sv. Nikola, Tel. 313911.
www.omcmarina.com

Gesundheitshaus (Dom zdravlja), Ul. Jovana Tomaševića 42, Tel. 311001.
www.domzdravljabar.com
Krankenhaus (Bolnica) in Stari Bar, Tel. 342333.

Die Bahnstrecke Belgrad–Bar

Das ehrgeizige Ziel dieses Projekts war es, eine Bahnlinie von Belgrad an die montenegrinische Adriaküste zu schaffen. Nach 24-jähriger (!) Bauzeit rollte 1976 der erste Zug aus dem Bahnhof in Belgrad in Richtung der montenegrinischen Hafenstadt Bar.

Der Reisende ist zunächst geneigt zu glauben, dass es sich eine ganz normale Bahnstrecke handelt, die eine Bauzeit von einem Vierteljahrhundert kaum rechtfertigt. Es geht vorbei an Feldern und langen Ebenen, bis im westlichen Serbien das Land bergiger wird und die ersten Tunnel durchfahren werden.

Plötzlich, fast wie aus dem Nichts, tauchen die gewaltigen Berge Montenegros auf, und sehr schnell wird deutlich, welch große Ingenieurskunst notwendig war, die 476 Kilometer lange Schienenstrecke durch das wilde Gebirge zu verlegen. Acht Stunden benötigt der Zug für die Strecke.

Um die Berge Montenegros zu zähmen und passierbar zu machen, mussten 254 Tunnel und 243 Brücken gebaut werden. Insgesamt ein Viertel der gesamten Bahnstrecke führt durch Tunnel. Der längste wurde über sechs Kilometer durch das Gestein gebohrt. Zahlreiche Flüsse, wie beispielsweise die Tara oder die Morača, mussten überbrückt werden. Bis zu einem halben Kilometer lange Brückenkonstruktionen wurden geschaffen, um die Schluchten der schwarzen Berge überquerbar zu machen.

Der kostspielige Bau der Bahnlinie rief auch die Kritiker auf den Plan. Ihr Vorwurf lautete, dass das Projekt allein dem Prestige diene und nicht wirtschaftlich zu betreiben sein würde.

Die Bevölkerung unterstützte das gewaltige Vorhaben jedoch tatkräftig. Mehr als 440 000 Bürger und Betriebe halfen durch Anleihen bei der Finanzierung des Projektes. Die Weltbank gewährte einen Kredit von 50 Millionen Dollar.

Als dem Bau Anfang der 1970er Jahre dennoch das Geld ausging, spülte die Ausschreibung einer erneuten Volksanleihe anstatt der erhofften 500 Millionen Dinar sogar fast 900 Millionen Dinar in die leeren Kassen und ermöglichte die Fertigstellung der Bahnstrecke.

Ein Regionalzug auf der berühmten Strecke

Strände und Buchten zwischen Bar und Ulcinj

Von Bar in Richtung Ulcinj beginnt das bestausgebaute, teilweise dreispurige Teilstück der Küstenstraße. Allein diese Teilstrecke hat 14 Brücken und vier Tunnel.

Der Küstenstreifen ist für weitläufige Strände und kleine einsame Buchten bekannt, die zum Teil nur mit dem Boot vom Meer her zu erreichen sind. Dazu zählt der von drei Seiten von Felsen umschlossene kleine Strand Bigovica etwa einen Kilometer hinter Bar.

Der Kiesstrand Veliki Pijesak im Ort **Dobre Voda** ist auch für Kinder bestens geeignet. Er fällt sanft ab, das Wasser ist seicht und kristallklar. Entlang der Promenade reihen sich Cafés und Restaurants aneinander. In der Sommersaison ist der Strand inzwischen jedoch regelmäßig überlaufen.

Der **Strand Utjeha** befindet sich etwa acht Kilometer südlich von Bar in der Bucht Uvala Maslina. Sie ist bekannt für ihre Olivenhaine, die fast bis an den Strand reichen. Der Strand ist 800 Meter lang und besteht aus weißen Kieselsteinen. Unweit des Strandes gibt es Cafés, Restaurants und Grillstände. Der Utjeha-Strand ist einer von knapp zwei Dutzend Stränden in Montenegro, die mit der Blauen Flagge für die Einhaltung strenger Umweltschutzkriterien ausgezeichnet wurde. In der Umgebung findet man Unterkünfte in Ferienwohnungen und -häusern.

Etwa vier Kilometer hinter Utjeha befindet sich der Ort **Kruče** mit seiner gleichnamigen Bucht. Eine schmale Straße führt zum Kieselsteinstrand mit Sonnenschirmverleih.

Bucht von Valdanos

Die Bucht von Valdanos liegt abgelegen und besticht durch saubere Luft, kristallklares Wasser, Olivenhaine und den Strand. Der Weg dorthin führt über eine asphaltierte Straße und ist ausgeschildert. Parken ist gebührenpflichtig (2 Euro).

Sommervergnügen in der Bucht von Valdanos

Der **Strand** von Valdanos ist halbmondförmig und insgesamt 600 Meter lang. Ziel der meisten Besucher ist der Kieselsteinstrand mit seiner Strandbar, die auch Sonnenliegen und -schirme vermietet. Weiter nördlich befinden sich Betonplateaus, auf denen man sich sonnen kann. Insgesamt liegt die Bucht sehr windgeschützt, jedenfalls wenn der Wind aus nördlicher oder südlicher Richtung kommt. Weht er dagegen von Westen, vom Meer, spüren das auch die Badegäste – nicht nur weil Wellen an den Strand schlagen.

Die Bucht von Valdanos ist aber nicht nur wegen ihres Strandes bekannt, sondern auch wegen ihrer Olivenhaine, die sich auf 400 000 Quadratmeter erstrecken und aus 18 000, bis zu 2000 Jahre alten Bäumen bestehen. Das Durchschnittsalter der Bäume beträgt rund 300 Jahre. Die Haine stehen inzwischen unter staatlichem Schutz.

Interessant ist die ebenfalls mit Olivenbäumen bewachsene **Halbinsel Mendra**. Bewässert werden die Bäume mit Hilfe von elf natürlichen Quellen. Vom **Leuchtturm** der Halbinsel, der sich auf dem Mavrijan-Hügel befindet, hat man tolle Ausblicke auf die Bucht und das offene Meer.

Die ganze Bucht wurde zur jugoslawischen Zeit vom Militär genutzt und war Sperrgebiet. Bis heute wird sie bewacht. Man kann zwar problemlos den Strand besuchen, sollte dabei aber auf den Wegen bleiben. Militärangehörigen stand zur Erholung eine ganze Feriensiedlung zur Verfügung, mit Hotel, Bungalows, Supermarkt, Restaurants, Frisör, Minigolfanlage und weiteren Sportplätzen. Heute stehen die Gebäude leer und sind verfallen. Ein Investor fand sich bisher nicht.

Zwischen Bar und Ulcinj

Am Strand Utjeha: **Hotel Vidikovac**, Tel. 085/458178. Zimmer mit Meerblick 40–60 Euro, zusätzlich hoteleigener Strand aus Betonplateaus.

Hotel Kalamper, Obala Radovica, in Dobra Voda, Tel. 364335. Großer Hotelkomplex, 100 Meter vom hoteleigenen Strand entfernt. Pool auf der Dachterrasse. Wellnessbereich, Fitness- und Kinderspielraum. Sehr schick ausgestattet. Überwachter Parkplatz. Je nach Saison und Auslastung Apartment für zwei Erwachsene ab ca. 80 Euro, in der Hauptsaison deutlich teurer. www.apartmentskalamper.com

Ulcinj

Ulcinj ist die südlichste Stadt Montenegros. Sie hat, neben einer geschichtsträchtigen Altstadt, die einst Sitz gefürchteter Piraten war, und der orientalisch anmutenden Oberstadt, die schönsten und längsten Sandstrände des Landes.

An der Südseite Ulcinjs befindet sich die Halbinsel Ratislava. Vor dem letzten schweren Erdbeben 1979 gab es hier ein großes Hotel. Gegenüber liegt auf einer kleinen felsigen Halbinsel die Altstadt. Zwischen beiden schmiegt sich der 340 Meter lange Stadtstrand mit seinem feinen dunklen Sand. Am Strand entlang führt die Promenade. Sie wird von Restaurants, Cafés und vielen kleineren Händlern eingerahmt. Ab 20 Uhr ist die Promenade für Autos gesperrt, und abends flanieren hier Einheimische und Besucher – sehen und gesehen werden. Oberhalb von Strand und Spazierweg erhebt sich weiß leuchtend das Freiheitsdenkmal als Symbol für Brüderlichkeit, Einheit und Unabhängigkeit.

▸ Karte S. 215

Das subtropische Klima mit einer Jahresdurchschnittstemperatur von 16 Grad und der hohe Meeressalzgehalt von 35 Prozent in diesem Teil der Adria ist besonders günstig für Menschen mit Atemwegserkrankungen. Während der Sommermonate hat die Gegend durchschnittlich 11 Sonnenstunden am Tag. Die Temperatur beträgt statistisch im Mittel 25 Grad, tatsächlich werden aber auch schon mal Temperaturen von annähernd 40 Grad erreicht.

Der Markt in Ulcinj, an der Hauptstraße vor dem großen Kaufhaus, ist etwas Besonderes. Noch heute tragen viele Marktfrauen die traditionelle Kleidung der Gegend, aus der sie und ihre Waren kommen. Sie dient als Ausweis für die Qualität der Produkte. Das Angebot ist beträchtlich. Es gibt hausgemachten Käse und Kajmak, Obst und Gemüse, Olivenöl, Tabak aus Ostros, dem besten Anbaugebiet Montenegros, und manchmal wird auch lebendes Vieh gehandelt. Oft wird die Ware wie vor hundert Jahren auf Eseln zum Markt transportiert.

Etwa 80 Prozent der 30 000 Einwohner Ulcinjs sind albanischer Abstammung. Seit dem Zerfall Jugoslawiens ist in Ulcinj

eine Albanisierung zu beobachten. Straßen, die nach jugoslawischen Freiheitskämpfern benannt wurden, tragen nun die Namen albanischer Helden. In den Cafés und Restaurants sprechen die Kellner neben Albanisch meist auch Deutsch und Englisch – aber oftmals kein Montenegrinisch.

Geschichte

Glaubt man der Legende, waren Seefahrer aus Kolchis am Schwarzen Meer die ersten Siedler auf dem Gebiet der heutigen Stadt. Sie gaben ihr die Bezeichnung Colchinium. Bis zum 3. Jahrhundert vor unserer Zeitrechnung war die Region Teil des Illyrischen Staates. Anschließend übernahmen die Römer die Herrschaft und nannten die Stadt Olcinium.

Sie versank beim schweren Erdbeben 444 im Meer. Bei ruhigem Wasser soll man die Ruinen am Meeresgrund erkennen können. Ob es sich tatsächlich um Olcinium handelt, ist aber zweifelhaft. Im 11. Jahrhundert wurde Ulcinj Teil des von Clans regierten Staates Zeta. Als die Nemanjiaden herrschten, machte König Uroš I. seiner Schwägerin Maria de Shaurs Ulcinj zum Geschenk. Nach dem Tod des Königs lebte seine Witwe Königin Helene von Anjou bis zu ihrem Tode 1314 in Ulcinj. Anschließend ließ sich die Witwe des serbischen Kaisers Dušan in der Stadt nieder.

Der Clan der Balšić löste die Nemanjiaden als Herrscher ab. Später fiel Ulcinj in den Machtbereich der Venezianer, die 1571 den Türken weichen mussten. Die

Ulcinj bietet besonders schöne Bademöglichkeiten

Türken errichteten Moscheen, ein türkisches Bad, den Uhrturm und gaben der Stadt ihr orientalisches Aussehen. Viele der Bauten wurden beim schweren Erdbeben 1979 beschädigt oder zerstört, später aber rekonstruiert und sind heute wieder zu besichtigen.

In der berühmten Seeschlacht von Lepanto kämpften 400 algerische Piraten auf Seiten der Türken gegen die päpstlich-spanische-venezianische Flotte. Zwar verloren die Türken die Schlacht, aber zum Dank für ihre Unterstützung durften sich die Seeräuber in Ulcinj ansiedeln. Unter ihren berüchtigten Anführer Uluć Ali machten sie Ulcinj zu einem gefürchteten Piratenstützpunkt und gingen von hier im gesamten Mittelmeer auf Beutefahrt. Ulcinj wurde Umschlagplatz für die geraubten Waren. Der Piratenkapitän Selim Surla brachte von seinen Raubzügen dunkelhäutige Gefangene mit. Sie wurden auf dem Sklavenmarkt in Ulcinj zum Kauf angeboten. Noch heute sollen deren Nachkommen vereinzelt hier leben. Miguel de Cervantes, Autor des ›Don Quichotte‹, wurde von den Piraten einige Zeit in Ulcinj gefangen gehalten. Auf dem Sklavenmarkt soll einen hohen Preis für ihn geboten worden sein. Der Schriftsteller war in ein Mädchen aus Ulcinj verliebt. Ihr zu Ehren soll er in seinem Roman die Geliebte Don Quichottes Dulcinea genannt haben, nach dem damaligen Namen der Stadt.

Erst nach heftigen Drohungen Venedigs machten die Türken den Piraten ein Ende. Die Flotte wurde eingeäschert. Anschließend entwickelte sich die Stadt zur wichtigsten Transitstation für den Warenverkehr zwischen Albanien und Italien. Fast ein Jahrhundert lang, bis 1850, florierte der Handel.

Die Montenegriner eroberten Ulcinj erstmals im Jahr 1876 während des sogenannten Freiheitskrieges. Aufgrund internationaler Vereinbarungen mussten sie die Stadt jedoch wieder an die Türken abtreten.

Erst im November 1880, nach einem Abkommen über den Austausch von Gebieten zwischen Montenegro und den Türken, wurde Ulcinj wieder montenegrinisch. Im Zuge des Ersten Weltkrie-

▲ Karte S. 215

ges okkupieren 1916 die Italiener und 1918 die Österreicher die Stadt. 1920 kam sie zu Jugoslawien.

Altstadt

Die Altstadt ist Anziehungspunkt für fast alle Besucher Ulcinjs, dennoch hat sie sich nicht bedingungslos dem Tourismus verschrieben. Es gibt einige Restaurants und Apartmentanlagen, in der Mehrzahl aber handelt es sich bei den Gebäuden um Wohnhäuser. Lautes geschäftiges Treiben wird man bei einem Spaziergang nicht finden, dafür gelassene Ruhe, enge Gassen und schöne Ausblicke aufs Meer.

Den Grundstein für die befestigte Altstadt legten die Römer vor über 2000 Jahren. Sie bauten erste Häuser, die sie vor Angreifern durch eine Mauer schützten. In der Folge erweiterte jeder neue Herrscher die Stadt und hinterließ seine Spuren. Noch heute ist eine Stilentwicklung von der Romantik über die Gotik bis zur Renaissance zu entdecken.

Der Bau der **Zitadelle** wurde zu Beginn des 15. Jahrhunderts von den Balšić veranlasst und von griechischen Handwerkern auf noch erhaltenen antiken Grundmauern errichtet. Die Venezianer hinterließen mediterrane Einflüsse in der Architektur, die mit der traditionellen balkanischen Bauweise zu einem eigenen neuen Stil verschmolzen. Während der 300 Jahre währenden Herrschaft der Türken wurden viele Kirchen zu Moscheen umfunktioniert. Die Osmanen bauten Badehäuser und Wohnhäuser in orientalischer Bauweise.

Das Erdbeben im April 1979 zerstörte die Altstadt fast völlig. Nur Teile der Festungsmauer blieben erhalten, Rektorenpalast und Balšić-Turm wurden schwer beschädigt. Die Minarette der Moscheen brachen ab. Fast alle Gebäude wiesen Schäden auf, einige versanken im Meer. Mittlerweile ist die Altstadt weitgehend rekonstruiert.

Im ehemaligen Gefängnis, nahe dem Nordtor, befindet sich heute das **Stadtmuseum**. Es zeigt eine Sammlung historischer Funde und handwerklicher Gegenstände.

Es wird angenommen, dass das **Venezianische Palais** ursprünglich dem venezianischen Herrscher als Residenz diente – daher der Name. Aufgrund seiner schlichten Schönheit nutzten auch die nachfolgenden Stadtoberen das Gebäude. Inzwischen wurde das Palais renoviert und modernisiert und in Apartments unterteilt, die an Touristen vermietet werden. Es befindet sich unweit des südlichen Hafentores.

Das **Balšić-Schloss** (Dvora Balšića) erhebt sich unweit des Venezianischen Palais im Süden der Altstadt. Das zweitürmige Gebäude wurde grundlegend modernisiert und dient heute als Hotel.

Minarett und Uhrturm aus osmanischer Zeit

Weitere Sehenswürdigkeiten

Nordwestlich der Altstadt, zwischen der ul. 26. Novembar und dem Nordtor, befindet sich die serbisch orthodoxe **Kirche Sveti Nikola**. Sie wurde Anfang des 15. Jahrhunderts ursprünglich als serbisches Kloster errichtet, die Türken bauten sie zur Moschee um. Ihr heutiges Aussehen erhielt sie ab 1890, als Ulcinj wieder zu Montenegro gehörte.

Im oberen Stadtteil – etwa an der Stelle, an der die Halbinsel ins Festland übergeht – befindet sich der **Balšić-Turm**. Der Wehrturm entstand zu Beginn des 15. Jahrhunderts und diente als Beobachtungsposten. Heute dient der Turm als Galerie und Veranstaltungsort für Lesungen und Liederabende. Gleich danaben steht die **St. Marienkirche** aus dem 12. Jahrhundert. Sie wurde in ihrer Geschichte mehrfach umgestaltet, zuletzt von den Türken zur Moschee. Bis heute ist das abgebrochene Minarett erhalten geblieben. Eine dekorative Weinrebe über der Eingangstür verrät den romanischen Ursprung der Kirche.

Zu den bekanntesten Bauten aus türkischer Zeit gehört die 1719 errichtete und nach ihrem Stifter benannte **Sinan-Paša-Moschee**. Das türkische **Badehaus** entstand im selben Jahr und ist noch heute das einzige seiner Art in Montenegro.

In der Nachbarschaft befindet sich der **Sinan-Paša-Brunnen**. Die Bauten verdanken ihre Entstehung einer siegreichen Schlacht der Türken gegen die Venezianer. Moschee, Badehaus und Brunnen wurden mit einem Teil des erbeuteten Schatzes bezahlt.

Die 1809 erbaute **Seefahrer-Moschee** (Džamija pomoratca) steht unmittelbar an der Strandpromenade. Sie besticht durch ihr 26 Meter hohes Minarett und die Wandmalereien im Inneren. Ibrahim Paša Bušatlija stiftete die Moschee aus Dankbarkeit, nachdem er von einer schweren Krankheit geheilt war. Der Bau wurde in der ersten Hälfte des 20. Jahrhunderts grundlegend zerstört und erst 2011 wieder aufgebaut.

Die **Namazdijah-Moschee** (Džamija Namazdijah) ist die Hauptmoschee von Ulcinj und zugleich die größte der Stadt. Sie wurde 1728 auf Veranlassung von Sulejman Mujal erbaut, einem Ulcinjer Bürger. Der Name der Moschee leitet sich vom türkischen Wort Namaz für Gebet ab. Die Moschee steht inzwischen auf der Liste der geschützten Kulturdenkmäler Montenegros. Der 1754 erbaute **Uhrturm** (Sahat kula) erhebt sich auf einem Hügel oberhalb der Namazdijah-Moschee. Seine Erbauung wurde durch eine Spende möglich.

Die **Lamin-Moschee** entstand 1689. Neben der Moschee befindet sich ein Gebäude, in dem die Toten vor ihrer Beerdigung gewaschen wurden. In den 1960er Jahren sollte die Moschee abgerissen werden. Der Widerstand des Imans Ibrahim Llolla verhindert jedoch den Abriss.

Der Frauenstrand

Etwa einen Kilometer südlich von Ulcinj, unterhalb des Hotels Albatros, befindet sich der Plaža za žene, der Frauenstrand. Der Strand aus Kieselsteinen liegt etwas versteckt hinter Pinien und ist über eine Steintreppe zu erreichen. Große Felsen schützen die badenden Frauen vor neugierigen Blicken. Das Besondere an diesem Strand sind seine Unterwasser-Schwefelquellen. Ihnen wird eine günstige Wirkung bei einem bisher unerfüllten Kinderwunsch nachgesagt. Zahlreiche Frauen, bei denen sich eine Schwangerschaft nicht einstellen wollte und denen auch die Ärzte keinen Rat mehr geben konnten, haben sich auf den Weg zum Frauenstrand gemacht. Ob sich das schwefelhaltige Wasser tatsächlich po-

▸ Karte S. 215

sitiv auf den Babywunsch auswirkt, ist umstritten. Wissenschaftliche Belege gibt es keine - manchmal aber versetzt der Glaube auch Berge. In jedem Fall sind die Frauen unter sich und können zwanglos baden und sich am Strand sonnen.

Der Große Strand

Rund zwei Kilometer außerhalb Ulcinjs in südlicher Richtung beginnt der Große Strand (Velika plaža). Er erstreckt sich auf über dreizehn Kilometern und wird von einem Arm des Flusses Bojana begrenzt. Er ist der längste Strand an der montenegrinischen Küste, an einigen Stellen bis zu hundert Meter breit, fällt über hundert Meter flach ins Wasser ab und stellt so eine ideale Spielmöglichkeit für Kinder da. Vorsicht ist allerdings aufgrund von Strömungen und Unterspülungen angebracht. Meist weht eine leichte Brise, die den Sand aufwirbelt. Der Weg von Ulcinj dorthin ist gut ausgeschildert, es gibt auch eine regelmäßige Busverbindung in die Stadt.

Am Strand hat man sich ganz auf die Touristen eingestellt. Zahlreiche Attraktionen werden angeboten, vom Tretboot bis zum Drachenfliegen kann der Urlauber dem Nervenkitzel frönen.

Festung Svač

Nur fünf Kilometer nördlich von Ulcinj sind die Ruinen der mittelalterlichen Festung Svač zu besichtigen. Die Stadt war ein bedeutender Bischofssitz, der sogar eigene Münzen prägte. Das Bild Johannes des Täufers zierte die Geldstücke. Erste Erwähnung findet Svač 1076 in Dokumenten von Papst Alexander II. Die Mongolen schleiften die Festung 1242, die serbische Königin Jelena von Anjou veranlasst den Wideraufbau. Im 15. Jahrhundert erobern die Venezianer, 1571 die Türken die Stadt. Allerdings hatte Svač zu diesem Zeitpunkt bereits seine Bedeutung verloren. Schon 1406 hatten die Bischöfe die Venezianer bei der Ausbesserung der Festungsmauern um Hilfe gebeten - vergeblich: 1410 verließ der letzte Geistliche die Stadt.

Zu besichtigen sind die Ruinen der **Festungsmauer** und verschiedener Gebäude, darunter die **Kathedrale des Heili-**

Der Große Strand erscheint endlos

gen Johannes des Täufers. Interessant ist, dass sie verschiedene Stilelemente aufweist, etwa gotische Fenster und ein romanisches Portal. Das Innere der Kirche war mit Wandmalereien geschmückt. In der Westfassade ist eine Steinplatte mit Inschriften des Bischofs Marko von 1262 und Bischof Petar aus 1284 zu finden.

Südlich der Festung Svač befindet sich der für seinen Fischreichtum bekannte **Šasko-See**.

Ulcinj

Vorwahl: 030. **Postleitzahl**: 85361.

Tourismusorganisation Ulcinj, Bul. Majke Tereze bb, Tel. 412333. Nur 8–14 Uhr; auch Vermittlung von preiswerten privaten Unterkünften. www.ulcinj.travel

Mehrere Agenturen im Ort vermitteln Unterkünfte und Ausflüge, bieten Flugtickets und Mietwagen an:

MCM Travel, Bul. Skenderbeu b.b., Tel. 412412. www.mcm.travel

Real Estate, 26 Novembar, Tel. 401609. www.realestate-travel.com

Omega travel, 26 Novembar, Tel. 413243. www.omegabooking.com

Busbahnhof (Autobuska stanica), Bulevar Vellezerit Fraseri bb, Tel. 413225. Der Busbahnhof liegt im oberen Bereich von Ulcinj, etwas unterhalb der Magistrale. Fast stündliche Verbindungen nach Bar und über Podgorica auch in alle anderen Landesteile.

Perfect Rent a Car, 4 Vida Matanovića, Tel. 20205065. www.perfectgroup.co.me/en

Hotel Prego Lux, Kosovski Put Rr. 28. 4-Sterne-Haus mit 17 Zimmern, nicht zu verwechseln mit dem 2-Sterne-Haus Hotel ›Prego‹. Das Hotel liegt etwa anderthalb Kilometer von der Altstadt entfernt. Zimmer mit Balkon, Kinderspielplatz; ab 70 Euro. www.pregolux.me

Hotel Dvori Balšića, Stari grad, Tel. 414041. Kleines, feines Hotel im oberen Teil der Altstadt. 60 Betten. Zimmer mit TV und Telefon, teilweise Meerblick. Hoteleigenes Restaurant, Bar. Klimaanlage; DZ 70–100 Euro. www.hotelkullaebalshajve.com

Hotel Olympic, Velika plaža, Tel. 412382. Drei-Sterne-Haus mit 250 Betten, alle Zimmer mit Sat-TV und Klimaanlage. Das Hotel befindet sich vier Kilometer außerhalb von Ulcinj am Großen Strand. DZ ab 50 Euro. www.ulcinjska-rivijera.com

Hotel Imperial, Velika plaža bb, Tel. 455288. Elegant ausgestattet, fünf Kilometer außerhalb von Ulcinj, jedoch nur 500 Meter vom Großen Strand entfernt. Alle Zimmer mit TV, Telefon, Terrasse und Klimaanlage. Hoteleigenes Restaurant, Bar, Disco und große Terrasse; DZ 50–70 Euro.

Alle am Großen Strand:

Auto Kamp TOMI, Velika Plaža, Tel. 455022. www.autokamptomi.com

Auto Kamp Safari, Štoj bb, Tel. 455486. www.safaribeach.me

Auto Kamp Miami, Velika plaža bb, Tel. 455343. www.miami-ulcinj.me

Dvori Balšića, Altstadt, Tel. 421457. Für viele das beste Haus der Stadt. Stilvolles Ambiente, schöne Terrasse. Nationale Küche und Fisch in allen möglichen Variationen.

Restaurant Teuta, Altstadt, Tel. 421442. Bietet eine große Auswahl an Grillspezialitäten. Die überdachte Terrasse bietet tolle Ausblicke auf die Stadt und den Kleinen Strand. http://www.restaurant-teuta.com

Restaurant Kod Miške, am Ufer des Flusses Bojana, Tel. 069/022868. Große Auswahl an Fischspezialitäten zu durchschnittlichen Preisen. Eingerichtet im typisch montenegrinischen Stil.

▸ Karte S. 215

Restaurant Riblja čorba, nahe der Brücke zur Feriensiedlung Ada, Tel. 411517. Der Name - auf Deutsch ›Fischsuppe‹ - ist Programm. Die Betreiber entstammen einer alten Fischerfamilie und bieten Fischspezialitäten in vielen Variationen an.

Stadtmuseum, in der Altstadt beim Westtor, Tel. 421457; 7-12 u. 17-21 Uhr, Sa/So 8-12 u. 16-20 Uhr.

Gesundheitshaus (JZ Dom zdravlja ›Bogdan Vujović‹), Majke Tereze bb, Tel. 030/412433.
www.domzdravljaulcinj.com
Apotheke Jadran, ul. 29 Novembra br. 28, Tel. 412858.

Tauchclub **D`Olcinium,** Mala plaža, Tel. 067/314000. Der Club bietet Reisen in die Unterwasserwelt vor Ulcinjs Küste an. Es werden Tauchgänge zu versunkenen Schiffen und den Ruinen einer ehemaligen Stadt angeboten. Wunderschön ist auch ein Spaziergang durch die Flora und Fauna der Unterwasserwelt; außerdem Tauchkurse für Anfänger. Benötigt wird ein Tauchschein, der für 20 Euro im Club erworben werden kann. Ein Tauchgang mit Führer kostet 15, Nachttauchen 20 und ein Tag mit zwei Tauchgängen 40 Euro. Die Ausrüstung kann vor Ort gegen einige Euro Gebühr geliehen werden.
www.uldiving.com

Insel Ada

Ada Bojana ist eine Halbinsel zwischen zwei Armen des Bojana-Flusses, der an dieser Stelle in das Meer mündet. Die Halbinsel befindet sich im südlichsten Teil Montenegros, nahe der Grenze zu Albanien. Ein Arm der Bojana trennt die Insel vom 13 Kilometer langen und fast bis Ulcinj reichenden **Großen Strand**. Die insgesamt fast 600 Hektar große Insel ist durch eine Brücke mit dem Festland verbunden und bietet reichlich Platz für die Urlauber und die Tagesbesucher aus Ulcinj und der Umgebung. Es gibt eine Busverbindung nach Ulcinj, zusätzlich verkehren während der Sommermonate Boottaxis zwischen dem Festland und der Insel.

Von Ulcinj aus führt eine akzeptable Straße dorthin. Man passiert zunächst die Salinen, dann wird das Dorf Donji Štoj und anschließend Breguija durchquert. Kurz bevor die Bojana erreicht wird, biegt die Straße rechtwinklig ab, überquert ihn und erreicht die Insel.

Im Jahre 1858 soll das Schiff Merito an der Stelle der heutigen Insel gestrandet sein. Durch Sandablagerungen entstand zunächst eine Sandbank, die sich nach einigen Jahren zu der Insel entwickelte, wie man sie heute kennt.

Bekannt ist die Insel aufgrund ihres **FKK-Feriendorfes** Ada. Auf einem Teil der Insel wurde es mit seinen einfachen Holzhütten und steinernen zweistöckigen Bungalows verschiedener Ausstattungskategorien errichtet. Besonders beliebt ist

Der Bojana-Fluss

das Dorf bei deutschen Urlaubern. Auf der ganzen Insel kann man sich unbekleidet bewegen. Die meisten Besucher halten sich jedoch im Feriendorf und dem rund 2500 Meter langen Sandstrand auf. Der Sand ist sehr fein und von der für diese Gegend typischen dunklen Farbe. Ein ständiger leichter Wind auf der Insel sorgt für angenehme Kühle und lässt so manchen Sonnenhungrigen die Kraft der Sonnenstrahlen unterschätzen. Es gibt nur sehr wenige schattige Plätze auf der Insel. So wundert es nicht, dass sich kaum ein Strandbesucher ohne den schützenden Sonnenschirm der Sonne aussetzt.

Die Insel ist nicht nur als FKK-Feriendorf bekannt, sondern auch weithin als **Surfgebiet** geschätzt. Im Sommer versammelt sich die Surfelite auf Ada und zeigt ihr Können im Wettkampf. Die Windsurfschule der Insel besteht bereits seit 1975 und verfügt über moderne Surfbretter und Zubehör. Anfänger finden hier seichte und windärmere Stellen, um sich dem Windsurfen langsam zu nähern, während Profis sich bei kräftigem Wind und hohen Wellen austoben können.

i Insel Ada

Allgemeine Informationen über das Touristeninformationszentrum in Ulcinj (→ Seite 220).

Feriendorf Ada, Tel. 069/615087. Snackbar, Restaurants mit Außenterrasse und Meerblick, Sonnenschirme und Liegen am Strand, Beachvolleyball und drei Kinderspielplätze, Kosmetik- und Massagesalon, 6 Sand-Tennisplätze, Windsurfing, Kanu, Reiten, Paddel- und Tretbootverleih (alles gegen Gebühr). Die Zimmer sind in verschiedene Typen aufgeteilt:
Typ A (De Luxe): Große Zimmer in ebenerdigen Wohnhäusern mit Dusche/WC, Kühlschrank, TV, Sitzecke und Terrasse mit Meerblick.
Typ B: Geräumige Zimmer in zweistöckigen Wohnhäusern mit Dusche/WC, Sitzecke, Balkon oder Terrasse zur Meerseite. Die Anlage wurde teilweise renoviert. Insgesamt einfache Ausstattung.

Auto Kamp Ada Bojana, Ada Bojana bb, Tel. 455059. www.ulcinjska-rivijera.com An der Mündung des Flusses Bojana befindet sich ein **Campingplatz** mit rund 500 Stellplätzen. Restaurant, Tennis- und Volleyballanlage, verschiedene Einrichtungen der Feriensiedlung können mitbenutzt werden. Tel. 81874 und 81909.

Der Skutarisee

Der Skutarisee (Skadarsko jezero) ist das größte Binnengewässer auf dem Balkan und Heimat zahlreicher Fisch-, Vogel- und Pflanzenarten, von denen einige nur hier vorkommen. Durch den See verläuft die Grenze zu Albanien. Zwei Drittel des Sees gehören zu Montenegro, ein Drittel zu Albanien. Der montenegrinische Teil des Sees und ein breiter Uferstreifen wurden 1983 zum Nationalpark erklärt. Benannt wurde der See nach der albanischen Stadt Shkoder, mit 77 000 Einwohnern die größte Stadt am See.

▶ Karte S. 188

Die Oberfläche des Sees unterliegt großen Schwankungen. Im Sommer ist der See rund 350 Quadratkilometer groß. Im Herbst und Frühjahr, wenn der meiste Regen fällt, breitet er sich auf bis zu 550 Quadratkilometer aus, dabei werden viele Hektar fruchtbares Uferland überschwemmt. Der See ist 43 Kilometer lang und bis zu 14 Kilometer breit, die durchschnittliche Tiefe liegt bei 7 Metern. Sein Wasser bekommt er durch die Zuflüsse Morača, Rijeka Crnojevića, Plavnica und Crmnica sowie durch rund 30 Quellen, die bis zu 60 Meter tief sind und ganzjährig eine gleiche Wassertemperatur aufweisen. Der natürliche Abfluss erfolgt über die Bojana, die südöstlich von Ulcinj in die Adria mündet.

Nicht ohne Grund ist der Krauskopfpelikan das Wahrzeichen des Nationalparks: Der See ist Heimat einer der letzten Pelikan-Kolonien in Europa und weiterer 280 Vogelarten, darunter Reiher, Störche, Seeadler Kormorane, Ibisse und Haubentaucher. Außerdem ist der See sehr fischreich. Zu den 35 Arten gehören beispielweise Karpfen und Aale. Probieren kann man frischen Fisch in den Restaurants in Rijeka Crnojević und Virpazar, wo der Fisch meist nach traditionellem Rezept zubereitet wird.

Die Oberfläche des Sees ist großflächig von Vegetation bedeckt. 930 verschiedene Algenarten wurden gezählt, darunter viele endemische. Besonders schön anzusehen sind die weißen und gelben Seerosen. Bereits im Mittelalter waren das Ufer und die Inseln im See besiedelt. Fast alle Herrscher der Region hinterließen Spuren. Zahlreiche Ruinen von Häusern, Kirchen und Klöstern entlang des Sees und auf den Inseln zeugen davon. Die Menschen am Skutarisee bestreiten ihren Lebensunterhalt seit jeher überwiegend mit dem Fischfang, der ihnen ein Auskommen sicherte, aber keine Reichtümer. Früher wurden die Fänge direkt vor Ort in einer Fischfabrik in Rijeka Crnojevića verarbeitet.

Inseln im Skutarisee

Nordwestlich von Virpazar führt ein Damm über den See, auf dem die Eisenbahnstrecke Belgrad–Bar verläuft. Im See befinden sich etwa 50 kleine und kleinste Inseln. Viele ragen nur ein Stück zwischen den Wasserrosen hervor und sind kaum als Inseln auszumachen. Auf einigen der größeren Inseln wurden im 13. und 14. Jahrhundert kleine Kirchen und Klöster erbaut, die teilweise bis heute erhalten sind.

Gegenüber von Virpazar, am nördlichen Seeufer, befindet sich die **Halbinsel Vranjina**. Aufgrund ihrer zwei wohlgeformten Gipfel wird sie auch ›Busen von Sophia Loren‹ genannt. Auf der Insel befinden sich die Überreste des **Klosters Vranjina** und seiner Kirche, die dem heiligen Nikolaus (Sv. Nikola) gewidmet ist. Das Kloster entstand im 13. Jahrhundert. Im 14. und 15. Jahrhundert war es Sitz des Metropoliten von Zeta. Später bemächtigten sich die Osmanen des Klosters

Der Skutarisee

Das etwas skurrile Denkmal in Virpazars Zentrum

und funktionierten es zu einer kleinen Festungsanlage um.

Unweit der Insel Vranjina, auf einer Insel beim Nordufer, liegt die **Festung Lesando**, die dazu diente, die Angriffe der Osmanen abzuwehren. Erst 1843 gelang es den Türken, die Festung einzunehmen.

Auf der **Insel Grmožur**, südöstlich von Virpazar, errichteten die Osmanen eine kleine **Festung**. Nachdem die Montenegriner sie erobert hatten, nutzten sie die Festung als Gefängnis. Die Insel wurde deshalb auch ›montenegrinisches Alcatraz‹ genannt. Die Festungsmauern und Gebäude sind recht gut erhalten. Heute ist die Insel ein Brutplatz für Vögel.

Nordöstlich von Murići, auf der **Insel Stačevo**, befinden sich die **Ruinen des Muttergottes-Klosters.** Das Kloster wurde 1376 gegründet und ist von einer Mauer umgeben. Die Mönche des Klosters waren in erster Linie damit beschäftigt, Bücher zu vervielfältigen, indem sie sie abschrieben. Auf der Insel befindet sich das Grab von Božidar Vuković-Podgoričanin, einem serbischen Buchdrucker, der Mitte des 16. Jahrhunderts in Venedig die erste serbische Druckerei betrieb und aufwendig gestaltete Bücher in kyrillischer Schrift herstellte.

Etwa 300 Meter vor Murići liegt die **Insel Beška** mit ihren zwei **Kirchen**. Die einschiffige Sv.-Đorđe-Kirche wurde im 15. Jahrhundert errichtet und besitzt einen Glockenturm, eine Kuppel und eine halbrunde Apsis. Die Muttergottes-Kirche wurde 1440 von Jelena Balšić, eine Tochter Fürst Lazars, als Grabkirche gestiftet.

Auf der **Insel Moračnik** befindet sich die **Ruinen des serbisch-orthodoxen Klosters** mit seiner rekonstruierten Kirche. Das Kloster wurde 1417 erstmals erwähnt.

Auf der **Insel Plavnica** sind die Überreste einer kleinen **Kirche** aus dem 17. Jahrhundert zu finden.

Virpazar

Virpazar mit seinen knapp 500 Einwohnern ist ein kleiner, ruhiger Ort mit zwei Sehenswürdigkeiten, zwei Hotels und einem Bahnhof. Bedeutung hat Virpazar in erster Linie als Ausgangspunkt für Ausflüge auf den Skutarisee und seinen Inseln. Immer freitags ist Markttag, dann kommt Leben in den ansonsten beschaulichen Ort. Angeboten wird Selbstangebautes und Selbstproduziertes aus der Region.

Der Ort bestand bereits im 13. Jahrhundert, wie eine Urkunde des serbischen Königs Vladislav für das Kloster Vranjina belegt. In Virpazar begann der montenegrinische Aufstand gegen die Türken, nachdem diese das orthodoxe Kloster in Cetinje in Brand gesteckt hatten. Seit 1873 ist Virpazar durch eine ausgebaute Straße mit Cetinje und der Hafenstadt Bar verbunden, 1908 folgte eine Schmalspur-Eisenbahnverbindung nach Bar. Aufgrund der Bahnanbindung besaß der kleine Ort damals eine von nur 20 Poststellen in Montenegro und war als Handwerks- und Handelsort bekannt.

Auf den ersten Blick fällt nicht auf, dass Virpazar auf einer Insel liegt. Sie ist durch zwei Brücken mit dem Ufer verbunden. An der Brücke über dem Flüsschen Crmnica erhebt sich auf einem Felsen das **Denkmal** zur Erinnerung an den Aufstand der jugoslawischen Partisanen gegen die italienischen Besatzer am 13. Juli 1941. Der Tag ist seitdem Nationalfeiertag.

Oberhalb von Virpazar erhebt sich die **Festung Besac**. Sie wurde 1478 von den Osmanen erbaut, um von dort die Gegend kontrollieren zu können. Ende des 17. Jahrhunderts eroberten die Montenegriner die Festung, die dabei aber erheblich beschädigt wurde. Im Zweiten Weltkrieg nutzten die Italiener sie als Gefängnis. Anschließend verfiel das Gemäuer, bis es jüngst weitgehend rekonstruiert wurde.

Virpazar selbst ist nach einem kurzen Spaziergang erkundet. Es gibt einige Läden, die Post und die Hotels ›Pelikan‹ und ›Vir‹. Das Vir ist das ehemalige Hotel ›13. Juli‹, das im Zuge seiner Modernisierung gleich auch einen neuen Namen bekam.

Bootsausflüge lassen sich in der Touristeninfo buchen. Oft werden Besucher aber auch einfach auf der Straße angesprochen, um sie so zu Ausflügen und Restaurantbesuchen zu animieren. Manche Besucher fühlen sich dadurch unangenehm bedrängt.

Skutarisee und Virpazar

Vorwahl: (0)20. Auf der Halbinsel Vranjina befindet sich das **Info-Büro des Nationalparks**. Dort wird eine kleine Ausstellung zur Tier- und Pflanzenwelt des Parks gezeigt, außerdem können Besucher Karten und Broschüren kaufen und Angellizenzen erwerben. Vranjina bb, Tel. 879103, visitorscenter@t-com.me.

Beide Hotels im Ort verfügen über eigene Restaurants. Das Hotel ›Pelikan‹ ist bekannt für seine Fischgerichte nach traditionellem Rezept. Als Vorspeise empfiehlt sich Schinken und Käse aus der Region, dazu montenegrinischer Wein. Menü für zwei Personen ca. 25 Euro.

Hotel Pelikan, Tel. 711107. Alteingesessener Familienbetrieb, direkt am Ortseingang mit Restaurant und eigener Bootsflotte. Die Zimmer sind funktional ausgestattet (Sat-TV, Kühlschrank), aber recht klein. P.P. 30 Euro. www.pelikan-zec.com

Hotel Vir, Tel. 711120. Das Vir ist das ehemalige Hotel ›13 Juli‹. Das Hotel hat 23 einfach ausgestattete Zimmer, alle mit Balkon und Seeblick. WLAN-Internetzugang und kostenfreie Parkplätze. Das Frühstück ist deftig (Omelett, Käse, Schinken) und kann auch auf der Terrasse eingenommen werden. Hoteleigenes Restaurant, Café-Bar mit offenem Kamin. P.P. 30 Euro.

Villa Miela, Boljevići b.b., Virpazar, Tel. (0) 69 402364. Die Villa befindet sich etwa 1 Kilometer von Virpazar entfernt und ist ein renoviertes und modernisiertes traditionelles montenegrinisches Haus mit dicken Steinmauern. Modern eingerichtet, tolle Terrasse mit schönem Ausblick. 4 Doppelzimmer, alle mit Bad. Vollausgestattete Küche, Wohnzimmer. Parkplatz, kostenfreier Fahrradverleih. Ab ca. 650 Euro pro Woche in der Vorsaison. www.undiscoveredmontenegro.com

Zwischen Virpazar und Ulcinj

Unmittelbar hinter Virpazar, in Richtung Ulcinj, steigt die Straße an. Bereits nach kurzer Fahrt zeigt sich der Skutarisee von einer seiner schönsten Seiten. In einer kleinen Bucht liegt das Wasser völlig ruhig und scheint mit den wenigen Bäumen am Ufer um die Wette zu schweigen.

Die Straße entlang des Sees ist recht schmal, aber mit Ausweichbuchten ausgestattet. Sie schmiegt sich entlang des Rumija-Gebirges durch ungezähmte Natur und weißen Fels, verläuft weit oberhalb des Sees und der meisten Dörfer am See. Vereinzelt zweigt eine Schotterpiste in ein entlegenes Dorf im Gebirge ab.

▲ Karte S. 188

Die Hitze während der Sommermonate hat ihre Spuren und Narben im Asphalt hinterlassen und verursachen eine holprige Fahrt.

Nach wenigen Kilometern erreicht man das Dorf **Seoca**, dann ist man wieder einige Kilometer mit sich, der Natur und dem ruhig daliegenden See allein. Wenn das Dorf **Đuravci** erreicht ist, sind unten im See, nicht weit vom Ufer entfernt, die ersten Inseln auszumachen.

Unterhalb der Straße in kleinen grünen Tälern findet man einige kleine Dörfer, die nicht selten nur aus einer Handvoll von Häusern bestehen. Sie sind über schmale und doch moderne Straßen zu erreichen. Die Gebäude entstanden ebenfalls in jüngster Vergangenheit und sind mit den alten und einfachen Häusern in den alten Dörfern an den Ufern des Sees nicht mehr zu vergleichen.

In den grünen Tälern des Rumija-Gebirges ist der Boden zwar steinig, aber dennoch verhältnismäßig fruchtbar. Daher wird er landwirtschaftlich genutzt. Der Ertrag wirft keinen großen Gewinn ab, reicht aber zur Selbstversorgung und manchmal auch für einen bescheidenen Zusatzverdienst. Die Menschen am See verdienen sich ihren Lebensunterhalt in der Regel und seit Generationen als Fischer. Die jungen Leute hat es in den vergangenen Jahren in die Städte gezogen, meist ins nahe Podgorica. Dort gehen sie während der Woche ihrer Arbeit nach und kommen nur noch an den Wochenenden in ihr Dorf an den See.

Etwa auf halber Strecke nach Ulcinj ist das Dorf **Donji Murići** erreicht. Der Ort verfügt über einen sehr schönen **Sandstrand**, den einzigen am See. Ihm wird nachgesagt, mit den attraktivsten Stränden an der Küste konkurrieren zu können. Der Strand hat aber den Vorteil, selbst in der Hochsaison bei weitem nicht so überlaufen zu sein. Am Strand gibt es ein kleines Restaurant, aufgetischt wird hier selbstverständlich frischer Fisch aus dem See. Touristen sind in Murići selten und wecken die Neugier der Dorfbewohner. Ihre Ankunft spricht sich rasch im Dorf herum, und sie stellen eine willkommene Abwechslung im Alltag der Dorfbewohner dar.

Hinter Murići verläuft die Straße zwar etwas erhöht, aber nicht weit vom See entfernt. Die Nähe zu Albanien und die überwiegend moslemische Bevölkerung in dieser Gegend Montenegros lässt sich bereits jetzt an den immer häufiger werdenden und weithin sichtbaren Minaretten ablesen. Und das Dorf **Livari** verrät bereits im Namen seinen albanischen Ursprung.

Vier Kilometer weiter ist der Ort **Kostanica** erreicht, der erste größere seit Virpazar. Die Straße wird breiter und ist in einem erheblich besseren Zustand. Die üppigen Wohnhäuser lassen auf wohlhabende Bewohner schließen. Die Ortsnamen sind hier bereits zweisprachig in serbisch und albanisch ausgewiesen. Die Einwohnerdichte ist bis zur nächsten Ortschaft, Ostros, deutlich höher.

Ostros verfügt mit seiner Krankenstation über eine der wenigen Möglichkeiten, am Skutarisee medizinische Hilfe in Anspruch zu nehmen. Gegenüber der Krankenstation ist die Grundschule, davor prangt als Büste das furchterregende Antlitz von Gjegij Skenderben.

Der Skutarisee ist bereits bei Kostanica von der Straße aus nicht mehr zu sehen. Sehr bald hat man den Regierungsbezirk von Bar verlassen und befindet sich im Bezirk Ulcinj. Die Straße steuert zunächst direkt auf Albanien zu, dreht erst zwei Kilometer vor der Grenze zu Albanien ab und führt in Richtung Adriaküste und schließlich nach Ulcinj.

Weiter Blick über den Skutarisee

Fernab vom Massentourismus besticht das montenegrinische Inland mit seinen Nationalparks, seiner einsamen unberührten Natur und den Wintersportgebieten um Žabljak und Kolašin.

DAS INLAND

Die Ali-Paša-Quellen bei Gusinje

Der Osten

Als Ausgangs- und Orientierungspunkt für eine Reise von der Küste in den Osten Montenegros bietet sich die Hauptstadt Podgorica an. Die Straße von hier in Richtung Kolašin ist zwar nicht besonders gut und der Verkehr weiterhin dicht, die Fahrt durch das Tal der Morača dafür aber ein einzigartiges Erlebnis. Die Straße folgt in weiten Teilen den Gleisen der Eisenbahnstrecke nach Kolašin und verläuft parallel zum Fluss Morača und seinen Schluchten. An einigen Stellen stehen die Berge so dicht beieinander, dass nur ein kleines Stück des Himmels sichtbar bleibt – sie vermitteln ein wahrlich erdrückendes Gefühl.

Kloster Morača

Das orthodoxe Kloster Morača gehört zu den ältesten noch erhaltenen Gebäuden Montenegros. Es liegt rund 30 Kilometer hinter Podgorica. Der Weg dorthin zweigt von der Hauptstraße ab und führt an einem Café und dem leerstehenden Hotel ›Morača‹ vorbei zu einem Parkplatz.

Das Kloster wurde 1252 von Fürst Stefan gegründet, einem Enkel des serbischen Herrschers Stefan Nemanja. Der gelbe Tuffstein für die **Hauptkirche Maria Himmelfahrt** wurde eigens aus dem damals eine Tagesreise entfernten Steinbruch Tušina herangeschafft. Die Legende sagt, dass die Arbeiter eine Menschenkette gebildet und die Steine von Hand zu Hand bis zur Baustelle transportiert hätten.

Die Portale und der Kirchenboden sind aus grauem Marmor gefertigt, der nahe dem Kloster gefunden wurde. Der Stifter des Klosters, Fürst Stefan, soll seine letzte Ruhe in einer Grabstätte im Mittelpunkt der Kirche gefunden haben. Der Beweis fehlt allerdings noch.

Zum **Klosterschatz** gehören zahlreiche Ikonen, kunstvoll gestaltete religiöse Bücher aus dem 15. und 16. Jahrhundert und wertvolle Handschriften.

Im 15. Jahrhundert plünderten die Türken das Kloster und zerstörten das Dach der Kirche. Die aus der Gründungszeit stammenden Fresken waren anschließend über 70 Jahre dem Wetter ausgesetzt und gingen größtenteils verloren. Zu den bekanntesten noch erhaltenen Fresken gehört die Szene ›Der Rabe füttert den Propheten Elija‹. 1577 ließen Fürst Vukić Vučetić und Iguman Toma das Kloster restaurieren. Die Wandmalereien wurden erneuert und die beiden Stifter mit Porträts an der südlichen Kirchenwand geehrt.

Anschließend entwickelte sich das Kloster zu einem religiösen Zentrum, in dem auch über die Zukunft der Region beraten und entschieden wurde. Im 17. Jahrhundert trafen sich Fürsten aus Montenegro, Serbien und der Herzegowina und beschlossen einen gemeinsamen Aufstand gegen die Türken, der allerdings erfolglos blieb.

Klein, aber ideell bedeutsam: Kloster Morača

Die kleine **Kirche des Heiligen Nikolaus** (Sv. Nikoljska) soll noch vor dem Bau der Hauptkirche errichtet worden sein. Auch sie wurde von den Türken zerstört, aber 1639 wieder aufgebaut und mit Fresken verziert. Eine Besonderheit stellt der Kirchenboden dar. Er ist einen Meter tief in die Erde eingelassen. Die Kirche betritt man über drei hinabführende Stufen.

Kolašin und Umgebung

Das älteste und noch heute das wichtigste Wintersportzentrum Montenegros ist Kolašin. Mit seinem milden Gebirgsklima ist der ruhige Ort im Frühjahr und Sommer ein erholsamer Kontrast zur Hitze und dem hektischen Treiben an der Küste.
Kolašin ist ein guter Ausgangspunkt für Ausflüge in den Biogradska-Nationalpark, für Wanderungen im Bjelasica- und Sinjajevina-Gebirge und liegt verkehrsgünstig an der Straße und Bahnstrecke von Podgorica nach Belgrad.
Der Ort liegt nur 45 Autominuten von Podgorica entfernt und ist nicht nur deshalb ein beliebtes Ausflugsziel der Hauptstädter, die die Ruhe und die gute Luft genießen. Nicht umsonst wird Kolašin auch als Luftkurort bezeichnet. Der überschaubare Ort wird von einer Handvoll Straßen und Wegen durchzogen, die überwiegend Namen von Partisanen oder ein historisches Datum aus dem Volksbefreiungskampf tragen. In der kleinen **Fußgängerzone** reihen sich Cafés aneinander, es gibt kleine Lebensmittelgeschäfte, Bäckereien und ein Internetcafé.

Geschichte

Im 17. Jahrhundert besetzten die Türken die Region und legten den Grundstein für den Ort. Der türkische Feldherr Kolaži gründete eine Garnison und

Betörende Berglandschaft in der Nähe von Kolašin

ließ Häuser für seine Soldaten errichten. Sie sollten die aufbegehrenden Montenegriner in Schach halten und den Handelsweg von Podgorica nach Serbien sichern.

Die Bevölkerung wollte sich nicht mit der Fremdherrschaft abfinden und bekämpfte die Türken. Daraufhin vergrößerte Kolaži die Garnison, ließ die Befestigungsanlagen ausbauen und wurde erster Statthalter und Namenspatron von Kolašinovići, wie der Ort zunächst hieß. Daraus wurde später der Name Kolašin abgeleitet.

Während des Zweiten Weltkriegs blieb in Kolašin kein Stein auf dem anderen. 23mal eroberten im Wechsel Titos Partisanen, königstreue Četniks und deutsch-italienische Einheiten die Stadt. Im sozialistischen Jugoslawien war Kolašin historisch bedeutsam: 1943 wurde im Schulgebäude der ›Antifaschistische Rat des Volksbefreiungskampfes von Montenegro und der Bucht von Kotor‹ gegründet. Später ging daraus die Volksversammlung Montenegros hervor. Eine in Stein geschlagene Inschrift an der Fassade des Gymnasiums erinnert bis heute daran. Das Denkmal in der Ortsmitte ist den gefallenen Partisanen gewidmet.

Sehenswürdigkeiten

Im Ort Dulovine, südlich von Kolašin, befindet sich ein Unikum in Montenegro, der **Botanische Garten Dulovine**. Auf über 1000 Quadratmetern wachsen rund 500 seltene Pflanzen von den Bergen Bjelasica, Sinjajevina, Komovi, Prokletije und Durmitor. Der Garten wurde 1980 von Daniel Vinček und seiner Frau Vera, die 2002 bei einem Bergunfall ums Leben kam, angelegt. Vinček ist ein passionierter Bergsteiger und Naturliebhaber. Er hat mehrere Bücher über die Berge Montenegros verfasst. Der botanische Garten kann kostenlos besichtigt werden.

Wintersport

Das **Ski-Center Jezerine** liegt in einer Höhe von 1400 Metern, knapp neun Kilometer nordöstlich von Kolašin, und war das erste Wintersportzentrum

Montenegros. Es ist sehr beliebt bei Montenegrinern, Serben und Bosniern und dennoch nie überlaufen. Die Hotels in der Region haben 500 Betten, die Skilifte können bis zu 2500 Personen in der Stunde befördern. Wartezeiten kommen deshalb kaum vor. Es gibt drei Skilifte, 1800, 500 und 150 Meter lang. Die Abfahrtspisten haben verschiedene Schwierigkeitsgrade und eignen sich für die Geübten ebenso wie für Anfänger. Skischulen mit ausgebildeten Lehren bieten preiswerte Kurse an (etwa 25 Euro pro Stunde). Der Ski-Pass ist für 15 Euro pro Tag oder 100 Euro für eine Woche zu haben, für Kinder und Jugendliche gibt es Vergünstigungen. Die Ausrüstung kann auch ausgeliehen werden (ca. 10 Euro/Tag). Während der Ski-Saison bieten viele Hotels einen Bustransfer zum Ski-Center an. Infos: http://kolasin1450.com

Vorwahl: 020.
Postleitzahl: 81210.
Tourismusorganisation Kolašin, Tel. 864254.
Reisebüro Eco-Tours, Dunje Đokić 5, Tel. 860700. Organisiert Wanderungen, Rafting- und Angeltouren, Jeepsafaris, Paragliding und gibt Tipps für Ausflüge auf eigene Faust. http://www.eco-tours.co.me

Busbahnhof, ul. Mojkovačka bb, Tel. 864033. Linienverkehr nach Podgorica und Bijelo Polje.

Bahnhof, zwei Kilometer außerhalb in Dulovine, Tel. 865212.

Hotel Bianca Resort & Spa, Mirka Vesovica b.b., Tel. 863000. Seit der Renovierung eines der schönsten Hotels des Landes. Schwimmbecken, Außenpool, Fitness- und Beautystudio, Restaurants mit nationaler und internationaler Küche, Lounge, Bar; DZ ab 100 Euro. www.biancaresort.com
Hotel Brile, ul. Buda Tomovića br. 2, Tel. 865484. Kleines modernes Hotel im Zentrum. Restaurant mit nationaler und italienischer Küche, Sat-TV, Internet, Sauna; DZ 50 Euro. http://brile.co
Hotel Čile, Dunje Đokic, Tel. 069/596969. Einfach, aber ordentlich eingerichtet. Auf Wunsch auch mit Halb- oder Vollpension; DZ mit Frühstück ab 38 Euro. www.hotelcile.me
Pension Vila Jelka, Rovačko Trabaljevo, Tel. 069/400094. Nette kleine Familienpension. Zimmer mit Zentralheizung und TV; DZ 40 Euro. Die Betreiber organisieren auch Floß- und Raftingtouren, Jeep- und Fotosafaris und betreiben das Öko-Almdorf ›Jelka‹ in 1700 Meter Höhe auf dem Berg Bjelasica: Einfache kleine Holzhütten, die gerade ausreichend Schlafplatz für zwei Personen bieten. 30 Euro pro Nacht und Hütte inklusive reichhaltiger Bio-Verpflegung, am offenen Feuer zubereitet. http://jelka.me

Vodenica, Breza bb, Tel. 069/241507. Im Ortszentrum in einer umgebauten alten Wassermühle, nationale Spezialitäten nach Art der Region.
Savardak, Biočinović, Tel.069/051264. An der Straße zum Ski-Center in einer rekonstruierten montenegrinischen Berghütte. Nationale Spezialitäten, darunter üppige Fleischportionen vom Grill zu günstigen Preisen.

Stadtmuseum (Zavičajni muzej), trg boraca br. 1, Tel. 87344. Alte Trachten und Werkzeug aus der Region sowie Fotos und Gegenstände aus dem Partisanenkampf; Eintritt frei.

Ambulanz (Dom zdravlja), ul. Dunje Đokić bb, Tel. 865140. http://dzkolasin.me

▸ Karte S. 232

Nationalpark Biogradska Gora

Der Nationalpark Biogradska Gora umfasst ein Gebiet von 5650 Hektar zwischen Tara und Lim im Bjelasica-Gebirge und gehört zu den letzten drei Urwäldern Europas. Bereits 1872, lange bevor Autos und Industrie die Natur angriffen, stellte Fürst Nikola die Biogradska Gora unter seinen persönlichen Schutz – damals eine revolutionäre Idee: Nach dem Yellowstone-Nationalpark war Biogradska Gora das zweite geschützte Naturreservat der Welt. 1952 wurde der Schutz des Nationalparks gesetzlich verankert. Nahezu 80 Prozent der Parkfläche sind bewaldet. Ein Teil der 86 Baumarten, wie etwa Buchen, Tannen, Ulmen, ist mehr als 500 Jahre alt und bis zu 50 Meter hoch. Im Park wurden 350 Insekten- und 150 Vogelarten gezählt, darunter Steinadler und Auerhühner. Hirsche, Rehe, Wölfe, Wildschweine, Füchse und Bären sowie verschiedene Schlangenarten leben hier. Letztere halten sich gerne in Ufernähe auf, suchen aber das Weite, sobald sich ein Mensch nähert.

Der grün schimmernde **Biogradsko jezero** ist 1100 Meter lang, bis zu 400 Meter breit und damit der größte und bekannteste Gletschersee im Nationalpark. Ein knapp fünf Kilometer langer Spazierweg führt um ihn herum. Die Strecke ist eben und auf einigen hundert Metern mit Holzplanken ausgelegt. In kleinen Holzpavillons lässt sich rasten. Zum **Šiško jezero** in etwa 1600 Meter Höhe führt ein gekennzeichneter Wanderweg. Der Pešića jezero und der Veliko Ursulovačko jezero in über 1800 Meter Höhe lassen sich ebenfalls erwandern, allerdings sollte man etwa sieben Stunden veranschlagen. Nicht ganz so lang, etwa 5 Stunden, ist man vom Parkplatz bis zum **Berggipfel Crna Glava** (Schwarzer Kopf) in 2139 Meter Höhe unterwegs. Belohnt wird man mit einer atemberaubenden Aussicht.

Traumhaft: der Biogradsko jezero

Der Weg in den Nationalpark ist unkompliziert: Auf halbem Weg von Kolašin nach Mojkovac zeigt ein unscheinbares Schild die Abzweigung zum Nationalpark an. Eine schmale Brücke führt über die Tara, anschließend eine einspurige Straße ins Gebirge. Bald steht man an einer Schranke, dem Einlass zum Nationalpark. Die Straße führt weiter den Berg hinauf. Steile Serpentinen sind zu bezwingen, bevor in 1099 Meter Höhe der Biogradsko jezero erreicht ist. Hier gibt es reichlich Parkplätze, einen Kinderspielplatz und ein Kiosk, in dem neben Souvenirs und Büchern über den Park auch eine empfehlenswerte deutschsprachige Wanderkarte angeboten wird (3 Euro). Bis zum ein wenig in die Jahre gekommenen Restaurant ›Biogradska jezero‹ sind es nur hundert Meter. Es lohnt sich, auf der Terrasse einen Kaffee zu trinken, der Stille zu lauschen und den Blick durch die Bäume hindurch über einen Teil des Sees schweifen zu lassen.

Biogradska Gora

Nationalpark Biogradska Gora, Trg vojvode Bećirbega Osmanagića 16, 81000 Podgorica, Tel. 020/601015. Eintritt: Erw. 3, Kinder 1, Ruderboot 8 Euro. http://www.nparkovi.me

Unterkunft findet man in einfachen, mit zwei Betten ausgestatteten Holzbungalows (20 Euro); Buchung über Tel. 081/865625. Übernachtung mit Frühstück 8 Euro pro Person, mit HP 17, mit VP 21 Euro.

Sehr einfacher **Campingplatz**. Zelt ab 3 Euro, Wohnwagen 10 Euro pro Tag.

Mojkovac und Umgebung

Mojkovac, im Nordosten Montenegros am Fluss Tara gelegen, ist oft nur Durchgangsstation für Reisende auf dem Weg nach Serbien oder zur Küste: Die Straße ins Durmitorgebierge nach Žabljak zweigt hier ab. Auf den ersten Blick lässt sich kaum erahnen, dass Mojkovac auf eine bewegte Vergangenheit zurückblickt, in der deutsche Bergleute aus Sachsen eine wichtige Rolle spielten.

Geschichte

Die Region gehörte im Mittelalter zum serbischen Staat Raška und war reich an Blei, Zink, Gold und Silbervorkommen. König Vladislav ließ im 13. Jahrhundert Bergleute aus Sachsen kommen. Die ›Sasi‹, wie sie in Montenegro genannt wurden, erforschten den Boden, bauten Minen und Bergwerke und brachten die Schätze ans Tageslicht. Die Deutschen galten als fleißig und waren in der Bevölkerung hoch angesehen. Der König räumte ihnen zahlreiche Privilegien ein – kein Wunder, waren die Deutschen doch mitverantwortlich für den wirtschaftlichen Aufschwung der Region und den daraus resultierenden Wohlstand der Bevölkerung. Der Ort Brskovo nahe Mojkovac entwickelte sich zum wichtigsten Bergbauzentrum des serbischen Staates. Der serbische König Uroš I. ließ aus dem gewonnenen Silber Münzen prägen. In Aussehen und Prägung ähnelten sie dem Geld der Venezianer. Die waren alles andere als erfreut, konnten aber auch nicht verhindern, dass die Silbermünzen aus Mojkovac schon bald als Zahlungsmittel auf dem gesamten Balkan akzeptiert wurden. Im Jahr 1399 drangen die Türken in die Region vor. Die Bevölkerung versuchte in zahlreichen Aufständen die Besatzer loszuwerden – vergebens. Befreit wurde die Gegend erst 1912, nach dem Ende des ersten Balkankrieges. Sie wurde zu einem Teil des montenegrinischen Königreiches.

Mojkovac war Schauplatz zahlreicher Schlachten. Montenegrinische Truppen konnten 1787 die Türken auf dem Schlachtfeld bei Mojkovac bezwingen, mussten aber schon kurz darauf den Rückzug antreten. 1812 gelang es Montenegrinern und Serben gemeinsam, das türkische Heer zu umzingeln und anschließend in die Flucht zu schlagen. Für Montenegro und Serbien war dies der Anfang einer gemeinsamen Grenze. Das Ende der Fremdherrschaft war damit aber noch nicht gekommen: Österreich-Ungarn beanspruchte das Gebiet für sich.

Während des ersten Weltkrieges, im Januar 1916, war Mojkovac Schauplatz der berühmten Schlacht zwischen dem montenegrinischen Heer und den zahlenmäßig überlegenen Österreichern, die vernichtend geschlagen wurden. Ein Denkmal auf einer Anhöhe an der Hauptstraße erinnert an den Sieg der Montenegriner. Während des Zweiten Weltkrieges war Mojkovac von deutschen und italienischen Truppen besetzt. Sein

▶ Karte S. 230

heutiges Ortsbild entwickelte Mojkovac erst gegen Ende des 19. Jahrhunderts. Die Gemeinde hat 11 000 Einwohner. Die Züge aus Podgorica in Richtung Belgrad halten im kleinen Bahnhof der Stadt. Mojkovac ist von unberührter wilder Natur umgeben, und nur acht Kilometer entfernt befindet sich der Nationalpark Biogradska Gora mit seinem bekannten See. Jedes Jahr im Oktober findet das Filmfestival ›Mojkovac Film Autumn‹ mit Filmen aus Montenegro und Serbien statt. Die besten Schauspieler werden dann ausgezeichnet.

Von der ehemaligen Reichtum durch den Abbau der Bodenschätze ist heute nicht mehr viel übrig. Die Bergwerke werden von einem mittlerweile über hundert Jahre alten Wald überwuchert. Die Holzindustrie ist heute wichtigster Wirtschaftszweig der Region.

Sehenswürdigkeiten

Mojkovac ist reich an Natur, jedoch arm an Sehenswürdigkeiten. Genau genommen gibt es nur das für jeden weit sichtbare **Denkmal**, das an den Sieg Montenegros gegen die Österreicher erinnert und ein Wahrzeichen der Stadt darstellt.

Eine echte Sehenswürdigkeit ist das **Kloster Dobrilovina**, etwa 20 Kilometer nordwestlich von Mojkovac an der Tara gelegen. Seine erste schriftliche Erwähnung stammt von 1592, als die türkische Verwaltung die Instandsetzung des Gotteshauses behördlich genehmigte. Das Datum seiner Erbauung ist nicht bekannt, wohl aber seine leidvolle Geschichte, die ein stetiger Wechsel von Zerstörung und Wiederaufbau ist, bis das Gebäude ab 1802 sich selbst überlassen wurde. 25 Jahre später wurde es restauriert, nur um bald darauf erneut von den Türken geplündert zu werden. Der Mönch Mihailo Dožić veranlasste später den Wiederaufbau.

Im sozialistischen Jugoslawien wurden Teile des Klosters konserviert. Bekannt sind die Fresken des Klosters. Sie wurden bei jeder Zerstörung in Mitleidenschaft gezogen, konnten aber teilweise in die Gegenwart gerettet werden.

Zum Klosterkomplex gehört die St. Georgskirche. Der kleine kreuzförmige Bau mit Vorhalle und stufenförmigen. zur Kuppel aufsteigenden Seitenbauten wurde zu Beginn des 17. Jahrhunderts erbaut, der hölzerne Glockenstuhl 1610.

Mojkovac

Vorwahl: 050. **Postleitzahl**: 84210.
Die **Polizei** ist unter Tel. 472460 zu erreichen.

Busbahnhof, trg Ljubomira Bakoča bb, Tel. 72247.

Bahnhof, Tel. 472130. Südlich der Stadt, etwas außerhalb. Mehrfach täglich Verbindungen in Richtung Podgorica und Bar, auch nach Belgrad.

Post und **Bank** findet man auf dem trg Ljubomira Bakoča bb.

Motel Ravnjak, Tel. 67557466. Kleines, gemütliches Hotel mit acht Zimmern, an der Straße nach Žabljak, etwa 18 Kilometer von Mojkovac entfernt. Eigenes Restaurant mit nationalen Spezialitäten und frischem Fisch aus der Tara. Von hier gute Wandermöglichkeiten; EZ mit Frühstück 20 Euro. Das hoteleigene Restaurant (Tel. 472144) steht jedem offen und ist bekannt für seine nationalen Spezialiäten und Fischgerichte. www.ravnjak-hotel.com

Gesundheitshaus (JZU Dom zdravlja ›Boško Dedejić‹), Njegoševa bb, Tel. 472246. http://www.dzmojkovac.me

Bijelo Polje

Die weißen Blumenwiesen im Frühjahr gaben der Stadt ihren Namen: Bijelo Polje (Weißes Feld). Mit 50 000 Einwohnern ist sie die drittgrößte Stadt Montenegros. Bijelo Polje liegt im Nordosten am Fluss Lim und zugleich an der Straße von Podgorica nach Belgrad.

Für Reisende ist Bijelo Polje meist nur Durchgangsstation auf dem Weg zur Küste oder in die andere Richtung nach Serbien. Dabei hat sie Sehenswertes zu bieten, etwa die Kirche des heiligen Peter aus dem 12. Jahrhundert und das Klosters Nikoljac mit seine Ikonen und Wandmalereien. Im Stadtzentrum befinden sich Restaurants und Cafés, etwas außerhalb die bekannten Mineralwasserquellen.

Geschichte

In einer Vollmacht des Kaufmannes Radule Krasović aus Bijelo Polje von 1589 wurde erstmals der heutige Name der Stadt erwähnt. Die frühe Geschichte liegt im Nebel. Ausgegrabene Überreste von Kirchen und Gräbern lassen vermuten, dass Illyrer und Römer bereits in der Gegend siedelten. Die Anfänge der Stadt stehen wohl im Zusammenhang mit dem Bau der Kirche des heiligen Peter im 12. Jahrhundert. In einer Urkunde des serbischen Königs Uroš I. aus dieser Zeit werden die Siedlung Pruška, die heutige Unterstadt, und die Kirche erwähnt. Mitte des 15. Jahrhunderts besetzten die Türken das Gebiet. Das Stadtbild dominierten fortan kleine einstöckige Wohnhäuser in osmanischer Bauweise und mehrere Moscheen. Die türkische Herrschaft endete erst 1912 mit dem Balkankrieg. Seitdem gehört Bijelo Polje zu Montenegro.

Im Norden der Stadt entstanden im Zuge der Industrialisierung im sozialistischen Jugoslawien zahlreiche Fabriken. Zu den bekanntesten gehören heute die Druckerei, das Milchwerk, die Großbäckerei, Mühlen und Silos. Der Bahnhof und das Hotel ›Rade‹ wurden errichtet sowie das Straßennetz ausgebaut. Die Einwohnerzahl und die Fläche der Stadt verdoppelten sich innerhalb von 20 Jahren. Heute haben sowohl private als auch staatliche Radio- und Fernsehsender in der Stadt Studios und die Zeitung ›Polje‹ ihre Redaktion.

Sehenswürdigkeiten

Der interessanteste kulturhistorische Bau ist die **Kirche des heiligen Peter**. Fürst Miroslav von Hum, ein Bruder des serbischen Herrschers Stefan Nemanja, ließ sie Ende des 12. Jahrhunderts errichten. Lange war sie Hauptkirche der Bischöfe von Hum. Fürst Danilo II. hielt sich während seiner Zeit als Bischof dort auf. Während der türkischen Herrschaft wurde die Kirche als Moschee genutzt, der zweite Turm zerstört und die Wandmalereien beschädigt. Heute sind noch Bruchstücke zu besichtigen, darunter ein Porträt des Stifters. In der Kirche schrieb Gligorije Dijak Ende des 12. Jahrhunderts das Miroslav-Evangelium in kyrillischer Schrift auf Pergament. Heute ist dieses Dokument die bekannteste serbische Handschrift.

Das **Kloster Nikoljac** wurde im 16. Jahrhundert erbaut. Die dreischiffige Basilika mit ihrer Kuppel wurde im frühen 17. Jahrhundert stark beschädigt und 1866 restauriert. Die Heiligenbilder an der Ikonenwand und die Wandmalereien entstanden im 16. und 17. Jahrhundert. In der Bibliothek werden 100 handschriftliche und gedruckte Bücher aus den umliegenden Klöstern und der ersten Druckerei Montenegros aufbewahrt, darunter eine Stadtchronik aus dem 16. Jahrhundert.

Das **Denkmal** im Stadtpark erinnert an die 1200 im Zweiten Weltkrieg gefalle-

▶ Karte S. 239

nen Partisanen aus Bijelo Polje. Bis heute sind Symbole der sozialistischen Epoche zu finden, etwa der Rote Stern auf einem Hügel oberhalb der Stadt.

Die **Stadtmoschee** (Gradska džamija) ist die einzige Moschee in Bijelo Polje. Sie befindet sich seit 1741 an ihrem jetzigen Standort. Errichtet wurde sie aber im Dorf Jabučino, etwa fünf Kilometer vom Stadtzentrum entfernt. Nach dem Abzug der Osmanen befürchtete man, die Moschee würde in dem Dorf verfallen. Deshalb trug man die Steine ab und transportierte sie mithilfe einer Menschenkette von Hand zu Hand nach Bijelo Polje, um dort die Moschee wieder aufzubauen – so wird es jedenfalls erzählt. Im Laufe ihrer Geschichte wurde die Moschee mehrere Male grundlegend renoviert. Heute steht sie als Kulturdenkmal unter Schutz. Die Moschee selbst ist unspektakulär. Mit ihrem quadratischen Grundriss erinnert sie an ein Wohnhaus, wäre da nicht das Minarett mit Balkon und blechgedecktem Dach. Die Gläubigen werden über einen Lautsprecher zum Gebet gerufen.

Nicht uninteressant ist die Geschichte des Gebäudes, indem sich heute das **Heimatmuseum** befindet. Es wurde 1905 als Schule gebaut, in der knapp 30 Schüler von zwei Lehrern unterrichtet wurden. Nachdem sich die Osmanen 1912 zurückgezogen hatten, wurde es per königliches Dekret zu einer Hauptschule ernannt. Im

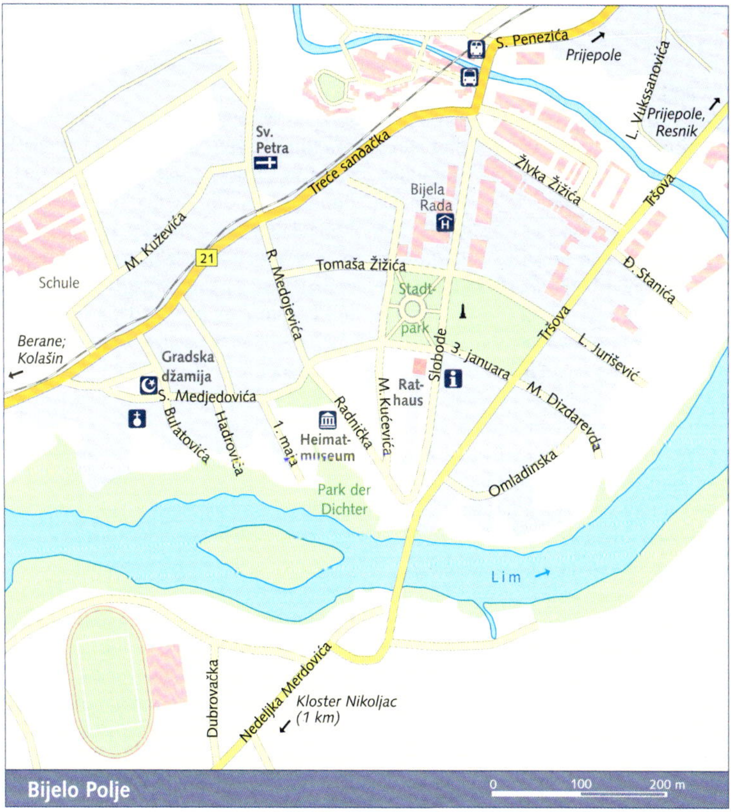

Die Kirche des heiligen Peter stammt aus dem 12. Jahrhundert

Zweiten Weltkrieg diente es einer italienischen Garnison als Kaserne, nach dem Krieg als Kindergarten, bevor das Museum dort einzog. Es zeigt die Entwicklung Bijelo Poljes von der Prähistorie bis in die Gegenwart. Ausgestellt sind unter anderem viele Alltagsgegenstände, traditionelle Kleidung, Waffen und Werkzeuge. Interessant ist auch das Vermächtnis der bekannten Bijelo Poljer Künstlerfamilie Lazović, die im 18. und 19. Jahrhundert bekannte Ikonenmaler waren.

Der Name **Park der Dichter** verspricht mehr, als der Park zu bieten hat. Es handelt sich um einen kleinen Park unweit des Flusses Lim, in dem die Bronzebüsten der drei Schriftsteller Risto Ratković (1903–1954), Miodrag Bulatović (1930–1991) und Čamila Sijarić (1913–1989) zu finden sind. Wobei in erster Linie Miodrag Bulatović, der in einem Dorf bei Bijelo Polje geboren wurde, über die Grenzen Montenegros hinaus große Bekanntheit erlangte. Seine Bücher wurden in über 40 Sprachen übersetzt. Sie beschäftigten sich überwiegend mit dem Zweiten Weltkrieg und den Thema gut und böse. Bulatović war auch Politiker im serbischen Parlament, wo ihm im Zuge des Zerfalls Jugoslawiens serbischer Nationalismus vorgeworfen wurde. Er starb 1991 in Igalo.

Die Umgebung

Die **Kirche Sveti Nikola** im Dorf **Podvrh** ist etwa 20 Kilometer von Bijelo Polje entfernt. Der einschiffige Bau mit einer Kuppel und einer Vorhalle an der Westseite wurde im Mittelalter errichtet. 1613 bemalte der auf dem Südbalkan berühmte Künstler Strahinja die Kirchenwände. In der Bibliothek wurde das kyrillische Evangelium des Divoš Tihoradić entdeckt, das heute im Kloster von Cetinje aufbewahrt wird.

Die **Mineralwasserquellen** befinden sich drei Kilometer nördlich im Ort **Nedakusi**. Hier kann sich jeder einen Schluck aus der sprudelnden Quelle genehmigen oder auch seine mitgebrachten Flaschen füllen. Im Restaurant ›Kisjele vode‹ unmittelbar an den Quellen werden lokale Spezialitäten angeboten und natürlich das Mineralwasser. Landesweit wird es unter dem Namen ›Rada‹ verkauft. Das Wasser soll sich sehr günstig bei Problemen mit dem Herzen, Kreislauf, Nieren und Darm auswirken.

▸ Karte S. 230/239

Bijelo Polje

Vorwahl: 050. **Postleitzahl**: 84000.
Tourismusorganisation Bijelo Polje, Ul. Slobode br.4 (im Einkaufszentrum gegenüber der Stadtverwaltung), Tel. 433711. www.tobijelopolje.me

Bahnhof, oberhalb des Stadtzentrums, Tel. 478560. Drei bis vier Verbindungen täglich Richtung Bar und Belgrad.
Busbahnhof, Lješnička bb, Tel. 432219. Bis zu sechs Verbindungen täglich nach Belgrad und Podgorica, zwei nach Berane und Rožaje.

Gradski taxi, Tel. 19797.
Taxi Roller, Tel. 19735.

Hotel Bijela Rada, Ul. Slobode bb, Tel. 068/866456. Im Zentrum an der kurzen Fußgängerzone, sehr einfach ausgestattet. 110 Betten, Restaurant und Parkplatz; DZ 40 Euro.
Motel Durmitor, Lješnica bb, Tel. 488111. Im Ort Rakonje an der Straße von Bijelo Polje nach Ribarevina. Klein, privat, 30 Betten. Gutes Restaurant mit nationaler Küche, auch Gegrilltes vom Schwein und Lamm.

Stadtmuseum (Zavičajni muzej), Radnička bb, Tel. 431579.

Gesundheitshaus (Dom zdravlja), Voja Lješnjaka bb, Tel. 432327. www.domzdravljabp.me
Krankenhaus, Medanovići bb, Tel. 486150.
Ambulanz, ul. Voja Lješnjaka bb, Tel. 432722.

Berane

Zunächst hat es den Anschein, als ob Berane mit seinen 40 000 Einwohnern nur aus farblosen Wohnhäusern und Fabriken besteht, aber der erste Eindruck trügt. Der Ort offenbart erst auf den zweiten Blick seine Reize: Eine Fußgängerzone mit Straßencafés und kleinen Geschäften, das orthodoxe Kloster Đurđevi Stupovi aus dem 12. Jahrhundert, eine römische Ausgrabungsstätte und das Heimatmuseum. Und es gibt Möglichkeiten zum Baden und Fischen in der Lim. Kurzum: Berane, fernab von den touristischen Hochburgen Montenegros gelegen, ist ein interessantes Ausflugsziel.

Geschichte

Mitte des 15. Jahrhundert besetzten die Türken die Region und errichteten am Ufer der Lim eine Kaserne. Sie gilt als Grundstein für die spätere Stadt, die aber erst 1862 in einem bis dahin unbesiedelten Tal entstand und von den Türken den Namen Berane erhielt. Die Stadt bildete lange Zeit die Grenze zwischen dem Osmanischen Reich und Montenegro.
Die Montenegriner wollten sich nicht mit der türkischen Herrschaft abfinden, und 1879 führte Marko Miljanov einen der größten und blutigsten Aufstände an. Bis 1912 folgten acht weitere, die aber alle erfolglos blieben. Erst 1912, während des Balkankrieges, konnten die Türken bezwungen und Berane ein Teil Montenegros werden.
Im Ersten Weltkrieg besetzten die Österreicher die Stadt, 1941 die Deutschen und Italiener. Titos Partisanen befreiten die Region erstmals 1941 und wählten sogleich ihre Volksvertreter. Allerdings wurde Berane bis 1944 erneut von feindlichen Truppen besetzt. Ein Denkmal auf dem Berg Jasikovac erinnert an 30 Partisanen, die bei den Kämpfen um Berane ihr Leben ließen. Entworfen hat es der

Das Kloster Đurđevi Stupovi

international bekannte Architekt Bogdan Bogdanović.

Im sozialistischen Jugoslawien wurde Berane zu einer der wenigen Industriestädte Montenegros. Zuvor lebten die Bewohner meist von der Landwirtschaft, nun entstanden Fabriken, und die Stadt machte sich in der Papierherstellung einen Namen. Am Ufer der Lim eröffnete das Hotel ›Berane‹ und verströmt bis heute sozialistisches Flair. Die Einwohnerzahl verdoppelte sich innerhalb von 30 Jahren. Im Jahr 1949 wurde die Stadt in Ivangrad umbenannt, zu Ehren von Ivan Milutinović, einem Partisan und Volkshelden, der 1944 ums Leben kam. 1992, nach der Auflösung Jugoslawiens, erhielt die Stadt wieder ihren ursprünglichen Namen.

▸ Karte S. 230

■ Sehenswürdigkeiten

Das **Kloster Đurđevi Stupovi** befindet sich links an der Umgehungsstraße nach Bijelo Polje, etwa zwei Kilometer außerhalb des Stadtzentrums. Mittelpunkt des Klosters ist die 1291 von Stevan Prvoslav erbaute einschiffige Kirche des heiligen Georg. Die Vorhalle an der Westseite und der rechteckige Glockenturm wurden nachträglich angebaut. In der Kirche finden sich Reste von Wandmalereien, ein großes Kreuz, das von einem montenegrinischen Goldschmied im 19. Jahrhundert gefertigt wurde, und ein großes und wertvolles Exemplar des Evangeliums mit silbernem Einband. Das Kloster wurde mehrfach schwer beschädigt, nach dem Zweiten Weltkrieg aber grundlegend restauriert.

Im Jahr 1212 gründete Sava Nemanjić hier das Bistum Budimlje. 1640 begab sich der Metropolit Pajsije auf den Weg nach Rom, um beim Papst Unterstützung für den Aufstand der Christen gegen die Türken zu erbitten. Er wurde von den Türken gefasst und hingerichtet, das Bistum aufgelöst und verboten. Erst seit 2002 ist das Kloster wieder Bischofssitz.

In der Nähe des Klosters sind Fragmente der Grundmauer einer **römischen Festung** (Rimski Castrum) zu sehen. Der Weg dort hin ist ausgeschildert.
Am Ende der Fußgängerzone befindet sich das **Stadtmuseum** (Polimski Muzej). Es zeigt lokalhistorische Exponate und Ausgrabungsfunde aus der Antike.
Das 1972 errichtete **Freiheitsdenkmal** ist ein Werk des bekannten Architekten Bogdan Bogdanović. Es befindet sich oberhalb der Stadt, in einem Waldgebiet auf dem Berg Jasikovac, und besteht aus einem 18 Meter hohen Kegel, der von 40 Granitblöcken umgeben ist.
Im **Jelovica-Gebirge**, etwa 20 Kilometer von Berane, entfernt lässt sich hervorragend wandern und Mountainbike fahren. Die Landschaft ist fast unberührt und mit ihren drei **Bergseen** – Pešić-, Ursulovačko- und Šiško-See – sehr reizvoll. Übernachten kann man im Hotel ›Jelovica‹, dem einzigen in dieser einsamen Gegend.

Das Wintersportzentrum Lokve

Das Wintersportzentrum Lokve, von Berane 15 Kilometer in Richtung Rožaje entfernt, liegt an den Hängen des Berges Smiljevici, in einer Höhe von 1300 bis 1700 Metern. Das pyramidenartige Hotel ›Lokve‹ und das Ski-Center wurden im Dezember 2006 an einen privaten russischen Investor verkauft. Bis 2004 lebten Flüchtlinge aus dem Kosovo im Hotel, das aber seitdem grundlegend renoviert wurde.
Es gibt zwei Skilifte. Der eine startet beim Hotel ›Lokve‹ und zieht die Wintersportler auf 1560 Meter, der zweite von 1511 auf 1630 Meter. Die Pisten eignen sich sowohl für Anfänger als auch für erfahrene Abfahrer.
Das Hotel ›Berane‹ bietet während der Wintersaison einen Bustransfer zum Ski-Center an. Der Ski-Pass kostet fünf Euro am Tag oder 25 Euro in der Woche; der nächstgelegene Bahnhof ist Bijelo Polje.

Berane

Vorwahl: 051.
Postleitzahl: 84300.
Tourismusorganisation Berane, Mojsija Zečevića 8, Tel. 236664.
http://toberane.me

Busbahnhof, ul. Dušana Vujoševića bb, Tel. 234828. Verbindung 2x tgl.nach Belgrad und Podgorica, mehrfach nach Plav, Rožaje und Bijelo Polje.

Hotel Berane, Ivangradska 1, Tel. 680080. Aus dem ehemaligen sozialistischen Bau ist inzwischen ein modernes 4-Sterne-Haus mit eigenem Strand geworden. Zimmer teilweise mit Balkon. Schöne Bar, großer Parkplatz vor dem Haus; DZ ab ca. 50 Euro.
Hotel S, ul. Mitropolita Pajsije, Tel. 232031. Modernes 3-Sterne-Hotel in der Nähe des Busbahnhofs. Hoteleigener Parkplatz und empfehlenswertes Restaurant. Klimaanlage und WLAN.
Il Sole Hotel, Polimska 71, Tel. 67516515. Etwa 500 Meter vom Zentrum, Kabel-TV und WLAN. Parkplätze; DZ 40 Euro. www.ilsolehotel.com
Restauran Dva jelena, Svetosavska bb, Tel. 069/853693 und 045986. Nationale Spezialitäten.

Stadtmuseum, Miloša Mališića 22, Tel. 234276. Kleines, feines Museum mit fünf Abteilungen. Durch die Ausstellung führt ein roter Teppich. www.polimskimuzej.me
Im Gebäude befindet sich auch eine Galerie. Gezeigt werden unter anderem Werke von Miomir Mišo Popović. Der 2010 gestorbene Künstler unterrichtete einige Zeit am Gymnasium in Berane und vermachte einen Teil seiner Bilder der Galerie.

Rožaje

Rožaje liegt im äußersten Nordosten Montenegros, nahe der Grenze zu Serbien und zum Kosovo. Der Ort befindet sich in einem Tal, durch das die Ibar fließt und das von drei Seiten von den bis zu 2400 Meter hohen Bergen Žljeb, Mora Gora, Turjak und Hajla umgeben ist.

Die 12 000-Einwohner-Stadt ist durch die Straße von Berane nach Kosovska Mitrovica und einen Tunnel mit dem übrigen Montenegro verbunden. Rožaje ist das Zentrum der gleichnamigen Gemeinde, zu der auch Berane und Andrijevica gehört. Rund 90 Prozent der Bewohner geben ihre Nationalität mit moslemisch an. Ähnlich wie in Bosnien spricht man hier auch von montenegrinischen Bosniaken. Vier Prozent bezeichnen sich als Albaner, drei Prozent als Serben und nur knapp zwei Prozent sagen, sie seien Montenegriner.

Die Stadt lebt in erster Linie von der Holzverarbeitung, allerdings haben viele Betriebe seit der Auflösung Jugoslawiens ihre Produktion einstellen müssen und hoffen jetzt auf Investoren aus dem Ausland. Der Wintertourismus spült etwas Geld in die leeren Kassen der Gemeinde. Die **Skipisten** am Berg Turjak werden überwiegend von Gästen aus Serbien, dem Kosovo und Bosnien besucht. Die Preise sind günstig, dafür ist die Infrastruktur aber noch weit vom westeuropäischen Standard entfernt.

Vier Kilometer außerhalb von Rožaje, in Richtung Berane, zweigt die Straße zum Skigebiet Turjak ab. Zwei Skilifte transportieren die Wintersportler den Berg hinauf. Es gibt eine Skischule und Materialservice. Der Skipass kostet 5 Euro pro Tag und 25 Euro für eine Woche.

Rožaje war schon von den Illyrern besiedelt. Nahe dem heutigen Stadtgebiet wurden die Reste einer illyrischen Siedlung gefunden. Im Mittelalter war die Region Teil des serbischen Königreichs Zeta.

Traumhafte Winterlandschaft bei Rožaje

▸ Karte S. 230

Aus dieser Zeit stammt die **Ružicakirche**, der Rožaje seinen Namen verdanken soll, und die **Ruinen einer serbisch-orthodoxen Kirche** beim Dorf Ristovac.

Die Türken besetzten Ende des 15. Jahrhundert die Region und konnten erst 1912 während des Balkankrieges zum Abzug gezwungen werden. Seitdem gehört Rožaje zu Montenegro. Während der türkischen Epoche entwickelte sich die Stadt zu einem wichtigen Handelsplatz für Gold, Wolle, Leder und Holz. Heute spielt der Handel noch immer eine Rolle, beschränkt sich aber in erster Linie auf landwirtschaftliche Erzeugnisse, die täglich auf dem großen Markt angeboten werden.

In der kleinen **Fußgängerzone** gibt es zahlreiche Straßencafés und einige Geschäfte. Die kulturhistorischen Sehenswürdigkeiten stammen meist aus der türkischen Epoche: Im Stadtzentrum am linken Ibar-Ufer steht der jüngst renovierte **Wehrturm (1802)** der Familie Granić (Granića kula).

Bei der **Sultan-Murat-Moschee** handelt es sich um eine Rekonstruktion. Mithilfe des türkischen Botschafters, der 65 000 Euro spendete, konnte die Moschee wieder aufgebaut werden. Nun ist sie größer als zuvor und besitzt gleich zwei Minarette, was in Montenegro eigentlich unüblich ist. Die ursprüngliche Moschee entstand 1450. Im **Moscheengarten** befindet sich das 1854 errichtete **Türbe-Grab** des Schriftstellers und Freiheitskämpfers Muhamed Užičanin, der 1750 in einem Dorf bei Rožaje von Janitscharen ermordet wurde.

Die **Kučanska-Moschee** ist die einzige in Rožaje, die heute noch weitgehend so aussieht wie 1830, als die moslemischen Bewohner der Kučanska-Straße sie erbauten. Das Grundstück spendete Jahup Kardović, ein wohlhabender Bürger aus Rožaje. Das hölzerne Minarett ist mit Schindeln gedeckt, das Minarett ebenso wie die Galerie aus Holz. Die Moschee gehört inzwischen zu den geschützten Kulturdenkmälern der Stadt.

i Rožaje

Vorwahl: 051.
Postleitzahl: 84310.
Tourismusorganisation Rožaje, 13. Jul, Tel. 270158. www.rozaje.travel
Postamt, ul. 13. Jul bb, Tel. 271001.

Busbahnhof, 29. Novembra bb, Tel. 271115. Fast stündlich Verbindungen nach Berane und Podgorica.

Hotel Rožaje, Maršala Tita bb, Tel. 240100. Im Stadtzentrum, eigenwillige Architektur, 2005 renoviert; DZ 50 Euro.
Hotel Turjak, Djurenovice Luke, Tel. 278351. 2005 renoviert, etwa 10 Kilometer außerhalb Rožajes in Richtung Berane. Neben Einzel- und Doppelzimmern auch Apartments und Bungalows; DZ 25 Euro.

Im Zentrum zahlreiche kleine **Grills** und **Konditoreien**, die sehr preiswert orientalische Spezialitäten anbieten. Wer es gediegener mag:
Restaurant Duga, etwas außerhalb in Koljeno, Tel. 278337. Nationale Gerichte zu günstigen Preisen

Stadtmuseum Ganića kula, Trg IX Crno gorske brigade bb, Tel. (0)67/566864. Mehrere Abteilungen, darunter eine ethnografische, technische und künstlerische. Eintritt: Erw. 2 Euro. www.muzejrozaje.me

Ambulanz (Dom zdravlja), ul. 29. novembra bb, Tel. 271347. An der Hauptstraße beim Busbahnhof.

Die schwarze Skulptur

Andrijevica

Selten ist Andrijevica das Ziel einer Reise, ein Zwischenstopp lohnt aber. Andrijevica gehört zu den jüngeren Städten Montenegros und liegt am linken Ufer der Lim, umgeben von Buchen- und Tannenwäldern. Es ist Hauptort der 6600 Einwohner zählenden Gemeinde. Im Ortszentrum leben allerdings nur 1100 Menschen.

Wie eine Schneise teilt die Regionalstraße Berane–Plav den Ort. Zu beiden Seiten der Straße haben sich Geschäfte und Cafés angesiedelt. Fast nur Männer sitzen tagsüber an den kleinen Tischen, trinken den preiswerten Kaffee und beobachten mit freundlicher Neugier jeden Fremden. Für den Besucher bietet sich das höchste Gebäude Andrijevicas als Orientierung an: Ein Hochhaus aus sozialistischer Zeit, von dem die Farbe großflächig abblättert. Davor gibt es Parkplätze und mehrere Kioske. Einige Meter weiter links befindet sich das einzige Hotel im Ort, das ›Komovi‹. Vor dem Hotel liegt ein kostenfreier Parkplatz, außerdem der Busbahnhof, eigentlich nur eine Haltestelle, die Andrijevica aber mit allen Landesteilen verbindet.

Seine Glanzzeit erlebte Andrijevica zwischen 1878 und 1912 als Grenzort zwischen dem Osmanischen Reich und der Österreichisch-Ungarischen Monarchie. Nach dem Balkankrieg stand Andrijevica im Schatten der aufstrebenden Stadt Berane. Im Zweiten Weltkrieg wurde Andrijevica achtmal eingenommen und ebenso oft von den Partisanen befreit.

Sehenswert ist der **Gedenkpark** im Westen Andrijevicas, an der Straße nach Berane. Das ist ein gepflegter Park mit schattigen Plätzen unter Bäumen, einem **Brunnen** mit kühlem Wasser und der **Kirche des heiligen Andreas** (Sveti Andrije). Nach ihr wurde Andrijevica benannt. Die Kirche hat einen Glockenstuhl, aber keine Glocken; diese hängen in dem hölzernen Turm neben der Kirche.

Die **schwarze Skulptur** erinnert an die Toten des Ersten Weltkriegs aus Andrijevica. Ihre Namen wurden in den Stein graviert. Die weiße, viersäulige Skulptur wurde zu Ehren der gefallenen Partisanen während des Zweiten Weltkriegs errichtet und ist zugleich auch Ruhestätte einiger Kämpfer.

Andrijevica

Vorwahl: 051. **Postleitzahl**: 84320.
Tourismusorganisation, Branka Deletića bb (im Kulturzentrum), Tel. 243113. www.toandrijevica.me

Tankstelle, **Bank**, **Post**, **Gesundheitshaus**, **Apotheke**, **Lebensmittelgeschäfte** und **Cafés** finden sich sämtlich an der ul. Branka Deletića bb, der Hauptstraße.

Zweimal tgl. fahren Busse in Richtung Küste, mehrmals tg. nach Berane und Plav.

Hotel Komovi, ul. Branka Deletića bb, Tel. 243016. Renoviertes 3-Sterne-Hotel in der Ortsmitte. Zimmer mit Sat-TV und Internetzugang. Großes Restaurant, Café und Sommergarten. DZ ab 50 Euro. www.hotelkomovi.com

▸ Karte S. 230

Plav und Plavsko jezero

Plav galt einst als touristisches Zentrum im Osten Montenegros und wollte sich als Luftkurort einen Namen machen. Der Zerfall Jugoslawiens ließ alle Pläne hinfällig werden, und statt der erwarteten Touristen wohnten in den vergangenen zehn Jahren Kosovo-Flüchtlinge im Hotel am See. Die Flüchtlinge sind in ihre Heimat zurückgekehrt, jetzt soll der Tourismus angekurbelt werden. In Plav kann man baden, bootfahren, Wassersport treiben, bergwandern oder einfach nur auf der Hotelterrasse sitzen und den Blick über den See streifen lassen und dabei die Stille und die reine Luft genießen – Plav hat Potenzial.

Plav liegt am Fuß des 2500 Meter hohen Prokletije-Gebirges, der natürlichen Grenze zum Kosovo. Im Westen erhebt sich der 2200 Meter hohe Berg Visitor. In der Stadt findet man noch heute alte Wohnhäuser im orientalischen Stil.

Geschichte

Die Siedlung, der See und die Fischfangrechte gehörten lange dem Kloster Dečani. Unter dem Namen Pulav wurde der Ort 1235 in einer Urkunde erstmals erwähnt. Im Mittelalter führte der Handelsweg nach Konstantinopel durch Plav. Ende des 15. Jahrhunderts besetzten die Türken die Region und stationierten eine Garnison im Ort. Obwohl Plav 1878 auf dem Berliner Kongress Montenegro zugesprochen wurde, konnten die Türken erst 1912 während des Balkankrieges zum Rückzug gezwungen werden. Seitdem gehört die Region zu Montenegro. Sein heutiges Stadtbild entwickelte Plav erst nach dem Zweiten Weltkrieg.

Sehenswürdigkeiten

Die **Alte Kaisermoschee** (Stara Carska džamija) entstand 1471 und befindet sich direkt im Stadtzentrum. Sie ist leicht an ihrem hölzernen Minarett und dem ebenfalls hölzernen Vorbau zu erkennen. Es wird angenommen, dass sie eine der ersten Moscheen auf dem Gebiet des heutigen Montenegros war. Gebaut wurde die Moschee für die osmanischen Soldaten, die damals in die Region vorgedrungen waren. Ihr heutiges Aussehen erhielt sie allerdings erst im 18. Jahrhundert. Zuletzt wurde die Moschee Mitte des 20. Jahrhunderts grundlegend renoviert. Sie beherbergt die Kanone, die den Beginn und das Ende des Ramadan durch Schüsse signalisiert.

Die **Sultanija-Moschee** wurde 1907 im Auftrag von Sultan Abdul Hamid erbaut

Dunkelblau und fischreich: der Plavsko-See

und gehört zu den letzten Moscheen, die die Osmanen errichten ließen, bevor sie sich vom Balkan zurückziehen mussten. Die Moschee diente nur kurze Zeit als Gebetshaus, dann nacheinander als Schule, Polizeistation, Gefängnis, Gemeindehaus und Feuerwehrstation. Erst 2005 besann man sich ihrer eigentlichen Funktion und restaurierte das Gebäude. Nicht zu übersehen ist das 41,5 Meter hohe Minarett.

Der **Redžepagić-Turm** (Kula Redžepagića) wurde 1671 als Wehrturm und Wohnhaus aus Natursteinen und mit einem Schindeldach erbaut und gehört zu den ältesten Bauwerken in Plav. Die beiden ersten Stockwerke dienten dem rechtzeitigen Entdecken und der Abwehr von Feinden und als Versammlungsraum. Erst später wurde der Turm um das dritte Stockwerk erweitert, das lange bewohnt war.

Die **Kirche der Heiligen Dreifaltigkeit** (Sveti Trojica) befindet sich im Dorf Brezojevica an der Hauptstraße nördlich von Plav. Der einschiffige Bau mit seiner großen Vorhalle und den aufwändigen Wandmalereien wurde im Juni 1567 fertiggestellt. Dreimal - 1862, 1912 und während des Zweiten Weltkrieges - wurde die Kirche schwer beschädigt und wieder repariert. Allerdings sind von den Wandmalereien heute nur noch Bruchstücke erhalten.

Im **Botanischen Garten Velemun** werden auf einer Fläche von 500 Quadratmetern über 350 Pflanzenarten präsentiert. Die meisten sind typische Gewächse des Prokletije-Gebirges, darunter viele, die nur hier wachsen. Der Garten entstand 1993 auf Initiative des Botanikers Milutin Praščević, der sich den Garten von Danijel Vincek in Kolašin zum Vorbild nahm. Der botanische Garten befindet sich nordwestlich des Stadtzentrums, unweit der Straße nach Andrijevica, im Ort Brezojevice.

Plavskosee

Der Plavsko jezero erstreckt sich auf vier mal zwei Kilometern und ist bis zu zehn Meter tief. Der See eignet sich zum Baden, Bootfahren und zum Angeln, besonders Hechte und Forellen. Nach dem Skutarisee ist der Plavsko jezero der fischreichste See in Montenegro. Er liegt 906 Meter über dem Meeresspiegel und gehört zu den Eisseen; übrigens der zweitgrößte im ehemaligen Jugoslawien. In kalten Wintern friert der See hin und wieder zu, sogar das Schlittschuhlaufen ist dann möglich.

Glaubt man einer Legende, hieß der See wegen seiner dunkelblauen Wasseroberfläche früher Plavo jezero (Blauer See); der Ortsname Plav soll davon abgeleitet sein.

Der See wird vom Fluss Ljuča gespeist. Der Fluss Lim entspringt im See und reguliert so den Wasserstand.

Plav

Vorwahl: 051. **Postleitzahl**: 84325.

Tourismusorganisation Plav, Tel. 250151. http://plav.travel

Busbahnhof an der Ortseinfahrt nahe der Abzweigung nach Gusinje, Tel. 251371. Dreimal täglich Verbindung nach Andrijevica und Berane.

Ethno Hotel, Kula Damjanova, Tel. 255350. Am Plavsko-See, etwa einen Kilometer außerhalb des Ortes. Eingerichtet im Stil der Region mit viel Holz. WLAN im Hotel vorhanden. Schönes Restaurant, große Terrasse mit Seeblick; DZ 55 Euro. www.kuladamjanova.com

Restaurant Belle Ami, Racina bb, Tel. 252727. Bar und Restaurant. Nationale Gerichte, aber auch Pizza, günstige Preisen. Apartments im Haus mit TV, Klimaanlage; einfach, aber nett eingerichtet.

▶ Karte S. 230

Prokletije-Nationalpark

Der 2009 gegründete Prokletije-Nationalpark ist der jüngste Nationalpark Montenegros. Er umfasst 16 630 Hektar, erstreckt sich südlich der Stadt Plav und grenzt an Albanien. In dem zerklüfteten Karstgebirge erheben sich einige der höchsten Berge Montenegros, etwa Karanfili (2490 m), Maja Rosit (2524 m) und Zla Kolata (2538 m) wie auch die Gipfel Veliki Krš (2374 m) und Jezerski Peak (2692 m).

Im Park herrscht ein kontinentales bis subalpines Klima. Die Sommer sind kurz und relativ kühl, die Winter lang und kalt. Der meiste Regen fällt im Herbst und Winter. Die jährliche Durchschnittstemperatur bewegt sich zwischen 2 und 7 Grad. Nicht selten liegt an mehr als 200 Tagen im Jahr Schnee, in den hochgelegenen Regionen manchmal auch im Sommer.

Der Park ist bekannt für seine steilen Hänge, Flusstäler, Gletscherseen, Bäche und Quellen, aus denen oft mineralhal-tiges und trinkbares Wasser sprudelt. Mit Volusnica und dem Hridsko-See befinden sich gleich zwei Naturreservate im Nationalpark.

Aufgrund deren Reinheit bevölkern Fische, Reptilien und Amphibien die Bäche und Seen im Park. Zugleich ist der Nationalpark Lebensraum unzähliger Tierarten. Zu den bekannteren gehören Hasen, Wölfe, Luchse, Wildschweine, Gämsen, Rehe und Braunbären, die in der menschenarmen und von Umweltverschmutzungen unbelasteten Region noch nicht ausgestorben sind. Über 1700 Pflanzen- und genauso viele Kräuterarten wurden im Park gezählt. Sie stellen die Hälfte der gesamten Flora Montenegros dar, darunter auch eine Vielzahl endemischer. Zahllosen Insekten- und über 160 Vogelarten – darunter Graureiher, Gänsegeier, Habichte, Sperber, Bussarde, Wanderfalken und Moorhühner – sind hier zu Hause.

Obwohl der Nationalpark unter staatlichem Schutz steht und der Tourismus forciert werden soll, steckt die Infrastruktur noch in den Kinderschuhen. Wer nicht gerade mit dem eigenen Auto unterwegs ist, wird es schwer haben, mit öffentlichen Verkehrsmitteln in den Park zu gelangen. Es gibt Wanderwege, aber nicht alle sind markiert und an Kreuzungen und Abzweigungen mit Wegweisern versehen. Für unerfahrene Wanderer ist es sinnvoll, mithilfe eines professionellen Führers den Park zu erkunden. Der Aufwand lohnt sich. Der Nationalpark ist ein ursprüngliches, fast unberührtes Stück Natur, das nur sehr dünn besiedelt ist und einzigartige Gebirge und Landschaften bietet.

Peaks of the Balkans

Der 192 Kilometer lange **Fernwanderweg** Peaks of the Balkans (Gipfel des Balkans) führt in zehn Etappen auf ehemaligen Hirten- und Handelswegen durch das Prokljeti-Gebirge und überschreitet dabei die Grenzen zu den Ländern Albanien, Kosovo und Montenegro. Die Wandertour ist recht anspruchsvoll. Sie geht durch besiedelte Täler, aber auch durch menschenleere und abgelegene Regionen. Viele Höhenmeter sind zu bewältigen und die Wege sind nicht überall ausreichend markiert. Übernachten kann man in einfachen Alpenhütten und im eigenen Zelt. Die zehn Etappen sind zwischen 18 und 27 Kilometer lang. In Montenegro ist der Einstieg bei der Stadt Plav möglich.

Die Landschaft ist wechselvoll und beeindruckend. Karges Karstgestein, Nadelwälder, grüne Hochgebirge und saftige Wiesen, Gletscherseen und von Flüssen über Jahrtausende geschaffene Täler bieten dem Wanderer ein pures Naturerlebnis.

Die Hauptstraße des Ortes

Bedenken sollte man, dass der Fernwanderweg Ländergrenzen überschreitet, es aber keine offiziellen Grenzstationen gibt. Die entsprechenden Dokumente müssen vorab eingeholt werden, sonst kann es Probleme geben, wenn man von einer Grenzpatrouille kontrolliert wird. Infos: www.zbulo.org und https://www.zbulo.org/gipfel-des-balkans-peaks-of-the-balkans/.

Gusinje und Ali-Paša-Quellen

Gusinje liegt am Fuße des Pokljeti-Gebirges, nur wenige Kilometer von der Grenze zu Albanien entfernt. Der Ort hat gut 2000 Einwohner. Fast 90 Prozent sind islamischen Glaubens, darunter albanischstämmige Montenegriner und muslimische Slawen. Besonders für junge Menschen ist es schwer, eine Arbeit zu finden. Viele sind ausgewandert, die meisten in die USA. Allein in New York leben mehr Menschen aus Gusinje als im Ort selbst. Die Liebe zur Heimat ist dennoch nicht versiegt. Jedes Jahr im August reist die Diaspora von fast allen Kontinenten an, um eine Woche lang an den Ali-Paša-Quellen zu feiern und die Tradition zu pflegen.

Die Menschen in Gusinje leben überwiegend von der Landwirtschaft. Bekanntestes Erzeugnis ist die Kartoffel aus dem Vruljatal. Die beiden größten Industriebetriebe haben 1995 die Produktion eingestellt und warten seitdem auf einen Investor.

Geschichte

Erstmals wird Gusinje in einem Dokument aus dem 14. Jahrhundert erwähnt, als ein Dorf an dem Handelsweg von Skutari nach Peć. Hundert Jahre später besetzen die Türken die Region. Im 18. Jahrhundert profitierte der Ort von seiner Lage am Handelsweg von der Hafenstadt Dubrovnik nach Istanbul. Damals gab es in Gusinje und der Umgebung 600 Häuser und 200 Handwerksbetriebe. Selbst Cetinje, die spätere Residenzstadt, hatte zu dieser Zeit nur 50 Gebäude.

Der Berliner Kongress 1878 sprach Gusinje Montenegro zu. Doch die überwiegend albanischstämmigen Montenegriner beharrten auf ihrer Autonomie. Sie wollten weder zu Montenegro noch zu Albanien gehören. Fürst Nikola schickte Truppen, um die Kontrolle über die Region zu erlangen. Aber unter der Führung von Ali Paša Šabanagić wurde das montenegrinische Heer zurückgeschlagen, Gusinje und die Region waren anschließend 34 Jahre lang – bis 1913 – unabhängig. Ali Paša Šabanagić wird bis heute als historische Persönlichkeit verehrt. Er wurde in Gusinje geboren, besuchte in Istanbul die Militärschule und bekleidete während der türkischen Herrschaft hohe Ämter.

▲ Karte S. 230

Sehenswürdigkeiten

Straßencafés und Lebensmittelmärkte säumen die Hauptstraße im Ortskern. An ihrem Ende fällt der Blick auf die neu errichtete **Moschee** mit ihrer großen Kuppel, die den Gebetsraum überdacht. Sechs kleine Kuppeln zieren die Vorhalle. Es gibt moderne Wohn- und Geschäftshäuser, aber auch Gebäude, die noch ihren orientalischen Ursprung erkennen lassen.

Gusinje ist klein, bescheiden die Zahl seiner Sehenswürdigkeiten. Die **Moschee des Wesirs** (Vezirova đamija) gehört auf jeden Fall dazu. Sie wurde 1765 im Auftrag des Wesirs von Skadarsko, Kara Mahmud Bastalija, erbaut. Eine grundlegende Restaurierung fand 1995 statt, sie schloss auch den Januzov-Brunnen (Januzov Sadrvan) im Hof der Moschee ein. Er dient der rituellen Waschung vor dem Gebet.

Im 19. Jahrhundert gab es vier weitere Moschen im Ort, darunter die Djul-Begova-Moschee und die Ali-Paša-Moschee. Beide fielen Bränden zum Opfer und wurden anschließend nicht wieder aufgebaut. Heute befindet sich an Stelle der Begova-Moschee der **Markt**, und an der Stelle der Ali-Paša-Moschee stand das Polizeigebäude.

Die orthodoxe **Sv.-Đorđe-Kirche** wurde 1926 auf den Grundmauern eines älteren Gebäudes erbaut. Finanziert wurde der einschiffige Bau von den Mitgliedern der orthodoxen Gemeinde. Sehenswert ist die Ikonenwand. Sie stammt von dem Künstler Petar Čolanović, der sie mit Ölfarben auf Leinwände malte.

Am Eingang zur Moschee

Zum Kirchenschatz gehören auch alte Bücher, die teilweise noch aus dem 18. Jahrhundert stammen, außerdem mehrere filigrane Kreuze und weitere Ikonen. Etwa einen Kilometer südlich von Gusinje, dort wo die Vrulja in die Gručar mündet, plätschern die **Ali-Paša-Quellen**, ein beliebtes Ausflugsziel. Unmittelbar am Wasser befindet sich das Restaurant ›Krojet‹. Es ist bekannt für seine regionalen Spezialitäten. Die Terrasse bietet einen schönen Blick auf den Fluss und die Pokljeti-Berge.

i Gusinje

Vorwahl: 051.

✕

Im Ortszentrum auf der Čaršijska befinden sich mehrere **Ćevapdžinicas** – kleine Imbisse, die ausschließlich Ćevapčići frisch vom Grill anbieten. Wer möchte, bekommt noch einen Joghurt dazu und bezahlt dennoch kaum mehr als zwei Euro.

Restaurant Napolis, Bedluci bb., Tel. 035430. Gegrilltes und Pizza zu günstigen Preisen.

Der Nordwesten

Beim Wort Durmitor denken die meisten an den Nationalpark Durmitor oder den Wintersportort Žabljak. Tatsächlich bezeichnet der Begriff aber fast den gesamten Nordwesten Montenegros. Das gesamte Durmitor-Gebiet inklusive des Nationalparks umfasst gut 1800 Quadratkilometer. Diese relativ große Fläche ist Heimat für vergleichsweise wenig Menschen. Die Einwohnerdichte ist insbesondere aufgrund der geographischen Gegebenheiten gering: Nur rund 14 000 Menschen leben im Dumitor-Gebiet.

Im Zentrum dieser Landschaft dominiert das Gebirge gleichen Namens, ein gewaltiges Massiv, das Montenegro mit den herzegowinischen Bergen verbindet. Es verfügt über 22 Bergspitzen mit einer Höhe von über 2000 Metern, sein höchster Gipfel ist der Bobotov kuk mit 2522 Metern. Wer ihn besteigen möchte, sollte als trainierter Bergsteiger einen halben Tag veranschlagen, um die Spitze zu erreichen. Der Blick vom Gipfel entschädigt jedoch für alle vorangegangenen Strapazen. Es ist Vorsicht geboten, da es keine Bergrettung gibt.

Das gesamte Durmitor-Gebiet wird adernartig von vier Flüssen durchzogen, unter denen die Tara am bekanntesten ist. Daneben gibt es die Flüsse Piva, Komarnica und Šušice mit ihren Nebenarmen. Zwischen dem höchsten Gipfel – Botovo kuk – und der Taraschlucht besteht ein Höhenunterschied von über 2000 Metern.

Das Durmitor-Gebiet ist bekannt für seine unberührte Natur, in der viele Tiere und Pflanzen beheimatet sind. Neben den großen Waldgebieten und großflächigen Feldern stellen die 18 Gletscherseen eine Naturbesonderheit dar. Ungewöhnlich sind die verschiedenen Klimagebiete. In einer Höhe von 1200 Metern findet man ein alpentypisches Klima vor, darunter Gebirgsklima. In den Wintermonaten setzt sich die kalte Luft in den unteren Teilen ab und verursacht Nebel und eine ungemütliche Atmosphäre, während die Gipfel von warmer Luft, blauem Himmel und Sonnenschein umschmeichelt werden. Dadurch bestehen optimale Bedingungen für Wintersportler. Die geographischen und klimatischen Gegebenheiten schaffen ideale Lebensräume für eine reiche und vor allem artenreiche Flora und Fauna.

Bis heute ahnt man zwar die geschichtsträchtige Vergangenheit des Durmitor-Gebietes, vollständig erforscht ist sie jedoch noch nicht. So gibt es zwar archäologische Funde, aber bei den bisherigen Ausgrabungen wurden, so wird vermutet, nur ein kleiner Teil der tatsächlich vorhandenen Hinterlassenschaften aus früheren Jahrhunderten entdeckt. Zu den eindrucksvollsten Bauten gehören ohne Zweifel der Piva-Stausee mit seiner 220 Meter hohen Staumauer und die Brücke über die Tara. Das Gebiet umfasst drei Verwaltungsgebiete, die ihren jeweiligen Sitz in Žabljak, Šavnik und Plužine haben.

Die Bewohner verdienen ihren Lebensunterhalt überwiegend und seit Generationen als Landwirte und in der Viehzucht, besonders die Schafzucht ist weit verbreitet. In der jüngeren Vergangenheit nehmen auch der Tourismus und die mit ihm verbundenen Berufszweige eine größer werdende Rolle ein. In einigen Gegenden findet man kleinere Industriebetriebe, beispielsweise für die Holzverarbeitung.

Jedes Jahr im Juli feiert man im Durmitor-Gebiet die ›Tage der Bergblume‹. Den Besuchern bietet sich die Möglich-

▲ Karte S. 253

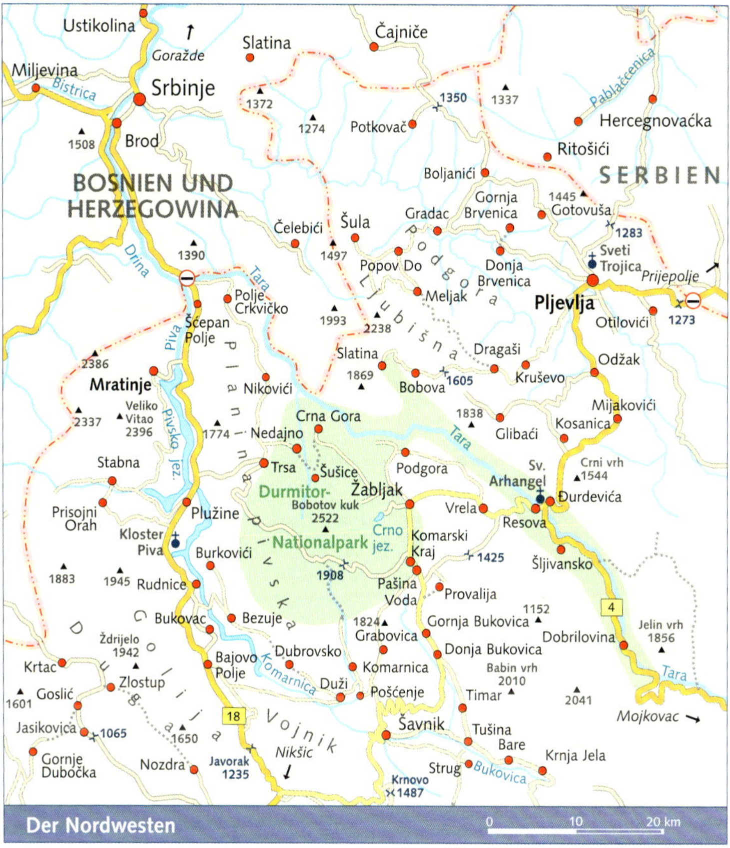

keit, während dieser Festivitäten die Natur und das Leben im Durmitor-Gebiet kennen zu lernen.

Durmitor-Nationalpark

Der Nationalpark umfasst 39 000 Hektar des Durmitor-Gebirges. Zu ihm gehören die Tara-Schlucht und die Region um den Gipfel Bobotov Kuk.

Bereits zu Beginn des 20. Jahrhunderts stellte König Nikola die Tara-Schlucht und den Schwarzen See mit seinen umliegenden Wäldern unter seinen persönlichen Schutz. 1952 entstand die Idee, das Gebiet offiziell zum Nationalpark zu erklären. Verwirklicht wurde sie erst 1978. Zwei Jahre darauf erklärte die UNESCO 2000 Hektar des Nationalparks, darunter die Tara-Schlucht, zum Weltkulturerbe der Menschheit.

Bereits vor dem Zweiten Weltkrieg wurde im Durmitor-Gebirge Wintersport betrieben. Allerdings war die Region nur sehr schwer zugänglich. Erst 1934 wurde die erste befahrbare Piste nach Žabljak fertig gestellt. Eine größere Zahl Wintersportler kam aber seit den 1970er Jahren, nach dem Ausbau der Infrastruktur. Heute sind es meist einheimische, bosnische und russische Touristen, die zum Skifahren in den Nationalpark kommen. Stetig wächst die Zahl der Besucher im Sommer. Touristen aus ganz Europa, überwiegend aber aus dem ehemaligen Ostblock, erleben die einzigartige Natur, wandern, besichtigen Gletscherseen und Höhlen und stürzen sich im Schlauchboot die Tara hinab.

Der Fluss Tara

Die Tara ist mit 141 Kilometern der längste Fluss Montenegros. Sie schlängelt sich durch wilde Landschaften und die tiefste Schlucht Europas. Für die Montenegriner ist der Fluss fast etwas Heiliges. Nach ihm werden Kinder benannt, und er wird in zahlreichen Liedern besungen. Die Tara entsteht durch den Zusammenfluss der Bäche Veruša und Opasnica südlich von Kolašin und fließt dann entlang der Orte Mateševo, Kolašin und bei Mojkovac weiter in nordöstliche Richtung. Bis zur Brücke bei Đurđevića verläuft die Straße nach Žabljak parallel zum Fluss. Allerdings steigt sie stetig an, während die Tara im Tal dahinfließt.

Im Jahr 1932 durchfuhren Kanuten erstmalig die Tara von der Quelle bis zum Dorf Sćepan polje unweit der Grenze zu Bosnien. Hier vereinigen sich Tara und Piva zum Fluss Drina, der dann durch Bosnien fließt.

Wer möchte, kann die Tara im Kanu oder Schlauchboot auf eigene Faust erkunden, sicherer aber ist es, sich in die Obhut eines erfahrenen Flößers zu begeben. Stromschnellen und Wasserfälle machen den Ritt auf dem selten mehr als 10 Grad warmen Strom zu einem nicht ganz ungefährlichen Erlebnis.

Die Tara-Schlucht

Die Tara-Schlucht ist nach dem Grand Canyon der tiefste Gebirgseinschnitt weltweit. Die Schlucht ist bis zu 1300 Meter tief und zieht sich über 88 Kilometer vom Dorf Šljivansko nahe der Tara-Brücke bis Sćepan polje. Noch Ende des 19. Jahrhunderts war die Schlucht unerforscht. Sie galt als gefährlich, kaum zugänglich und wenn überhaupt, dann nur auf dem Wasserwege erreichbar. Der Deutsche Albin Kutschbach war 1898 der erste Ausländer, der sich mit dem Floß ein Stück in die Schlucht wagte.

Rafting

Eine Fahrt mit dem Floß, dem Schlauchboot oder dem Kanu auf der Tara ist der Höhepunkt fast jeder Exkursion in das

Die Tara ist als Rafting-Paradies weithin bekannt

▲ Karte S. 253

montenegrinische Hinterland. Rafting-Touren werden von offiziell zugelassenen Veranstaltern durchgeführt und starten an kleinen, eigens angelegten Bootsstegen, etwa unterhalb der Tara-Brücke im Dorf Splavište. Von Juni bis September ist nicht nur an der Küste Hochsaison, auch auf der Tara drängeln sich die Boote. Von der zweistündigen Schnuppertour bis zum Dreitagetrip mit Übernachtung und Verköstigung in Hotel-Camps wird alles angeboten.

Die Boote werden allein von der Strömung der Tara angetrieben und von erfahrenen Flößern sicher durch Stromschnellen, Tiefen und Wasserfälle verschiedener Schwierigkeitsgrade gelenkt. Eine Rafting-Tour ist die einzige Möglichkeit, die faszinierende Tara-Schlucht hautnah zu erleben.

Tief schneidet sich das Tara-Tal ein

Die Tara-Brücke bei Đurđevića

Von Mojkovac aus gesehen, liegt Đurdevića dort, wo sich die Straße in einen Abzweig nach Pljevlja und in einen Richtung Žabljak gabelt. Der Ort ist wegen der Brücke bekannt, die sich hier über die Tara spannt. Sie erhebt sich mit ihren fünf Bögen 150 Meter über den Fluss.

Das imposante Bauwerk wurde 1941 fertiggestellt und wäre fast dem Krieg zum Opfer gefallen. Die Partisanen beschlossen damals, die Brücke zu sprengen, um den von Norden anrückenden Feinden den Vormarsch unmöglich zu machen. Der Ingenieur Lazar Jauković wurde beauftragt, den mittleren Bogen zu zerstören – eine schwere Aufgabe für den jungen Mann, da er nur ein Jahr zuvor tatkräftig am Bau der Brücke beteiligt gewesen war. Er führte den Auftrag aus und der Feind konnte aufgehalten werden. Jauković wurde jedoch später von den feindlichen Truppen gefangen genommen und auf der Brücke hingerichtet. Die Büste am westlichen Ende der Brücke erinnert an den jugoslawischen Offizier Božidar Žugić. Er starb 1941; zu seiner Erinnerung ließ seine Mutter dieses Denkmal errichten.

Fährt man von Đurdevića in westlicher Richtung, Richtung Žabljak, steigt die Straße immer weiter an, bis sich plötzlich das **Durmitorgebirge** wie eine gewaltige steinerne Wand vor einem erhebt. Die Gipfel sind oft das ganze Jahr mit Schnee bedeckt.

Durmitor-Nationalpark

Durmitor-Nationalpark: http://www.nparkovi.me

Vila Jelka hat seinen Sitz in Kolašin, startet seine Rafting-Touren aber unterhalb der Tara-Brücke. Anreise wird organisiert. 82210 Kolašin, Tel. 069/400094. http://jelka.me

Eco-Tours, Tel. 067/259020. Start der Touren bei der Tara-Brücke in Splavište. Eintägige 14-Kilometer-Tour bis zur dreitägigen 96-Kilometer-Tour bis Sćepan polje nahe der Grenze zu Bosnien. Transport von Kolašin, Mojkovac und Žabljak wird organisiert. www.eco-tours.co.me

Žabljak

Žabljak ist das größte Wintersportzentrum und die höchst gelegene Stadt Montenegros (1450 Meter). Die Gemeinde ist großflächig, aber einwohner-arm: Nur 2000 Menschen Einwohner hat der Ort. Die meisten leben auch heute noch von der Landwirtschaft; die unbelastete Natur und die natürliche Tierhaltung schaffen Fleisch- und Milchprodukte von höchster Qualität. Zweitwichtigste Einnahmequelle ist der stetig zunehmende Tourismus. Den Besuchern wird einiges geboten: Wintersport in allen Variationen, Bergwandern, Fischen, Tara-Rafting, unberührte Natur und reine Luft. Viele Montenegriner mit Atemwegserkrankungen kuren in Žabljak.

Typisch für Žabljak und die Gebirgsregion sind die Häuser mit den fast bis zum Boden reichenden Schindeldächern, denen die Schneemassen im Winter nichts anhaben können. Es kommt vor, dass Žabljak nach starken Schneefällen für Tage von der Außenwelt abgeschnitten ist. Die Geschichte der Durmitor-Region ist bis heute nicht grundlegend erforscht. Die Illyrer sollen die ersten Siedler gewesen sein und von der Viehzucht gelebt haben. Zahlreiche Grabsteine belegen, dass der Landstrich im Mittelalter bewohnt war. Eine große Ansammlung von Stećci – die Grabsteine der Bogumilen – können am Riblje jezero besichtigt werden.

Im 15. Jahrhundert besetzten die Türken das Gebiet. Erst nach ihrem Abzug 1878 wurden Žabljak und die Durmitor-Region Teil Montenegros.

Žabljak ist eine junge Stadt. Erst 1872 entstanden die ersten größeren Gebäude, anschließend entwickelte sich langsam ein zusammenhängender Ort. Während des Zweiten Weltkriegs tobten schweren Kämpfe in Žabljak und der Umgebung. Nahezu 2500 Soldaten verloren ihr Leben, fast alle Gebäude wurden zerstört. Partisanenführer Tito hielt sich mit seinem Generalstab fünf Tage in einer Höhle beim Schwarzen See auf und bereitete dort den Rückzug aus Montenegro vor.

Im sozialistischen Jugoslawien war die **Titova pećina** (Tito-Höhle) eine historische Stätte. Auch heute steht sie Besuchern offen, bietet aber wenig Spektakuläres. Žabljak mag auf den ersten Blick enttäuschen: Zwei Hauptstraßen, die von gewöhnlichen Gebäuden gesäumt werden. Es gibt Straßencafés, Kioske und den ein oder anderen Lebensmittelmarkt. Im Ortszentrum bestimmen der große Parkplatz und das vor kurzem renovierte Hotel ›Žabljak‹ das Bild. Der Ort hat keine kulturhistorischen Sehenswürdigkeiten. Dem Besucher dient Žabljak meist als Ausgangspunkt, um von hier aus die Natur und die Skipisten zu entdecken.

Schwarzer See

›Gorske oči‹ (Bergaugen) nennen die Montenegriner die 17 Gletscherseen im Nationalpark. Der bekannteste und der schönste von ihnen ist der Crno jezero, der Schwarze See. Er liegt etwa 40 Spazierminuten von Žabljak entfernt. Ein etwa zwei Kilometer langer asphaltierter Spazierweg führt dorthin. Am Weg verkaufen Schulkinder während der Sommermonate Waldbeeren.

Der See liegt zu Füßen des **Medjed-Gebirges** und des höchsten Gipfels Montenegros, dem **Bobotov kuk**. Er macht seinem Namen alle Ehre, denn tiefschwarz glänzt seine Oberfläche. Im Sommer baden Wagemutige – meist Kinder – im kühlen Wasser, während die Erwachsenen oft einen Spaziergang um den See einem Bad vorziehen.

Der Crno jezero liegt in einer Höhe von 1421 Metern und besteht tatsächlich aus zwei Seen, die durch einen schma-

▶ Karte S. 253

Rund um Žabljak lassen sich schöne Wanderungen unternehmen

Nicht hübsch, aber hübsch gelegen: Žabljak

len Kanal miteinander verbunden sind. Der Größere, der Veliko jezero, ist 855 Meter lang, 615 Meter breit und 24 Meter tief. Der Malo jezero ist 605 Meter lang, 400 Meter breit und bis zu 49 Meter tief.

Am Seeufer befindet sich ein Restaurant, gleich daneben ein Souvenirshop.

Wanderungen

Vom einstündigen Spaziergang bis zur mehrtägigen geführten Bergwandertour ist alles möglich. Der Nationalpark hat mittlerweile über 70 Kilometer ausgewiesene Wanderwege. So dürfte auch die Wanderung auf eigene Faust kein Problem darstellen. Wer auf Nummer sicher gehen will, bucht einen Bergführer bei der Parkverwaltung.

Auch ohne Führer ist der bei Besuchern wie bei Einheimischen sehr beliebte Spaziergang ›Rund um den Crno jezero‹ zu bewältigen. Die vier Kilometer lange Strecke ist gut ausgeschildert, flach und in etwa einer Stunde zu schaffen. Zunächst folgt man der Beschilderung zur Tito-Höhle. Der Weg führt immer am Ufer entlang und bietet schöne Ausblicke auf den See. Die Tito-Höhle ist unspektakulär, interessanter sind die Wasserfälle kurz dahinter. Der Weg führt anschließend landeinwärts, trifft aber nach einem Schlenker wieder auf den See. Von dort sind es keine 500 Meter zurück zum Ausgangspunkt.

Schwieriger ist die 13 Kilometer lange Wanderung zur Eishöhle. Der Weg ist anfangs flach, später aber steil und steinig. Beim Seeufer nahe dem Restaurant führt der Weg rechts in den Wald und bald darauf an der Jakšića-Mühle vorbei. Dann folgt man dem markierten Pfad nach Indjini Dolovi. Der Weg ist recht steil. Steinplatten und Geröll müssen bewältigt werden, dann ist die Ledena pećina (Eishöhle) erreicht. Die Tropfsteinhöhle fasziniert mit ihren Stalaktiten und Stalagmiten aus gefrorenem Eis. Die Temperatur in der Höhle steigt kaum über den Gefrierpunkt. Zurück geht es auf dem gleichen Weg.

Wintersport

Die Skipisten rund im Žabljak sind die meistbesuchten und beliebtesten in Montenegro. Überwiegend einheimische Wintersportler fahren auf Skiern, Snowboards und auch Schlitten die Hänge hinab.

Das bekannteste Skigebiet ist Savin kuk. Zwei Sessellifte bringen die Wintersportler auf 2200 Meter Höhe. Die Abfahrt ist recht steil und eher etwas für geübte Skifahrer. Die Pisten etwas weiter unten am Berg sind auch für Anfänger geeignet. Sie werden von leicht bis mittelschwer eingestuft. Es gibt Schlepplifte und sogar einen Babylift für die Jüngsten. In der Saison ist das Nachtskifahren eine beliebte Attraktion. Es gibt eine Skischule und einen Ausrüstungsservice.

Eine 400 Meter lange Abfahrt gibt es auf dem Javorovača. Zwei Skilifte und ein Babylift ziehen die Skifahrer nach oben. Auch hier wird Nachtskifahren angeboten.

▸ Karte S. 253

Die Ausstattung der Ski-Center ist nicht mit denen in Deutschland, Österreich oder auch Slowenien vergleichbar. Manchmal müssen Abstriche beim Komfort gemacht werden, und die Gerätschaften entsprechen nicht immer dem neuesten Stand der Technik, sind aber ausreichend und vergleichsweise preiswert. Der Skipass kostet pro Tag 12 Euro, pro Woche 70 und für eine ganze Saison 300 Euro. Für auswärtige Besucher kommt eine Taxe von einem Euro pro Tag hinzu. Der Bustransfer vom Hotel zur Piste kostet ebenfalls einen Euro pro Person und Fahrt. Eine Skiausrüstung mit Skiern, Stöcken und Schuhen kann für 25 Euro geliehen werden. Etwa das Gleiche kostet die Teilnahme an einem zehnstündigen Skikurs.

Angeln

Im Nationalpark gibt es zahlreiche Angelplätze, attraktiv sowohl für gelegentliche Freizeitangler als auch ambitionierter Sportfischer. Die glasklare Tara und der Crno jezero sind sehr fischreich und bieten beste Bedingungen. Allerdings muss zunächst eine Angellizenz bei der Parkverwaltung erworben werden.

Žabljak

Vorwahl: 052.

Postleitzahl: 84220.

Tourismusorganisation Žabljak, Trg Durmitorskih ratnika bb, Tel. 361802. www.tozabljak.com

Agentur Summit, Njegoševa 12, Tel. 069/016502. Auch deutschsprachig. Vermittlung von Zimmern und Rafting-Touren auf der Tara.

Tara River Express, Tel. 705931. Agentur, die u.a. Ausflüge auf der Tara organisiert. http://www.mirotara.com

Nationalparkverwaltung, unmittelbar am Crno jezero, Tel. 61407. Infos zum Park, Angellizenzen (10 Euro).

Der Zugang zum Nationalpark und somit auch zum See kostet drei Euro für Erwachsene, Kinder zahlen die Hälfte. Der Abstellplatz fürs Auto schlägt ebenfalls mit einem Euro zu buche.

Busbahnhof beim Ortsausgang Richtung Šavnik. Drei- bis viermal täglich nach Nikšić, Podgorica und Plevlja, in der Saison auch nach Belgrad; Tel. 61318.

Hotel Javor, Komnena Žugića 8, Tel. 361337. Das 3-Sterne-Hotel befindet sich im Ortszentrum. Zimmer mit einfacher Ausstattung, beliebt ist das hoteleigene Restaurant; DZ ab ca. 55 Euro.

Hotel Žabljak, Trg durmitorskih ratnika 1, Tel. 077/400190. Das Hotel entstand vor über 40 Jahren noch zur sozialistischen Zeit. Nach einer Komplettsanierung wurde ein modernes und schickes Haus daraus. Hoteleigenes Restaurant, kleiner Spa-Bereich, Parkplatz vor dem Haus; DZ ab 65 Euro. www.hmdurmitor.com

Hotel Soa, Tel. 360110. Ruhig gelegenes 4-Sterne-Hotel, etwa 10 Minuten vom Ortszentrum entfernt. Schöne Terrasse, hoteleigenes Restaurant; DZ ab 80 Euro. www.hotelsoa.com

Ski Hotel, Narodnih heroja bb, Tel. 361038. Das 4-Sterne-Hotel hat 2008 eröffnet und verfügt über 17 Zimmer bzw. Apartments, die modern und freundlich eingerichtet sind. Wellnesscenter mit Schwimmbad, Sauna, Massage und Fitnessgeräten. Im Restaurant empfehlen sich die montenegrinischen Spezialitäten. www.skihotelzabljak.com

Hotel MB, Tripka Džakovića b.b., Tel. 069/617617. Das kleine 3-Sterne-Haus befindet sich im Ortszentrum. Parkplätze direkt vor dem Haus. Zimmer bieten einfache Ausstattung; DZ 55 Euro. Im Restaurant werden lokale Spezialitäten mit Zutaten aus der Region angeboten. http://www.mbturist.com

Viele Besucher des Wintersportortes haben Halb- oder Vollpension gebucht und speisen im Hotelrestaurant recht günstig. Wer die Abwechslung oder etwas Besonderes sucht:

Restaurant Koliba, Savin Kuk, Tel. 366599, http://koliba-durmitor.com. Das Restaurant befindet sich 4 Kilometer von Žabljak entfernt im Ort Savin kuk, direkt am Ski-Lift. Bekannt für seinen freundlichen, aufmerksamen Service und seine regionalen Spezialitäten. Schöne Terrasse.

Katun, unmittelbar am Schwarzen See, Tel. 614174. Typische montenegrinische Spezialitäten, darunter auch Lammfleisch, das unter einem Kupferdeckel direkt in der Glut gegart wird.

MB. Das Restaurant des gleichnamigen Hotels (s.o.) gilt als eine der besten Adressen in Žabljak. Fleisch und Fischgerichte mit frischem Fisch der Region.

Empfehlenswert ist auch das Restaurant des Hotel ›Soa‹ (s.o.).

Krankenhaus (Dom zdravlja). Tel. 61442.

Krankenstation, Zdravstvena stanica Žabljak, Tel. 61504.

Apotheke Montefarm, trg Durmitorskih ratnika bb, Tel. 361203. Unmittelbar im Ortszentrum.

Plužine und Umgebung

Plužine liegt am Pivsko-Stausee und ist mit 1500 Einwohnern der größte Ort im dünn besiedelten Nordwesten Montenegros. In der Gemeinde leben knapp 5000 Menschen. Ursprünglich lag der Ort drei Kilometer von seinem heutigen Standort entfernt in einem tiefen und weitläufigen Tal, durch das sich der Fluss Piva schlängelte. Plužine bestand in dieser Zeit aus einem Dutzend Gebäuden. Die Menschen verdienten ihren Lebensunterhalt überwiegend in der Vieh- und Landwirtschaft und führten in dieser abgelegenen und armen Gegend ein schweres Leben. In den 1960er Jahren reifte der Plan, den Fluss zu stauen und ein Kraftwerk zu errichten, 1971 begann der Bau der Staumauer, 220 Meter hoch, 340 Meter lang und bis zu 30 Meter dick – nicht nur für damalige Verhältnisse ein ehrgeiziges Projekt. Die Bewohner Plužines wurden umgesiedelt und das ganze Tal mitsamt Gebäuden überflutet. Auf einer Länge von 18 Kilometern entstand ein künstlicher See, der 800 Millionen Kubikmeter Wasser enthält.

Am Ufer des Sees und zugleich an den Hängen des Plužinsko-Berges wurde der Ort neu aus dem Boden gestampft, eine Mischung aus Hoch- und Einfamilienhäusern.

Der Pivsko-Stausee

▲ Karte S. 253

Sehenswürdigkeiten

Die Zeit hat in Plužine ihre Spuren hinterlassen. Von den Fassaden bröckelt der Putz, und die Straßen sind löchrig. Attraktiver als der Ort selbst war und ist aber ohnehin die Landschaft drumherum. Am Ufer des **Pivsko-Sees** gibt es ein kleines sehr einfaches Café, Boote liegen vertäut im Wasser. Bootsausflüge werden offiziell nicht angeboten, aber die Fischer lassen sich oft mit 10 bis 30 Euro zu einer Tour überreden. An der Rezeption des Hotels ›Piva‹ ist man bei der Vermittlung eines Ausflugs behilflich.

Sehr reizvoll ist die Natur in und um Plužine. Es gibt zahlreiche **Wanderwege** und wunderschöne Ausblicke auf den grün und blau schimmernden Pivsko-Stausee, das bis zu 1000 Meter hohe Pivska-Gebirge im Osten und die Berge Maglić, Volujak und Bioč im Westen. Die Gegend ist für ihren Waldreichtum bekannt und ein beliebtes Jagdgebiet mit einem reichen Vogel- und Wildbestand.

Im Ort **Mratinje**, drei Kilometer flussabwärts, arbeitet das gleichnamige Kraftwerk. Es hat eine Kapazität von 860 Millionen Kilowattstunden jährlich. Die Montenegriner profitieren jedoch kaum von dem gewonnenen Strom, da er überwiegend nach Bosnien verkauft wird.

Zeitgleich mit dem Bau des Kraftwerks wurde auch eine neue Straße nach Nikšić angelegt: Touristen sollte der Besuch in diese zwar wunderschöne, aber auch weitab von den Touristenzentren Montenegros gelegene Gegend leicht gemacht werden. Der Region wollte man so zu einem wirtschaftlichen Aufschwung verhelfen. Die Hoffnungen erfüllten sich jedoch nur teilweise. Das Kraftwerk brachte nicht die erhoffte Zahl an Arbeitsplätzen, und die Touristen besichtigen oft nur das Kloster Piva einige Kilometer vor Plužine und fahren dann wieder zurück an die Küstenorte oder gleich weiter nach Bosnien.

Einen Kilometer hinter Mratinje überquert die 156 Meter lange **Brücke der Brüderlichkeit und Einheit** (most Bratsvo i Jedinstvo) mit schlichter Eleganz die 100 Meter unter ihr fließende Piva. Erbaut wurde sie nach Plänen des Ingenieurs Dimitrije Četrić 1968.

Die Kirche des Piva-Klosters

Bis zum Grenzübergang nach Bosnien bei der Ortschaft Šćepan Polje sind es noch rund 15 Kilometer. **Šćepan Polje** wurde nach dem Fürsten Stjepan Vukčić Kosača benannt, der hier im 15 Jahrhundert in einer Festung über der Drina residierte. Ruinen der Festung und eine Kirche aus dem 14. Jahrhundert sind bis heute erhalten geblieben. Der Ort ist Ausgangspunkt für Rafting-Touren auf der Tara. Nordwestlich von Šćepan Polje vereinigen sich die Flüsse Tara und Piva zur Drina, die durch Bosnien fließt.

Kloster Piva

Südlich von Plužine, an der Schnellstraße nach Nikšić, befindet sich das Kloster Piva. Der Fluss Piva fließt nahe am Kloster vorbei, so bekam auch das Kloster diesen Namen.

Es handelt sich um eine dreischiffige Basilika, die zwischen 1573 und 1586, in der Zeit der türkischen Herrschaft, errichtet wurde. Es ist der größte orthodoxe Bau, der in dieser Zeit entstand.

Der obere Bereich der Klostervorhalle wurde von dem Popen Strahinja gestaltet, die Bemalung im unteren Bereich stammt von einem unbekannten Künstler. Das Kloster verfügt über drei Altäre, hat jedoch keinen Turm und auch keine Kuppel. Die Fresken des Klosters verteilen sich auf einer Fläche von insgesamt 1200 Quadratmetern. Im Kloster werden vier kostbare handgeschriebene Evangelien aus dem 16. Jahrhundert aufbewahrt, die in silbernen Bänden eingeschlagen sind. Zum Klosterkomplex gehören Wohngebäude, eine Bäckerei und eine Spinnerei. In der Schatzkammer werden wertvolle Ikonen und Goldschmiedearbeiten aufbewahrt sowie der Bischofsthron und der sogenannte Schandstein, der früher an einer Kette um den Hals getragen wurde. Das Kloster wurde in seiner Geschichte dreimal in Brand gesteckt, zuletzt 1876. Es wurde jedoch immer wieder aufgebaut und instandgesetzt. Der ursprüngliche Standort des Klosters befand sich in einem Tal, in dem ein künstlicher See angelegt wurde. Das Kloster wurde abgetragen und an anderer Stelle aufgebaut. Die Fresken wurden mit einem Spezialverfahren abgetragen und konnten so an neuer Stelle erhalten bleiben.

Das Kloster steht Besuchern durchgängig offen.

Plužine

Vorwahl: 040.

Postleitzahl: 81435.

Tourismusorganisation Plužine, Ul. Baja Pivljanina bb., Tel. 270069. www.pluzine.travel

Postamt, Bank und Tankstelle im Ort.

Busbahhof, Baja Pivljanina bb (am Ortseingang, an der Abzweigung zur Magistrale). Täglich direkte Verbindung nach Nikšić; Tel. 271239.

Naturpark Piva, Baja Pivljanina bb, Tel. 270069. http://www.parkpiva.me

Karte S. 253

Bei Šćepan Polje gibt es mehrere Camps mit Zeltplätzen und Holzbungalows. Angeboten werden auch Rafting- und Kanutouren auf der Tara. Zum Beispiel:

Tara Grab, Tel. 200598. www.tara-grab.com

Kamp Green, Tel. 069/969979. www.rafting-green.com

Monte River, Tel. 069/027154. www.monteriver.com

Tara Tour, Tel. 069/086106. www.tara-tour.com

Eko Piva, Plužine bb. Das Gasthaus liegt unterhalb der Magistrale an der Ortsstraße, etwa 5 Minuten vom See entfernt. Die Zimmer sind einfach ausgestattet und nicht besonders groß, aber mit WLAN. Restaurant im Haus.

Restaurant Sočica, Lazara Sočice, Tel. 040/271650. Lokale Spezialitäten, Nichtraucherbereich, Terrasse mit Garten.

Ambulanz (Dom zdravlja Plužine), Tel. 271136.

Apotheke Montefarm, Tel. 270000.

Šavnik

Šavnik ist ein kleines sympathisches Städtchen im Drobnjaćkojtal. Es ist von hohen Bergen umgeben, die die Sonne nur an wenigen Stunden pro Tag überwindet, und so kann an trüben Herbst- und Wintertagen der Schwermut auf der Stadt und dem einen oder anderen seiner 1000 Einwohner lasten.

Šavnik wurde an den Ufern dreier Bergflüsse errichtet, der Bukovica, der Bijele und der Šavnika. Verantwortlich für die Entstehung der Stadt war zu nicht unerheblichen Teilen der Fischreichtum der Flüsse sowie deren Gefälle. Insgesamt zehn Mühlen bauten die Šavniker an ihren Flüssen.

Neben dem Fischfang spielt die Landwirtschaft eine große Rolle. Die Šavniker haben sich als Obstbauern einen Namen gemacht und sind in ganz Montenegro auch für ihren Honig bekannt.

Der Aufbau des Tourismus ist seit langer Zeit im Gespräch, aber noch nicht sehr weit fortgeschritten. Der Besucher findet dadurch ein unverfälschtes Stück Montenegro vor.

Sehenswert sind die zwei **Gletscherseen** beim Dorf Pošćenje sowie die Schlucht des Flusses Komarnica. Interessant ist ein Ausflug zum **Dragišnicetal** und den **Quellen** beim Dorf Grabovica. Auf den Besucher wartet in Šavnik viel unberührte Natur mit zahlreichen **Wandermöglichkeiten** und historischen Denkmälern. Dazu zählt die **alte römische Brücke** über den Fluss Bukovica im Ort selbst, das mittelalterliche **Kloster Podmalinsko** und das **Geburtshaus des Fürsten Cerovića** im Dorf Tušinj sowie das **Denkmal des Age Èenića**, das an den Kampf gegen die Türken erinnert. In der Umgebung wurden mehrere mineralhaltige Quellen entdeckt.

Šavnik zeigt sich ruhig

Šavnik

Vorwahl: 040. **Postleitzahl**: 81450.

Hotel Djoković, Tel. 068/84838. Das ehemalige Hotel ›Savnik‹ wurde privatisiert und modernisiert, und so entstand ein nettes 3-Sterne-Haus. Funktional ausgestattet, hoteleigenes Restaurant, schöne Terrasse, videoüberwachter Parkplatz; EZ ab 22 Euro. http://hoteldjokovic.me

Pljevlja

Pljevlja ist die nördlichste Stadt Montenegros. Sie liegt im sogenannten Dreiländereck zu Serbien und Bosnien. Nur selten kommen Touristen nach Pljevlja, zu abgelegen scheint die Stadt, zu weit die Hauptverkehrsstraße von Montenegro nach Serbien entfernt.

Aber gerade deshalb lohnt ein Besuch. Pljevlja ist ein Geheimtipp, nicht überall schön, aber mit einer interessanten Geschichte, einem angenehmen Stadtzentrum und mit einer Moschee, die zu den schönsten in Montenegro zählt.

Pljevlja liegt umgeben von spärlich bewachsenen Gebirgszügen. Durch die Stadt schlängelt sich der Fluss Ćehotina. Viele neue Gebäude haben die islamische Architektur aus dem Stadtbild verdrängt, in der Altstadt und in den Seitenstraßen ist sie aber noch zu entdecken. Pljevlja hat rund 23 000 Einwohner, fast 90 Prozent sind moslemischen Glaubens.

Pljevlja ist eines der wenigen Industriezentren Montenegros. Seit vielen Jahrhunderten wird Blei, Zink und Braunkohle abgebaut. Rund sechs Kilometer außerhalb Pljevljas befindet sich das einzige Wärmekraftwerk Montenegros. Es erzeugt fast die Hälfte der im Land benötigten elektrischen Energie, was nicht nur Vorteile hat: Gibt es Probleme im Kraftwerk, gehen an der Küste schon mal für Stunden die Lichter aus.

▶ Karte S. 253

Geschichte

Die Illyrer waren die ersten Siedler in dieser Region. Der hoch entwickelte illyrische Stamm der Perusten soll bereits damals Erz abgebaut haben. Im zweiten Jahrhundert unserer Zeitrechnung verdrängten die Römer die Illyrer und errichteten auf den Grundmauern illyrischer Gebäude eine eigene Siedlung. Die Überreste wurden im Ort Komina, vier Kilometer vor Pljevlja, bei archäologischen Ausgrabungen gefunden und sind heute zu besichtigen. Die Slawen vertrieben im sechsten Jahrhundert die Römer und gründeten – wenn auch erst hundert Jahre später – am Ufer des Flüsschens Breznica die Siedlung Breznik, einen Vorläufer der Stadt Pljevlja.

Im Mittelalter war die Region Teil des serbischen Staates Raška und erlebte eine wirtschaftlich erfolgreiche Epoche. In den Bergwerken wurde Blei, Zink und Silber abgebaut. Auch hier waren, wie in Mojkovac, die angesehenen Bergleute aus Sachsen am Werk und mitverantwortlich für den Wohlstand der Region.

Nach dem Tod des serbischen Zaren Dušan wechselten die Herrscher in schneller Folge. Stjepan Vukčić Kosača war für lange Zeit der letzte serbische Machthaber. Er gründete die Befestigung Kukanj nahe Pljevlja und wurde zur tragischen Gestalt, denn in der Schlacht von 1462 besiegte ihn sein Sohn. Der war zum Islam übergetreten und bezwang mit türkischer Unterstützung das Heer des Vaters. Während der türkischen Herrschaft blühten das Handwerk und besonders der Handel. In Pljevlja kreuzten sich die wichtigen Handelsrouten nach Dubrovnik, Sarajevo, Skopje und Belgrad. Die Stadt trug damals den Namen Taslidža und wuchs sehr schnell. Hatte sie 1470 gerade mal 50 Häuser, waren es hundert Jahre später bereits rund 250. Die Bedeutung der Stadt erreichte ihren Zenit, als sie 1576 zum Sitz des Pašas der Herzegowina und des Sandšaks wurde.

Allem Wohlstand zum Trotz wollten sich Montenegriner und Serben nicht mit der türkischen Herrschaft abfinden. Zu Beginn des 19. Jahrhunderts kam es zum ersten Aufstand, und das mächtige Heer des Wesirs von Travnik konnte besiegt werden. Aber die Freude währte nur kurz, Paša Selimović schlug die Aufständischen zurück. Viele Bewohner flüchten aus Angst vor Repressalien.

Auf dem Berliner Kongress 1878 wurde die Pljevlja Region zwar dem Osmanischen Reich zugesprochen, aber zugleich unter österreichische Verwaltung gestellt. Die Österreicher stationierten eine Garnison und bauten das erste Krankenhaus der Stadt. 1908 zogen die Österreicher wieder ab. Während des ersten Balkankrieges 1912 marschierten montenegrinische und serbische Truppen in Pljevlja ein. Seitdem ist die Stadt Teil Montenegros. Pljevlja wurde mehrfach durch Brände fast völlig zerstört. 1818 ging das Pulvermagazin in Flammen auf, die Explosion zerstörte fast alle Gebäude. Während des Zweiten Weltkrieges wurde die Stadt dem Erdboden gleichgemacht. Partisanen auf der einen sowie deutsche und italienische Soldaten auf der anderen Seite lieferten sich verlustreiche Schlachten. Nach dem Krieg war Pljevlja zunächst isoliert. Erst nachdem die Tara-Brücke repariert und die Straße nach Pljevlja ausgebaut worden war, begann der wirtschaftliche Aufschwung.

Sehenswürdigkeiten

Im Stadtzentrum, unmittelbar an der kleinen Fußgängerzone und nicht weit vom Hotel ›Pljevlja‹, befindet sich die **Husein-Paša-Moschee**. Sie gilt als bedeutendstes Bauwerk der Stadt und ist für viele die schönste Moschee des Landes. Gazi Husein Paša Boljanića veranlasste 1562 den Bau und wurde Namensgeber der Moschee. Sie besticht durch eine große achteckige Kuppel, die im Inneren nach dem Vorbild persischer und arabischer Fresken bemalt wurde. Blaue, grüne und braune Filigranmuster und Blüten bieten einen beeindruckenden Anblick. Die große Säulenvorhalle trägt drei kleinere Kuppeln. Der Gebetsraum ist mit wertvollen Teppichen ausgelegt, die Wände mit islamischen Schriftzeichen und Ornamenten verziert. Das Minarett ragt 42 Meter in den Himmel und ist das höchste in Montenegro.

In direkter Nachbarschaft zur Moschee befindet sich ein weiteres Wahrzeichen Pljevljas: Der **Uhrturm**, ebenfalls eine Hinterlassenschaft aus türkischer Zeit.

Archäologen entdeckten beim Dorf Komine eine **römische Siedlung** aus dem zweiten Jahrhundert. Sie gilt gemeinsam mit Duklja bei Podgorica als bedeutendster archäologischer Fund in Montenegro. Die Ausgrabungsstätte liegt etwa drei Kilometer außerhalb Pljevljas. Der Weg dorthin ist leicht zu finden: einfach der Beschilderung folgen.

Moschee und Uhrturm im Ortszentrum

Das **Kloster Sveti Trojica** liegt keine zehn Autominuten von Pljevlja entfernt. Der Weg dorthin ist ebenfalls ausgeschildert. Das Kloster wurde Anfang des 16. Jahrhunderts errichtet und bestand zunächst nur aus der Hauptkirche, einer dreischiffigen Basilika mit einer überkuppelten Vorhalle. Die Fresken entstanden 1592. Der Mönch Strahinja bemalte eigenhändig den größten Teil der Klosterwände. Als Motiv dienten ihm die Mönche und das Alltagsleben im Kloster. Im 16. und 17. Jahrhundert bestand die Hauptbeschäftigung der Mönche darin, religiöse Bücher abzuschreiben. Noch heute sind in der Schatzkammer des Klosters wertvolle Handschriften, aber auch Kunstgegenstände zu finden.

Archäologische Ausgrabungsstätte Municipijum S

Archäologen entdeckten zwei Kilometer südwestlich von Pljevlja, im Dorf Komin, die Überreste einer römischen Siedlung aus dem 2. Jahrhundert. Sie gilt zusammen mit Duklja bei Podgorica als bedeutendster archäologischer Fund in Montenegro. Unter nur wenigen Erdschichten fanden die Wissenschaftler Überreste von Stadtmauern, Straßen, Gebäuden und Gräbern. Die beweglichen Fundstücke sind im Museum von Pljevlja ausgestellt. Vom Namen der römischen Stadt konnte nur der erste Buchstabe in Erfahrung gebracht werden, weshalb sie Municipijum S genannt wurde.

Pljevlja

Vorwahl: 052. **Postleitzahl**: 84210.

Tourismusorganisation Pljevlja, Kralja Petra 43, Tel. 300148. http://pljevlja.travel

Busbahnhof, ul. Miloša Tošića bb, Tel. 323114. Mehrfach täglich Verbindungen nach Nikšić und Podgorica, auch nach Igalo.

Hotel Pljevlja, ul. Kralja Petra I. bb, Tel. 323140. Zentral gelegen, 2005 renoviert. Einfach, aber günstig. Große Terrasse, Restaurant, Bar, Parkplatz; DZ 40 Euro. Wird derzeit saniert. www.hotelpljevlja.com

Hotel Gold, ulica Marka Miljanova, Tel. 323102. Modernes 4-Sterne-Haus mit teilweise eigenwilliger Einrichtung. Die violetten Zimmerwände sind nicht jedermanns Geschmack, empfehlenswertes Restaurant; ab 40 Euro. http://hotel-gold.me

Hotel 24 Jul, Marka Miljanova, Tel. 068/791075. Einfache Ausstattung, Internetanschluss und Parkplatz vor dem Haus, hilfsbereiter und engagierter Besitzer; DZ ab 30 Euro.

Restoran Taša, Pet učitelja bb, Tel. 068/839999. Befindet sich nahe der Umgehungsstraße. Nationale Spezialitäten (Pljevaljski Sir). Zum Haus gehört ein Hotel. www.restorantasa.me

Restoran Milet Bašta, 1. Decembar bb, Tel. 069/488100. Im Stadtzentrum, internationale Küche und regionale Spezialitäten.

Restaurant Milet Bašta, Tel. 86955. Nationale Spezialitäten, eigenwillige Terrasse mit vielen kleinen offenen Hütten, die ein lauschiges Essvergnügen versprechen.

Stadtmuseum, Trg 13 jula bb, Tel. 322002. Im Kulturhaus. Ausgestellt sind archäologische, ethnografische, künstlerische und historische Sammlungen.

Stadtpark Vodice. Der sehenswerte Park befindet sich nordöstlich des Stadtzentrums. Es gibt Spazier-, Lauf-, und Radfahrwege sowie mehrere Sportanlagen.

Gesundheitshaus, Lovćenska bb, Tel. 067/612124. www.dzpljevlja.me

Krankenhaus, ul. Lovćenska bb, Tel. 81883.

Ambulanz (Dom Zdravlja), ul. Lovćenska bb, Tel. 81026.

▶ Karte S. 253

Sprachführer

Kyrillisches Alphabet	Lateinisches Alphabet
А, а	A, a
Б, б	B, b
Ц, ц	C, c (wie z in Zinn)
Ч, ч	Ć, ć (wie ch)
Ћ, ћ	Č, č (wie tsch in Tschechien)
Д, д	D, d
Ђ, ђ	Đ, đ (wie dj)
Џ, џ	Đ, đ (wie dsch in Dschungel)
Е, е	E, e
Ф, ф	F, f
Г, г	G, g
Х, х	H, h (wie ch)
И, и	I, i
Ј, ј	J, j
К, к	K, k
Л, л	L, l
Љ, љ	Lj, lj
М, м	M, m
Н, н	N, n
Њњ	Nj, nj
О, о	O, o
П, п	P, p
Р, р	R, r
С, с	S, s
Ш, ш	Š, š (wie sch in schon)
Т, т	T, t
У, у	U, u
В, в	V, v (wie w in wo)
З, з	Z, z (wie s in Nase)
Ж, ж	Ž, ž (wie j in Journal)

Wörter und Redewendungen

Zahlen

1	jedan
2	dva
3	tri
4	četiri
5	pet
6	šest
7	sedam
8	osam
9	devet
10	deset
11	jedanaest
12	dvanaest
13	trinaest
14	četrnaest
15	petnaest
16	šestnaest
17	sedamnaest
18	osamnaest
19	devetnaest
20	dvadeset
21	dvadesetjedan
22	dvadesetdva
23	dvadesettri usw.
30	trideset
40	četrdeset
50	pedeset
60	šezdeset
70	sedamdeset
80	osamdeset
90	devedeset

Wörter und Redewendungen	
100	sto
101	sto jedan usw.
120	sto dvadeset usw.
1000	hiljada
Wochentage	
Montag	ponedeljak
Dienstag	utorak
Mittwoch	srijeda
Donnerstag	četvrtak
Freitag	petak
Samstag	subota
Sonntag	nedelja
Allgemeine Wendungen	
ja	da
nein	ne
bitte	molim
danke	hvala
Tag	dan
Woche	nedelja/sedmice
Monat	mjesec
Jahr	godina
wann	kada
jetzt	sada
später	kasnije
sofort	odmah
nie	nikad
Guten Tag	dobar dan
Guten Morgen	dobro jutro
Guten Abend	dobro veče
Gute Nacht	laku noć
Auf Wiedersehen	do viđenja

Wörter und Redewendungen	
Hallo/Tschüss	zdravo
Ich verstehe sie nicht	Ja Vas ne razumijem
Sprechen Sie deutsch?	Govorite li nemački
Entschuldigung	izvinite
gibt es?	ima li
es gibt nicht	nema
wie geht es Ihnen?	kako ste
danke gut	hvala dobro
es freut mich	drago mi je
bitte sagen Sie mir	Dali mi možete kazati
ich heiße	zovem se
wie heißen Sie	kako se zovete
ich komme aus	ja sam iz
Deutschland	Njemačka
Österreich	Austrija
Schweiz	Švajcarska
Orientierung	
wo ist	gdje je
hier	ovde
dort	tamo
links	lijevo
rechts	desno
geradeaus	pravo
nahe	blizu
weit	daleko
Norden	sjever
Süden	jug
Osten	istok
Westen	zapad
Straße	ulica
Platz	trg

Wörter und Redewendungen	
Markt	pijaca/tržnica
Museum	muzej
Kirche	crkva
Moschee	džamija
Stadt	grad
See	jezero
Kloster	manastir
Brücke	most
Fluss	rijeka
Denkmal	spomenik
Altstadt	stari grad
Wasserfall	vodopad
Geöffnet	otvoreno
Geschlossen	zatvoreno
Öffentliche Einrichtungen	
Fremdenverkehrsamt	turistička agencija
Polizei	milicija/policija
Arzt	ljekar/doktor
Post	pošta
Brief	pismo
Briefmarke	poštanska marka
Postkarte	dopisnica
Luftpost	avionom
Einschreiben	preporučeno
Paket	paket
Geld wechseln	mjenjati novac
Bank	banka
Auslandstelefonat	međunarodni razgovor
Im Hotel	
Haben Sie ein Zimmer frei?	Imate li slobodnu sobu?
Ich hätte gerne ein Doppelzimmer	Želio bih dvokrevetnu sobu

Wörter und Redewendungen	
Einzelzimmer	jednokrevetnu
Wieviel kostet das Zimmer?	Koliko košta soba?
Mit Frühstück	sa doručkom
Ohne Frühstück	bez doručka
Zimmerschlüssel	ključ od sobe
Gepäck	prtljag
Handtuch	peškir
Parkplatz	mjesto za parkiranje
Rechnung	račun
Bett	krevet
Dusche	tuš
Für Männer	muški
Für Frauen	ženski
Unterwegs	
Reisepass/Ausweis	pasoš
Bus	autobus
Busbahnhof	autobuska stanica
Straßenbahn	tramvaj
Taxi	taksi
Zug	voz
Bahnhof	željeznička stanica
Bahnsteig	peron
Abfahrt	odlazak
Ankunft	dolazak
Verspätung	zakašnjenje
Fahrplan	red vožnje
Information	informacije
Fahrkartenschalter	šalter
Fahrkarte	vozna karta
Zuschlag	doplatna karta
1./2. Klasse	prvi/drugi razred

Wörter und Redewendungen	
Schiff	brod
Fähre	skela
Hafen	luka
Auto/Fahrzeug	kola/auto
Tankstelle	benzinska pumpa
Werkstätte	radionica
Reifen	vanjska guma
Rad	točak
Vorder-/Hinter	prednji/zadnji
Glühlampe	sijalica
Zündkerze	električni užigač
Batterie	baterija
Ölwechsel	izmjena ulja
Kühlwasser	voda za hlađenje
Essen und Trinken	
Restaurant	restoran
Wirtschaft	kafana/bife
Café/Konditorei	slastičarna
Ober	konobar
bitte zahlen	da platim
zusammen	zajedno
Wasser	voda
Wein	vino
Rotwein	crno vino
Weißwein	bijelo vino
Bier	pivo
Kaffee	kafa
Tee	čaj
Milch	mlijeko
Obstsaft	voćni sok
Limonade	limunada

Wörter und Redewendungen	
Brot	hljeb/kruh
Suppe	supa/juha
Fleisch-/Fischsuppe	čorba
Fleisch	meso
Kalbfleisch	teletina
Rindfleisch	govedina
Schweinefleisch	svinjsko meso
Lammfleisch	jagnjetina
Hühnchen	pile
Ente	patka
Wurst	kobasica
Schinken	šumka
Fisch	riba
Gemüse	povrće
Salat	salat
Obst	voće
Kuchen	kolač
Eis	led
Speiseeis	sladoled
Bohneneintopf	pasulj/grah
Schnitzel	šnicla
vom Rost	sa roštilja
Hacksteak	pljeskavica
gefüllte Paprika	punjene paprike

Reisetipps von A bis Z

Anreise mit dem Auto

Die einfachste und schnellste Anreise führt über Österreich und Slowenien und Zagreb nach Split und Dubrovnik. Fast ausschließlich fährt man über die Autobahn. In Österreich und Slowenien müssen Autobahn-Vignetten erworben werden (Österreich ab 7,50 Euro und 14 Tage gültig; Slowenien 35 Euro und sechs Monate gültig). Hinzu kommen rund 20 Euro Tunnelmaut.

Die Autobahn von Zagreb nach Split wurde erst vor wenigen Jahren fertiggestellt und wird derzeit bis Dubrovnik ausgebaut. Die Autobahngebühr bis Split beträgt rund 25 Euro. Die Fahrt auf der kroatischen Autobahn ist einerseits angenehm: Die Verkehrsdichte ist gering, in regelmäßigen Abständen gibt es Tankstellen inklusive Rastplatz und meist auch kleinem Kinderspielplatz. Anderseits ist die etwa vier- bis sechsstündige Autobahnfahrt eintönig und landschaftlich wenig reizvoll: Sie führt fast ausschließlich durch eine fast menschenleere Karstlandschaft. Aber wer schnell am Ziel sein möchte, wird dies in Kauf nehmen. Wer unterwegs baden und die eine oder andere Ortschaft besichtigen möchte, wählt kurz hinter Zagreb die Autobahn nach Rijeka und fährt anschließend die Küste entlang. Seit es die Autobahn nach Split gibt, ist der Verkehr auf der Küstenstraße nicht mehr so dicht wie noch vor wenigen Jahren, als sich oft lange Schlangen hinter Wohnmobilen und LKW bildeten.

Reizvoll kann die Anreise über Bosnien sein. Die bosnischen Straßen sind gut zu befahren, die Verkehrsdichte ist gering, und Staus sind selten. Es gibt viel zu entdecken: Städte wie Bihać, Jajce und Mostar liegen auf dem Weg, und auch ein Abstecher nach Sarajevo lohnt.

Für die Einreise nach Montenegro mit dem PKW ist die Grüne Versicherungskarte Pflicht. Alternativ kann an der Grenze eine 15 Tage gültige Versicherung abgeschlossen werden, die um weitere 15 Tage verlängert werden kann.

Anreise mit der Bahn

Die Anreise mit der Bahn ist mit einem Umweg über Belgrad verbunden und nur etwas für Eisenbahnenthusiasten. Sie kommen voll auf ihre Kosten, denn die Strecke von Belgrad nach Bar gehört sicherlich zu den schönsten und aufregendsten in Europa. Die Landschaft mit ihren Schluchten ist wild und unberührt, der Zug fährt über zahlreiche Brücken und durch Tunnel. Wer sich für die Zugfahrt von Deutschland nach Montenegro entscheidet, muss mehrfach umsteigen und sollte darauf achten, das Teilstück Belgrad–Bar unbedingt am Tag zu fahren. Von München dauert die Fahrt mindestens 27 Stunden, von Köln, Berlin oder Hamburg mindestens 32 Stunden.

Anreise mit dem Bus

Aus zahlreichen deutschen Städten fahren Busse nach Montenegro. Es bestehen Verbindungen nach Podgorica, Bar, Budva, Herceg Novi, Kotor, Petrovac und Ulcinj. Der Bus von Frankfurt nach Podgorica ist laut Fahrplan 25 Stunden und 45 Minuten unterwegs. Die einfache Fahrt kostet knapp 100 Euro.

Aus Osterreich und der Schweiz fahren ebenfalls aus vielen größeren Städten Busse nach Montenegro. Die Fahrt dauert zwischen 26 und 30 Stunden. Die einfache Fahrt kostet ebenfalls rund 100 Euro. Früher war die internationale Linienbusreise die preiswerteste Möglichkeit, in das ehemalige Jugoslawien zu reisen. In Zeiten günstiger Flugpreise ist die mühsame Fahrt etwas für Individualisten mit Lust auf ein kleines Abenteuer. Die Busse werden überwiegend von Gastarbeitern frequentiert. Mit dem Bus reist man zwar preiswert, ist aber sehr lange unterwegs. Je nach Verkehrsaufkommen und Wartezeit an den Grenzen kann die Fahrt auch schon mal einen halben Tag länger dauern als im Fahrplan angegeben.

Die Busse sind inzwischen recht komfortabel ausgestattet, oft sogar mit Internet- und Stromanschluss. Dennoch ist die Fahrt in den engen Sitzreihen beschwerlich und anstrengend. Am Ziel angekommen, benötigt man einige Tage zur Regeneration. Wer sich davon nicht abschrecken lässt, sollte unbedingt Reiseverpflegung einpacken oder aber eine Geldsumme für Restaurantbesuche einplanen. Die Busse machen in regelmäßigen Abständen Pause, meist bei Gaststätten an der Autobahn oder der Hauptstraße.

Busreisen nach Serbien und Montenegro werden von mehreren Unternehmen angeboten. Eine der bekanntesten Busgesellschaften in Europa ist das Frankfurter Unternehmen Deutsche Touring. Büros gibt es in fast allen Großstädten. Auskünfte und Tickets erhält man in vielen Reisebüros und an allen Bahnschaltern.

Deutsche Touring
https://www.eurolines.de/de/kontakt
https://getbybus.com/de

Anreise mit dem Flugzeug

Ein Flug ist die bequemste und schnellste Art, nach Montenegro zu reisen. Ab München erreicht man Tivat in 1,5, ab Düsseldorf in knapp 2,5 Stunden.

Montenegro verfügt über zwei internationale Flughäfen. Der für Touristen interessantere ist der Flughafen Tivat an der montenegrinischen Küste. Von hier erreicht man alle Badeorte in relativ kurzer Zeit. In der Hauptstadt Podgorica befindet sich ein weiterer Flughafen.

In der Sommersaison wird Tivat aus Deutschland, Österreich und der Schweiz von Charterunternehmen und Montenegro Airlines direkt angeflogen. Fast alle Pauschalurlauber landen dort. Außerhalb der Saison wird Tivat lediglich von Montenegro Airlines, Air Serbia und Aeroflot angeflogen. Nach Podgorica fliegen unter anderem Austrian, Raynair, Adria Airways und Air Serbia, die beiden Letztgenannten allerdings mit Zwischenstopp in Ljubljana bzw. Belgrad.

Ganzjährig fliegt Montenegro Airlines viermal wöchentlich von Podgorica nach Frankfurt, außerdem nach Wien und Zürich. Der Hin- und Rückflug kostet etwa 300 bis 450 Euro. Austrian Airlines fliegen ebenfalls in die montenegrinische Hauptstadt, ebenso die slowenische Adria Airways und Air Serbia, allerdings mit Zwischenstop in Ljubljana und Belgrad.

Eine dritte Möglichkeit ist der Flughafen Dubrovnik (Čilipi). Er ist nur 20 Kilometer von Herzeg Novi entfernt und wird neben Croatia Airlines auch von mehreren deutschen Firmen angeflogen, darunter dem ›Billigflieger‹ Hapag Lloyd Express und Germanwings. Vom Flughafen kommt man mit dem Taxi (60–100 Euro) nach Montenegro.

Apotheken

Das Apothekennetz ist in Montenegro recht engmaschig. Jeder Ort hat eine, oft sogar mehrere Apotheken. Die meisten haben bis 20 Uhr geöffnet, in den Touristengebieten nicht selten bis 24 Uhr. In jedem größeren Ort gibt es mindestens eine sogenannte Notfall-Apotheke, die rund um die geöffnet ist. Die montenegrinischen Apotheken führen neben Medikamenten auch Hygieneartikel und Babypflegemittel. Das Angebot ist oft dem in deutschen Drogerien ähnlich. Die meisten gebräuchlichen Medikamente haben die Apotheken in der Regel vorrätig oder können sie rasch beschaffen. Benötigt man aber spezielle Arzneimittel, kann es sinnvoll sein, einen ausreichend großen Vorrat von zu Hause mitzubringen.

Einige Medikamente sind sehr viel teurer als in Deutschland und für den montenegrinischen Durchschnittsverdiener kaum zu bezahlen. Andererseits gibt es rezeptfreie Medikamente, die in Montenegro sehr günstig zu erwerben sind. So kostet zu Beispiel Aspirin nur ein Viertel des in Deutschland üblichen Preises.

Ärztliche Versorgung

Krankenhäuser (Bolnica) oder Krankenstationen (Dom Zdravlja) gibt es in fast allen Städten und Badeorten. In den Touristenzentren bieten Ärzte während der Sommermonate Sprechstunden in Hotels oder privaten Praxen an. Die ärztliche Behandlung kann je nach Art und Umfang so günstig sein, dass die Vorlage eines Krankenscheins unter Umständen kaum lohnt. So kann das Plombieren eines Zahnes in einer privat geführten Praxis umgerechnet nur etwa 10 Euro kosten.

Steht man vor der Wahl, eine öffentliche oder eine private Arztpraxis aufzusuchen, ist man oft besser mit dem auf eigene Rechnung arbeitenden Mediziner beraten. Er hat in der Regel die für die Behandlung notwendigen Materialien und Medikamente vorrätig und ist meist mit modernen Geräten ausgestattet.

Die Ärzte sprechen in der Regel mindestens eine Fremdsprache, oft Englisch, Deutsch oder auch Französisch und Italienisch. Die Behandlung muss aber gleich vor Ort bezahlt werden. Daher kann es ratsam sein, vor der Reise eine private Reise- und Auslandskrankenversicherung abzuschließen. Das Auswärtige Amt empfiehlt, vor der Reise eine Auslandskrankenversicherung mit der Option Krankenrücktransport abzuschließen.

Autofahren

Die Verkehrsregeln und -zeichen sind überwiegend die gleichen wie in Deutschland. Zu beachten sind einige Besonderheiten: Die Höchstgeschwindigkeit beträgt in geschlossenen Ortschaften 60 km/h, auf Landstraßen 80 km/h, auf Kraftstraßen 100 km/h und auf Autobahnen 120 km/h. Fahrzeuge mit Anhänger dürfen generell nicht schneller als 80 km/h fahren. Die Promillegrenze liegt bei 0,5. Pflicht ist das Mitführen von Ersatzbirnen.

Autofahren in Montenegro erfordert sehr viel Konzentration und vorausschauendes Fahren. Es ist zu empfehlen, defensiv zu fahren und sich streng an die Verkehrsvorschriften zu halten. Die Montenegriner sind zum Teil sehr ›sportliche‹ Fahrer: Eine rote Ampel ist nicht immer ein Grund zum Anhalten, halsbrecherische Überholmanöver bei durchgezogener Linie vor unübersichtlichen Kurven sind nicht selten. Besondere Vorsicht ist angesagt, wenn sich im Gegenverkehr hinter einem LKW oder Bus eine Kolonne gebildet hat, da oft unvermutet Autos zum Überholen ausscheren.

Sollte es zu einem Verkehrsunfall kommen, muss in jedem Fall die Polizei verständigt werden. Die Polizei wird den Unfall aufnehmen und eine Schadensbestätigung ausstellen, ohne die eine Ausreise nicht möglich ist. Man sollte bei einem Unfall unbedingt die Personalien der am Unfall Beteiligten und auch der Zeugen notieren und einen europäischen Unfallbericht ausfüllen.

Bei einer Panne ist **Auto-Motor Savez Crne Gore (AMSCG)** zur Stelle. Die Mitarbeiter leisten direkte Hilfe an der Straße und schleppen falls nötig auch das Auto ab. Die Telefonnummer für den Notfall lautet 19807. Zu erreichen ist AMSCG auch unter Tel. 00382/(0)20/234999.

Die **Polizei** ist unter 122, die **Feuerwehr** unter 123 und der **Notarzt** unter 124 zu erreichen (Ländervorwahl 00382 bei Mobiltelefonen mit ausländischer SIM-Karte).

Sehr oft finden Geschwindigkeitskontrollen statt. Bußgelder für Überschreitungen müssen gleich an Ort und Stelle bezahlt werden.

Man sollte sich immer vor Augen halten: Kommt es zu einem Verkehrsunfallunfall mit Todesfolgen, droht eine Inhaftierung bis zur Gerichtsverhandlung. Wird dann die Schuld festgestellt, droht sogar eine mehrjährige Haftstrafe, die nicht wie in Deutschland üblich zur Bewährung ausgesetzt wird.

Autoverleih/Mietwagen

Besonders in den Städten an der Küste ist es kein Problem, ein Auto zu mieten. Bucht man eine Pauschalreise nach Montenegro, bietet der Veranstalter oft die Möglichkeit, einen Mietwagen gleich dazu zu buchen. Problemlos kann man auch selbst vor Ort einen Wagen leihen. Die Preise liegen außerhalb der Saison ab 20 Euro pro Tag. In der Saison können sich die Preise ohne weiteres vervierfachen.

Einige Anbieter, die in Podgorica und in den Touristenregionen sehr stark vertreten sind:

Sixt
www.sixt.com/car-rental/montenegro
MTL
http://www.mtlrentacar.com
Delta Car Montenegro
http://www.rentacar-delta.com/about-us/en
Meridian Rentacar
http://www.meridian-rentacar.com

Autowerkstätten

Autoreparaturwerkstätten findet man in der Regel in jedem Ort. In größeren Ortschaften gibt es auch Vertragswerkstätten bekannter Automarken. Oft vertreten sind deutsche oder französische Autohersteller, weniger bekannt sind asiatische Automarken. Ist man mit dem eigenen Auto in Montenegro unterwegs, sollte man sich vor Reiseantritt erkundigen, ob es im Notfall fachkundige Hilfe gibt und, was noch wichtiger ist, ob Ersatzteile für die Marke in Montenegro erhältlich sind. Die Betriebsanleitung des Autos gibt darüber Auskunft.

Banken und Wechselstuben

Banken gibt es in jeder größeren Ortschaft. Neben die staatlichen Banken sind in jüngster Vergangenheit immer mehr private Geldhäuser getreten.

Wechselstuben fand man in den 80er Jahren zahlreich in von den Touristen besuchten Küstenorten. Seit der Einführung der D-Mark und später der Umstellung auf den Euro fällt für die meisten Besucher Montenegros auch das lästige Geldwechseln weg. Wer nicht über Euro verfügt, kann Fremdwährungen in den Banken wechseln. Öffnungszeiten sind zumeist Mo–Fr 8–19, Sa 8–13 Uhr.

Botschaften und Diplomatische Vertretungen

Botschaft der Bundesrepublik Deutschland
Hercegovaćka 10
81000 Podgorica
Tel. 00382/20/441000
http://www.podgorica.diplo.de
Honorarkonsulat der Republik Österreich
Mediteranska 1 (Hotel ›Mogren‹)
85310 Budva
Tel. 00382/(0)33/403324
Botschaft der Republik Österreich
Svetlane Kane Radević br. 3
81000 Podgorica
Tel. 00382/(0)20/201135
www.bmeia.gv.at

Die Schweiz ist lediglich mit einem Generalkonsulat in Montenegro vertreten. Die Botschaft befindet sich in Belgrad.

Generalkonsulat Podgorica
Džordža Vašingtona 108/A36, 2. Stock
Tel. 00382/(0)20/620312.
Botschaft der Eidegenossenchaft
Belgrad 00381/(0)11/3065-820, 825
http://www.eda.admin.ch/belgrade
Botschaft Montenegros in Deutschland
Charlottenstr. 35–36
10117 Berlin
Tel. 030/51651070
Mo–Fr 9–17 Uhr
Generalkonsulate von Montenegro:
Zeil 5
60313 Frankfurt a. M.
Tel. 069/29723860

Mo–Fr 10–14 Uhr
www.gk-montenegro.de
Fürstenstraße 6/1. OG
80333 München
Tel. 089/20061055
Rothenbaumchaussee 40
20148 Hamburg
Tel. 040/41172328
Mo 09–12, Do 9–12 Uhr und nach Vereinbarung
Botschaft Montenegros in Österreich
Nibelungengasse 13, 1010 Wien
Tel. 0043/(0)1/7153102
Botschaft Montenegros in der Schweiz
Spitalgasse 9
3011 Bern
Tel. 031/3115490
Montenegrinisches Konsulat
Mainaustrasse 15
8034 Zürich
Tel. 044/3833749.

Camping

Der virtuelle Führer camping.info verzeichnet lediglich 41 Campingplätze für Montenegro. Die meisten Plätze gibt es natürlich an der Küste, aber auch im Hinterland eröffnen immer mehr Plätze. Dennoch ist Montenegro weit davon entfernt, ein Eldorado für Camper zu sein. Zur jugoslawischen Zeit galten Camper als arme Leute, die sich kein Hotelzimmer leisten konnten. Noch heute befinden sich viele Plätze im großen Garten des Platzbetreibers, der sich mit der Vermietung der Stellplätze seine Haushaltskasse aufbessert. Unabhängig davon sind in den letzten Jahren viele Plätze professioneller geworden, dennoch ist das durchschnittliche Niveau noch nicht mit dem in Slowenien oder Kroatien vergleichbar. Die offiziellen Plätze verfügen in der Regel über eine Baracke mit Duschkabinen und WC. Oft besteht auch die Möglichkeit, einen feststehenden Wohnwagen zu mieten. Wildes Campen ist verboten und wird besonders in den Nationalparks streng verfolgt und geahndet.

Einkaufen

An der Küste findet man in jedem Dorf mindestens ein Lebensmittelgeschäft, und in den Touristenzentren kann man von der neuesten italienischen Mode über Parfüm bis hin zu Waren des täglichen Bedarfs alles kaufen. Es gibt Kioske mit einem umfangreichen Sortiment, das sich nicht nur auf Zeitungen und Zeitschriften beschränkt, und darüber hinaus kleine privat geführte Geschäfte, Supermärkte, Fachgeschäfte und auch einige Warenhäuser. Richtig shoppen kann man in Podgorica. Dort findet man all das, was es auch in anderen europäischen Städten gibt, allerdings auch zu Preisen, die mühelos mithalten.

In jedem größeren Ort gibt es einen Markt, auf dem die Stände von 6 Uhr morgens bis zum frühen Nachmittag aufgebaut sind. Ein Besuch ist sehr zu empfehlen. Dort findet man ungespritztes Obst und Gemüse und Eier von freilaufenden Hühnern, aber auch Scheibenwischer, selbstgestrickte Socken, Batterien und vieles andere mehr.

Einreise- und Devisenbestimmungen

Für die Einreise nach Montenegro benötigen Bürger der EU und der Schweiz einen noch mindestens 90 Tage gültigen Reisepass, Kinder einen Kinderausweis. Ein Visum ist bei einem Aufenthalt von bis zu 90 Tagen nicht erforderlich. Die Einreise nur mit dem Personalausweis ist bei einem Aufenthalt von bis zu 30 Tagen offiziell möglich, allerdings berichteten Reisende vereinzelt von Problemen an der Grenze. Für die Einreise mit dem Auto benötigt man den nationalen Führerschein, die Zulassungspapiere, die grüne Versicherungskarte und das Nationalitätsschild.

Bargeld kann in Höhe von bis zu 10 000 Euro, Gegenstände für den persönlichen Bedarf können zollfrei eingeführt werden. Erlaubt sind 2 Liter Wein oder 1 Liter Spirituosen, 200 Zigaretten oder 50 Zigarren oder 250 g Tabak sowie 50 Gramm Par-

füm. Der Erwerb, Verkauf oder Besitz von Drogen wird streng bestraft, auch wenn es sich nur um kleinere Mengen für den Eigenbedarf handelt.
Es wird dringend davor gewarnt, Anhalter mitzunehmen. Handelt es sich um Flüchtlinge, kann der Strafbestand der Schleusung erfüllt sein. Dann droht dem Fahrzeugführer eine Gefängnisstrafe.

Elektrizität

Die Netzspannung beträgt überall 220 Volt. Die Steckdosen und Stecker entsprechen der EU-Norm.
Bei Unwettern und auch aus anderen Gründen kann es zu Defekten in Trafostationen und Elektrizitätswerken kommen. Dann fällt für kurze Zeit, in seltenen Fällen auch über mehrere Tage, in manchen Ortsteilen oder Regionen der Strom aus. In den Hotels und in vielen privaten Haushalten wird dann kurzerhand auf Gas umgestellt, so dass es kaum zu Einschränkungen kommt. Den Fremden mag diese Aussicht erschrecken, die Einheimischen nehmen es jedoch relativ gelassen hin. Sollten Sie etwa zum Zeitpunkt des Stromausfalls einem Rockkonzert beiwohnen, bewahren sie Ruhe und Geduld. Falls der Strom nicht in Kürze wiederkommt, ist es durchaus möglich, dass die Musiker spontan unplugged spielen und auch singen.

Feiertage und Ferien

Neben den arbeitsfreien Sonntagen und einigen wenigen weiteren arbeitsfreien Tagen gibt es folgende offizielle Feiertage:
1. und 2. Januar (Neujahr)
6., 7., und 8. Januar (orthodoxes Weihnachtsfest)
14. April (orthodoxer Karfreitag)
16. und 17. April (orthodoxen Osterfest)
1. und 2. Mai (Tag der Arbeit)
21. und 22 Mai (Tag der Unabhängigkeit)
13. und 14. Juli (Tag des Staates)

FKK

Bis vor einigen Jahren gab es zahlreiche Strände, an denen das Nacktbaden erlaubt war oder zumindest toleriert wurde. Im Zuge der Privatisierung der Strände hat sich dies jedoch geändert. Dennoch ist Montenegro noch immer ein beliebtes Reiseziel für FKK-Freunde. Grund ist Ada Bojana, eine Insel südlich von Ulcinj, unweit der Grenze zu Albanien, die den Nackten vorbehalten ist. Die Ferienanlage haben auch große Reiseveranstalter im Programm. Die 600 Hektar große Insel steht unter Naturschutz und ist nur durch eine Brücke mit dem Festland verbunden. Der Strand aus dunklem Sand ist drei Kilometer lang. Übernachtet werden kann in Bungalows, Pavillons und auf dem Campingplatz.
Noch so etwas wie in Geheimtipp ist der Campingplatz Full Monte in Sutorina bei Herceg Novi. Das Tragen von Kleidung ist hier lediglich optional, wie es auf der Internetseite des Platzes heißt (http://fullmonte.com).

Film und Foto

In den Touristenregionen findet man überall Fachgeschäfte, die Speicherkarten und Zubehör wie etwa Batterien anbieten. Längst hat sich die Digitalkamera auch in Montenegro durchgesetzt. Fotogeschäfte, Internetcafés und Computerläden bieten das Entladen der Kameras an und brennen die Bilder anschließend auch auf CD oder DVD. Fotografieren kann man außer militärischen Einrichtungen grundsätzlich alles. In Dörfern und wenn man Menschen fotografieren möchte, sollte es ein Gebot der Höflichkeit sein, zunächst zu fragen.

Flughäfen

Montenegro hat mit Podgorica und Tivat zwei internationale Flughäfen. Der **Flughafen Tivat** liegt in der Bucht von Kotor direkt am Meer rund fünf Kilometer außerhalb von Tivat. Kotor liegt nur 8, Budva 20 Kilo-

meter entfernt Bei gutem Wetter hat man bei An- und Abflug traumhafte Ausblicke auf die Bucht oder – je nach Flugrichtung – auf die Küste.
Tivat wird in erster Linie für Charterflüge in der Sommersaison genutzt. Dann herrscht Hochbetrieb, während in den Wintermonaten fast ausschließlich Linienflüge nach Belgrad und Moskau in Tivat starten.
Der Flughafen wurde 1971 eröffnet und 2005 komplett renoviert. Die 2500 Meter lange Piste ist auch für größere Flugzeugtypen angelegt. Die Zeit bis zum Abflug kann man sich im Café und im kleinen, engen Duty Free Shop verkürzen. Es gibt einen Bankschalter und mehrere Autovermietungen.
Büro der **Montenegro Airlines** im Flughafen: 032/670500.
Flughafen-Service: 032/670975.
Flugplan-Information: 032/670930, 671337.
Der **Flughafen Podgorica** liegt zwölf Kilometer südlich der montenegrinischen Hauptstadt. Im Mai 2006 wurde der neue Passagierterminal eröffnet. Bis zu einer Million Fluggäste kann der Airport nun im Jahr bewältigen. Er hat einen Duty Free Shop sowie einen großen Kiosk, Bäckerei und Café. Auch bieten mehrere Autoverleiher ihre Dienste an. Montenegro Airlines startet von Podgorica u.a. nach Frankfurt, Zürich, Wien, außerdem wird der Flughafen regelmäßig von JAT, Adria Airways u.a. angeflogen.
Infotelefon für Podgorica und Tivat: 00382/(0)/20/444244.

Geld

→ Währung und Preisniveau.

Grenzübergänge

Mit dem Auto können folgende Grenzübergänge benutzt werden: Bozaj (über Albanien), Debeli brijeg (über Kroatien), Ilijino Brdo (Vilusi), Vracenovići, Scepan polje und Metaljka (über Bosnien-Herzegowina).
Auf dem Seeweg ist Montenegro über folgende Grenzübergänge zu erreichen: Hafen Bar, Hafen Kotor, Hafen Zelenika bei Herceg Novi und – während der Sommersaison – über den Hafen Budva.

Haustiere

Hunde und Katzen benötigen bei der Einreise ein tierärztliches Gesundheitszeugnis sowie den Nachweis über die Tollwutimpfung.

Hygienische Verhältnisse

In Montenegro sind die hygienischen Verhältnisse insgesamt gut und unproblematisch. Es kann vorkommen, dass es aufgrund der Klimaumstellung und des ungewohnten Essens zu Magen- und Darmverstimmungen kommt. Leitungswasser gilt zwar offiziell als unbedenklich, trinken sollte man es dennoch nicht, stattdessen den Durst lieber mit Mineralwasser aus der Flasche stillen.

Informationen vor Reiseantritt

Inzwischen gibt es kein montenegrinisches Fremdenverkehrsamt mehr in Deutschland – in Zeiten des Internets ist eine solche Einrichtung wahrscheinlich auch nicht mehr nötig. Auf der Website der Nationalen Tourismusorganisation findet man die wichtigsten Reiseinfos zu Montenegro, unter anderem auch auf Deutsch. Dort lassen sich auch Broschüren runterladen.
Eine weitere Informationsquelle ist auch die **Nationale Tourismusorganisation von Montenegro**:
Marka Miljanova 17
81000 Podgorica
Tel: 00382/(0)77/100001, Callcenter: 08000/1300
www.montenegro.travel
Öffnungszeiten: 7–15 Uhr
Das Informationsangebot vor Ort ist zumeist nicht sehr üppig oder aber kostenpflichtig. In besser sortierten Turist biros liegen manchmal Broschüren aus, die mittlerweile auch im Internet zum

freien Download angeboten werden: www.visit-montenegro.com/brochure.htm

Internetcafés

Die meisten Cafés bieten ihren Gästen einen kostenlosen WLAN-Zugang. Das Kennwort erhält man beim Kellner. Darüber hinaus gibt es besonders in den Touristenorten zahlreiche Internetcafés, in denen man ab einen Euro einen Computer mit zumeist schnellem Internetzugang nutzen kann. Auch in den meisten Hotels ist ein WLAN-Anschluss für Gäste inzwischen der Standard. Wie in deutschen Hotels auch, kann die Geschwindigkeit je nach Auslastung variieren.

Jagen

In Montenegro gibt es drei große Jagdreviere. Dazu gehört das Gebiet Skutarisee, die Jagdreservate Podgorica und Durmitor. Der Skutarisee bietet die größte Auswahl an jagdbaren Tieren, darunter Wildenten, Füchse, Wölfe, Schnepfen, Wachteln, Rotwild und Bären. Im Jagdgebiet von Podgorica können zusätzlich Hasen, Wildschweine und Wildtauben geschossen werden. Im Jagdreservat Durmitor sind es überwiegend Wachteln.

Krankenversicherung

Die Europäische Krankenversicherungskarte EHIC gilt auch in Montenegro, wenn man vor Ort einen Vertragsarzt oder ein Vertragskrankenhaus aufsucht. Und sie gilt nur für Notfallleistungen. In jedem Fall ist es ratsam, sich vor Inanspruchnahme einer Leistung von seiner Krankenkasse beraten zu lassen. Die Kassen halten dafür Info-Telefonnummern bereit. Soweit die Theorie. Sucht man in Montenegro einen Arzt auf, sollte man davon ausgehen, die Behandlung sofort in Bar bezahlen zu müssen. Mittlerweile gibt es überall privat tätige Ärzte, bei dem auch die Montenegriner die Rechnung aus dem eigenen Portmonee begleichen müssen. Bei einer der üblichen Urlaubskrankheiten - Magen-Darm-Probleme, eine verlorene Plombe etc. - werden sich die Kosten ohnehin in Grenzen halten. Überdies gilt: Vertragsarzt aufsuchen und dort die Karte vorlegen. Sollte man dort doch bar zahlen müssen, dann die Quittung nach der Rückkehr bei der Krankenkasse einreichen - und darauf hoffen, dass die Kosten erstattet werden.

Kriminalität

In den 1990er Jahren stand Montenegro im Ruf, Transitland für Autoschieberei, Drogen- und Frauenhandel sowie Zigarettenschmuggel zu sein. Diese Zeiten scheinen aber vorbei. Der Tourist hat davon ohnehin nie etwas gemerkt. Die Alltagskriminalität in Montenegro ist sehr gering und liegt im europäischen Vergleich weit unter dem Durchschnitt. Dennoch ist Vorsicht angebracht. Besonders in der Sommersaison, wenn sich sehr viele Touristen in Montenegro aufhalten, kommt Kleinkriminalität wie Handtaschendiebstahl vor.

Landkarten

Die Fremdenverkehrsorganisation Montenegro hat eine Touristenkarte herausgebracht. Besonders gekennzeichnet sind Strände, Campingplätze, Denkmäler, historische Bauten und andere Sehenswürdigkeiten. Eine weitere Karte zeigt nur das für Touristen besonders interessante Küstengebiet. Beide Karten bekommt man in Buchhandlungen, vielen Kiosken und in den Touristenbüros vor Ort. Verschiedene Autokarten sind ebenfalls dort zu bekommen. Eine verkleinerte Autokarte bekommt man als große Postkarte an fast jedem Kiosk. Von den touristischen Orten wie Kotor, Budva und Herceg Novi sind in der jüngsten Vergangenheit Stadtkarten mit Kurzhinweisen erschienen.

Im deutschen Buchhandel sind ebenfalls Karten zu bekommen; die meisten decken

gleich mehrere Länder ab und sind im Maßstab 1:600000 bis zu 1:1000000. Detaillierter und genauer sind:
Montenegro Küste, Kotor-Bar-Ulcinj. Autokarte, Freytag&Berndt. Die Karte beschränkt sich auf die Küste und Podgorica; 1:100000.
Serbien und Montenegro, Reise-Know-How, 1:400000.

Notfälle

Für die verschiedenen Arten von Notfällen stehen die in Europa bekannten Hilfen zur Verfügung. Einige Notrufnummern:
Polizei (Policija): 122,
Feuerwehr (Vatrogasna služba): 123,
Erste Hilfe, **Notarzt** (Hitna pomoć): 124,
Pannendienst (AMSCG): 19807.

Öffnungszeiten

Banken haben meist von 8 bis 20 Uhr geöffnet, Postämter ebenso von 8 bis 20 Uhr, in der Sommersaison aber oft auch länger. Lebensmittelläden haben in der Regel von 6 bis 21 Uhr geöffnet, in den Touristengebieten in der Saison nicht selten auch bis 24 Uhr und an sieben Tagen in der Woche. Kleinere inhabergeführte Lebensmittelgeschäfte und kioskartige Läden bieten in der Sommersaison oft einen Rund-um-die-Uhr-Service an. Nur noch wenige Spezialgeschäfte schließen im Sommer wegen der großen Hitze von 12 bis 17 Uhr ihr Geschäft.

Ortszeit

Montenegro richtet sich wie die westeuropäischen Länder nach der mitteleuropäischen Zeit (MEZ) und stellt gemeinsam mit ihnen von Sommer- auf Winterzeit und wieder auf Sommerzeit um.

Pauschalreisen

Montenegro ist für Pauschaltouristen ein relativ preiswertes Urlaubsland. Die Preisspanne reicht von 300 Euro für eine einwöchige Flugreise mit Hotelunterkunft und Frühstück im Mai bis ca. 1000 Euro für eine Woche Halbpension während der Hochsaison in einem höherwertigen Hotel in Budva.

Polizeiliche Anmeldung

Ausländer müssen sich innerhalb von 24 Stunden polizeilich melden. Die Anmeldung kann auch bei einem Turist biro vorgenommen werden und ist sicherlich die einfachste Variante. Abgefragt werden Name, Adresse, Reisepassnummer und Dauer des Aufenthalts, denn danach richtet sich die Taxe – etwa ein Euro pro Tag.
Übernachtet man im Hotel, wird dort automatisch die Anmeldung vorgenommen. Den Anmeldenachweis sollte man gut aufbewahren. Spätestens bei der Ausreise kann man danach gefragt werden. Ohne polizeiliche Meldung droht Ärger an der Grenze.

Post

Die montenegrinischen Postämter erkannt man leicht an einem schwarz-gelben Schild mit der Aufschrift PTT. Das Kürzel steht für ›Post, Telefon, Telegraph‹. In fast allen größeren Orten wie auch in vielen kleineren Dörfern ist ein Postamt zu finden. In der Regel ist es von 7 bis 20 Uhr geöffnet. Ein Brief oder eine Postkarte ist etwa fünf Tage nach Deutschland unterwegs, ein Paket benötigt ein bis zwei Wochen.
Die Briefkästen sind gelb und auch sonst denen in Deutschland sehr ähnlich. Meist sind sie an Häuserwänden befestigt. In vielen der größeren Orte besteht die Möglichkeit, sich die Post postlagernd zusenden zu lassen. Unter Vorlage des Reisepasses kann die Post am Schalter abgeholt werden. Während der Touristensaison kommt es häufig zu langen Warteschlangen an den Schaltern.

Radfahren

Wer glaubt, dass das ›Land der Schwarzen Berge‹ nicht zum Radfahren geeignet ist –

zu bergig und zu anstrengend –, hat recht und täuscht sich zugleich. Die Berge sind für ambitionierte Radfahrer sicherlich eine Herausforderung und zugleich wegen der Landschaft ein Genuss. Alle anderen Radfahrer finden an der montenegrinischen Küste optimale Bedingungen – ohne allzu große Steigungen. Zu empfehlen ist unbedingt eine Radtour um die Bucht von Kotor. Wer es organisiert mag, kann sich mit der **Radfahrervereinigung Montenegro** in Verbindung setzten:

Biciklistićki Savez Crne Gore
Ul. M. Kućevića
84000 Bijelo Polje
Tel. 050/21838 und 27910

Reisen im Land

Die einfachste Art der Fortbewegung ist sicherlich die mit einem Mietwagen. Authentischer ist die Benutzung öffentlicher Verkehrsmittel. Bedingt durch die hohen Berge, gibt es im Land nur wenige Bahnstrecken, Busse bilden das Rückgrat des Nahverkehrssystems.

▸ Eisenbahn

Montenegro verfügt über rund 250 Schienenkilometer. Das hört sich vergleichsweise wenig an. Wer jedoch bei Tag beispielsweise die Strecke Belgrad–Bar gefahren ist, wird einschätzen können, welch große Ingenieurskunst und ungeheuren Kraftaufwand es erforderte, Schienen durch die unwegsamen Landschaften zu legen und die Täler und Schluchten durch Brücken passierbar zu machen.

Von Belgrad hat man Verbindungen unter anderem nach Wien, Budapest, Bukarest, Athen.

De **montenegrinische Eisenbahn**: http://zcg-prevoz.me. Informative Website mit allen Fahrplänen, Abfahrtszeiten und Fahrpreisen.

Bahnhöfe:
Bar: Tel. 030/301615
Bijelo Polje: Tel. 050/478560
Kolasin: Tel. 020/441192
Mojkovac: Tel. 050/472130
Niksic: Tel. 040/211912
Podgorica: Tel. 020/441211
Sutomore: Tel. 030/301692

Die wichtigsten Verbindungen (Preise gelten jeweils für eine einfache Fahrt):

Von Bar nach
Belgrad: 7.10 und 19 Uhr, Fahrpreis 21 Euro.;
Podgorica: 5 x tgl., Fahrpreis 2,40 Euro;
Bijelo Polje: 3 x tgl., Fahrpreis 7,20 Euro;

Von Podgorica nach
Belgrad: 8.10 und 20.10 Uhr, Fahrpreis 19,20 Euro;
Bar: 10 x tgl., Fahrpreis 2,40 Euro;
Nikšić: 5 x tgl., Fahrpreis 2,80 Euro;
Bijelo Polje: 3 x tgl., Fahrpreis 5,20 Euro.

▸ Busse

Jeder Ort in Montenegro ist mit dem Bus erreichbar. Der Bus ist das meistfrequentierte öffentliche Verkehrsmittel. Seitdem die Busunternehmen privatisiert wurden, sind recht moderne Reisebusse, oft auch mit Klimaanlage, im Einsatz.

In jedem größeren Ort findet man Busstationen, die in der Zeit von 6 bis 22 Uhr geöffnet sind. In der Sommersaison haben die Stationen in Budva, Podgorica, Pljevlja, Bar und Herceg Novi 24 Stunden geöffnet. Informationen über die aktuellen Abfahrtszeiten bekommt man bei der jeweiligen Busstation. Dort hängen die Fahrpläne aus und können auch telefonisch erfragt werden:

Busbahnhöfe:
Bar: Tel. 030/346141
Berane: Tel. 051/234892
Bijelo Polje: Tel. 050/32219
Budva: Tel. 033/456000
Herceg Novi: Tel. 031/321225.
Kolašin: Tel. 020/864033
Kotor: Tel. 032/325809
Mojkovac: Tel. 050/470133
Nikšić: Tel. 040/213018
Petrovac: Tel. 033/461510
Pljevlja: Tel. 052/323114

Podgorica: Tel. 020/620430
Sutomore: Tel. 033/373128
Tivat: Tel. 032/672620
Ulcinj: Tel. 030/413225
Žabljak: Tel. 052/61318.

Reiseveranstalter

Mittlerweile haben zahlreiche Veranstalter Montenegro im Programm. Zu den bekanntesten gehören:

Eco-Travel-Montenegro
Nebojša Vasiljević
Hasenweg 23
41812 Erkelenz
Tel. 02431/7787164
Mobil: 0178/5399074
www.eco-travel-montenegro.de.

Mediterrana Tours
Alaunstraße 14
01099 Dresden
Tel. 0351/8108758
www.mediterranatours.de

Neckermann Reisen
Zimmersmühlenweg 55
61440 Oberursel
Tel. 06171/6500
www.neckermann-reisen.de.

TUI
Karl-Wiechert-Allee 4
30625 Hannover
Tel. 01805/884266
www.tui.com.

Springer Reisen
Leutschacherstraße 17
A-9020 Klagenfurt
Tel. 0043/(0)463/38700
www.springerreisen.at.

Segeln

Montenegro hat eine lange Tradition im Segelsport. Die erste Segelregatta wurde bereits 1924 durchgeführt. Heute werden jährlich rund 15 Regatten für kleinere Segelboote und sogenannte Kreuzer veranstaltet. Zu den wichtigsten Regatten gehören die ›Jugoslawische Meisterschaften‹ und der ›Montenegro Cup‹. Daneben organisiert der Segelverband verschiedene Regatten für kleinere Segelboote. Jeder Segelclub führt seine Vereinsmeisterschaften durch. Der Segelverband von Montenegro wurde bereits 1948 gegründet. Dem Verband gehören die Segelclubs aus Bar, Kotor, Tivat, Baosici, Meljine und Herceg Novi an. Der **Seglerverband von Montenegro**: Tel. 069/533237.

Skifahren

Montenegro ist in erster Linie als Sommerurlaubsland bekannt. Überwiegend Einheimische besuchen und nutzen die Wintersportgebiete Montenegros. Bekannte Wintersportgebiete sind Kolašin und Žabljak im Durmitorgebirge. Skipisten, Lifte und Hotels stehen für den Wintersportler bereit. Die Preise sind noch vergleichsweise günstig, die Ausstattung nicht immer auf dem vielleicht gewohnten Niveau.
Die bekanntesten Skigebiete sind in Žabljak, Kolašin und im Durmitor-Gebirge. Die Pisten befinden sich in Höhen von 1400 bis 2200 Metern. Überall stehen mehrere Lifte für die Skifahrer bereit.

Sportfischfang

Fischen kann man in Montenegro in Flüssen, Seen und natürlich im Meer. Das größte Binnengewässer in Montenegro, der Skutarisee, bietet beste Bedingungen fur Angler. Man kann sich am Ufer ein schattiges Plätzchen unter jahrhundertealten Bäumen suchen und die Angel auswerfen, um Karpfen, Aale und viele weiteren Fischarten aus dem Wasser zu ziehen. Wer nicht unbedingt festen Boden unter den Füßen benötigt, kann auch in einem Kanu auf den See hinausfahren. Der Biogradsko Jezero (Biograder See) bietet ähnliche Bedingungen mit dem zusätzlichen Reiz, dass sich der Angler hier in einem der letzten Urwälder Europas befindet. Die Flüsse Moraca, Tara, Bojana und Piva sind bestens zum Forellenfang geeignet.

An der montenegrinischen Küste kann sich der Angelfreund nach Herzenslust austoben. Wer es gewöhnlich liebt, angelt am Ufer oder fährt mit dem Boot aufs Meer. Man kann aber auch Netze auswerfen oder sein Glück mit der Harpune versuchen.
Der Sportfischfang ist genehmigungspflichtig, Genehmigungen für den Sportfischfang können in den Gemeindeverwaltungen beantragt werden.
Weitere Informationen: **Bund der Sportfischer Montenegros**, Moraca Sportski Centar Podgorica Tel. 081/482281.

Sportliche Aktivitäten

An der Küste herrschen natürlich beste Bedingungen für diverse Wassersportarten, immer beliebter wird hier Wind- und Kitesurfing und Tauchen. Daneben verfügen in den Touristengebieten viele Hotels über eigene Tennis-, Fußball- und Volleyballplätze. Im Landesinneren, besonders in den Nationalparks, sind beste Bedienungen zum Wandern, für Floß- und Kajaktouren und zum Mountainbikefahren gegeben. Die Wintersportgebiete bieten gute und vergleichsweise preiswerte Pisten für Skifreunde.

Surfen

Für Windsurfer bestehen gute Bedingungen. In den offiziellen Prospekten des Tourismusministeriums ist von optimalen Bedingungen an der gesamten Küste die Rede, Windsurfer sind allerdings eher im Süden Montenegros zu finden. Gute Winde wehen vor der Küste bei Ulcinj und bei der Insel Ada. Allerdings sollte man hier geübter Surfer sein, da man von der Strömung schnell nach Albanien getrieben werden kann – dann droht Ärger mit der Küstenwache.
Anfänger und Gelegenheitssurfer finden in der Bucht von Kotor ein sehr gutes Übungsfeld. Vormittags kommen in der Regel kaum Winde auf, dafür bläst nachmittags ausreichend Wind, um über die zugegebenermaßen kleinen Wellen zu flitzen. Sollte man abtreiben und nicht mehr auf dem Wasserweg zurückfinden, sind die Strände immer in Sicht- und Schwimmweite. So mancher unbedarfte Anfänger schob sein Surfbrett nach dem Erreichen des Strandes mit dem geliehenen Fahrrad eines Einheimischen zurück ins Hotel.
Seit kurzer Zeit ist auch der Skutarisee für Surfer freigegeben.

Tankstellen

In Montenegro gibt es mittlerweile ein sehr dichtes Tankstellennetz. Selbst im Hinterland hat jeder Ort mindestens eine Tankstelle. Der Preis für den Liter Benzin ist im europäischen Vergleich noch günstig, aber für das montenegrinische Durchschnittseinkommen fast unerschwinglich. Super bleifrei kostet etwa 1,10 Euro, Diesel 0,95 Euro. An jeder Tankstelle gibt es Super Bezolovni (Bleifrei) 95 Oktan, Normalbenzin 86 Oktan, Premium 98 Oktan und Dieselkraftstoff. Es wird auch verbleites Benzin angeboten, deshalb auf ›bezolovni‹ achten.
Der Kraftstoff wird vom Tankwart noch eigenhändig in den Tank gefüllt. Bezahlt wird auch direkt beim Tankwart. Super bleifrei kostet derzeit zwischen 1,20 und 1,30, Diesel ist 10 bis 20 Cent günstiger.

Tauchen

Die montenegrinische Küste ist ein ideales Tauchgebiet. In Küstennähe beträgt die Meerestiefe bis zu 35 Meter, die Wassertemperatur von 20 bis 25 Grad macht während der Sommermonate ein angenehmes Tauchen möglich. Mit durchschnittlich 14 Grad ist die Wassertemperatur auch im Winter nicht zu kalt. Die durchschnittliche Sichtweite unter Wasser liegt bei 15 bis 35 Metern. Man findet Korallen, Schwärme von Zahnbrassen, Meeräschen und zahlreiche andere Fischarten wie Goldbrassen, Muränen, Meeraale und Rochen.
Die montenegrinischen Küstengewässer konnten bisher noch nicht vollständig er-

forscht werden und weisen verschiedene hydroarchäologische Funde auf. In dieser Hinsicht interessant sind die Bucht von Risan, die Küste vor der Ortschaft Njivice bei Igalo, Kap Valujica bei Bar und der Fundort Alt-Ulcinj.

Versunkene Schiffe vor der Küste Montenegros stoßen ebenfalls auf großes Interesse bei Tauchern. Am Eingang der Bucht von Kotor liegt das Schiff ›Sent Istran‹, in der Bucht von Žanjic versank ein Patrouillenschiff. Der Zerstörer ›Zenta‹ versank etwa drei Kilometer vor der Küste bei Petrovac, liegt aber auf einer Tiefe von 70 Metern. Im Hafen von Bar versanken die Jacht von König Nikola und während des Zweiten Weltkrieges das österreichische Kriegsschiff ›Dag‹. Ein weiteres österreichisches Kriegsschiff versank nahe dem Lido-Strand bei Ulcinj. Alle Schiffe sind für Leichttaucher erreichbar, mit Ausnahme des Wracks bei Petrovac.

Tauchinteressierte können einzeln oder als Gruppe unter der Anleitung bzw. in Begleitung eines Tauchlehrers eines montenegrinischen Tauchclubs in die Fluten steigen. Das Tauchen mit Maske, Schnorchel und Flossen ist jedem erlaubt. Für das Gerätetauchen ist eine Genehmigung nötig, die 15 Euro kostet und vom Tauchverband von Montenegro und auch von einer der offiziellen Tauchbase vor Ort ausgestellt wird.

Tauchverband von Montenegro
Ul. Mose Pijade 72
81000 Podgorica
Tel. 069/030448 und 067/508009

Diving Team R
Tel. +382/(0)69/466124, 67487987
www.divingmontenegro.me
divingteamr@t-com.me
oder
Herceg Novi
Tel. +382/(0)69/833-043
Plaža Milasinović, Topla
www.divingmontenegro.com.

Taxi

Taxis findet man in allen größeren Orten an zentral gelegenen Halteplätzen, an Busbahnhöfen und am Flughafen. Die Taxifahrer am Flughafen sind verpflichtet, ein gelbes Schild zu tragen, das sie als offiziell zugelassene Fahrer ausweist. Seit einiger Zeit findet man in den Taxen Preislisten mit Festpreisen. Die Grundgebühr beträgt 2 Euro, jeder Kilometer kostet 1 bis 1,25 Euro. An Feiertagen und zwischen 22 und 6 Uhr kommt ein Zuschlag von 25 Prozent hinzu. Preisbeispiele ab Flughafen Tivat:

Nach Kotor 15, Budva 25, Sveti Stefan 35, Petrovac und Herceg Novi 45, Ulcinj 85, Podgorica 80 Euro.

Telefonieren

Vorbei sind die Zeiten, als man stundenlang wählen musste, um eine Verbindung nach Montenegro zu bekommen. Mittlerweile ist das Telefonnetz auf dem Stand der heutigen Technik.

Öffentliche Telefone gibt es in den Touristenregionen in großer Zahl. Bei den meisten handelt es sich um Kartentelefone. Die Karten erhält man am Kiosk oder bei der Post. Dort gibt es ebenfalls öffentliche Fernsprecher. Die Gebühren – besonders für Telefonate ins Ausland – sind jedoch höher.

Es gibt mit Telenor und T-Mobile zwei Mobilfunkbetreiber in Montenegro. Trotz der Berge, Schluchten und Täler ist der Empfang fast überall sehr gut. Da die Roaminggebühren sehr hoch sind, selbst bei einem nur angenommenen Anruf, lohnt sich auch bei einem kürzeren Aufenthalt in Montenegro der Kauf einer Prepaid-Karte. Sie kostet etwa 10 Euro inklusive 5 Euro Guthaben und ist in den vielen Handy-Läden vor Ort zu haben.

Telenor
https://www.telenor.me

T-Mobile
www.telekom.me

Vorwahl nach Montenegro: 00382, dann folgt die Ortsvorwahl ohne die 0.

Landesvorwahlen von Montenegro: Deutschland 0049, Österreich 0043, Schweiz 0041, es folgt ebenfalls die Ortsvorwahl ohne die 0.

Trinkgeld

Die Trinkgeldgepflogenheiten entsprechen dem europäischen Standard. Ist man mit der Bedienung und dem Service zufrieden, kann man dem Kellner 10 Prozent des Rechnungsbetrages zukommen lassen.

Währung und Preisniveau

Offizielle Währung in Montenegro ist der Euro. Montenegro ist zwar nicht Teil der Europäischen Union, dennoch wurde zeitgleich mit der EU auf den Euro umgestellt. So fällt praktischerweise für die meisten Besucher das lästige Geldwechseln weg. Schon zuvor hatte man sich vom jugoslawischen Dinar verabschiedet und die Deutsche Mark als Hauptwährung eingeführt. Die Umstellung von Mark auf Euro wurde auch in Montenegro dazu benutzt, die Preise teils kräftig zu erhöhen. Die Preise für Lebensmittel, Kleidung, Kosmetika und elektronische Geräte sind mit denen in Westeuropa vergleichbar. Schnäppchen lassen sich nur vereinzelt machen, und dann ist die Herkunft der Waren oft zweifelhaft. Beispielsweise werden CDs und Computerprogramme für den Bruchteil des üblichen Preises verkauft und sind ausschließlich Schwarzkopien. Günstig können Restaurantbesuche sein. Ein üppiges mehrgängiges Menü kann man zu Preisen wie in Deutschland zur Mittagszeit bekommen. Aber man sollte die Augen offen halten, die Preise können von Restaurant zu Restaurant sehr unterschiedlich sein. Teurer ist es oft in den Touristenzentren.

Cappuccino kostet oft 1,50 Euro, ein Glas Cola 2 Euro, eine Portion Ćevapčići 6 Euro, ein Schnitzel 8 Euro, eine Suppe 3 Euro, eine Fleischplatte für zwei Personen etwa 15 Euro und eine Portion Muscheln je nach Art 10 bis 20 Euro. Benzinpreise: → Tankstellen.

Zeitungen und Zeitschriften

Das Zeitungsmachen hat in Montenegro eine lange Tradition. Selbst unter schwersten Bedingungen und zu Kriegszeiten wurden in Montenegro Zeitungen gedruckt. Zeitungshochburg ist Podgorica. Alle großen montenegrinischen Tageszeitungen und die wichtigsten Magazine haben dort ihren Sitz. Zu den wichtigsten Tageszeitungen gehören Pobjeda, Vijesti, Dan, Publika und Glas Crnogarca. Das wichtigste Magazin ist Monitor. In den 1980er Jahren lagen an den montenegrinischen Kiosken an der Küste auch zahlreiche ausländische Zeitungen und Magazine aus. In den 1990er Jahren, zu Zeiten des Zerfalls Jugoslawiens, herrschte Flaute. Jetzt wurden in Herceg Novi, Igalo und Budva die ersten ausländischen - darunter auch deutsche - Zeitungen und Magazine gesichtet.

Zollbestimmungen

Selbstverständlich können Gegenstände für den persönlichen Bedarf – Kleidung, Schuhe, Wäsche, Toilettenartikel – zollfrei nach Montenegro mitgebracht werden. Dazu gehört auch persönlicher Schmuck, bis zu zwei Fotoapparate mit mehreren Speichermedien, eine Video- oder Schmalfilmkamera, ein Radio bzw. Kassettenradiogerät und auch Autoersatzteile von geringerem Wert. Allerdings sollten diese Gegenstände an der Grenze mündlich angemeldet werden. Das Einführen von Bargeld stellt ebenfalls kein Problem dar. Größere Mengen sollten jedoch bei der Einreise ebenfalls deklariert werden.

Reisende über 16 Jahre können außerdem 200 Zigaretten, 50 Zigarren oder 250 Gramm Tabak, einen Liter Wein und einen Liter Spirituosen und eine geringe Menge Parfüm ein- oder ausführen. Dies gilt als Eigenbedarf.

Literaturhinweise

Marcus Stöckl und Rosemarie Stöckl-Pexa: Montenegro. Die schönsten Küsten- und Bergwanderungen. 50 Touren, Bergverlag Rother 2008. Hält, was der Name verspricht.

Bato Tomasevic: Montenegro. Eine Familiensaga im Jahrhundert der Konflikte, Campus Sachbuch, 2002. Die Geschichte Montenegros am Beispiel der Familie des Autors. Nicht mehr regulär im Handel, aber gebrauchte Exemplare sind preiswert im Internet zu haben. Sehr empfehlenswert.

Starling Lawrence: Montenegro, Droemer Knaur, 1998. Spannender Roman, der nicht mehr im Handel ist, aber gebraucht im Internet erworben werden kann.

Europa erlesen. Montenegro, hg. v. Doris Pollet-Kammerlander, Wieser, Wien 2003. Kurzgeschichten, Reportagen und Ausschnitte aus Romanen von Autoren wie Ivo Andrić, Njegoš, Miodrag Bulatović und vielen anderen. Bewährte Qualität aus der bekannten Reihe.

Rex Stout: Nero Wolfe in Montenegro, Scherz; 4. Auflage 2002. Krimi, der in Montenegro spielt. Eher ein Buch für Nero-Wolf-Fans.

Montenegro im Internet

www.montenegro.travel Die Seite der Nationalen Tourismusorganisation. Sehr informativ und umfangreich, auch auf Deutsch.

www.visit-montenegro.com Umfangreiche Seite, auch auf Englisch.

www.discover-montenegro.com Ausführliche Infos zu allen Städten, viele Bilder; auch auf Englisch.

www.gov.me Internetseite der Regierung.

Montenegrinische Städte:
www.podgorica.travel
www.budva.travel
www.kotor.travel
www.hercegnovi.travel
www.cetinje.travel

Der Autor

Marko Plešnik, geboren 1967, aufgewachsen in Remscheid, Studium in Wiesbaden, verheiratet mit einer gebürtigen Bosnierin. Seit frühster Kindheit regelmäßige Reisen nach und durch Montenegro und das ehemalige Jugoslawien. Zunächst nur in den Ferien mit Geschwistern, der deutschen Mutter und dem jugoslawischen Vater zu Besuch bei den Großeltern, später und bis heute auf eigene Faust und bei sich jeder bietenden Gelegenheit.

Register

Bildnachweis

Alle Fotos von Marko Plešnik, außer:
biggunsband/shutterstock (S. 219);
gianmix/Shutterstock (S. 227);
Hans Debruyne/shutterstock (S. 155);
Hinnerk Dreppenstedt (S. 163, 223);
DVAD/shutterstock (S. 16/17);
Ethernal/shutterstock (S. 189);
Goran-Smith2/wikipedia (S. 21);
katatonia82/shutterstock (S. 200u.);
Kekyalyaynen/shutterstock (S. 224);
LesART/shutterstock (S. 160);
Andri Lutsyk/shutterstock (S. 166);
Sergey Lyashenko/shutterstock (S. 15o.);
S-F/shutterstock (S. 15l.);
Vitalii Lytvynov/wikipedia (S. 37);
Mariel887/shutterstock (S. 102);
Milena Mijatovic/shutterstock (S. 244);
National Tourism Organisation of Montenegro (S. 24, 28);
Jovan Nikolic/shutterstock (S. 240);
photosmatic/shutterstock (S. 186);
RnDms/shuterstock (Titel);
Irina Rogova/shutterstock (S. 15u.);
Uta Scholl/shutterstock (S. 213, 254);
Sweetland Studio/shutterstock (S. 153);
valsib/shutterstock (S. 108).

MEHR WISSEN. BESSER REISEN.
REISEFÜHRER AUS DEM TRESCHER VERLAG
TRESCHER VERLAG
ALBANIEN
Städte und Landschaften zwischen Mittelmeer und Balkan
TRESCHER VERLAG
Birgitta Gabriela Hannover Moser
BELGRAD
NOVI SAD
Sehenswürdigkeiten, Kultur, Szene, Umland, Reiseinfos
TRESCHER VERLAG
BOSNIEN UND HERZEGOWINA
Unterwegs zwischen Adria und Save
trescher-verlag.de

TRESCHER VERLAG
TRESCHER VERLAG
Matthias Jacob
ISTRIEN
KVARNER BUCHT
Mit Piran, Izola und Koper
TRESCHER VERLAG
Matthias Koeffler, Matthias Jacob
KROATIEN
Unterwegs zwischen Istrien, Slawonien und Dalmatien
TRESCHER VERLAG
Philine von Oppeln
MAZEDONIEN
Unterwegs auf dem südlichen Balkan
TRESCHER VERLAG
Birgitta Gabriela Hannover Moser
SERBIEN
Kultur und Natur zwischen Vojvodina und Balkangebirge
TRESCHER VERLAG
Marko Plešnik
SARAJEVO
Mit Ilidža, Butmir, Rakitnica-Schlucht
und den Wintersportgebieten
TRESCHER VERLAG
Uwe Mauch
ZAGREB
Mit Samobor, Naturpark Žumberak,
Marija Bistrica und dem Zagorje

Kartenlegende

Autofähre
Bahnhof
Bank
Bar
Brunnen
Burg/Festung
Busbahnhof
Campingplatz
Denkmal
Dorfkirche
Fähre
Flughafen
Hafen
Höhle
Hotel
Internetcafé
Kirche
Kloster
Leuchtturm
Moschee
Museum
Post
Restaurant
Ruine/Ausgrabungsstätte
Sehenswürdigkeit
Synagoge
Theater
Tor
Touristeninformation
Turm

Autobahn
Schnellstraße
Hauptstraße
sonstige Straßen
E 65 Europastraße
A 65 Autobahn
243 Bundesstraße
Eisenbahn
Grenzübergang
Staatsgrenze
Hauptstadt
Stadt/Ortschaft

Kartenregister

Stadtpläne

Übersichtskarten

Historische Karten